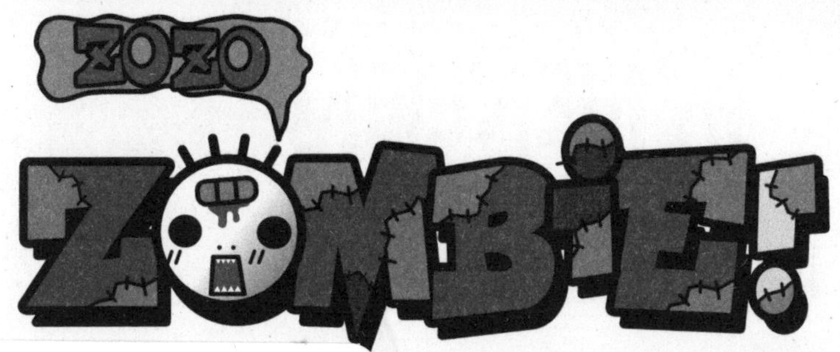

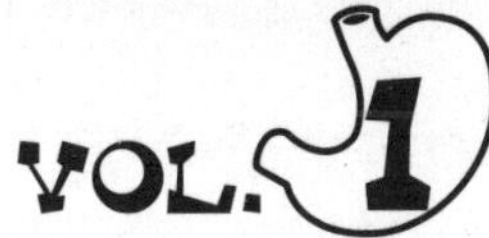


Fank eeeuch fürss Daufen fon dem Manga! Find ich supa! Fiel Spahas damitt!

MAGEN

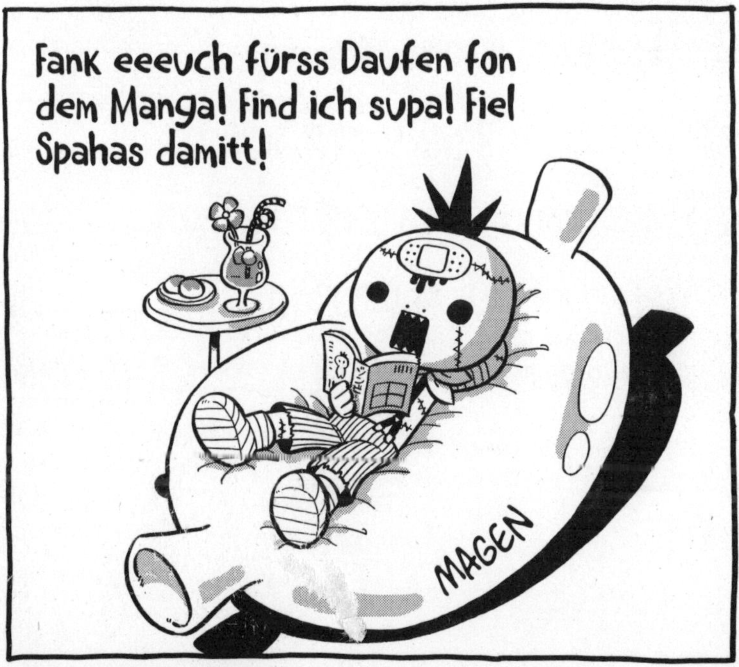

**Yasunari Nagatoshi**

# INNEREIEN

MANGA



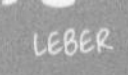

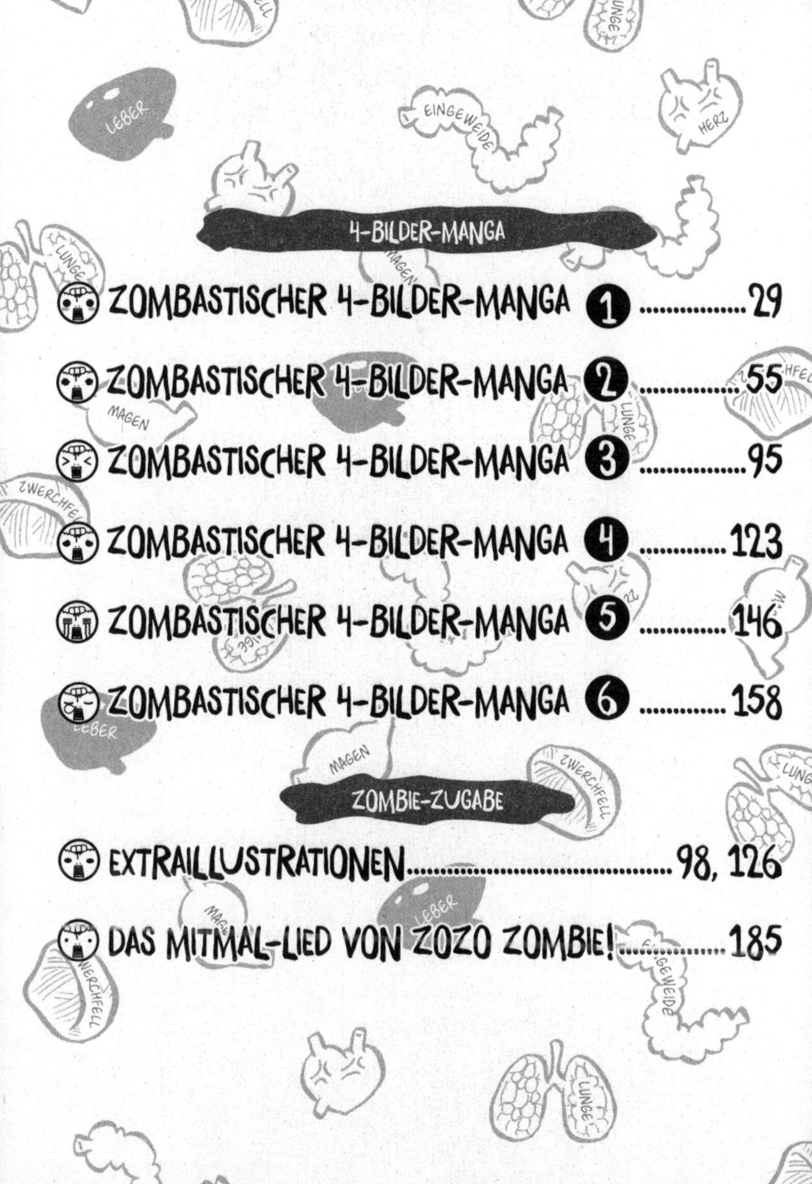


4-BILDER-MANGA



ZOMBIE-ZUGABE

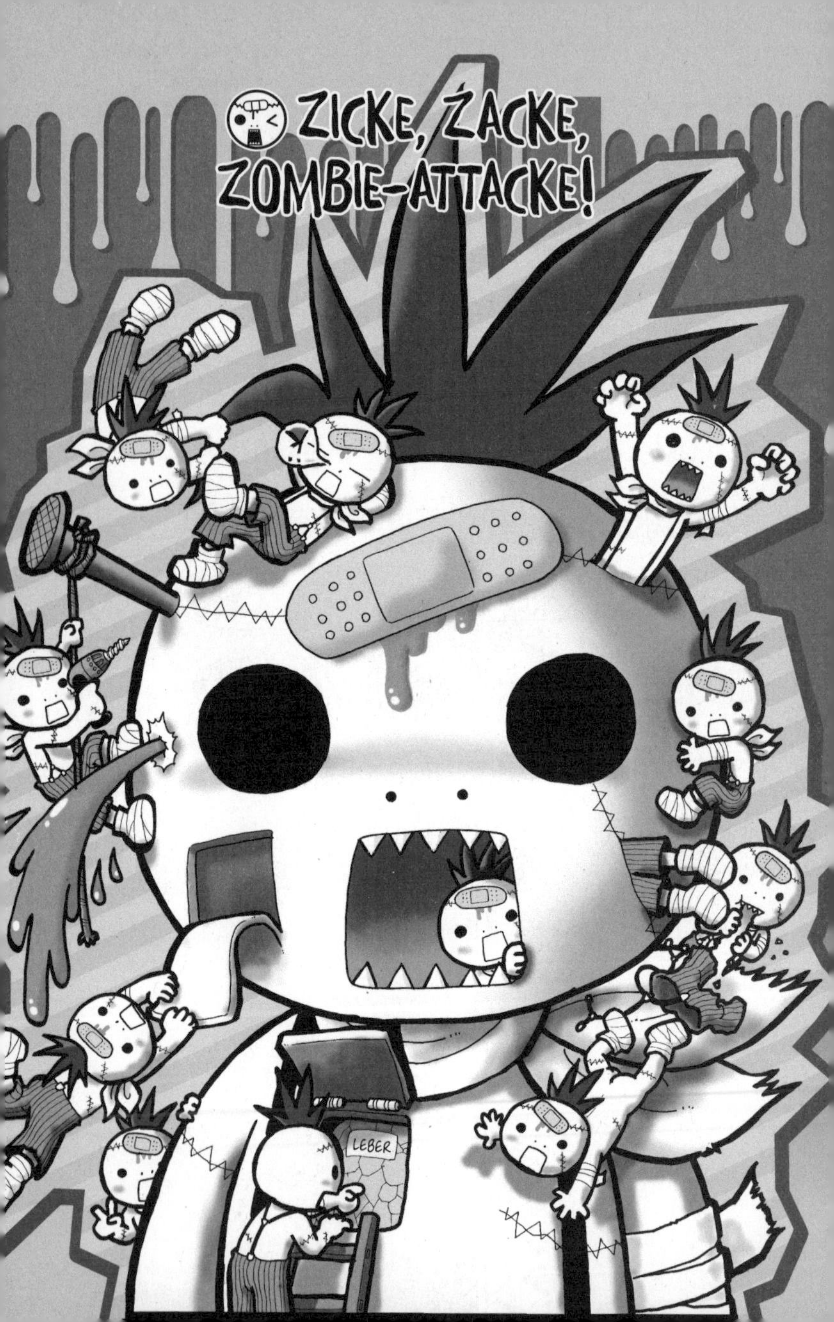
ZICKE, ZACKE, ZOMBIE-ATTACKE!
LEBER

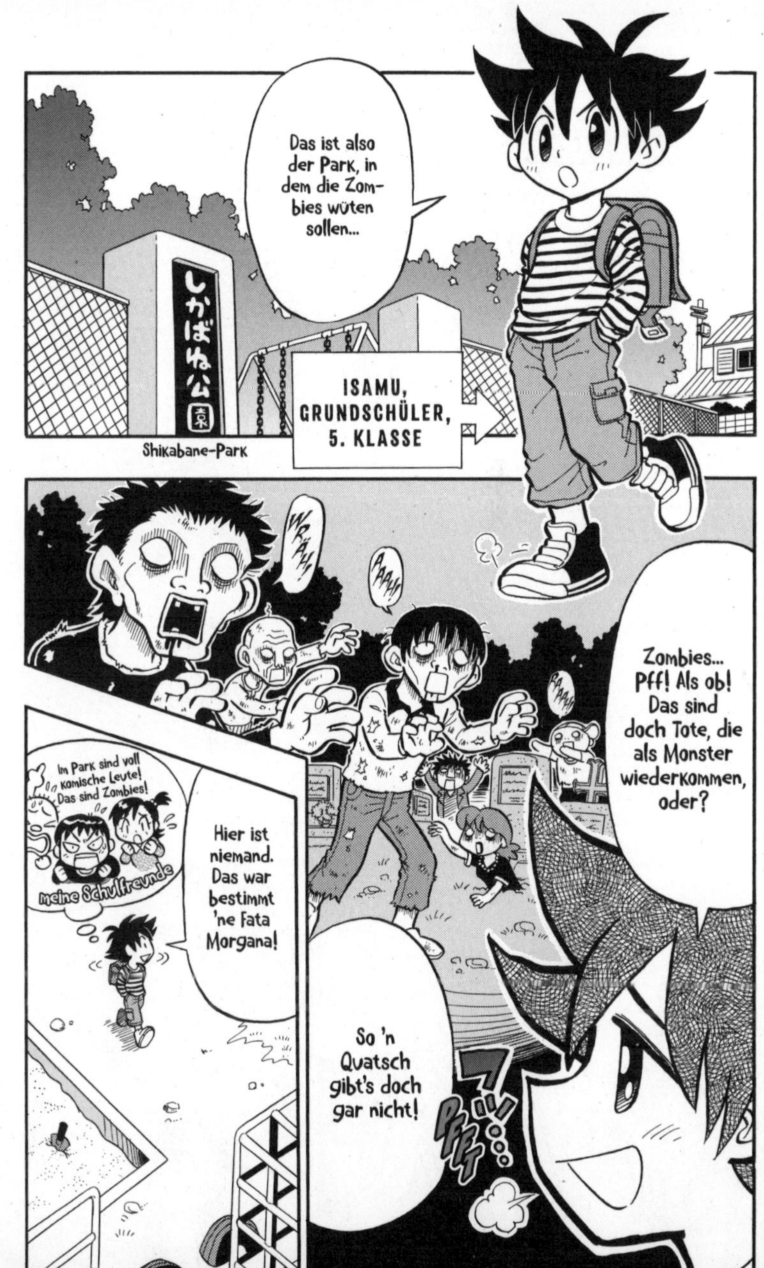
Das ist also der Park, in dem die Zombies wüten sollen...
しかばね公園
Shikabane-Park
ISAMU, GRUNDSCHÜLER, 5. KLASSE
Zombies... Pff! Als ob! Das sind doch Tote, die als Monster wiederkommen, oder?
So 'n Quatsch gibt's doch gar nicht!
Hier ist niemand. Das war bestimmt 'ne Fata Morgana!
Im Park sind voll komische Leute! Das sind Zombies!
meine Schulfreunde

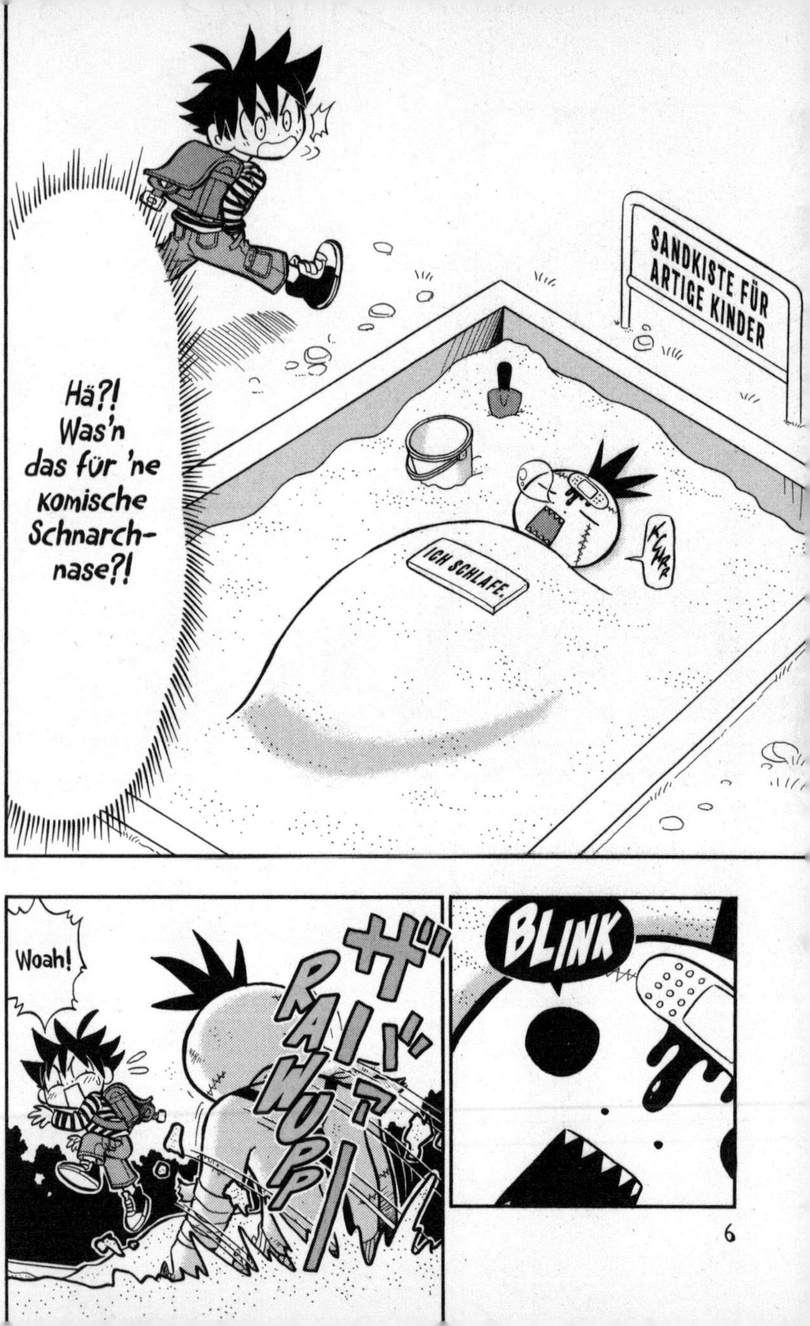

SANDKISTE FÜR ARTIGE KINDER

Hä?! Was'n das für 'ne komische Schnarch-nase?!

ICH SCHLAFE.

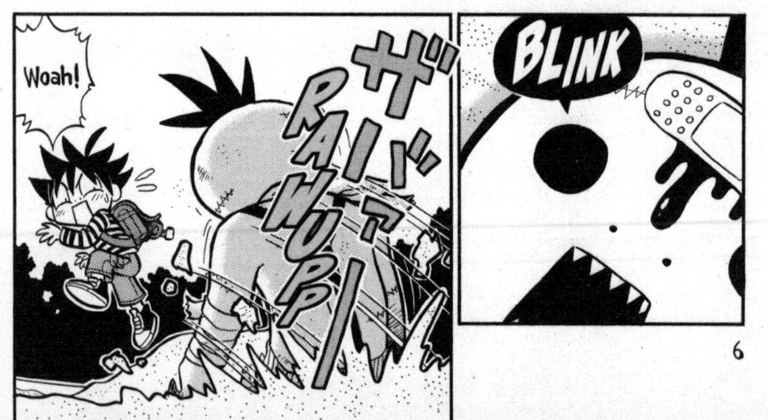

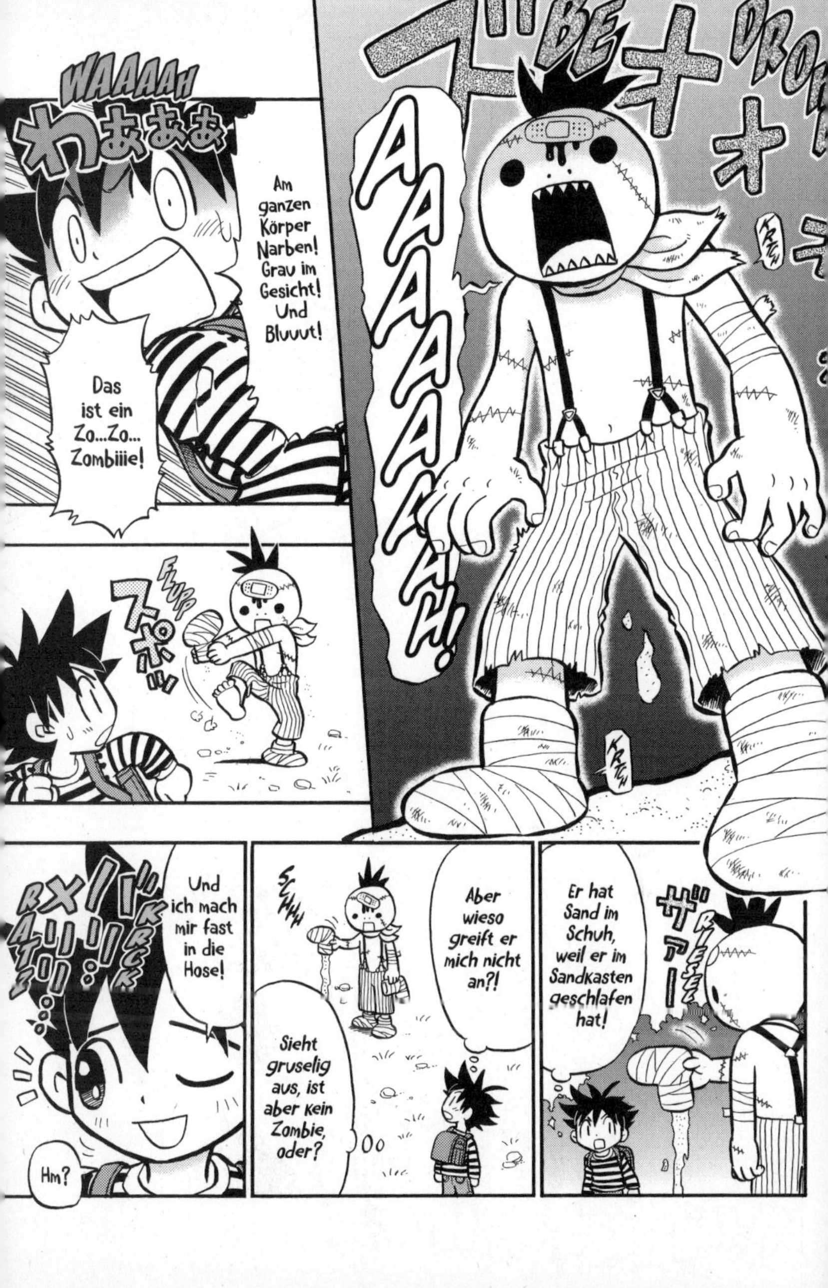

DROP
BE
AAAAAAAAAH!
KRCH
WAAAAAH
わぁぁぁ
Am ganzen Körper Narben! Grau im Gesicht! Und Bluuut!
Das ist ein Zo...Zo... Zombiiie!
KRCH
FLUPP
スポッ
Er hat Sand im Schuh, weil er im Sandkasten geschlafen hat!
RIESEL
ザァー
Aber wieso greift er mich nicht an?!
Sieht gruselig aus, ist aber kein Zombie, oder?
SCHWUH
Und ich mach mir fast in die Hose!
KRACK
RATZ
バ
Hm?

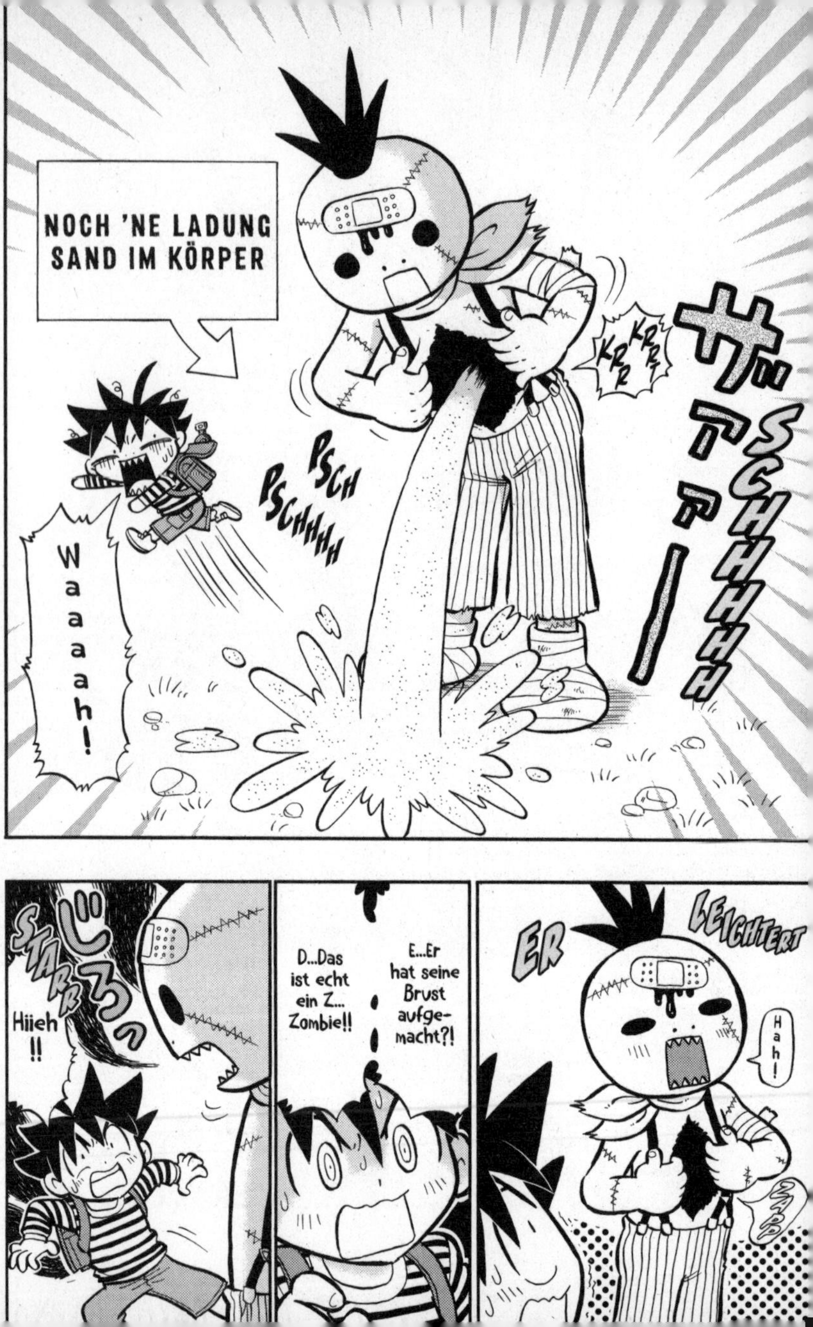

NOCH 'NE LADUNG SAND IM KÖRPER

KRRR KRRT

SCHHHHHHH

PSCH PSCHHHHH

Waaaaah!

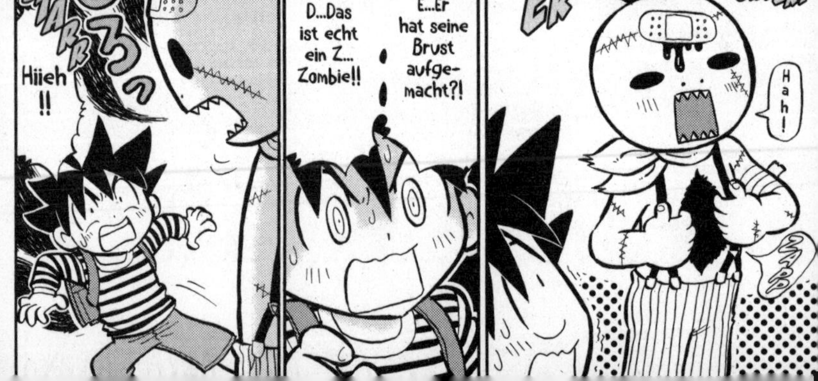

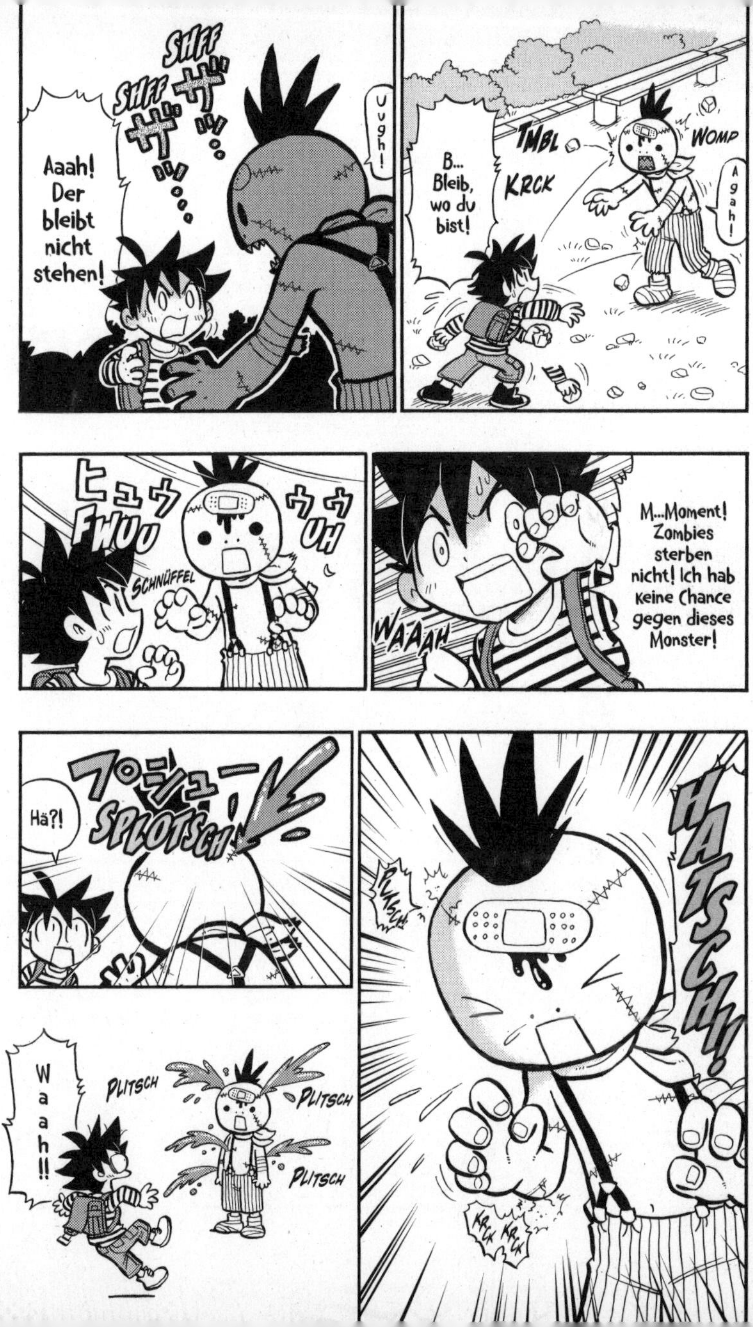

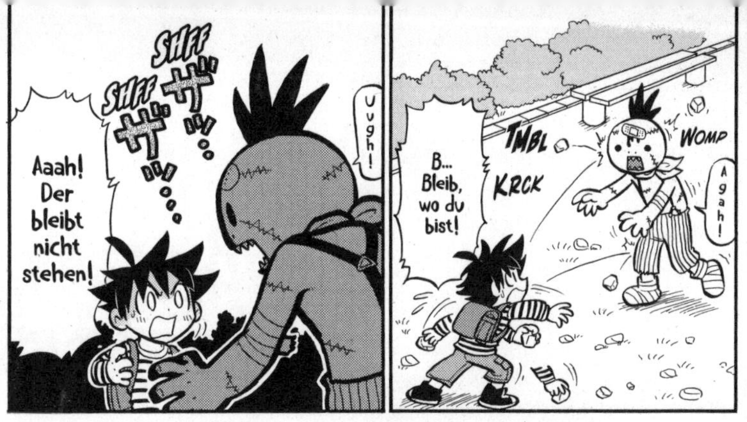


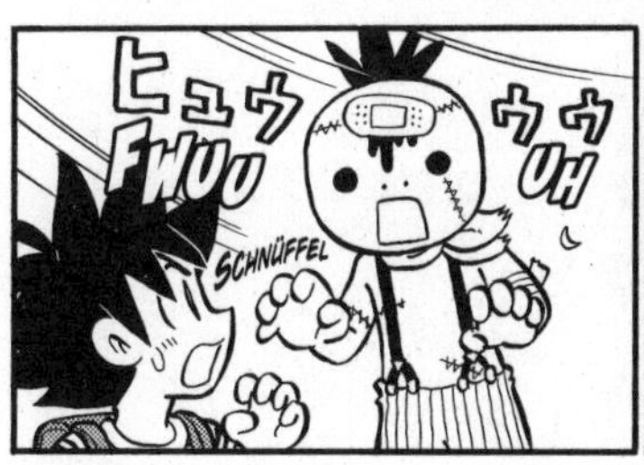


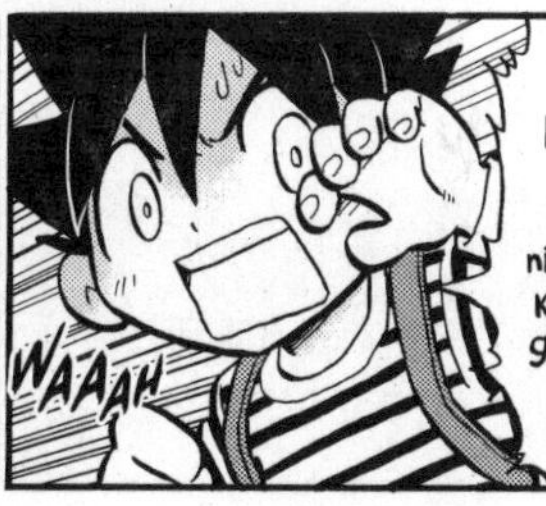


Hä?!

プシュー

SPLOTSCH

PLATSCH

HATSCH!!

KRCK KRCK

Waah!!

PLITSCH

PLITSCH

PLITSCH

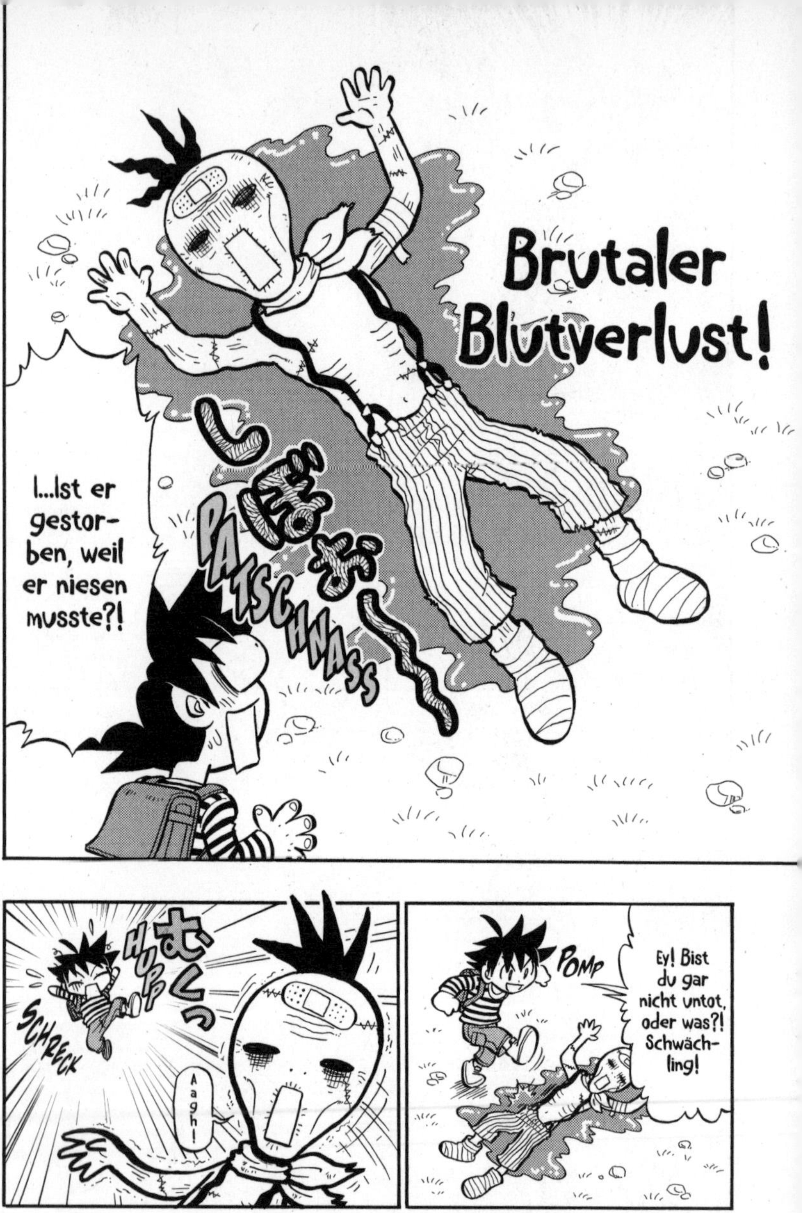

Brutaler Blutverlust!
PATSCHNASS
I...Ist er gestorben, weil er niesen musste?!

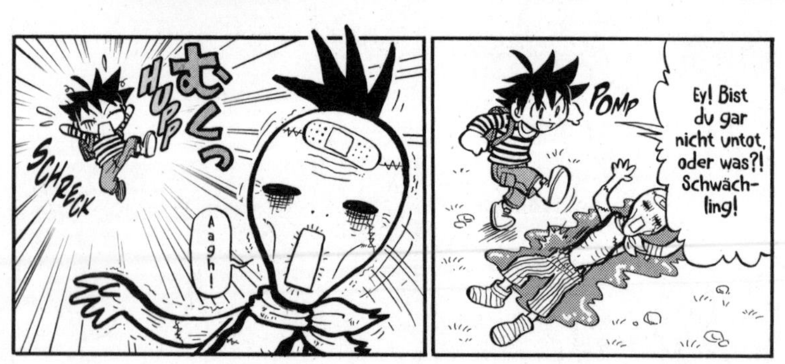

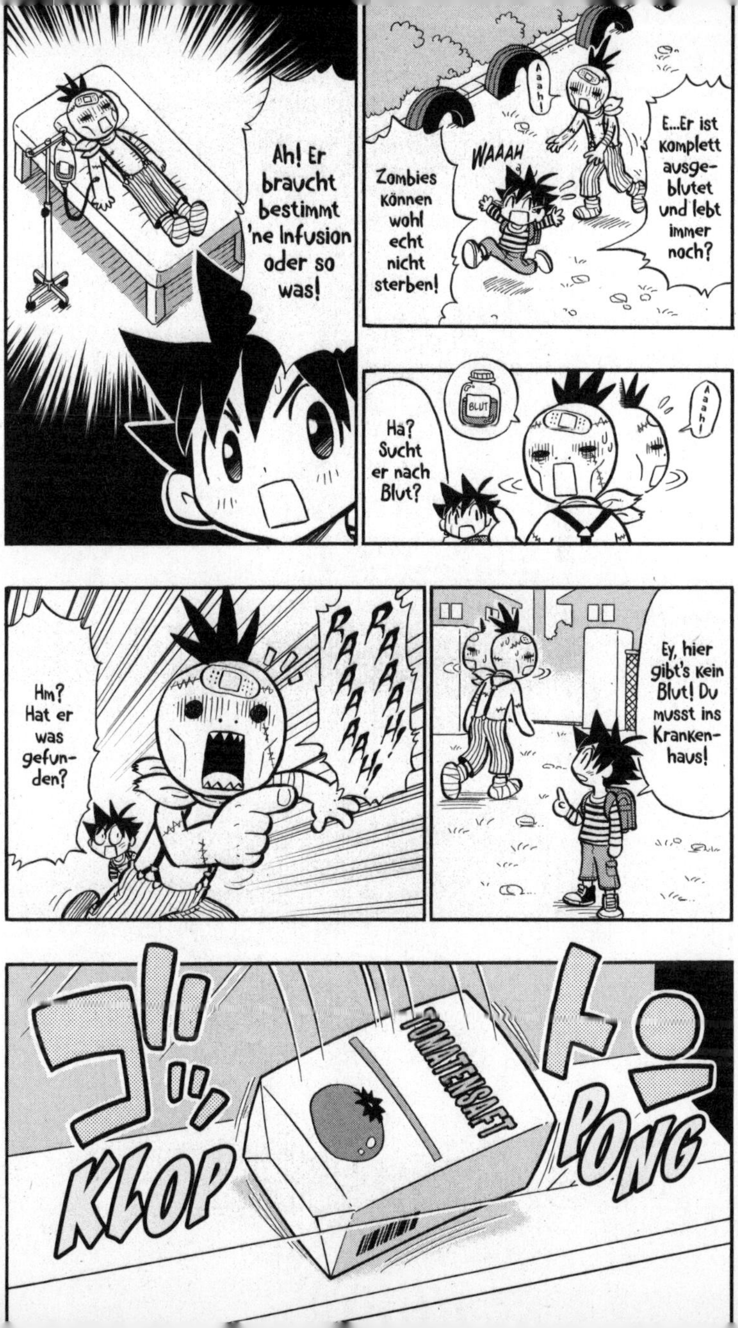

E...Er ist komplett ausgeblutet und lebt immer noch?
Aaah!
WAAAH
Zombies können wohl echt nicht sterben!
Aaah!
BLUT
Ha? Sucht er nach Blut?
Ah! Er braucht bestimmt 'ne Infusion oder so was!

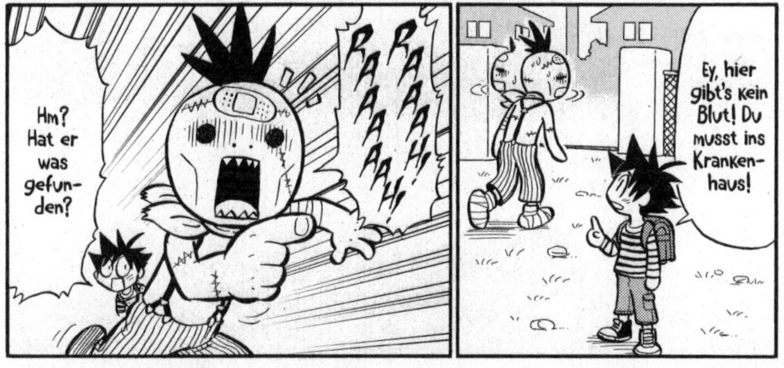


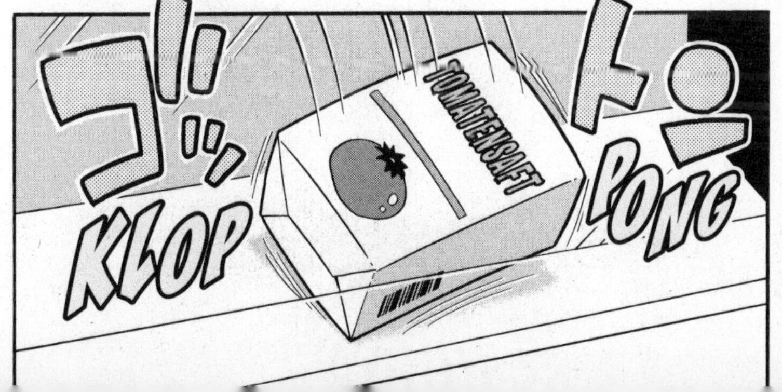

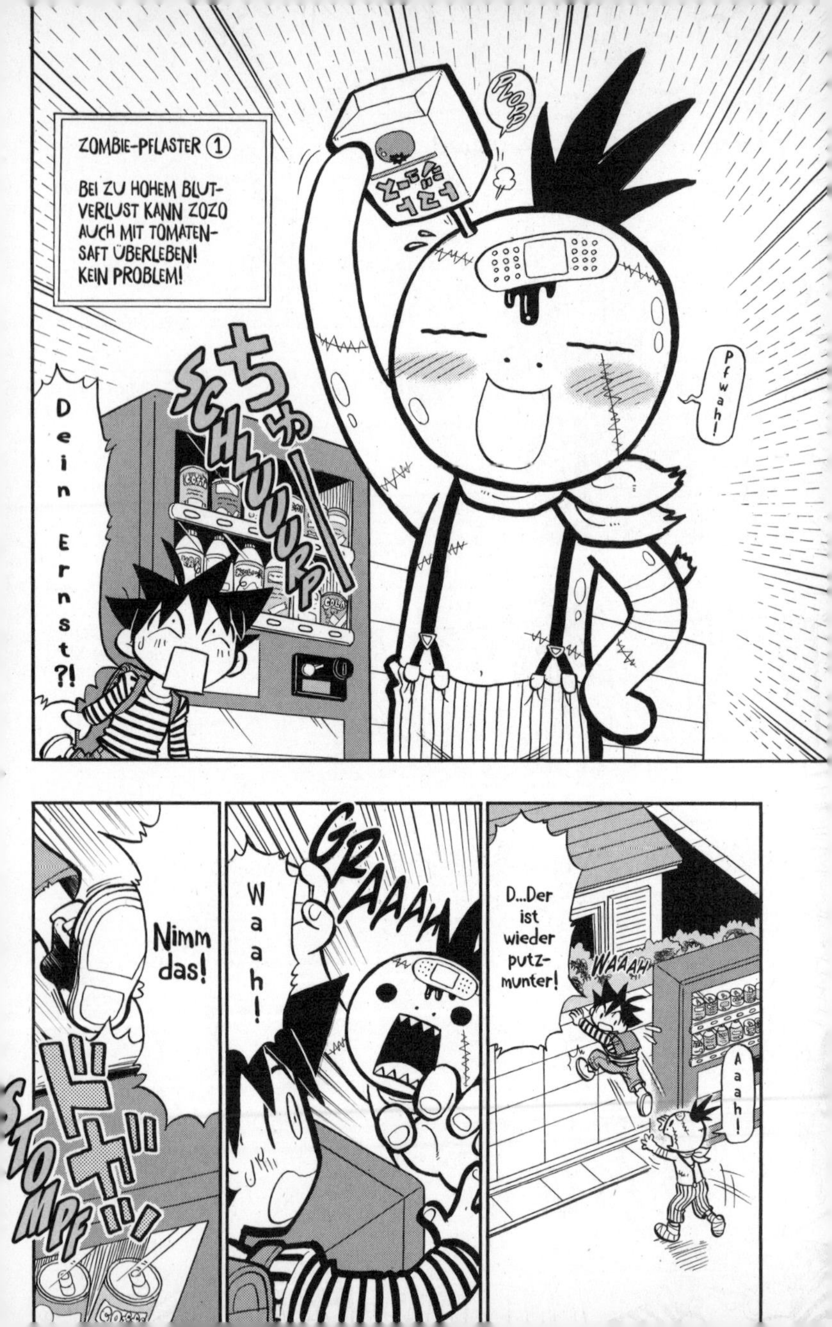

ZOMBIE-PFLASTER ①

BEI ZU HOHEM BLUTVERLUST KANN ZOZO AUCH MIT TOMATENSAFT ÜBERLEBEN! KEIN PROBLEM!

PLOP

Pfwah!

SCHLUUURP

Dein Ernst?!

D...Der ist wieder putzmunter!

WAAAH

Aaah!

GRAAAAH

Waah!

Nimm das!

STOMPF!!

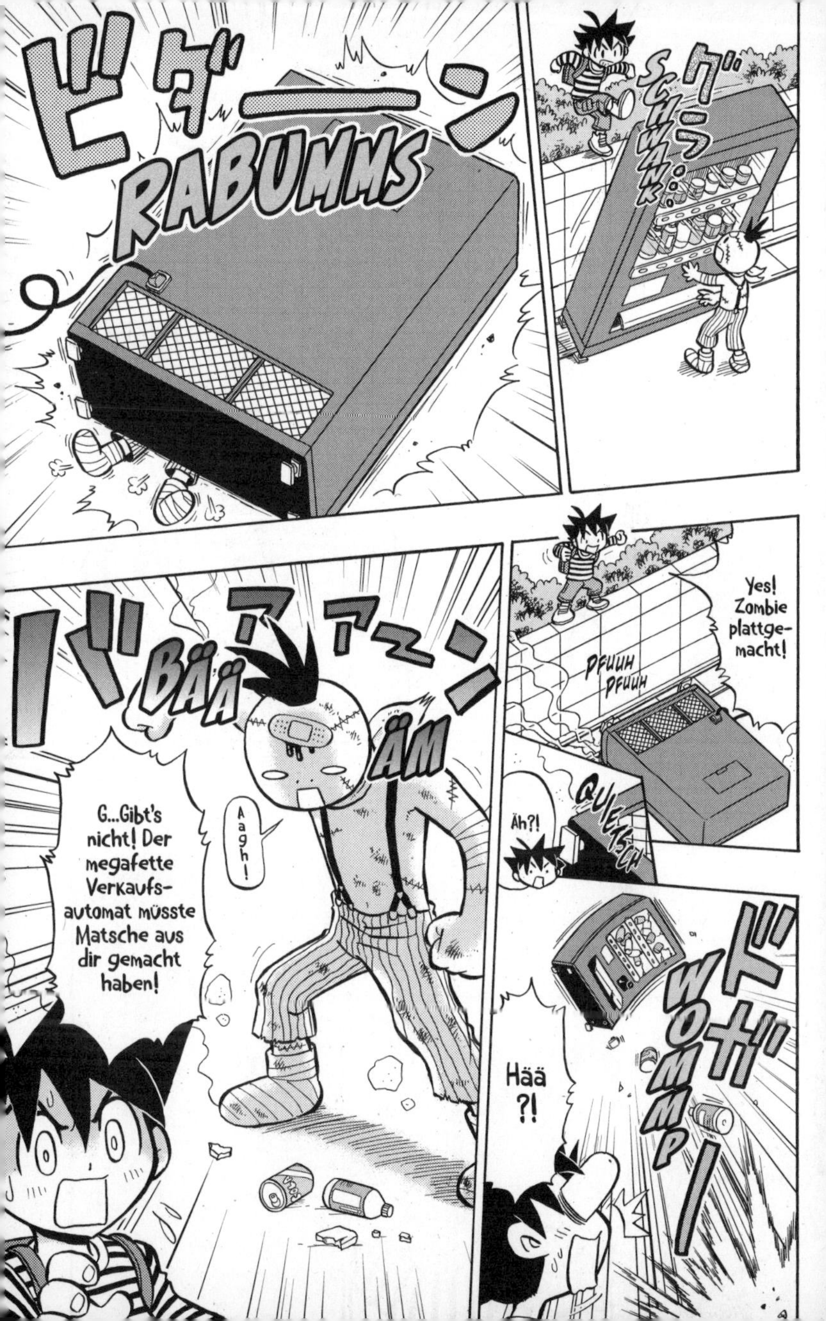
ビダーーン
RABUMMS
グラ…
SCHWANK
Yes! Zombie plattgemacht!
PFUUH PFUUH
QUIETSCH
Äh?!
ドドーン
BÄÄÄM
Aagh!
G...Gibt's nicht! Der megafette Verkaufsautomat müsste Matsche aus dir gemacht haben!
ドガ
WOMMP
Hää ?!

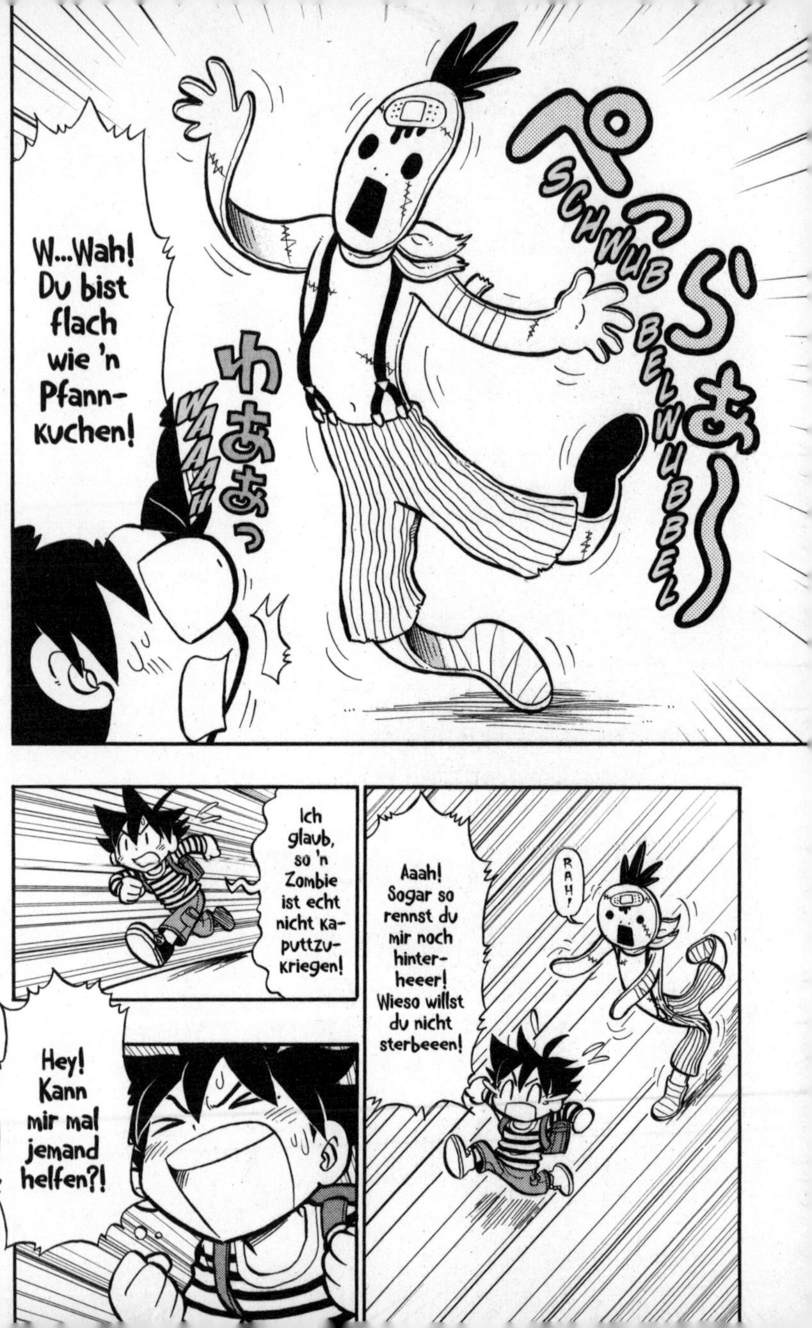

ぺっぷあ〜
SCHWUBBELWUBBEL

わあぁっ
WAAAAH

W...Wah! Du bist flach wie 'n Pfannkuchen!

Aaah! Sogar so rennst du mir noch hinterheeer! Wieso willst du nicht sterbeeen!

RAH!

Ich glaub, so 'n Zombie ist echt nicht kaputtzukriegen!

Hey! Kann mir mal jemand helfen?!

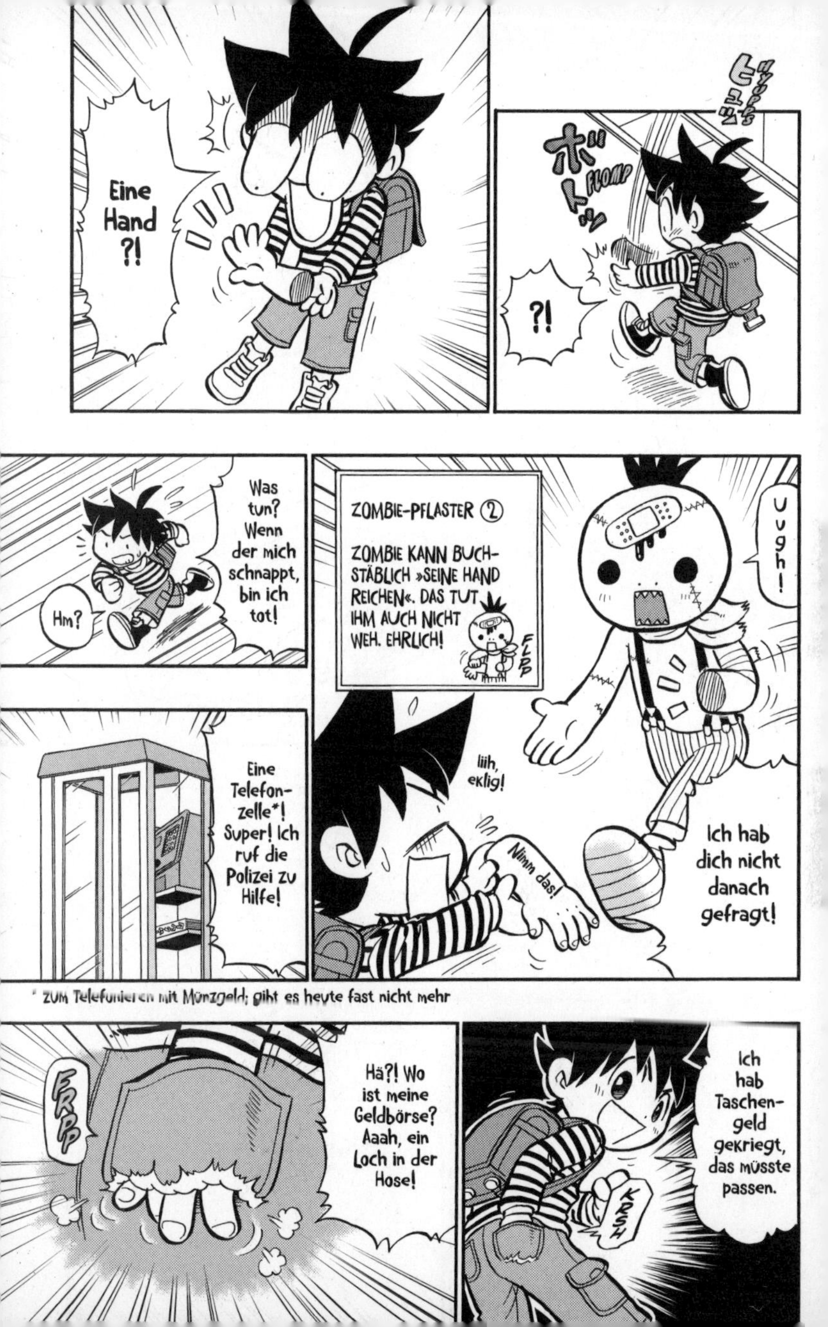

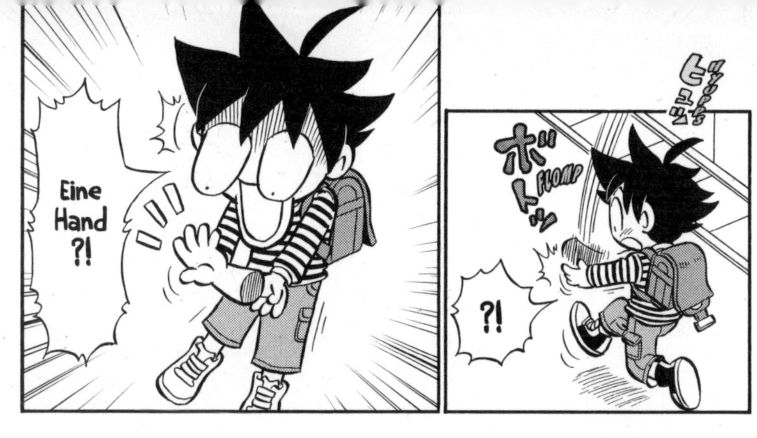


Ugh!

ZOMBIE-PFLASTER ②

ZOMBIE KANN BUCHSTÄBLICH »SEINE HAND REICHEN«. DAS TUT IHM AUCH NICHT WEH. EHRLICH!

FLPP

Iiih, eklig!

Nimm das!

Ich hab dich nicht danach gefragt!

Was tun? Wenn der mich schnappt, bin ich tot!

Hm?

Eine Telefonzelle*! Super! Ich ruf die Polizei zu Hilfe!

* ZUM Telefonieren mit Münzgeld; gibt es heute fast nicht mehr

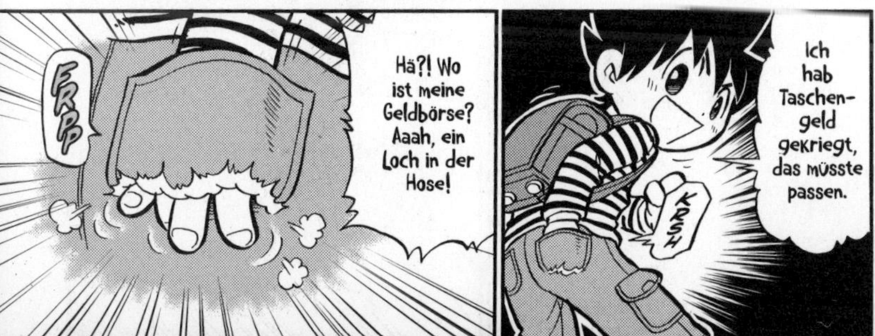

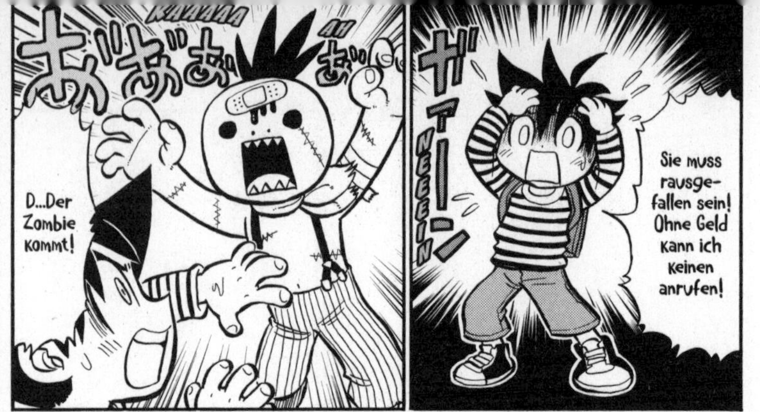
NEEEIN
ガーン
Sie muss rausgefallen sein! Ohne Geld kann ich keinen anrufen!
KAAAAAAH
あ゛あ゛あ゛あ゛
D...Der Zombie kommt!
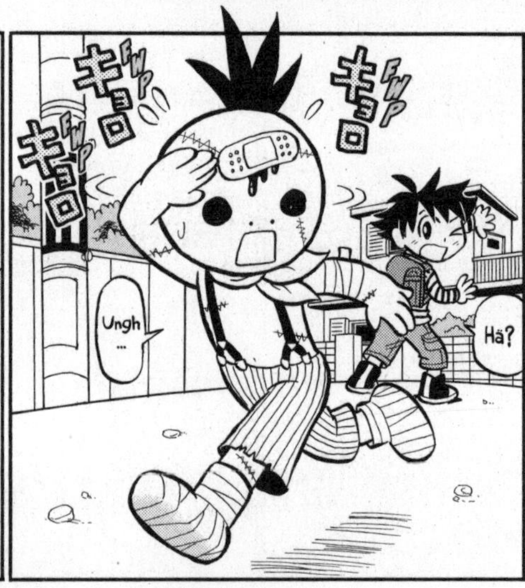
FWP
キョロ
FWP
キョロ
FWP
キョロ
Hä?
Ungh ...
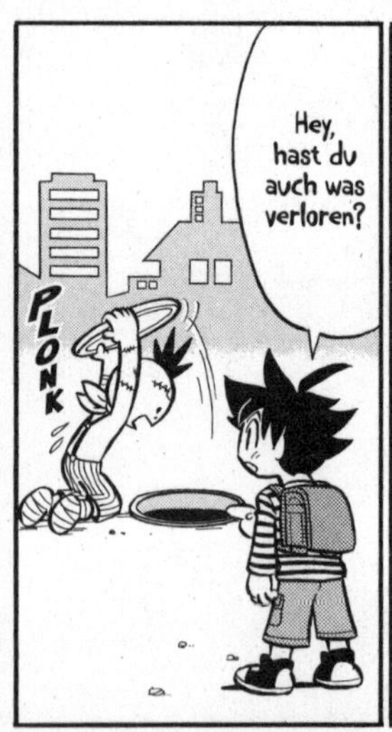
Hey, hast du auch was verloren?
PLONK
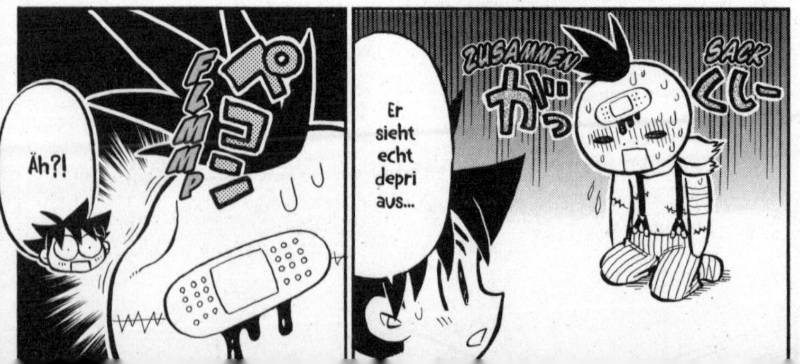
SACK
くしー
ZUSAMMEN
がっ
Er sieht echt depri aus...
FLEMMP
ペコー
Äh?!

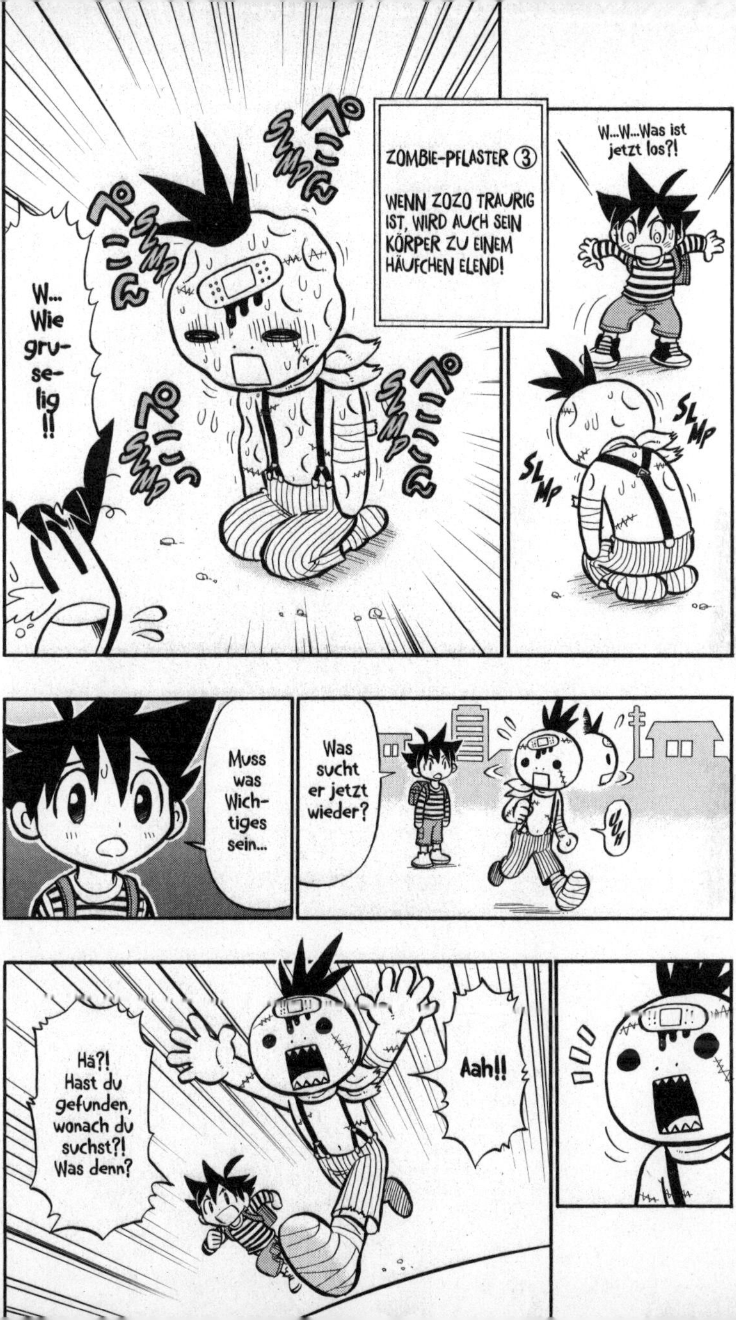

W...W...Was ist jetzt los?!

SLMP

SLMP

ZOMBIE-PFLASTER ③

WENN ZOZO TRAURIG IST, WIRD AUCH SEIN KÖRPER ZU EINEM HÄUFCHEN ELEND!

ぺこん SLMP

ぺこん SLMP

ぺこん SLMP

ぺこん SLMP

W... Wie gruselig!!

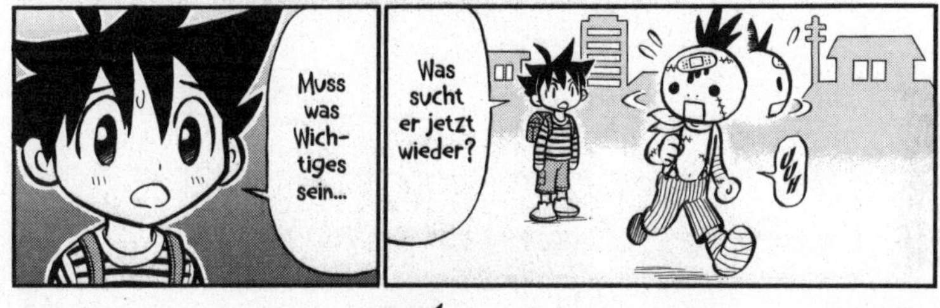


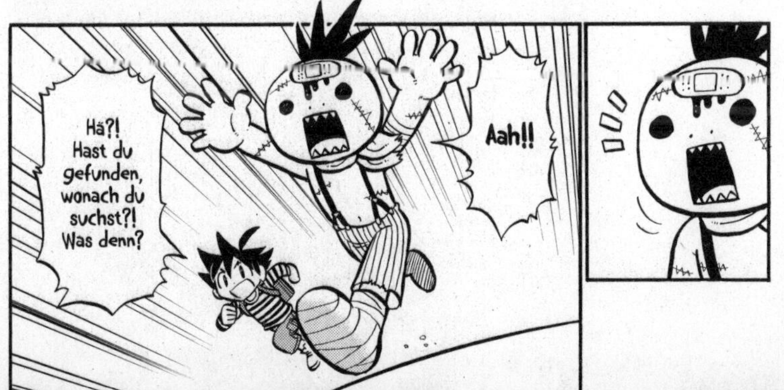

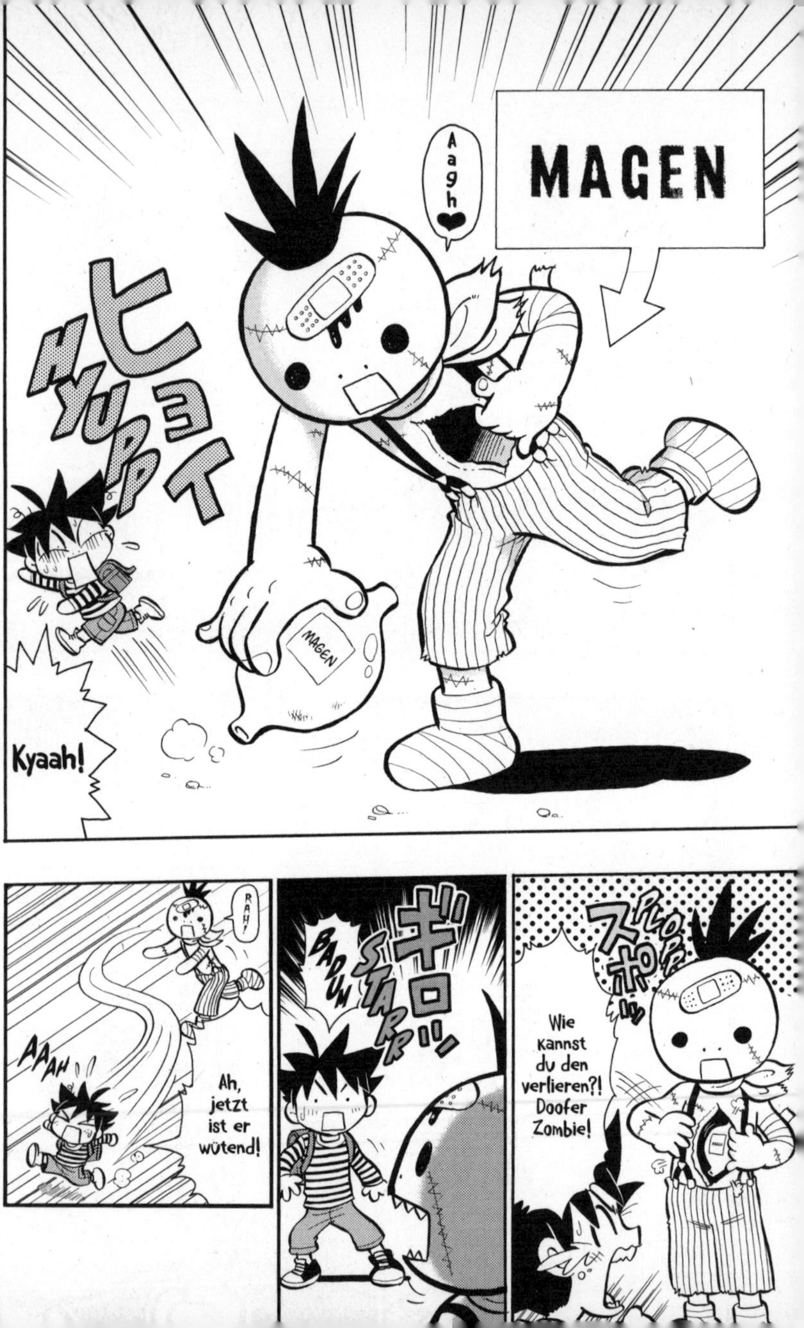

MAGEN

Aagh ♥

HYUPPP

Kyaah!

MAGEN

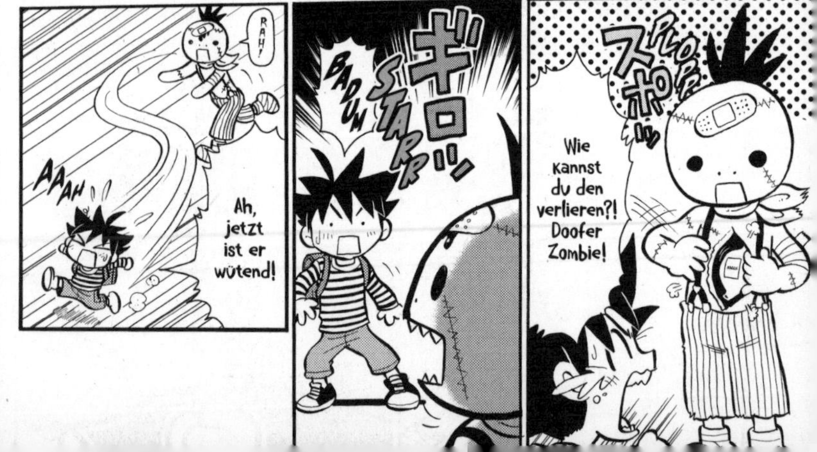

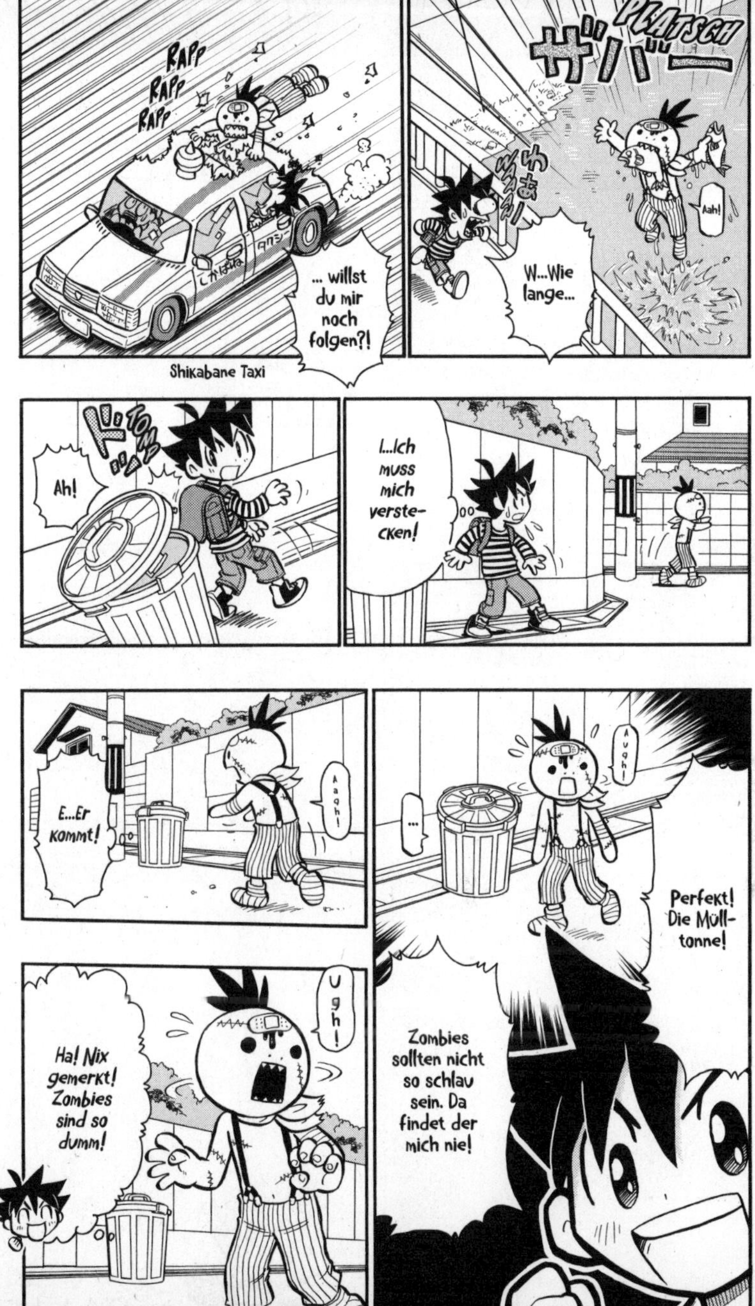
PLATSCH
W...Wie lange...
Aah!
... willst du mir noch folgen?!
RAPP
RAPP
RAPP
Shikabane Taxi
I...Ich muss mich verste-cken!
TOM
Ah!
Augh!
...
Perfekt! Die Müll-tonne!
Aagh!
E...Er kommt!
Zombies sollten nicht so schlau sein. Da findet der mich nie!
Ugh!
Ha! Nix gemerkt! Zombies sind so dumm!

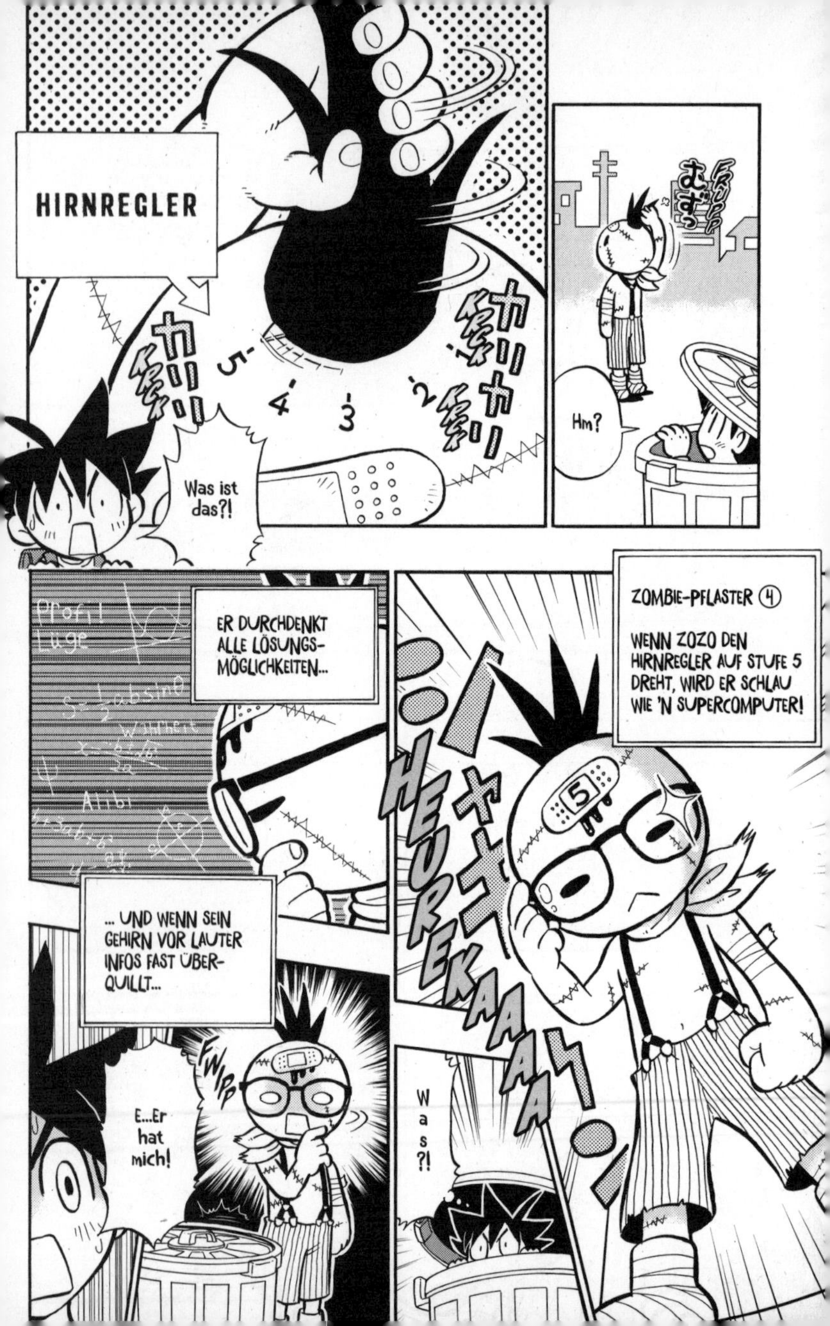

FRUP?
むずっ
Hm?
HIRNREGLER
KRCK
KRCK
KRCK
Was ist das?!
ZOMBIE-PFLASTER ④
WENN ZOZO DEN HIRNREGLER AUF STUFE 5 DREHT, WIRD ER SCHLAU WIE 'N SUPERCOMPUTER!
ER DURCHDENKT ALLE LÖSUNGS-MÖGLICHKEITEN...
... UND WENN SEIN GEHIRN VOR LAUTER INFOS FAST ÜBER-QUILLT...
HEUREKAAAA!
Was?!
FWIPP
E...Er hat mich!

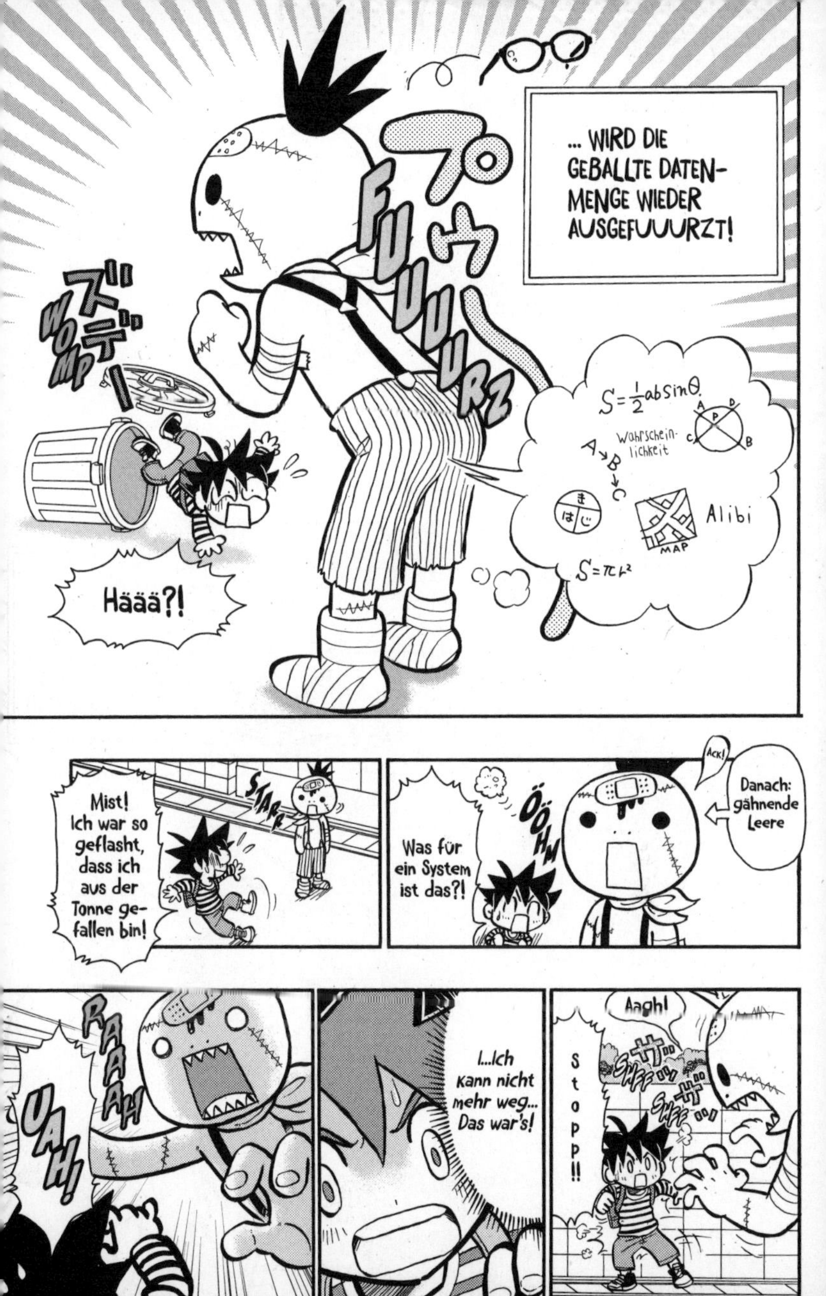

... WIRD DIE GEBALLTE DATEN-MENGE WIEDER AUSGEFUUURZT!
プゥ
FUUUURZ
ズドッ
WOMP
Häää?!
$S=\frac{1}{2}absin\theta$
Wahrschein-lichkeit
A→B→C
Alibi
MAP
$S=\pi r^2$
STARR
Mist! Ich war so geflasht, dass ich aus der Tonne gefallen bin!
ACK!
Danach: gähnende Leere
ÖÖHM
Was für ein System ist das?!
RAAAAH
UAH!
I...Ich kann nicht mehr weg... Das war's!
Aagh!
SHFF
SHFF
Stopp!!

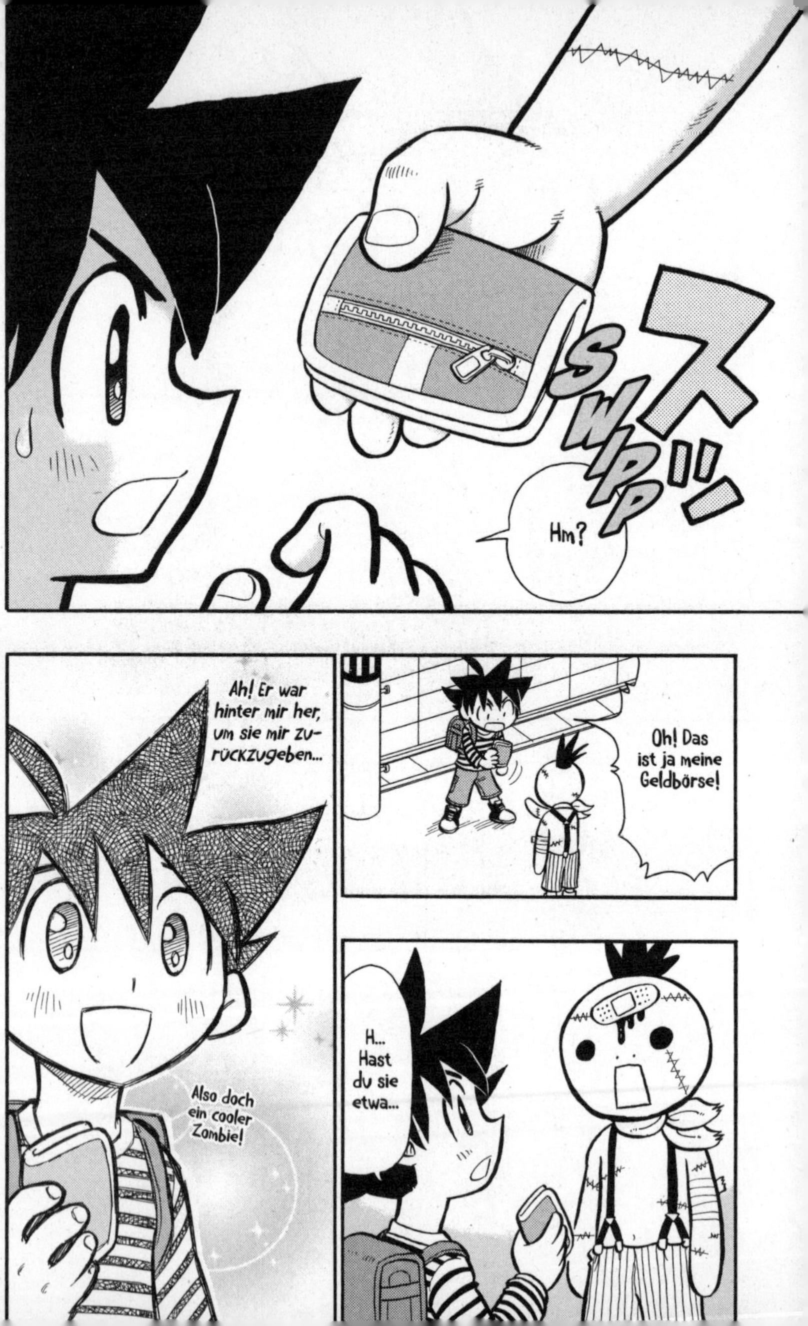

SWIPP
Hm?

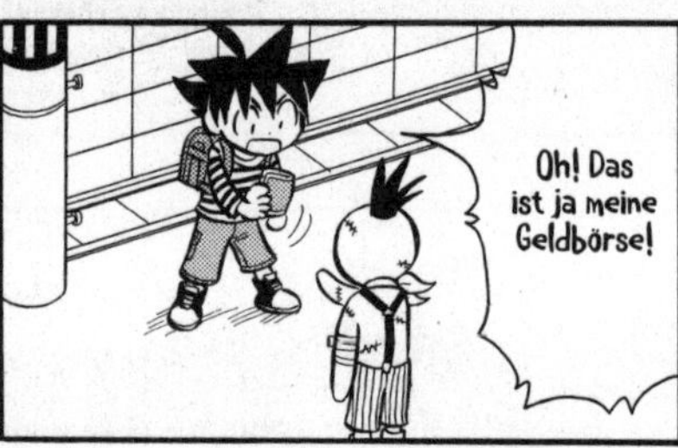
Oh! Das ist ja meine Geldbörse!

Ah! Er war hinter mir her, um sie mir zurückzugeben...
Also doch ein cooler Zombie!

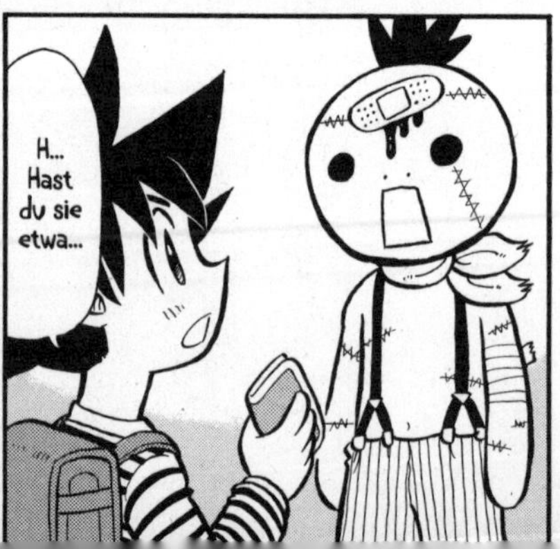
H... Hast du sie etwa...

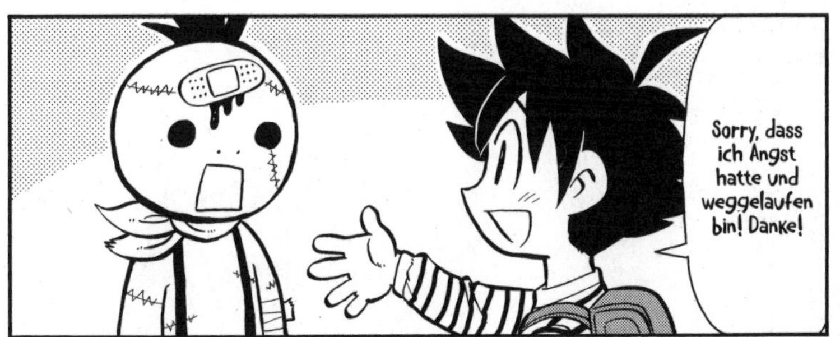

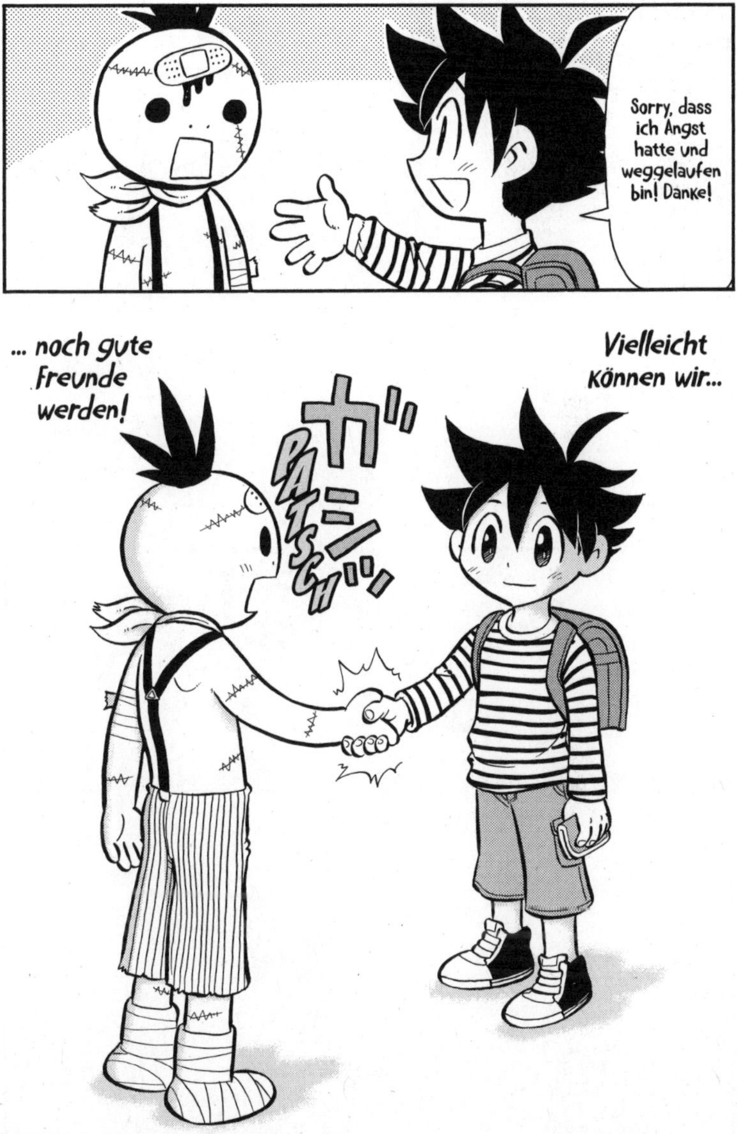

Vielleicht können wir...

... noch gute Freunde werden!

PATSCH

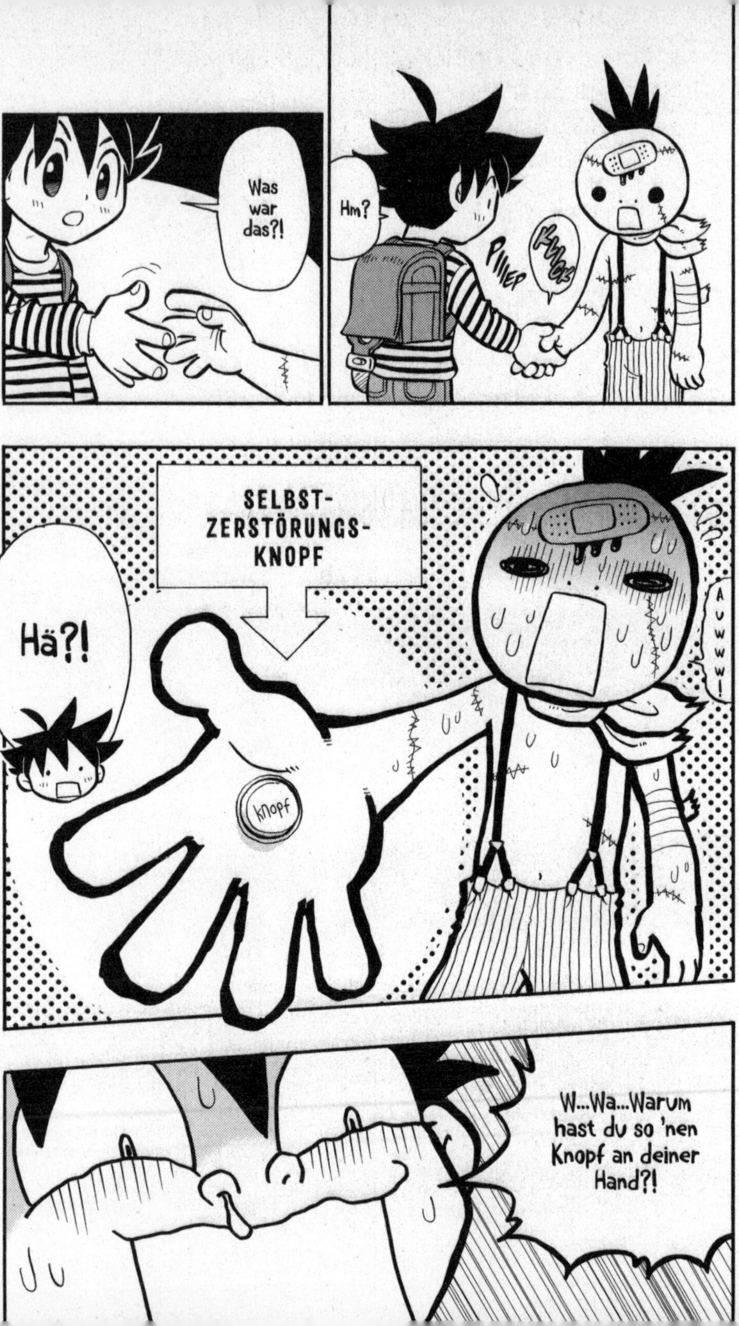

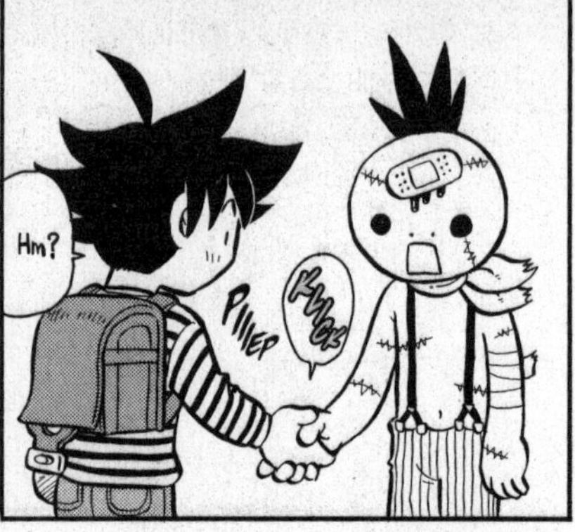


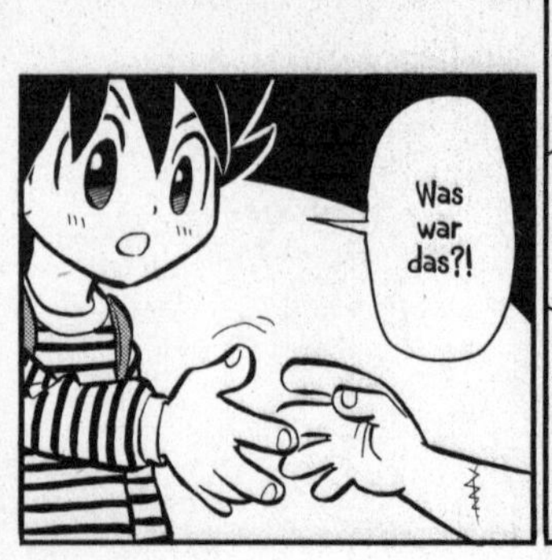


SELBST-ZERSTÖRUNGS-KNOPF

AUWWW!

Hä?!

Knopf

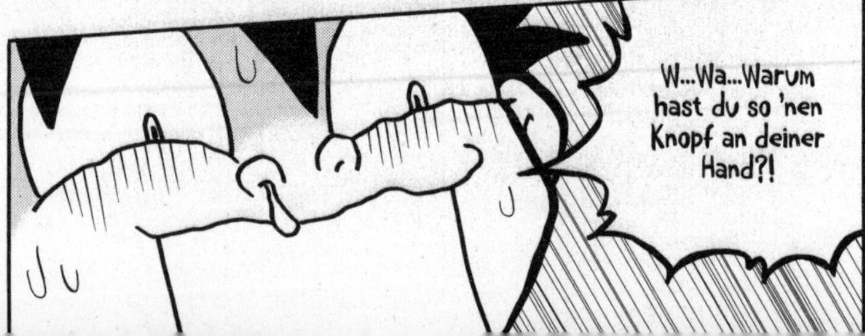

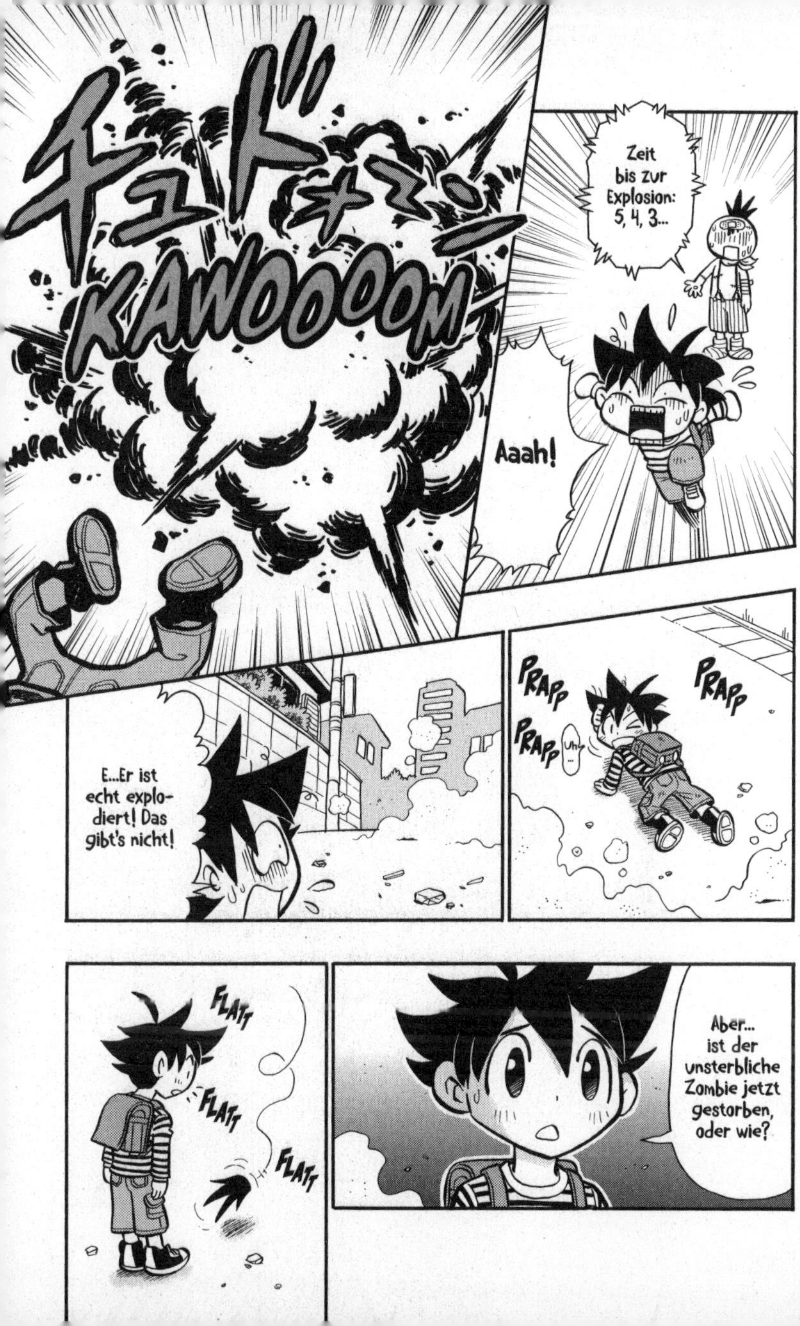

Zeit bis zur Explosion: 5, 4, 3...

Aaah!

KAWOOOOM

PRAPP

PRAPP

PRAPP

Uh...

E...Er ist echt explodiert! Das gibt's nicht!

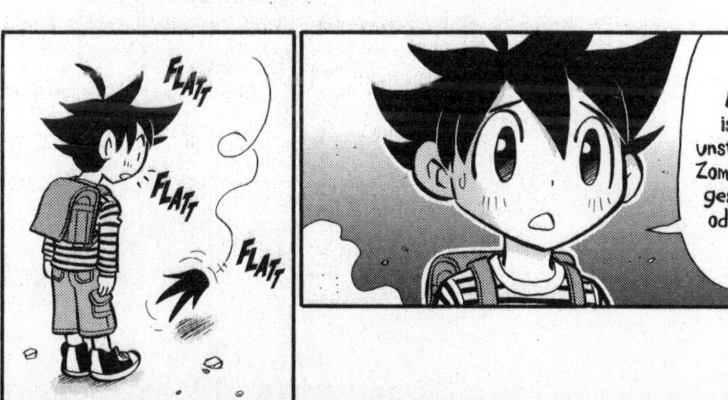

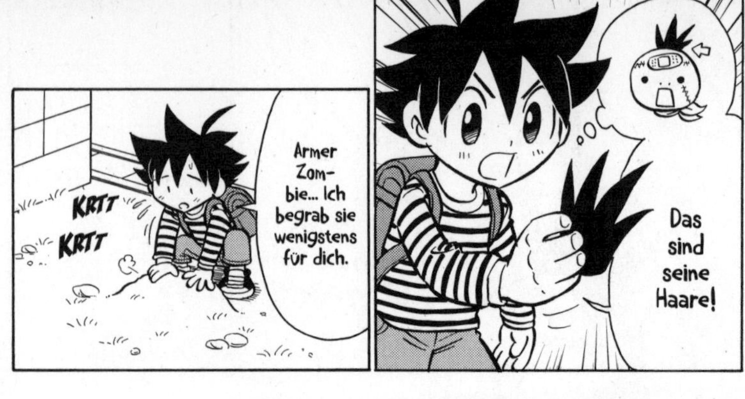


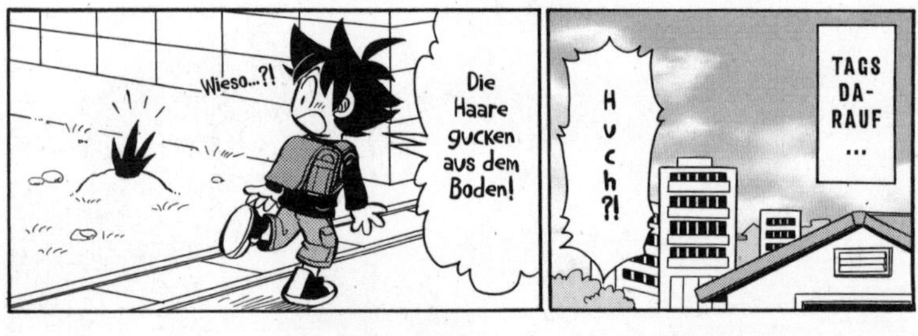

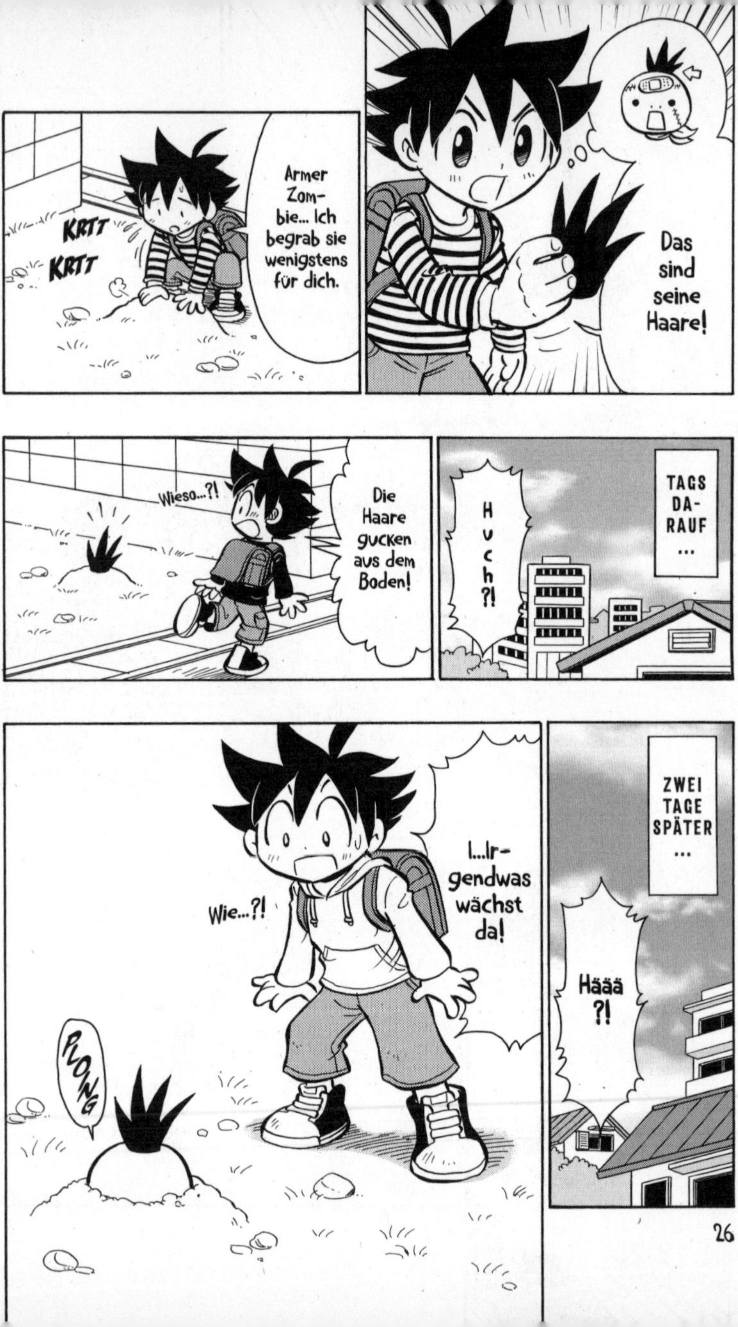

ZWEI TAGE SPÄTER ...

Häää?!

I...Irgendwas wächst da!

Wie...?!

PLONG

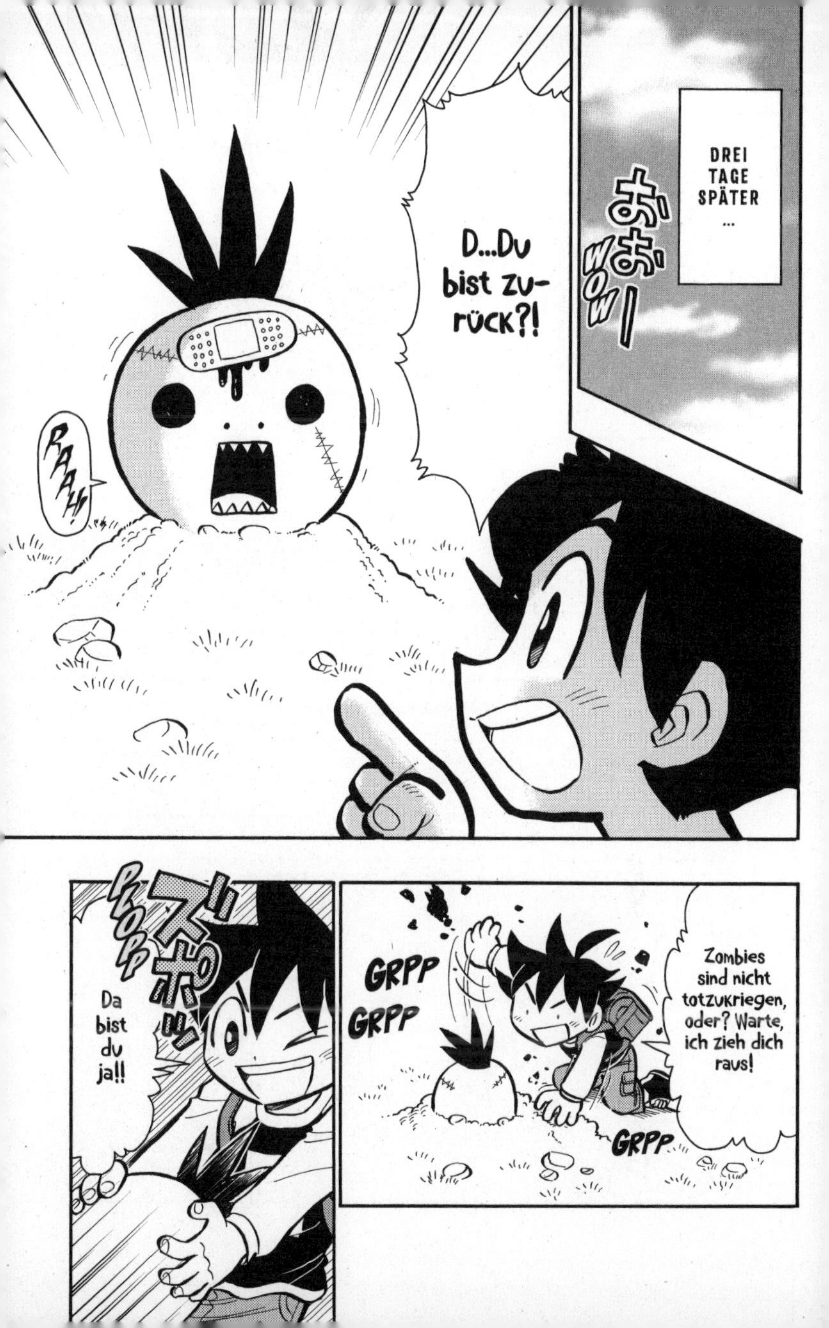

DREI TAGE SPÄTER ...

おおー WOW

D...Du bist zu-rück?!

RAAAH!

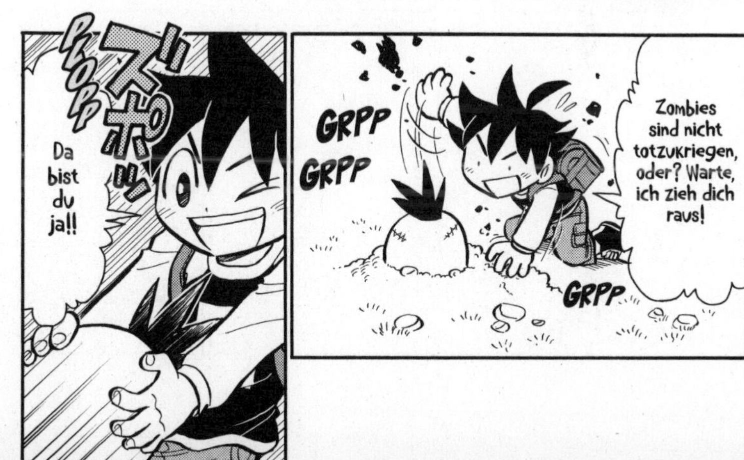

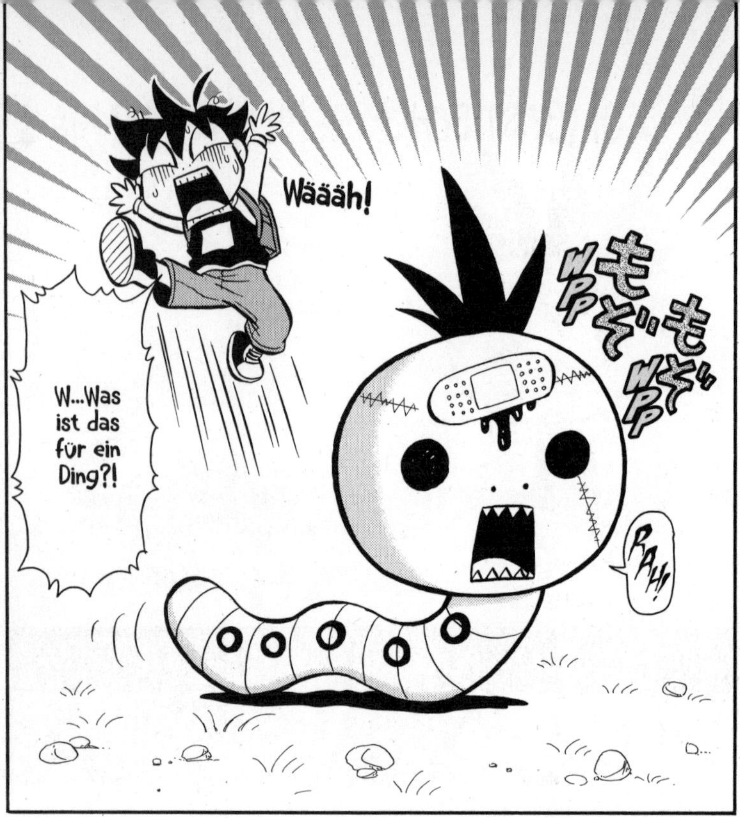

Wäääh!

W...Was ist das für ein Ding?!

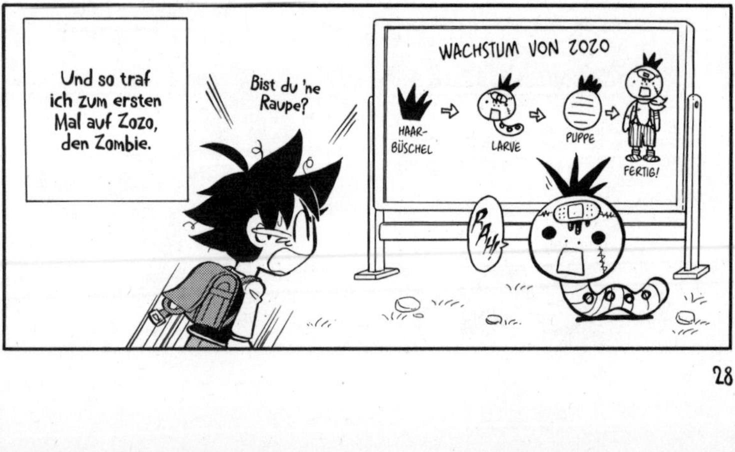

WPP もぞもぞ WPP

RAH!

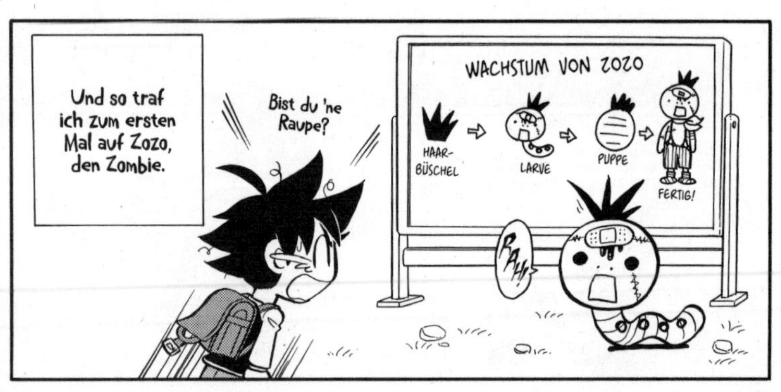

# ZOMBASTISCHER 4-BILDER-MANGA 1

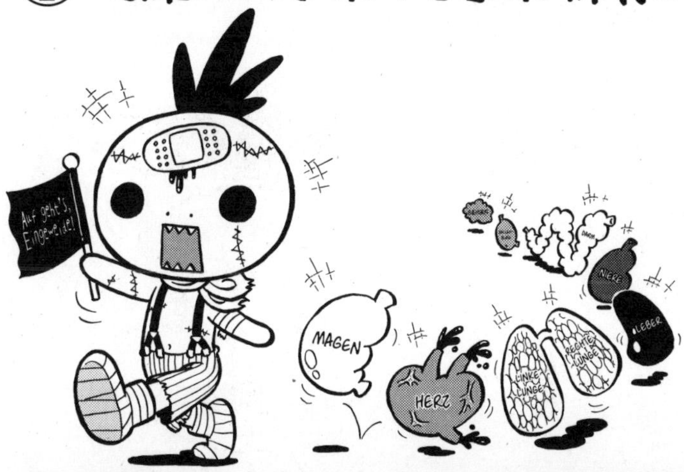


## PLATZ FREI HALTEN

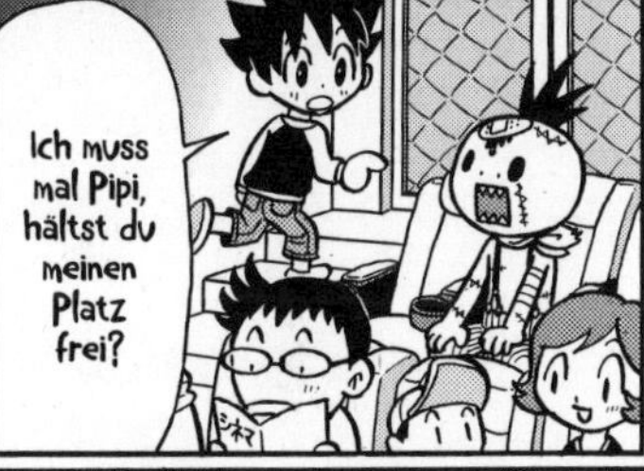


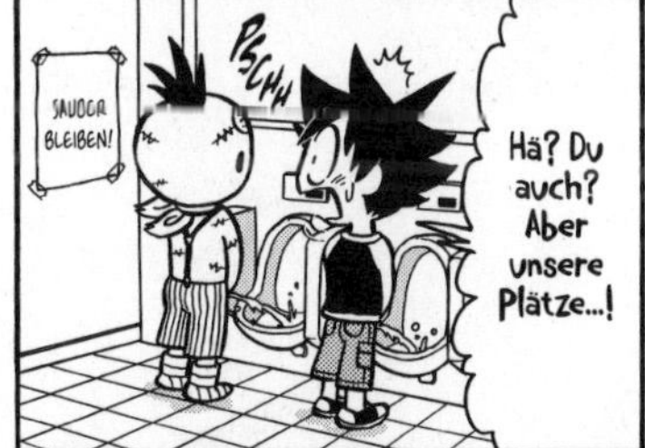


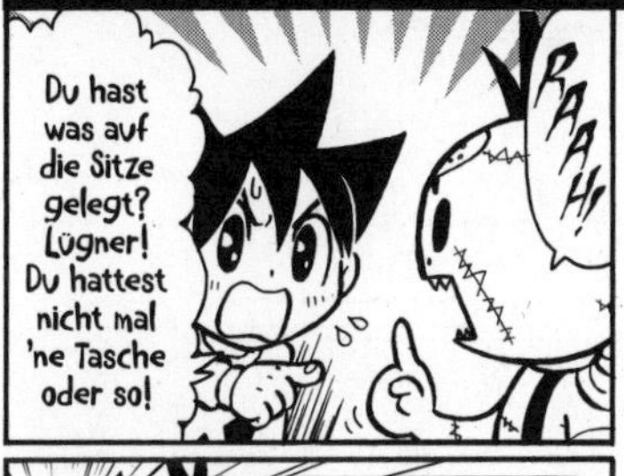


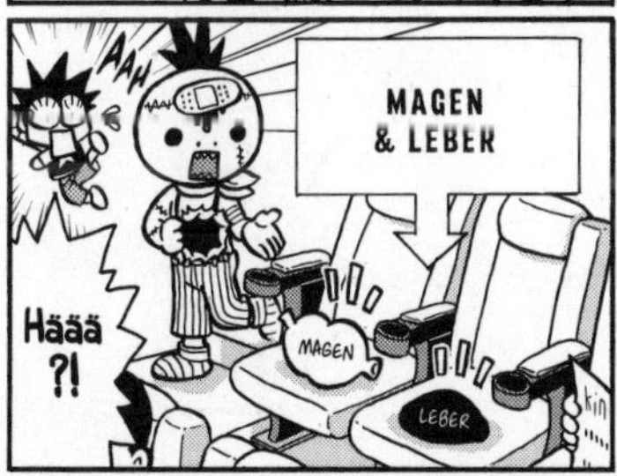

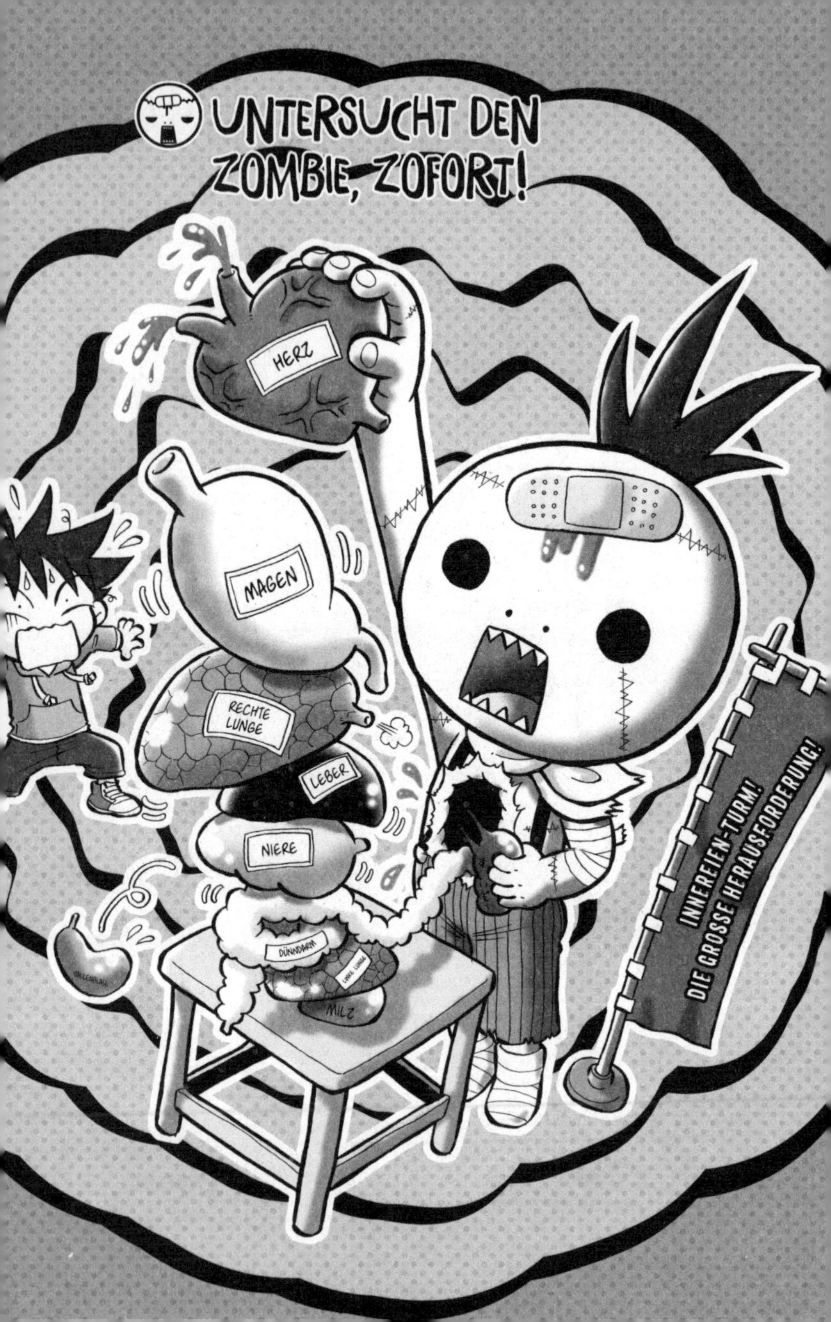
UNTERSUCHT DEN ZOMBIE, ZOFORT!
HERZ
MAGEN
RECHTE LUNGE
LEBER
NIERE
DÜNNDARM
LINKE LUNGE
GALLENBLASE
MILZ
INNEREIEN-TURM!
DIE GROSSE HERAUSFORDERUNG!

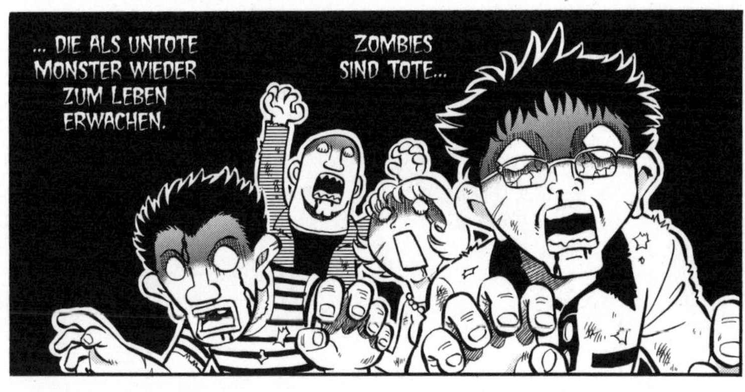


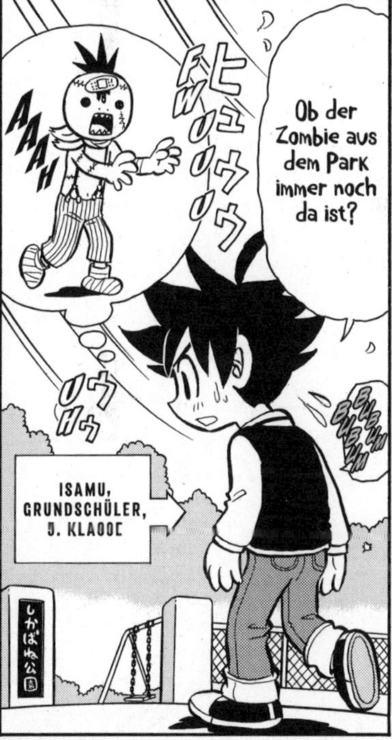


Shikabane-Park

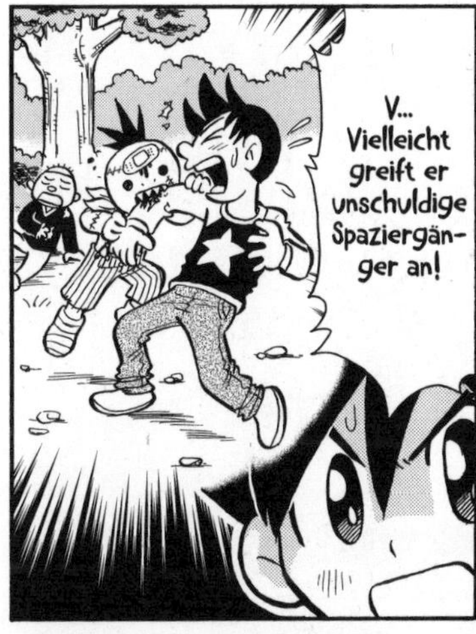


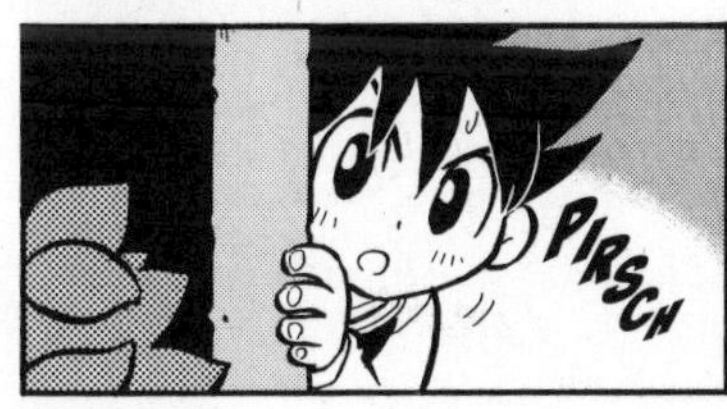

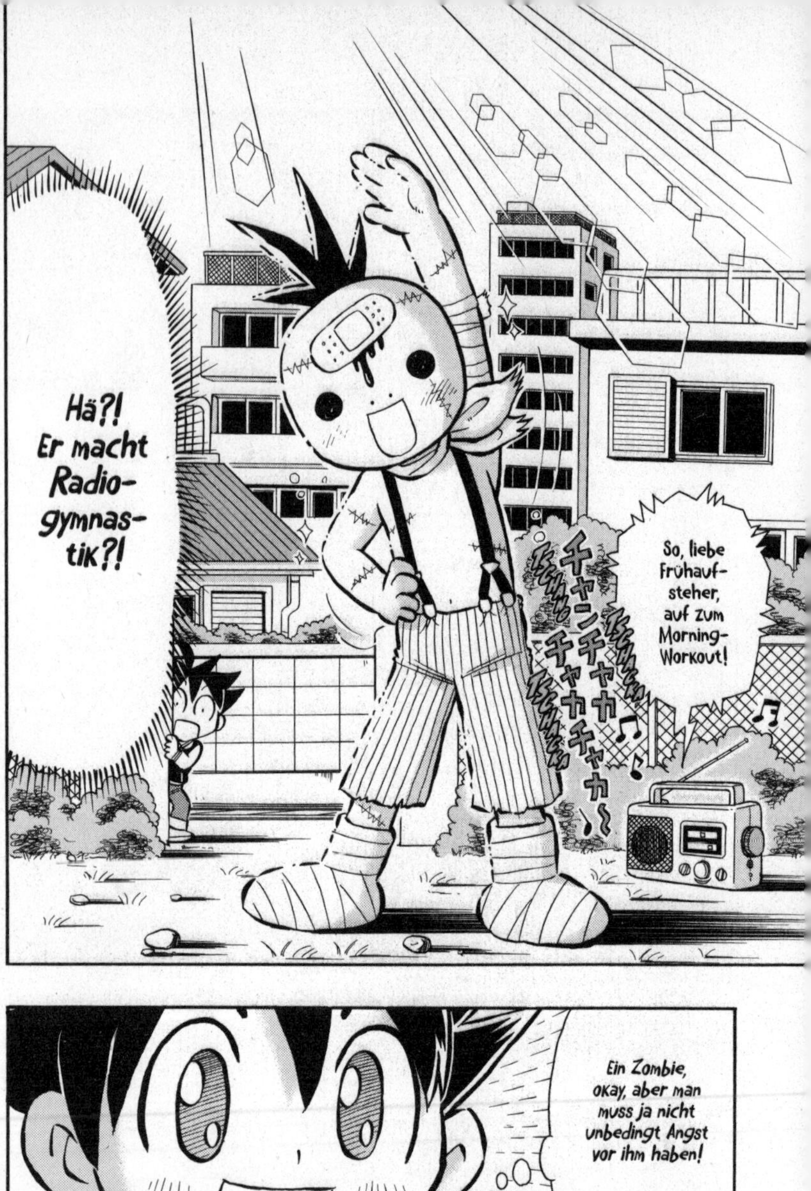

Hä?!
Er macht Radiogymnastik?!

So, liebe Frühaufsteher, auf zum Morning-Workout!

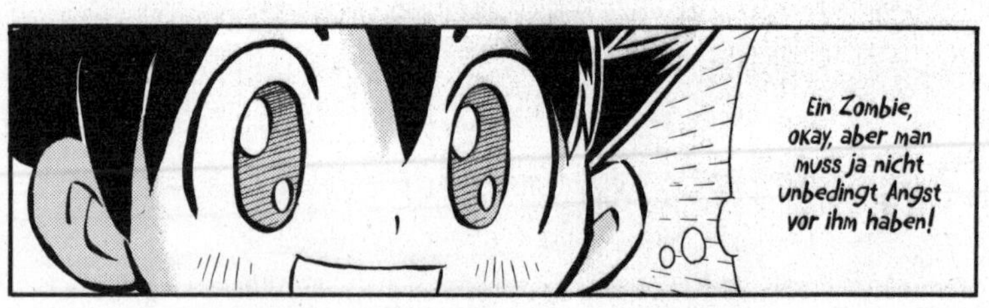

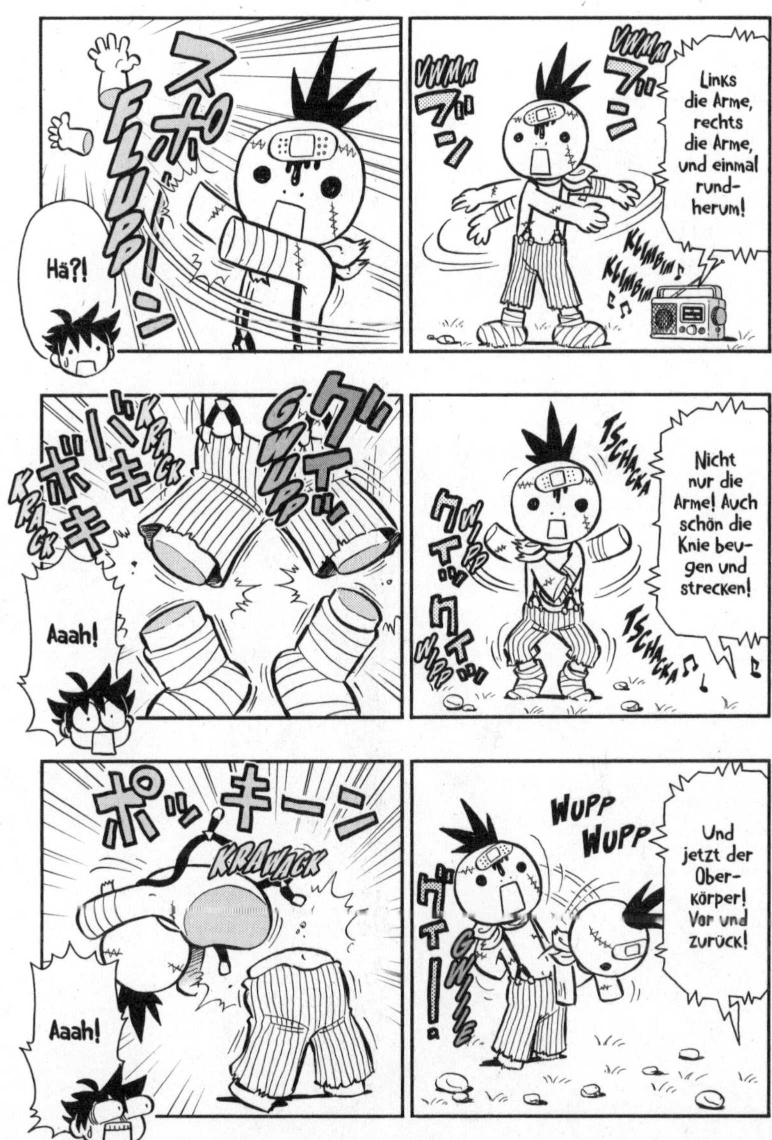
VWMM
VWMM
Links die Arme, rechts die Arme, und einmal rund-herum!
KLIMBIM
KLIMBIM
FLUPP
Hä?!
TSCHACKA
Nicht nur die Arme! Auch schön die Knie beu-gen und strecken!
TSCHACKA
GWUPP
KRACK
KRACK
Aaah!
WUPP
WUPP
Und jetzt der Ober-körper! Vor und zurück!
KRAWACK
Aaah!

# tausend Teilen

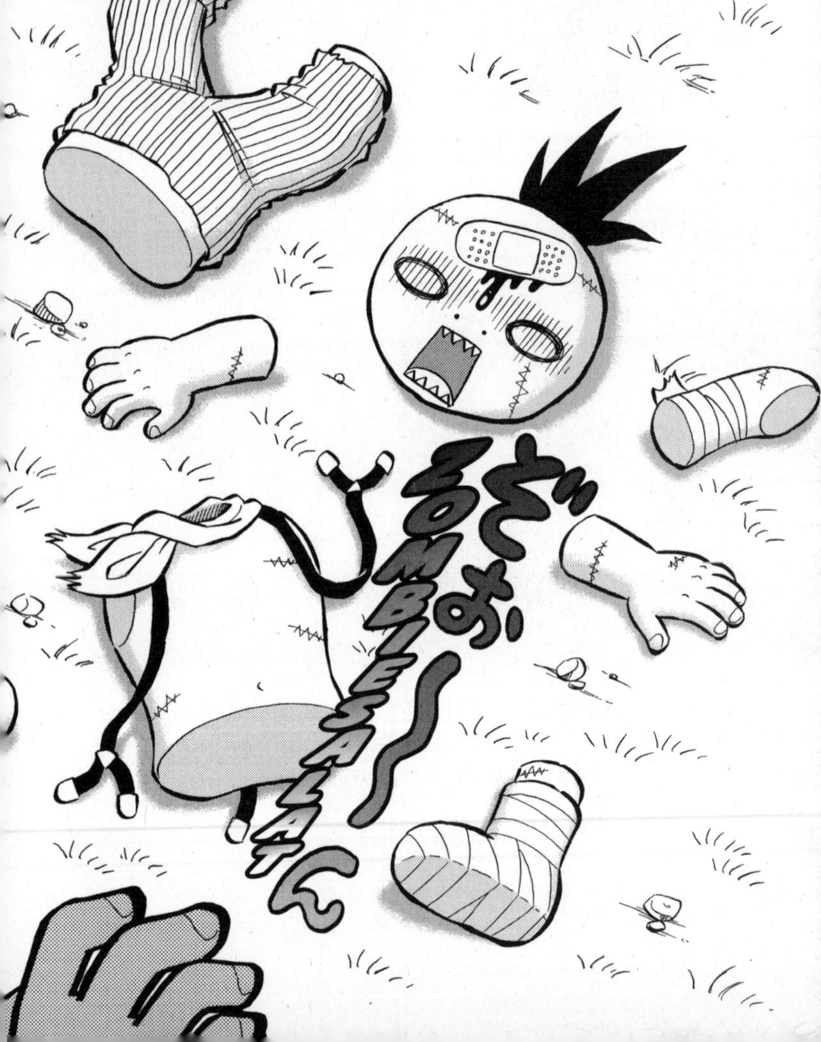

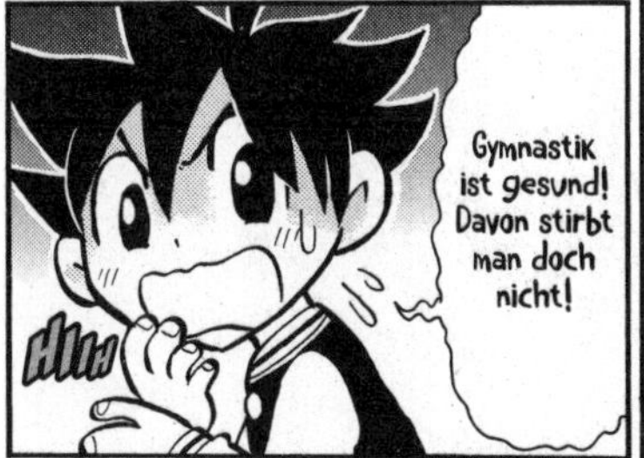


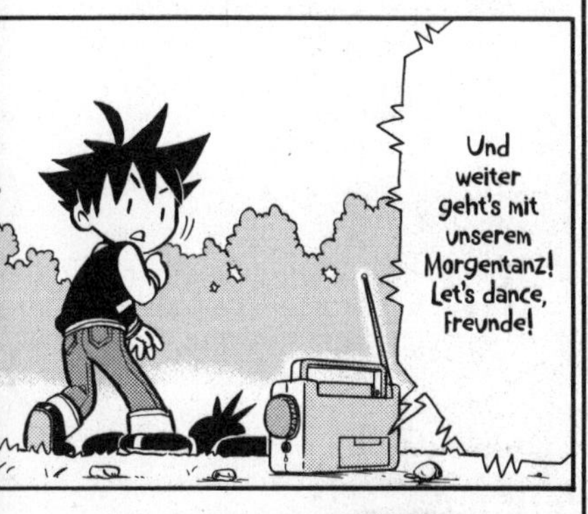


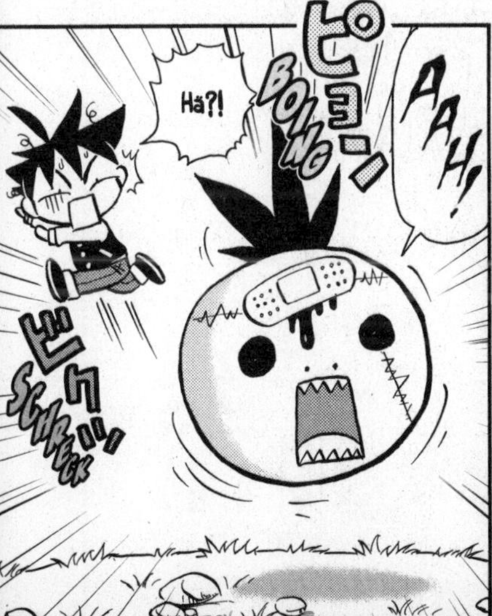


# Tod in

Waaaaas?!

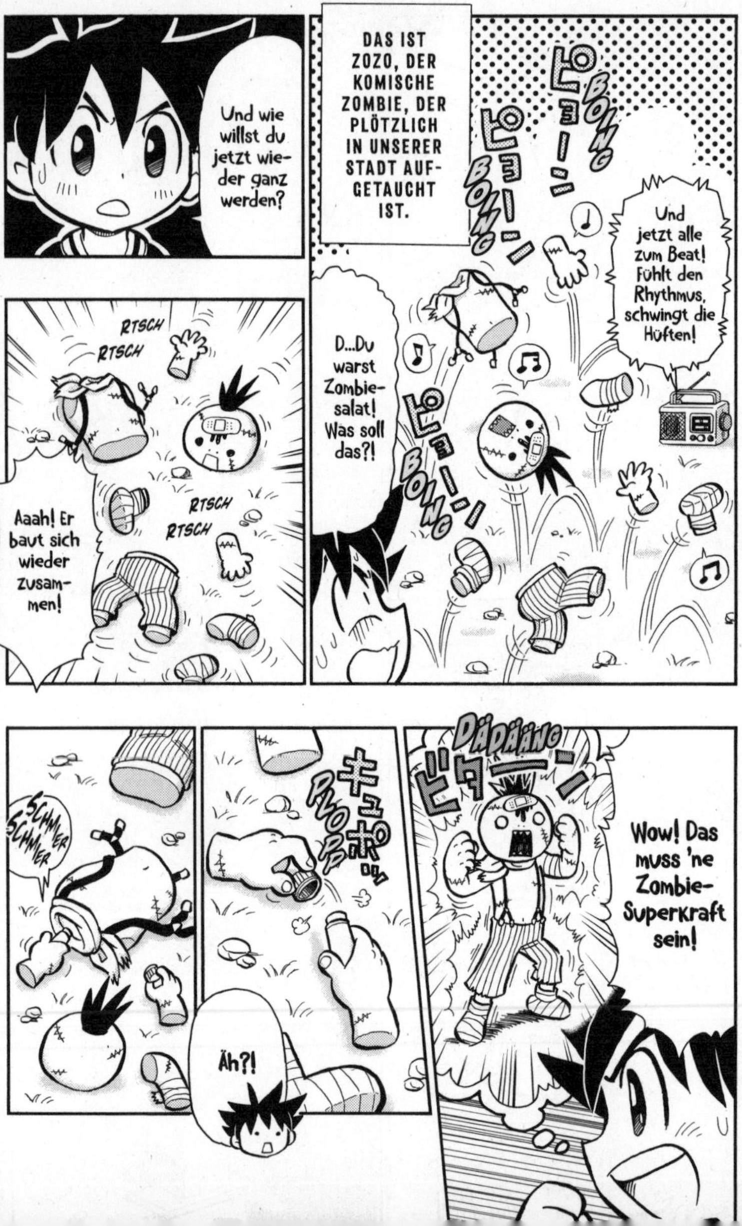

DAS IST ZOZO, DER KOMISCHE ZOMBIE, DER PLÖTZLICH IN UNSERER STADT AUFGETAUCHT IST.

ピョーン BOING

ピョーン BOING

Und jetzt alle zum Beat! Fühlt den Rhythmus, schwingt die Hüften!

ピョーン BOING

D...Du warst Zombiesalat! Was soll das?!

Und wie willst du jetzt wieder ganz werden?

RTSCH RTSCH

RTSCH RTSCH

Aaah! Er baut sich wieder zusammen!

ビターン DÄDÄÄNG

Wow! Das muss 'ne Zombie-Superkraft sein!

キュポッ PLOPP

Äh?!

SCHMIER SCHMIER

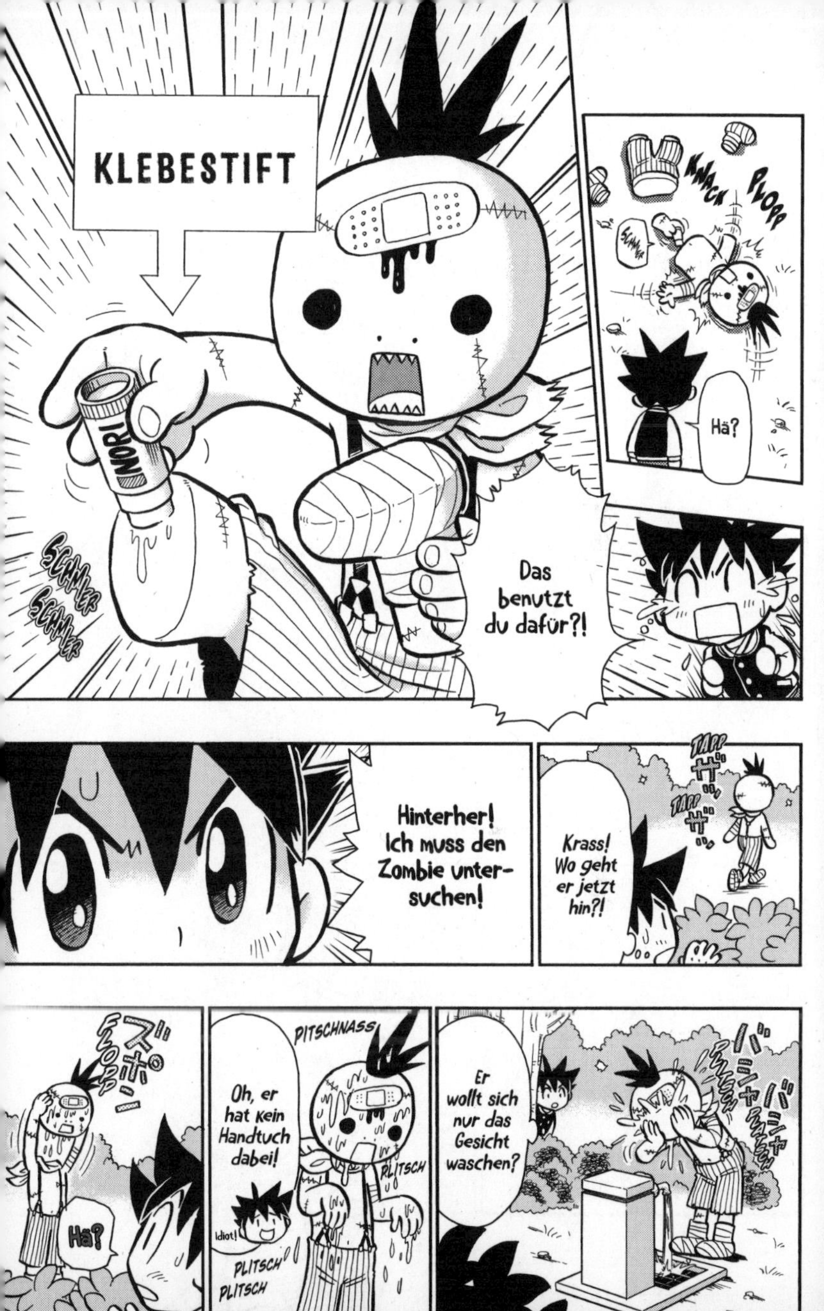
KLEBESTIFT
MORI
SCHMIER
SCHMIER
KNACK
PLOPP
Hä?
Das benutzt du dafür?!
Hinterher! Ich muss den Zombie unter-suchen!
TAPP
TAPP
Krass! Wo geht er jetzt hin?!
PITSCHNASS
Er wollt sich nur das Gesicht waschen?
Oh, er hat kein Handtuch dabei!
PLITSCH
Idiot!
PLITSCH
PLITSCH
Hä?

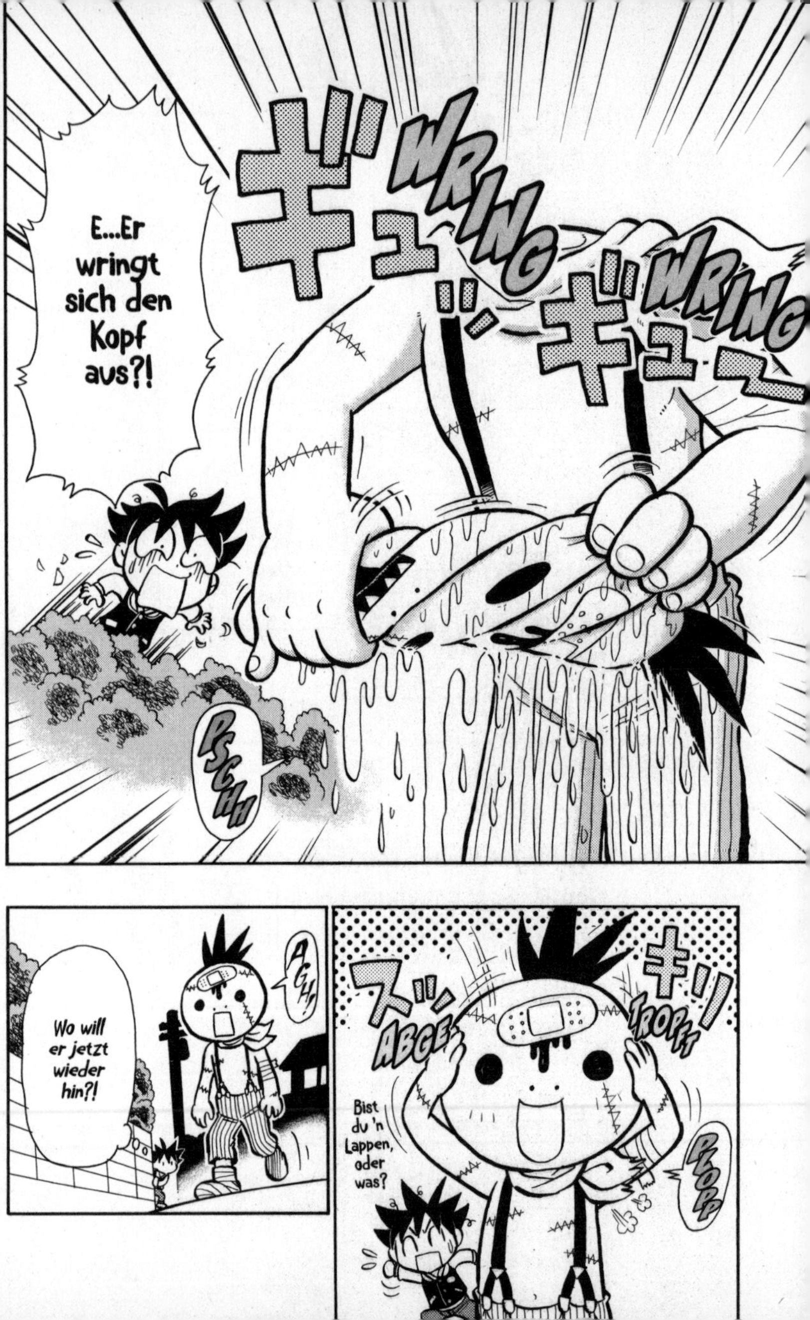

ギュ
WRING
ギュ
WRING
E...Er wringt sich den Kopf aus?!
PSCHH

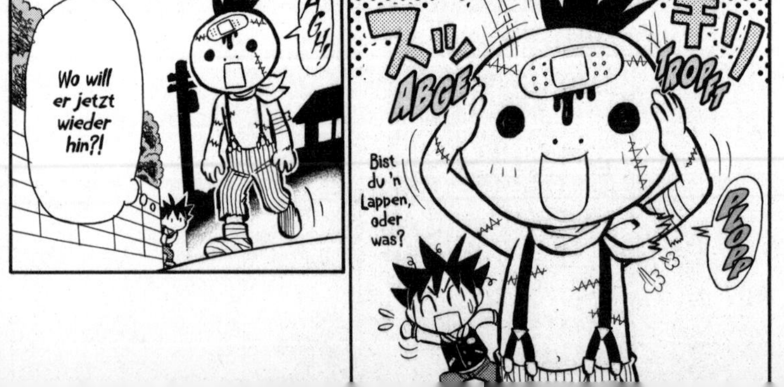

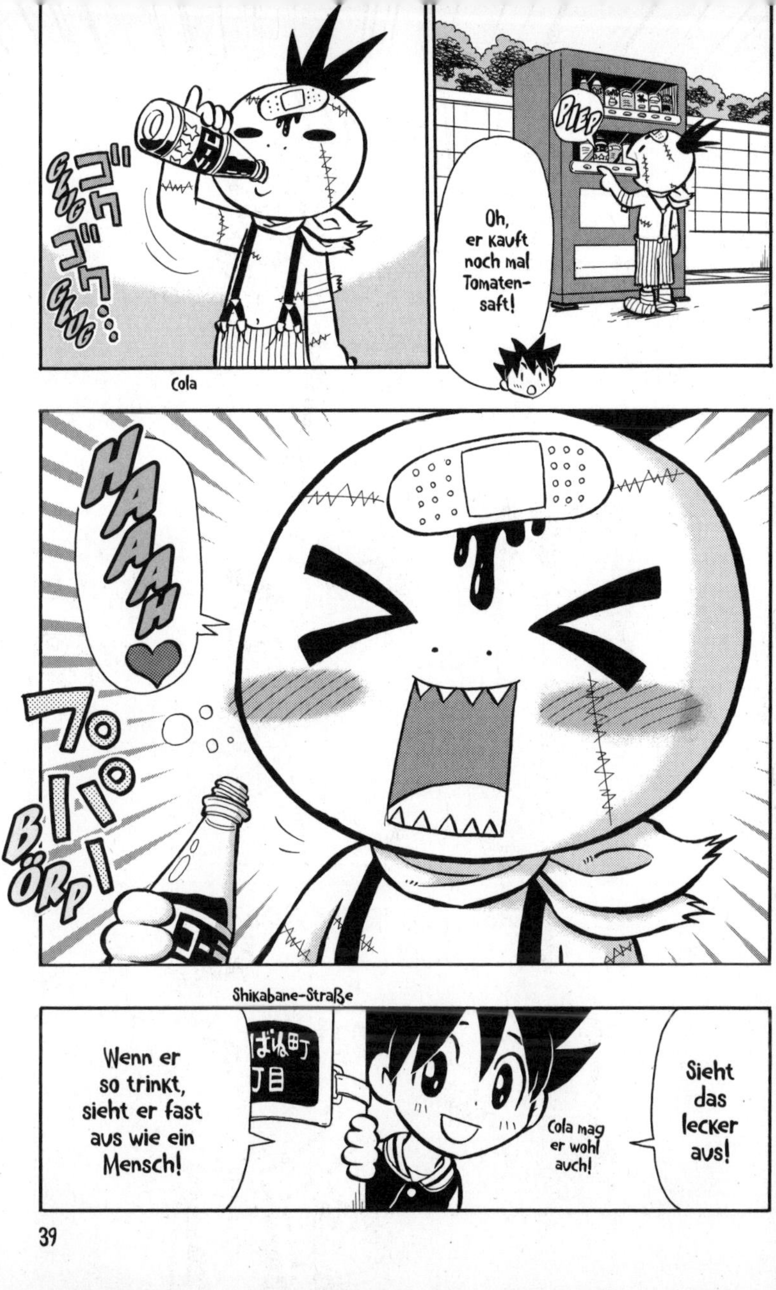

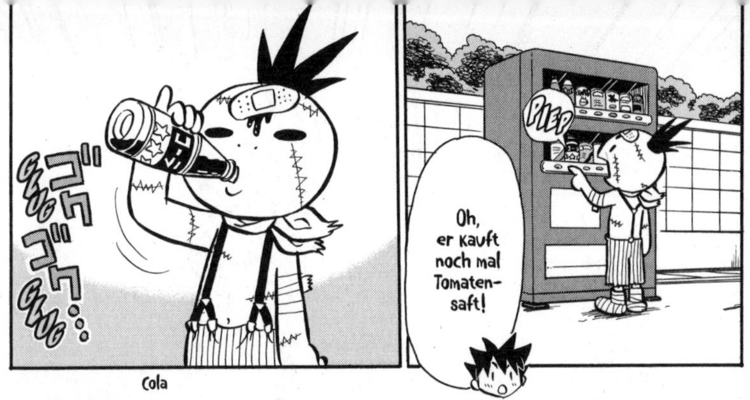
PIEP
Oh, er kauft noch mal Tomatensaft!
GLUG GLUG ...
Cola

HAAAAH ♥

BÖRP

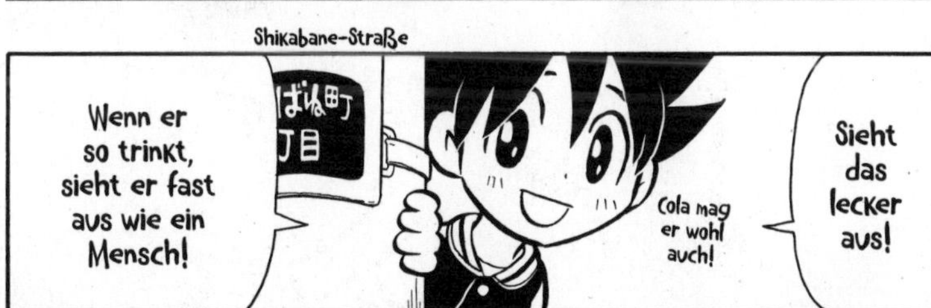
Shikabane-Straße
Sieht das lecker aus!
Cola mag er wohl auch!
Wenn er so trinkt, sieht er fast aus wie ein Mensch!

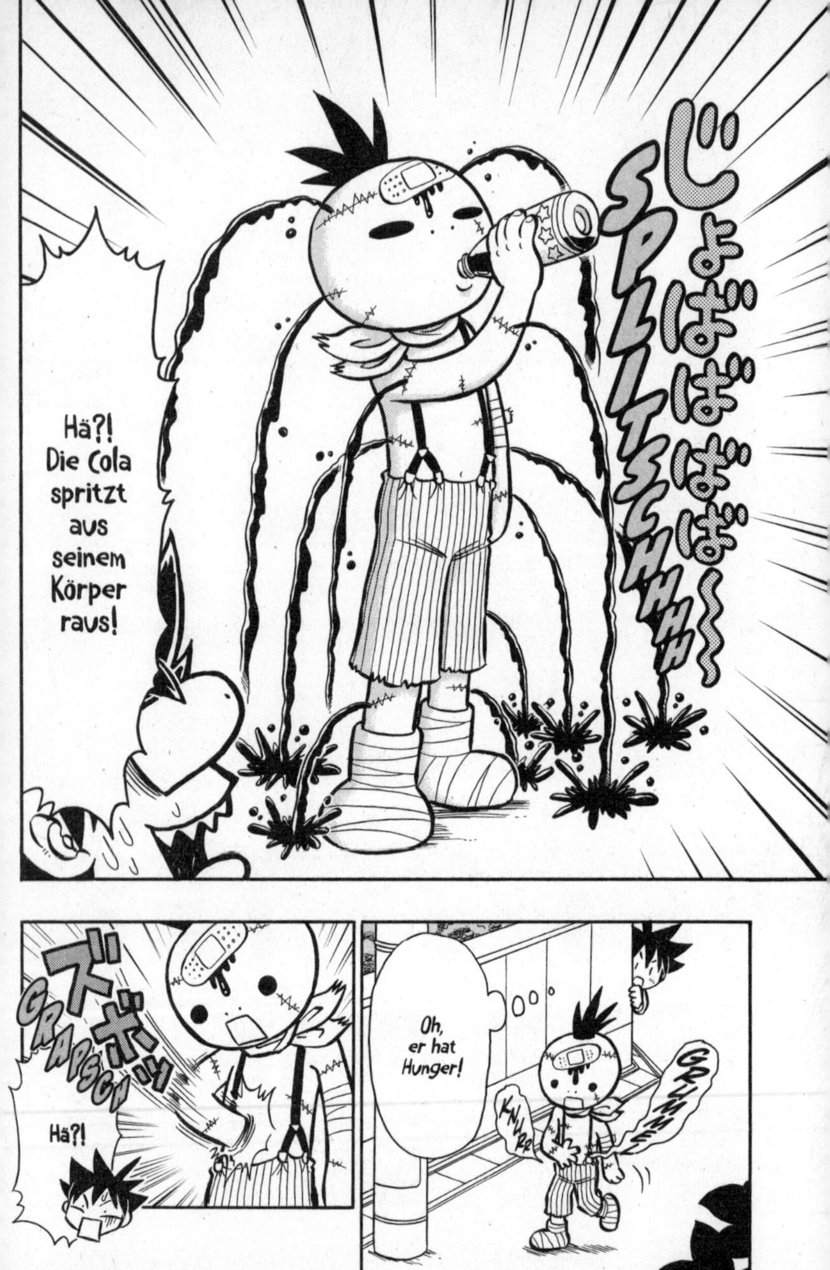
じょばばばばば〜
SPLITSCHHHHH
Hä?!
Die Cola
spritzt
aus
seinem
Körper
raus!
Oh,
er hat
Hunger!
GRUMMEL
KNURR
ズボッ
GRAPSCH
Hä?!

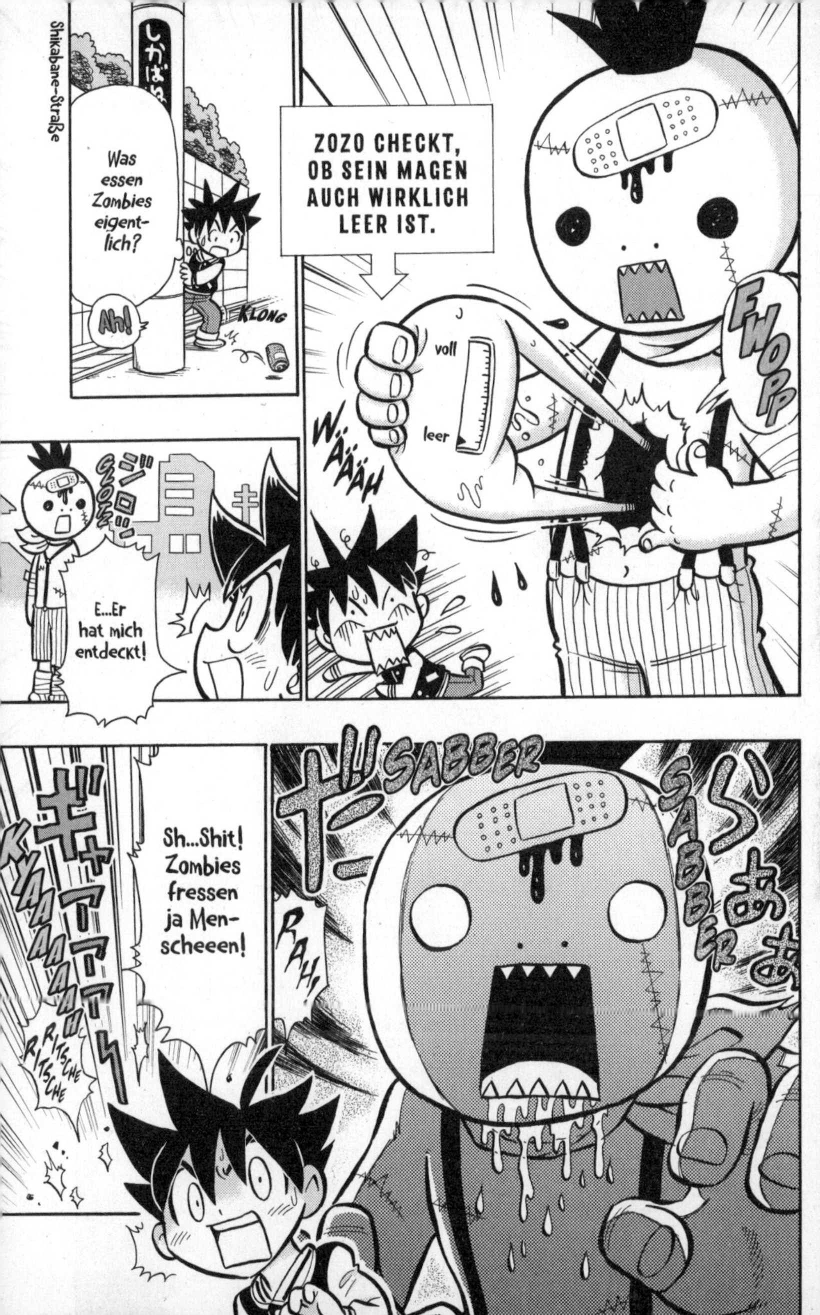
ZOZO CHECKT, OB SEIN MAGEN AUCH WIRKLICH LEER IST.
voll
leer
FWOPP
WÄÄÄH
Shikabane-Straße
Was essen Zombies eigentlich?
Ah!
KLONG
GLOTZ
E...Er hat mich entdeckt!
SABBER
SABBER
Sh...Shit! Zombies fressen ja Menscheeen!
RAH!
KYAAAAAAAAH
RITSCHE
RITSCHE

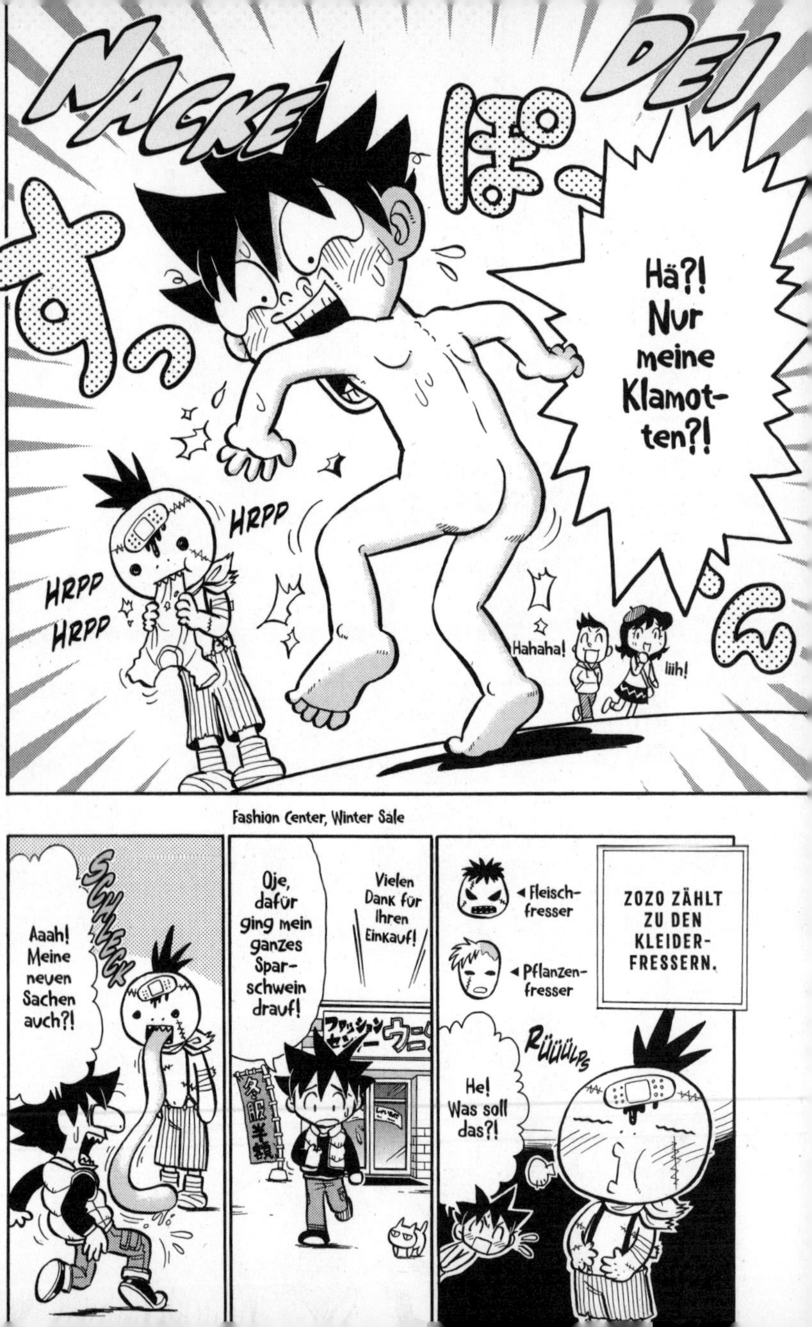

NACKEDEI
すっぽーん
Hä?! Nur meine Klamotten?!
HRPP
HRPP HRPP
Hahaha!
Iiih!

Fashion Center, Winter Sale

ZOZO ZÄHLT ZU DEN KLEIDERFRESSERN.
◂ Fleischfresser
◂ Pflanzenfresser
RÜÜÜLPS
He! Was soll das?!

Vielen Dank für Ihren Einkauf!
Oje, dafür ging mein ganzes Sparschwein drauf!

SCHLECK
Aaah! Meine neuen Sachen auch?!

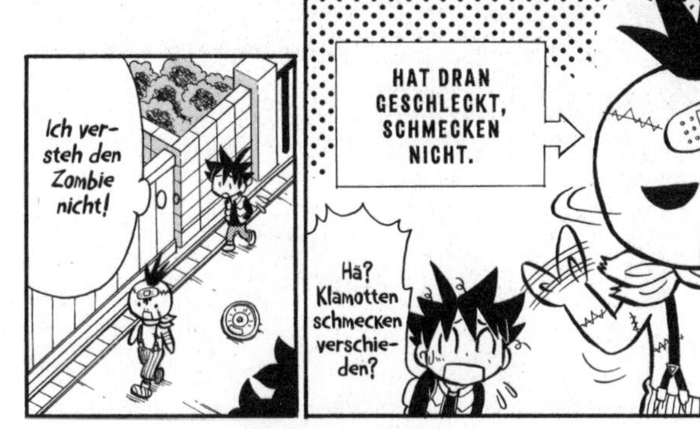

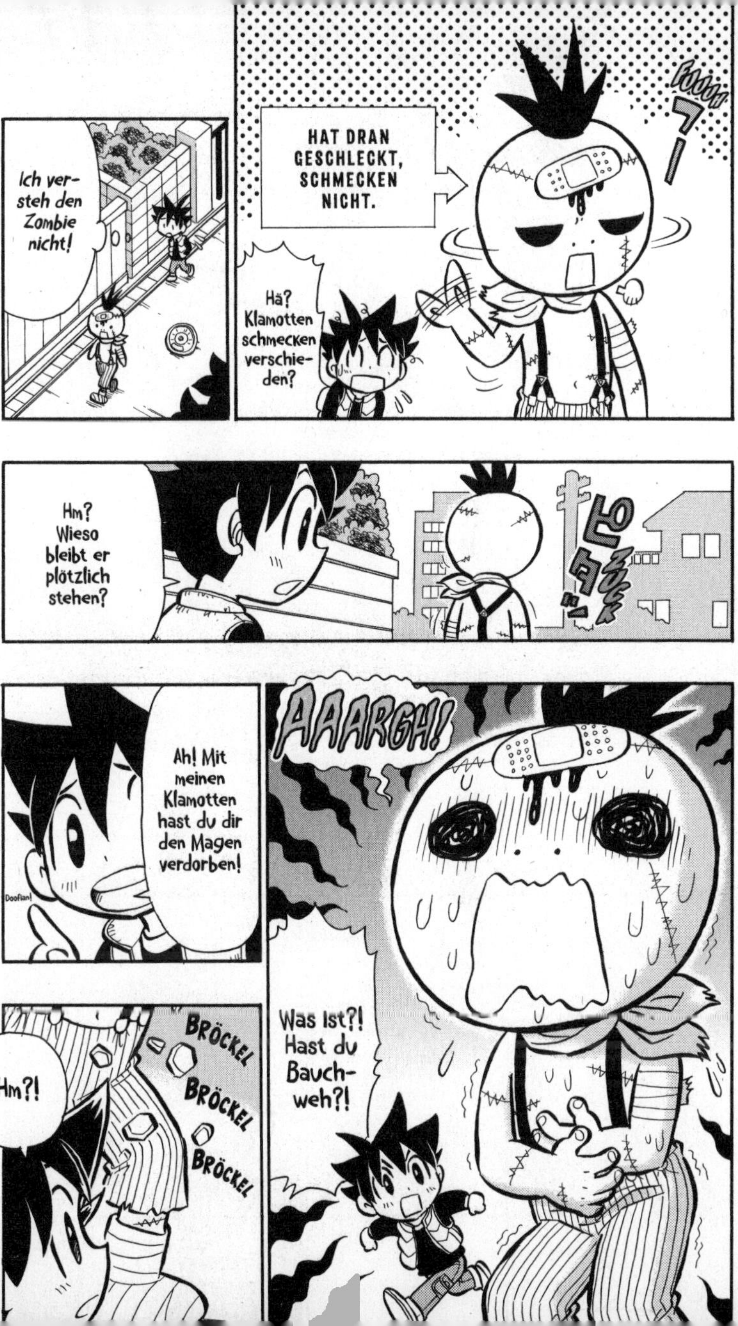

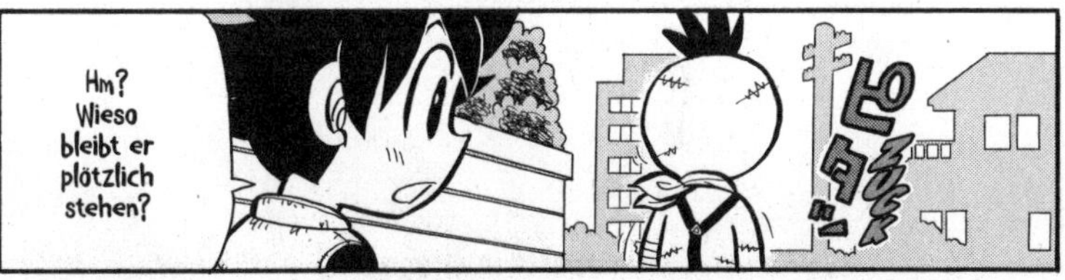


AAARGH!

Was ist?! Hast du Bauchweh?!

Ah! Mit meinen Klamotten hast du dir den Magen verdorben!

Doofian!

BRÖCKEL

BRÖCKEL

BRÖCKEL

Hm?!

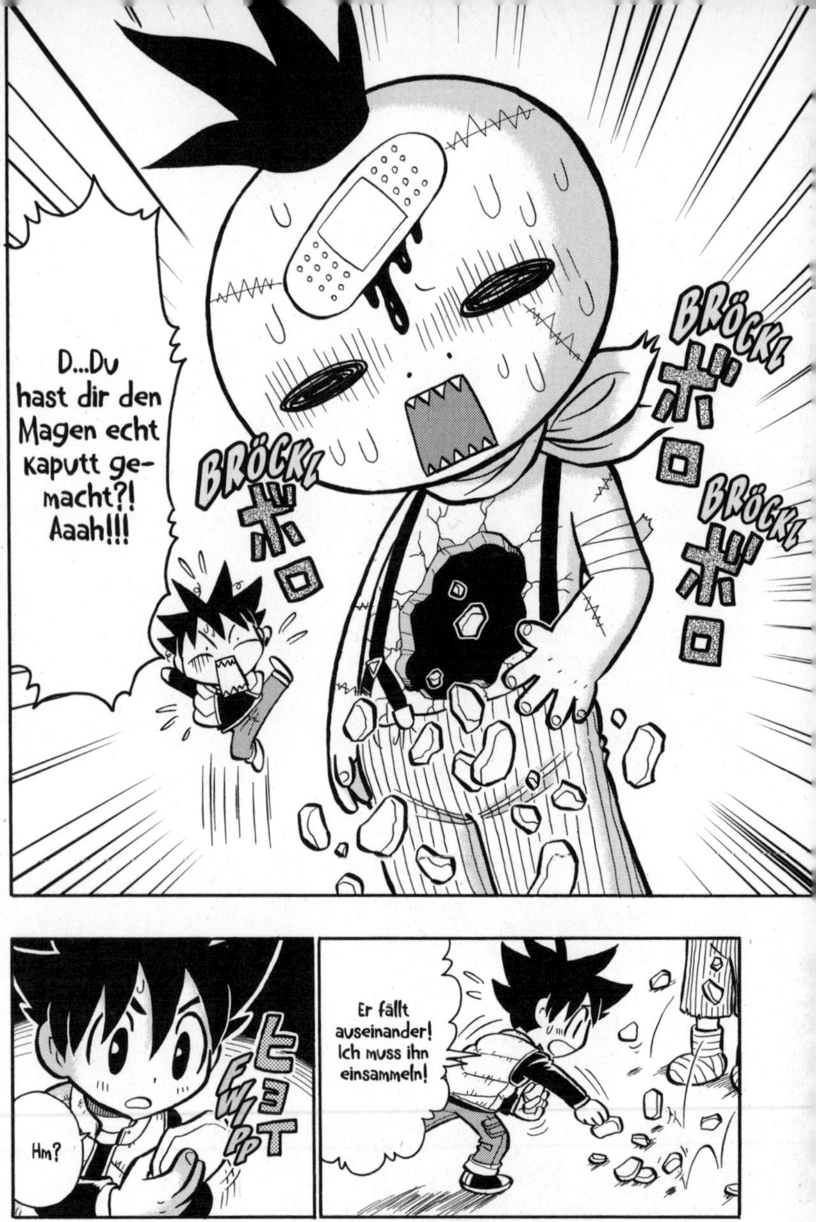

BRÖCKL
ボロ
BRÖCKL
ボロ

D...Du hast dir den Magen echt kaputt gemacht?! Aaah!!!

BRÖCKL
ボロ

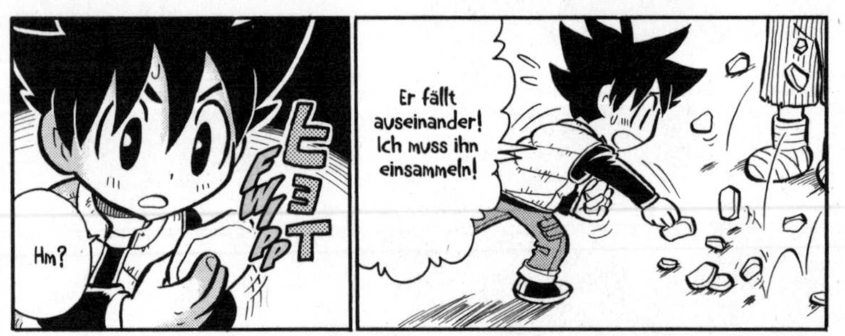

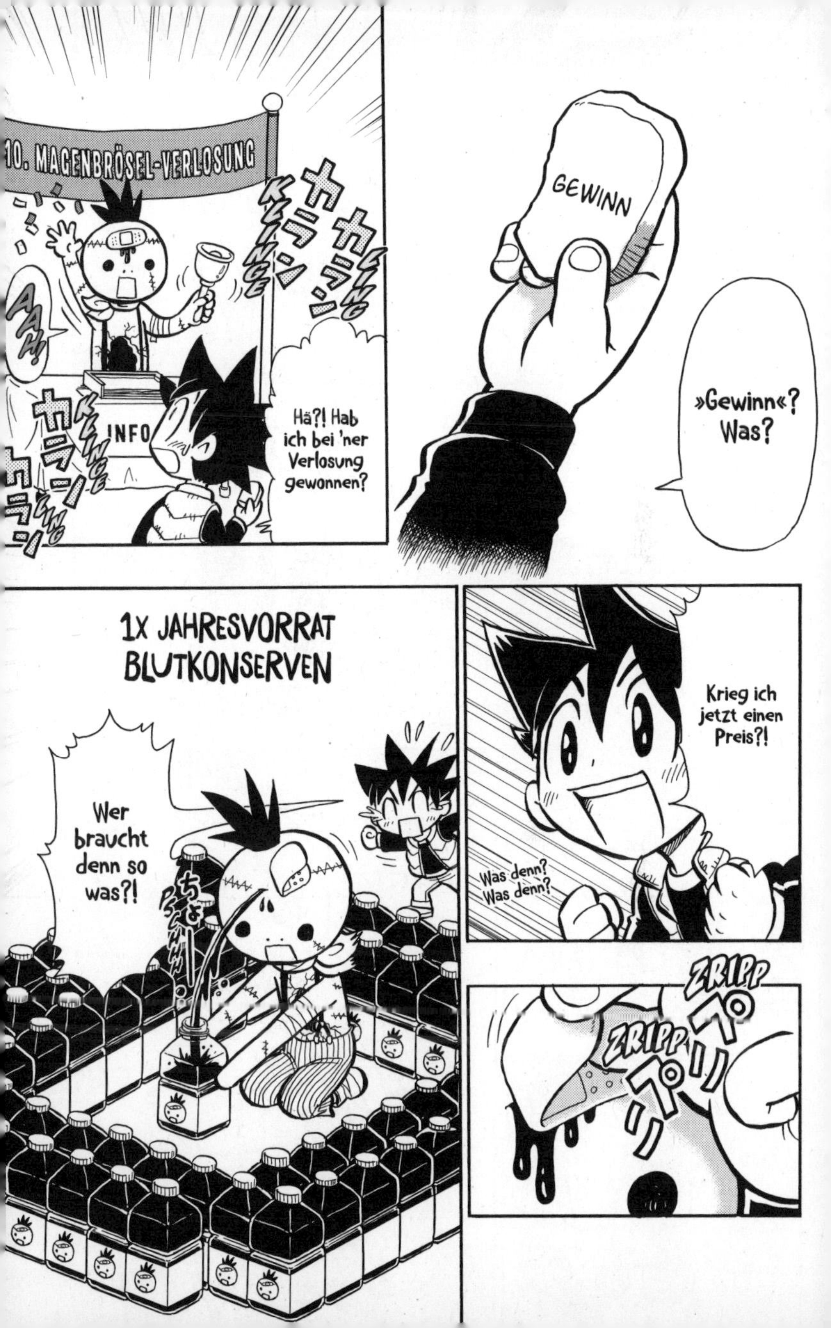

GEWINN

»Gewinn«? Was?

10. MAGENBRÖSEL-VERLOSUNG

KLING KLING

AAH!

INFO

KLING KLING

Hä?! Hab ich bei 'ner Verlosung gewonnen?

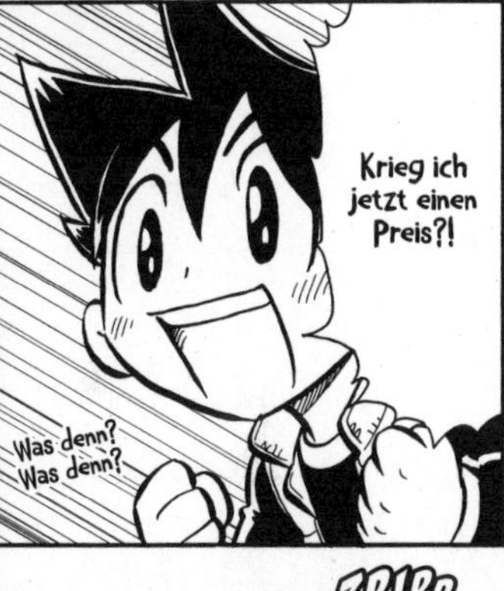


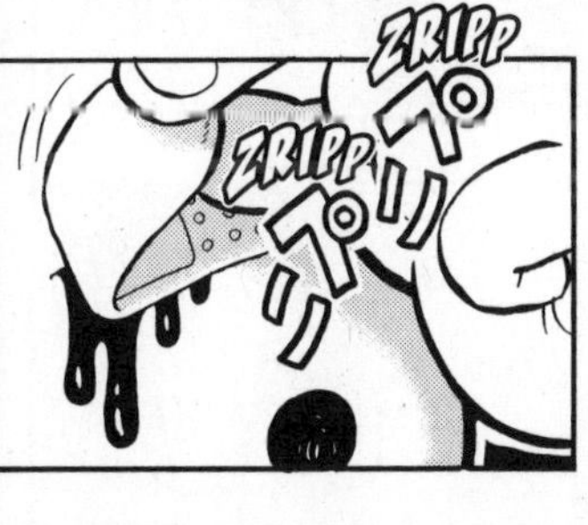


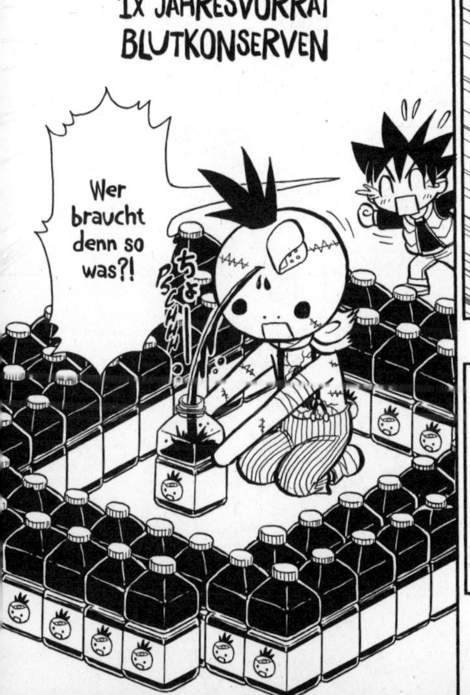

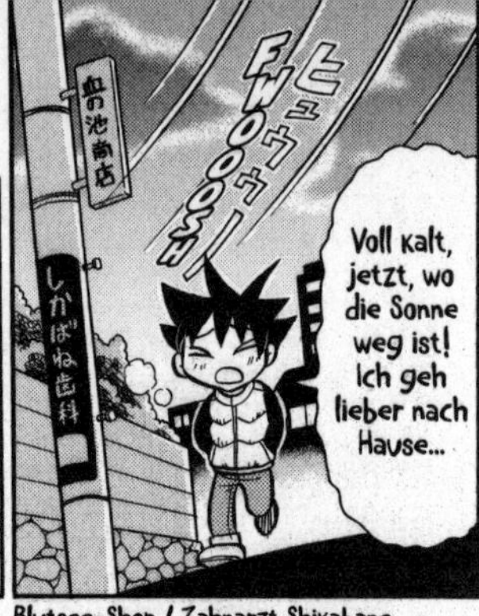


Blutsee-Shop / Zahnarzt Shikabane

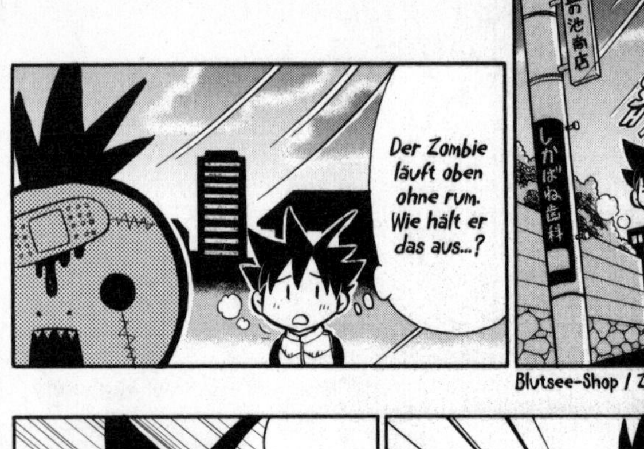


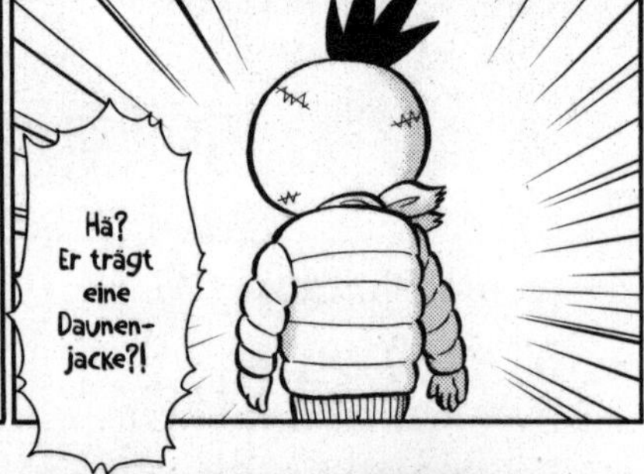


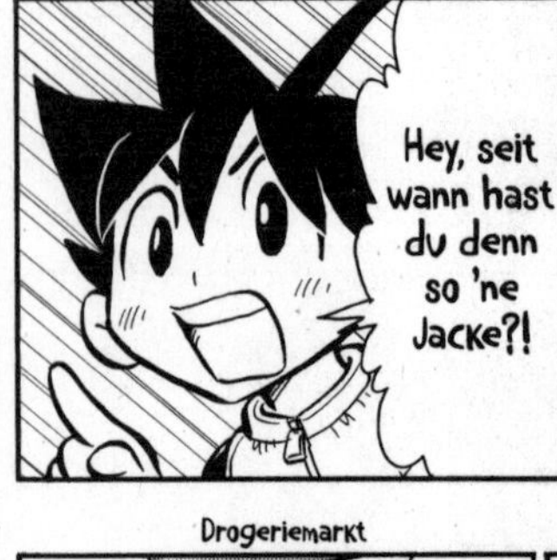


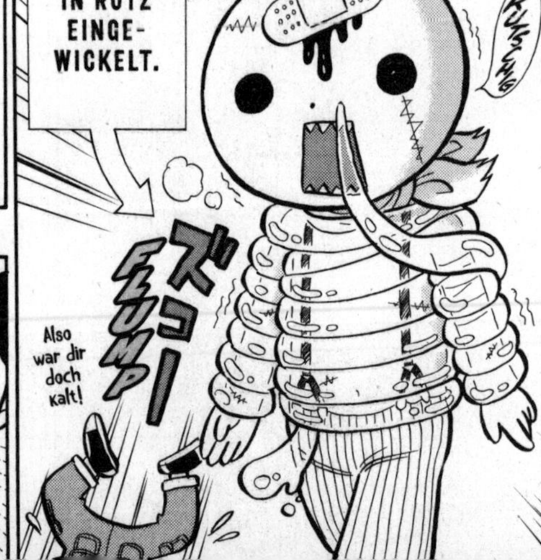


Drogeriemarkt

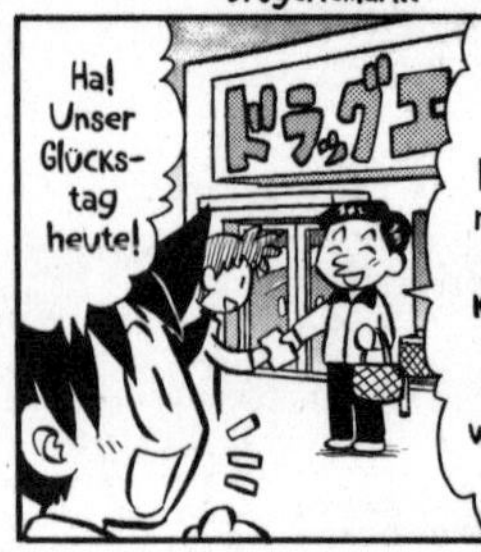


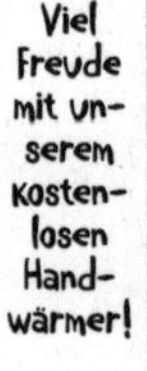


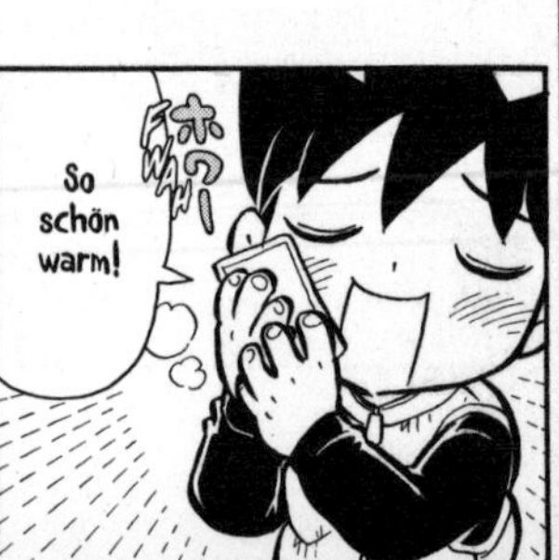

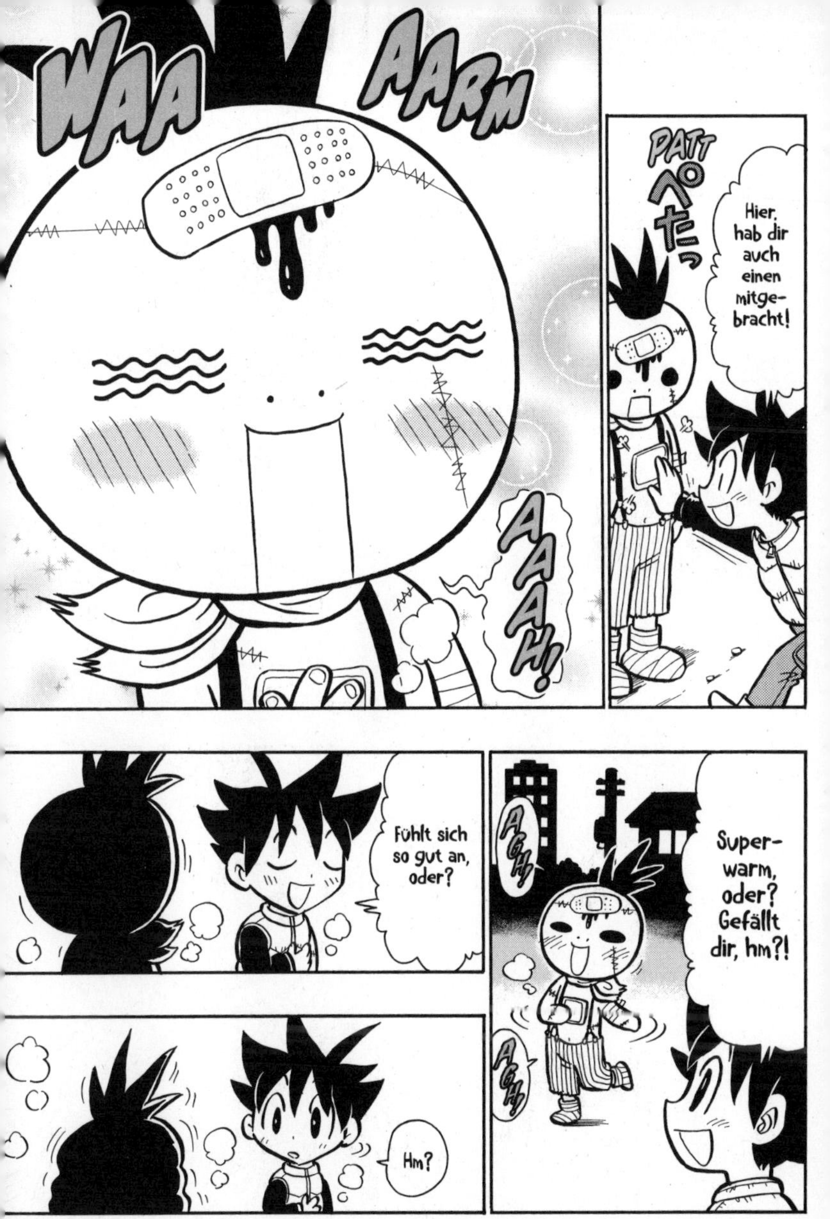

PATT ぺたっ
Hier, hab dir auch einen mitgebracht!
WAAARM
AAAAH!

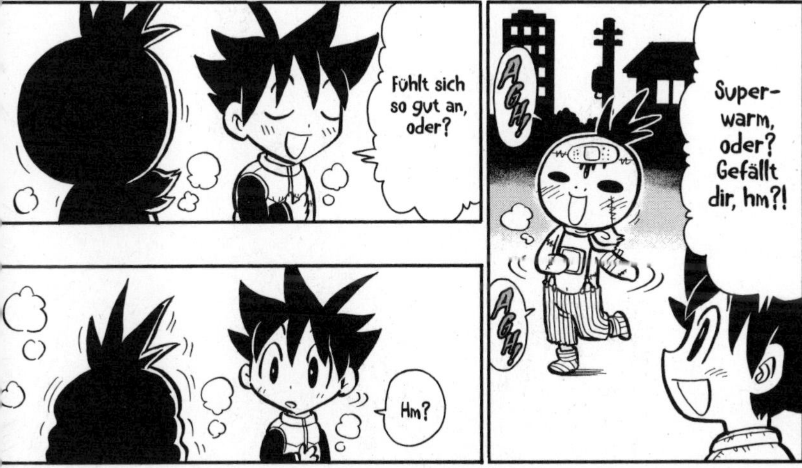

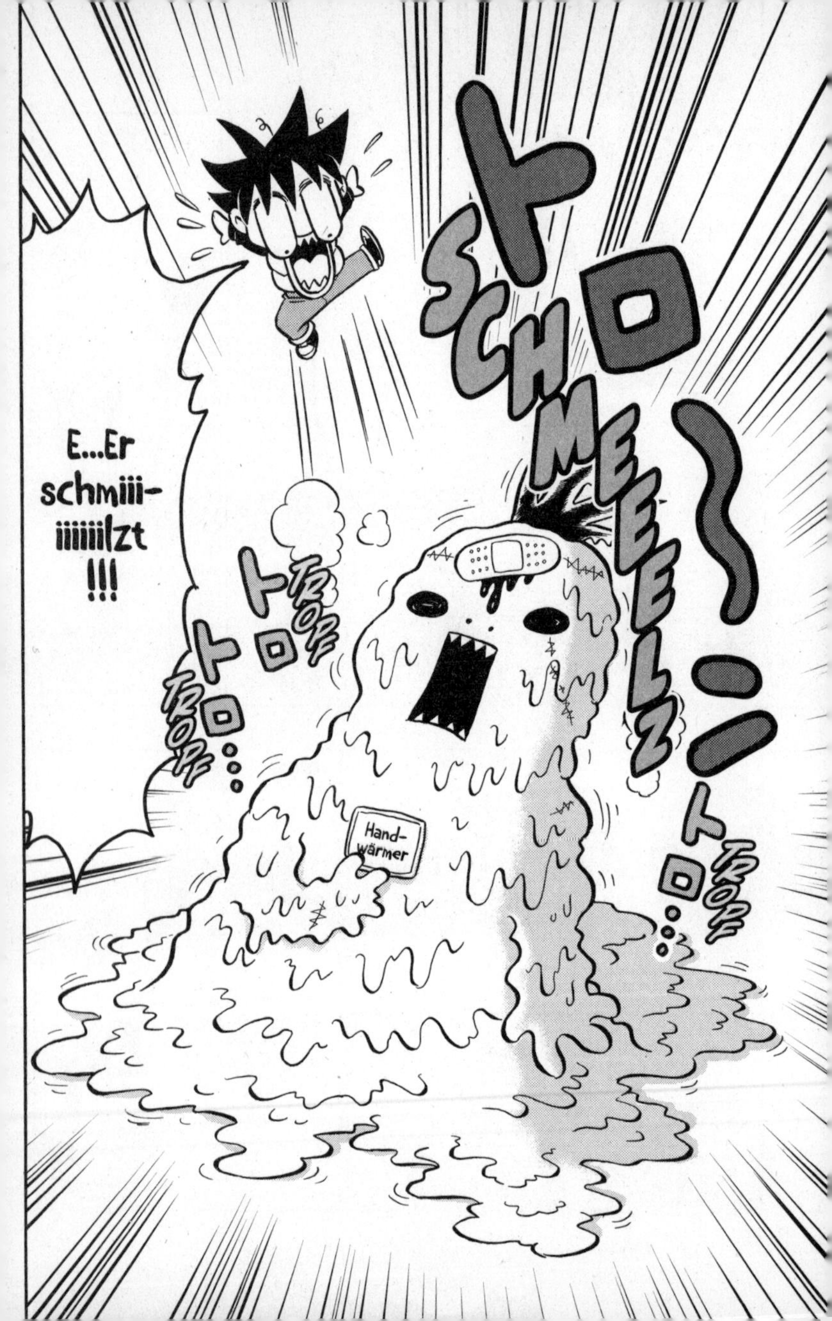
E...Er schmiii-iiiiiilzt !!!
SCHMEEELZ
TROPF
TROPF
TROPF...
Hand-wärmer

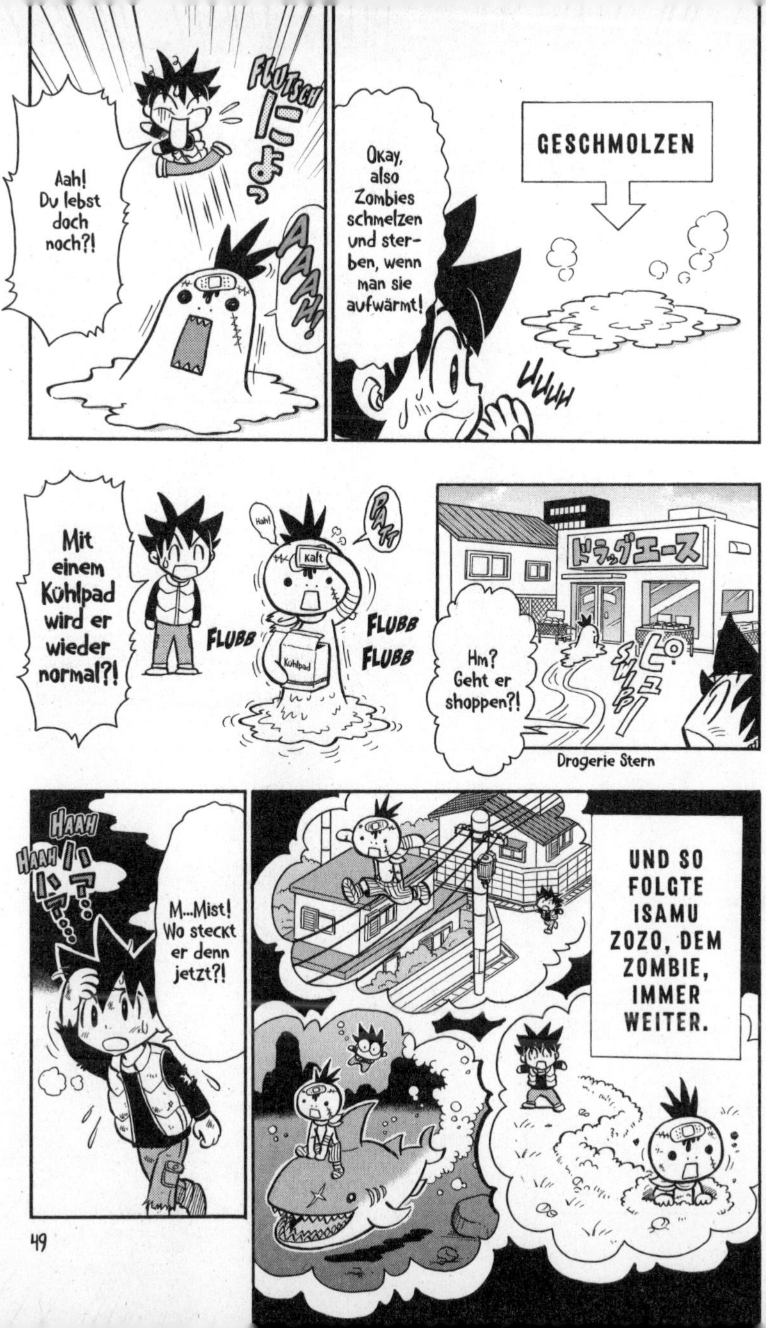

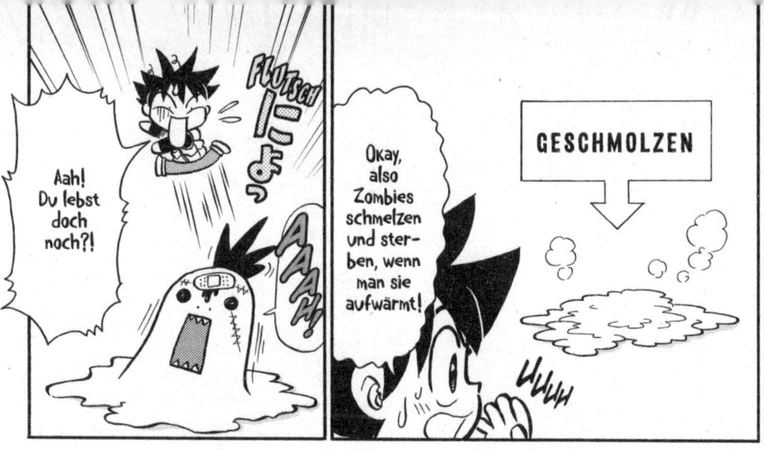


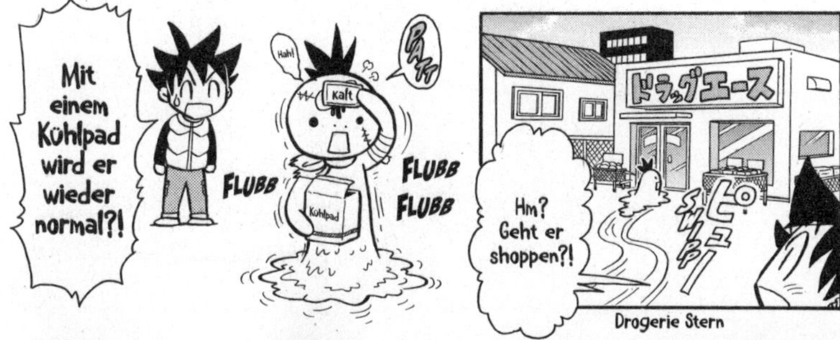


UND SO FOLGTE ISAMU ZOZO, DEM ZOMBIE, IMMER WEITER.

M...Mist! Wo steckt er denn jetzt?!

HAAH HAAH

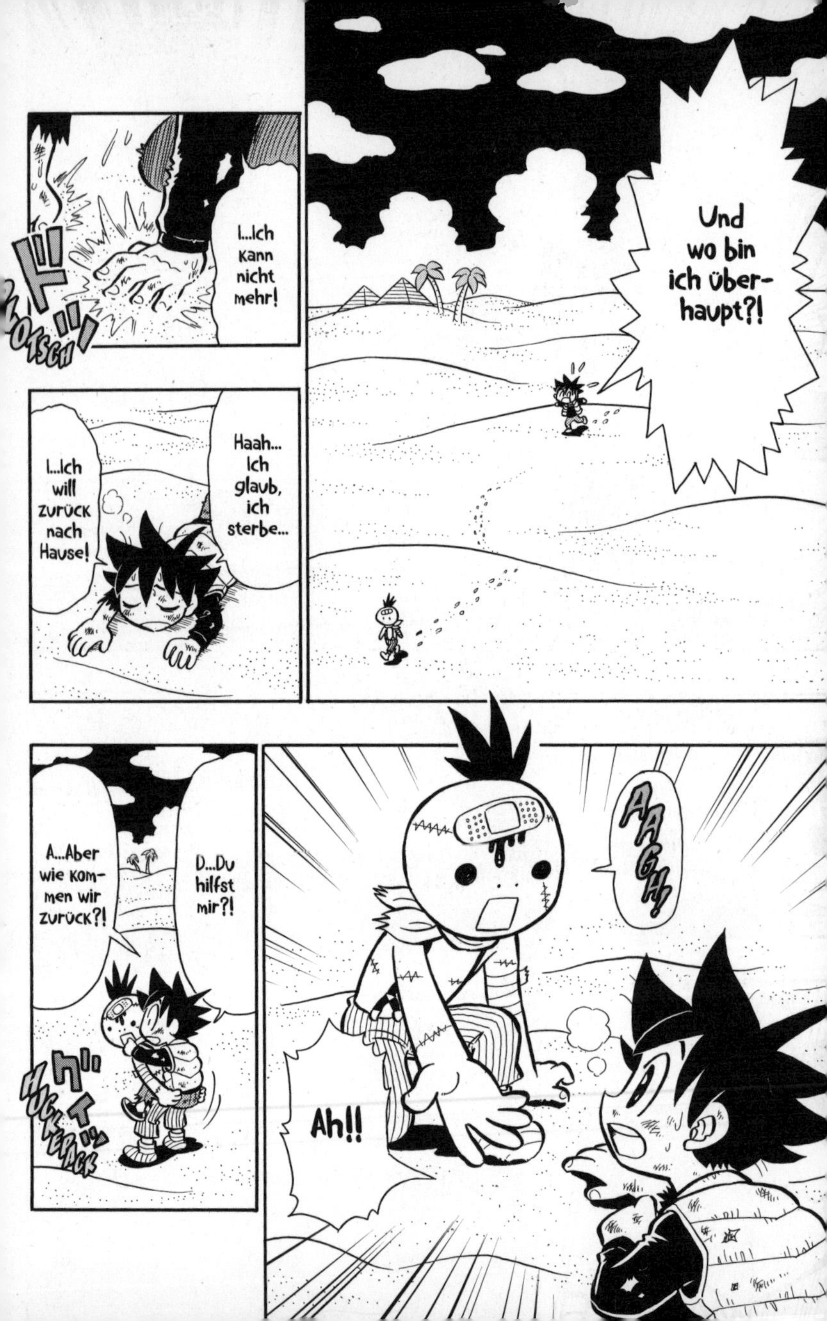
Und wo bin ich über-haupt?!
I...Ich kann nicht mehr!
PLOTSCH
Haah... Ich glaub, ich sterbe...
I...Ich will zurück nach Hause!
AAGH!
Ah!!
D...Du hilfst mir?!
A...Aber wie kom-men wir zurück?!
HUCKEPACK

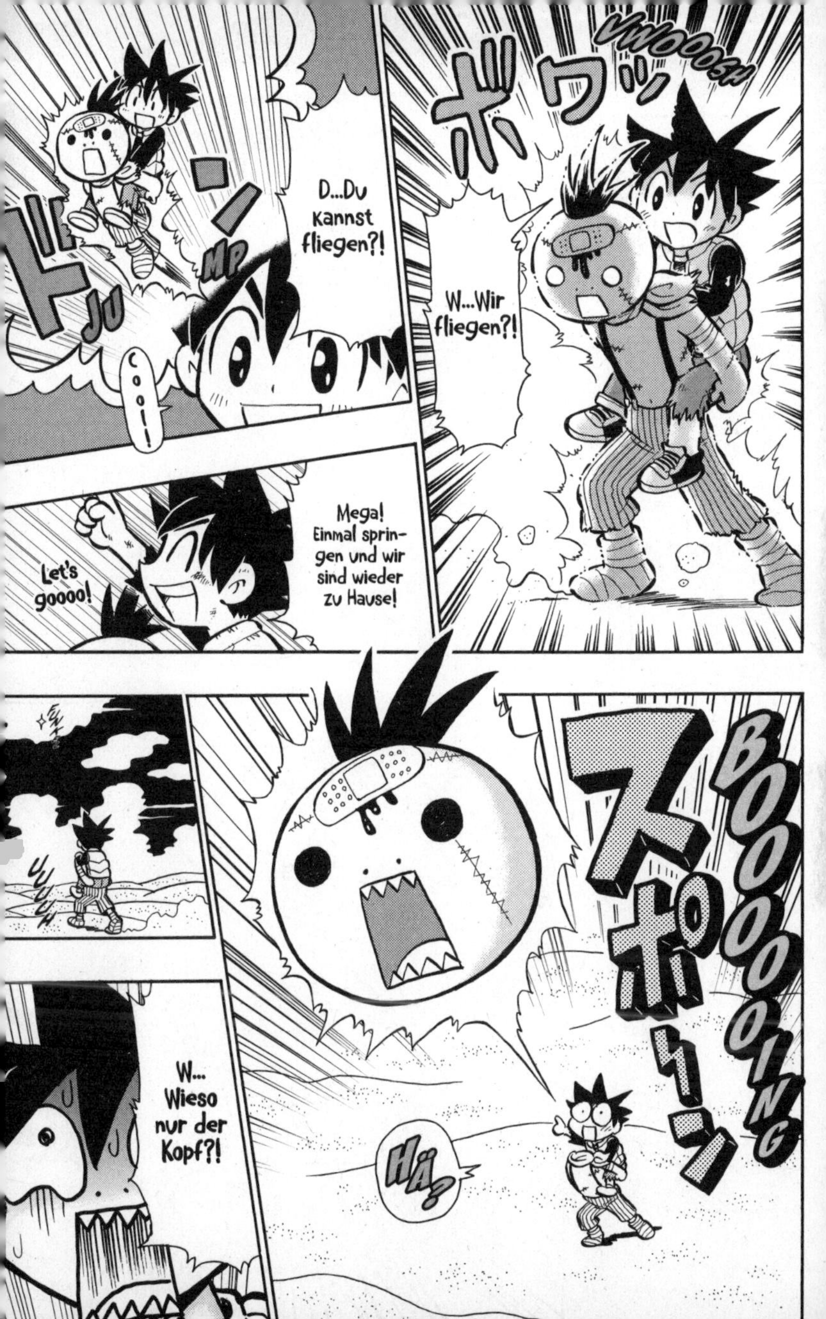
VWOOOSH
W...Wir fliegen?!
JUMP
D...Du kannst fliegen?!
Cool!
Mega! Einmal sprin-gen und wir sind wieder zu Hause!
Let's goooo!
BOOOOOING
Hä?
W... Wieso nur der Kopf?!

UND DANN...
TOD IM WELTRAUM

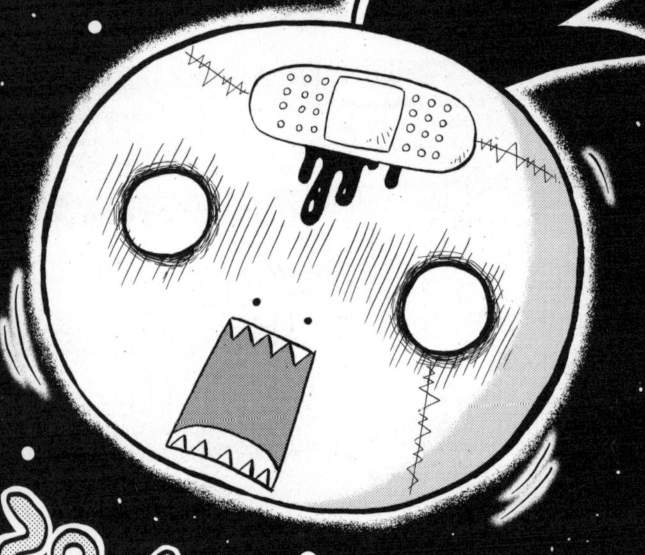

# ぷかぁぁ〜〜
## EIN SCHWERES LOS

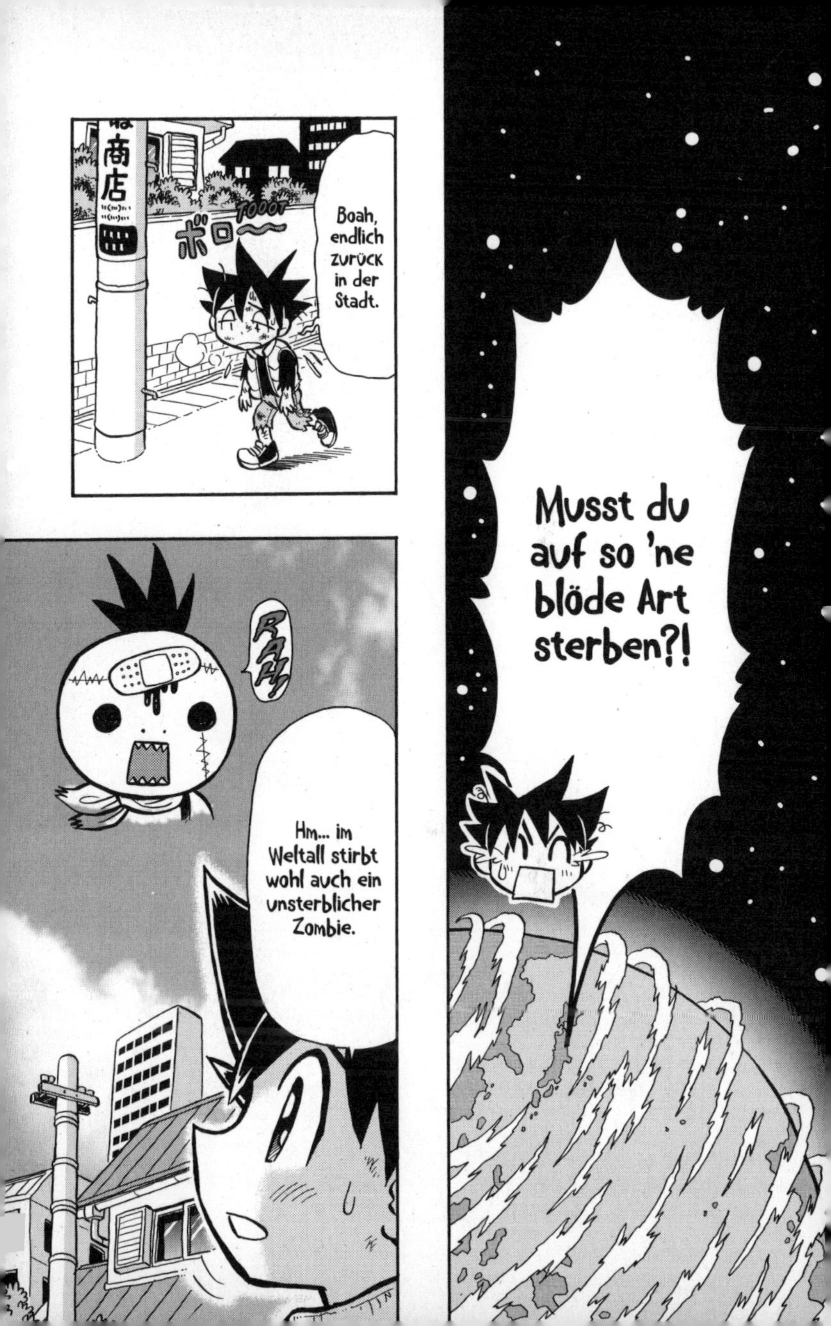

Musst du auf so 'ne blöde Art sterben?!

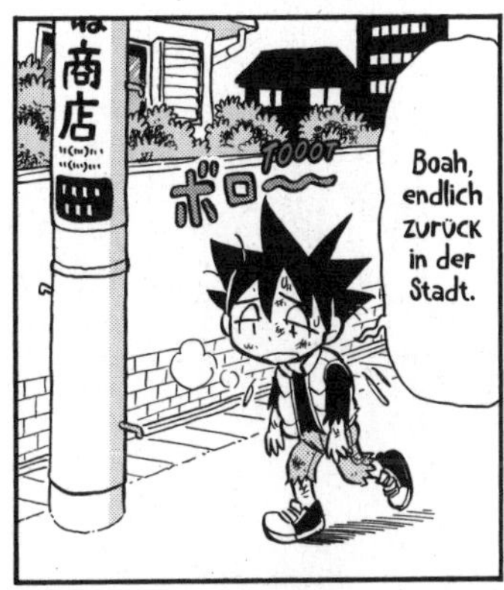


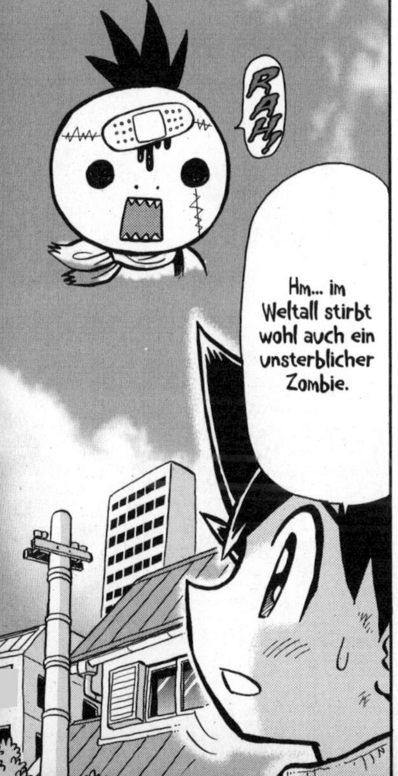

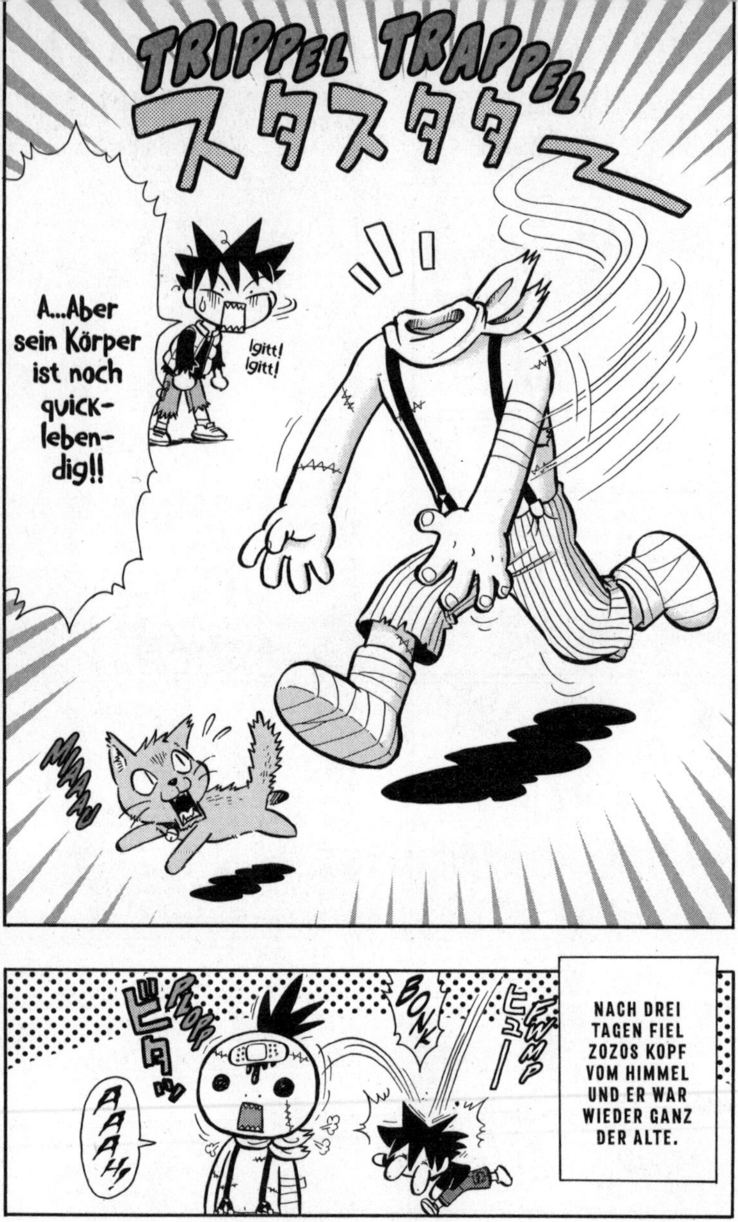

TRIPPEL TRAPPEL

スタスタタ～

A...Aber sein Körper ist noch quick-lebendig!!

Igitt! Igitt!

MIAAAU

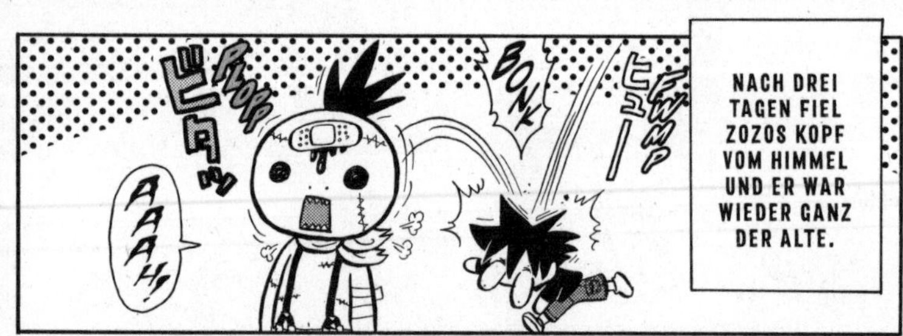

# ZOMBASTISCHER 4-BILDER-MANGA 

## EIN HERZ AUS STAHL

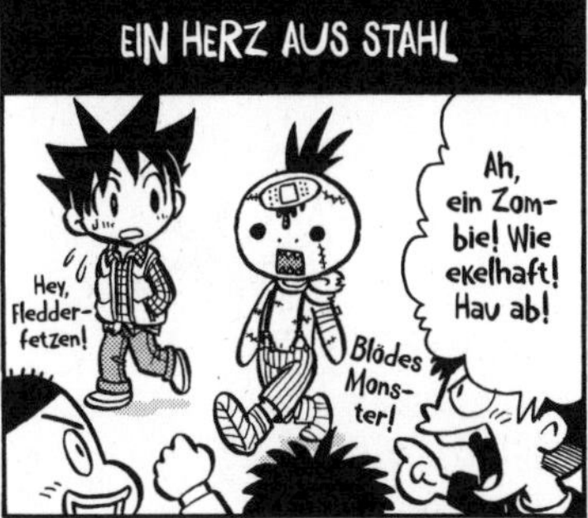


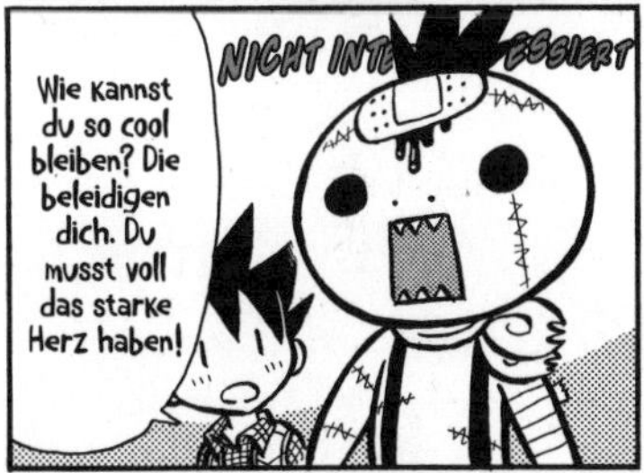


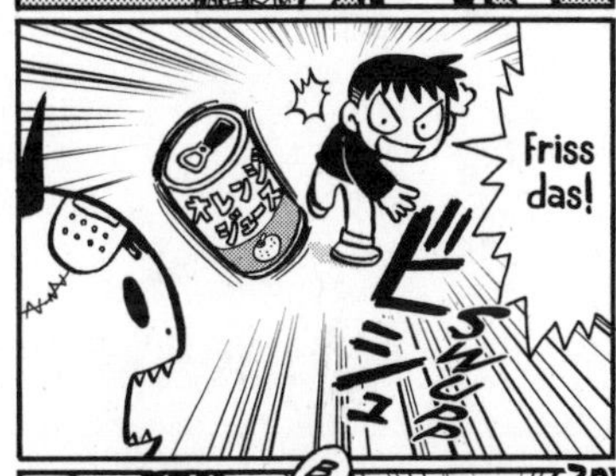


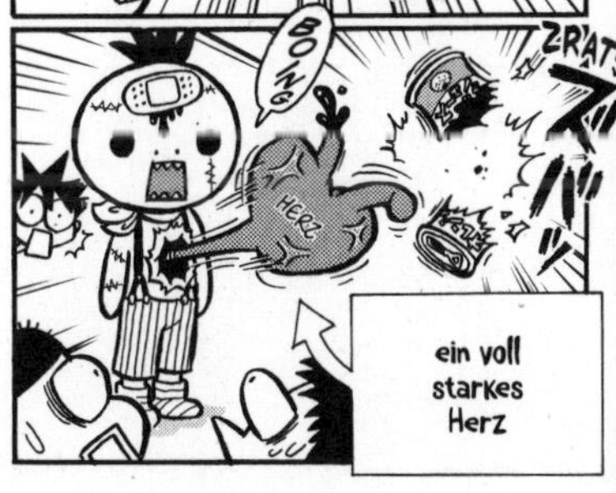


## SCHLANGENBESCHWÖRER

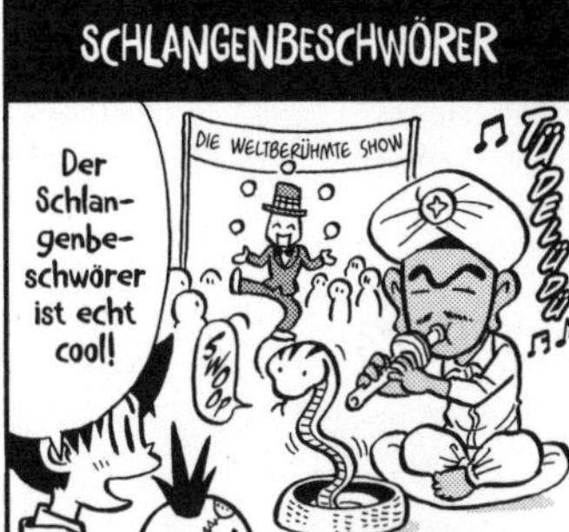


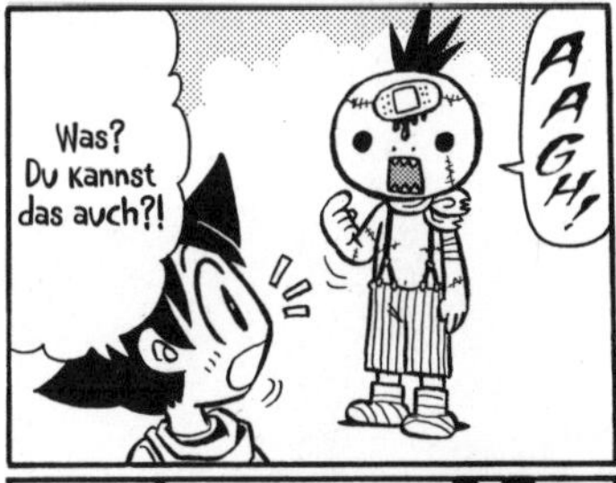


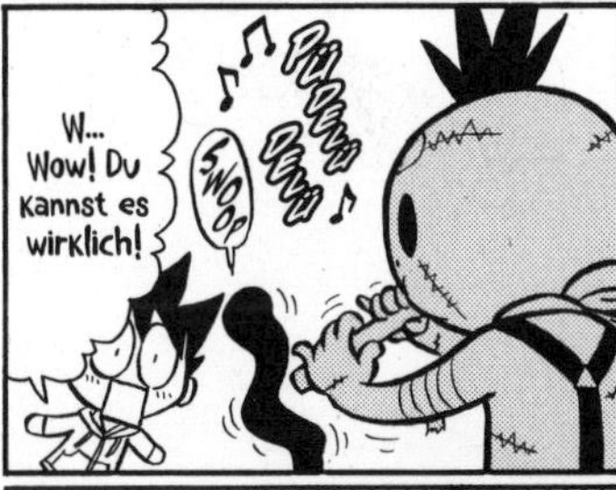


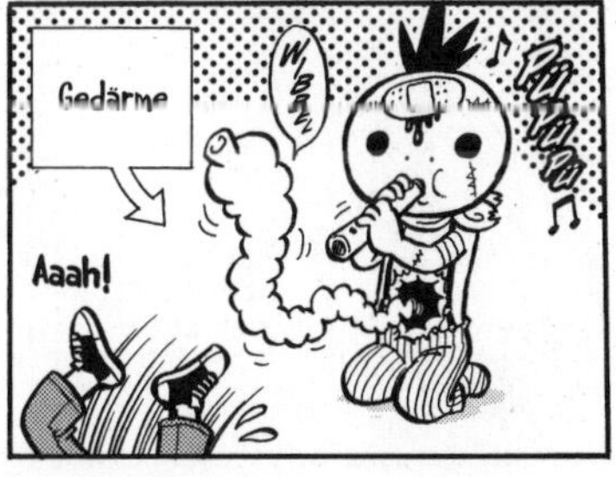

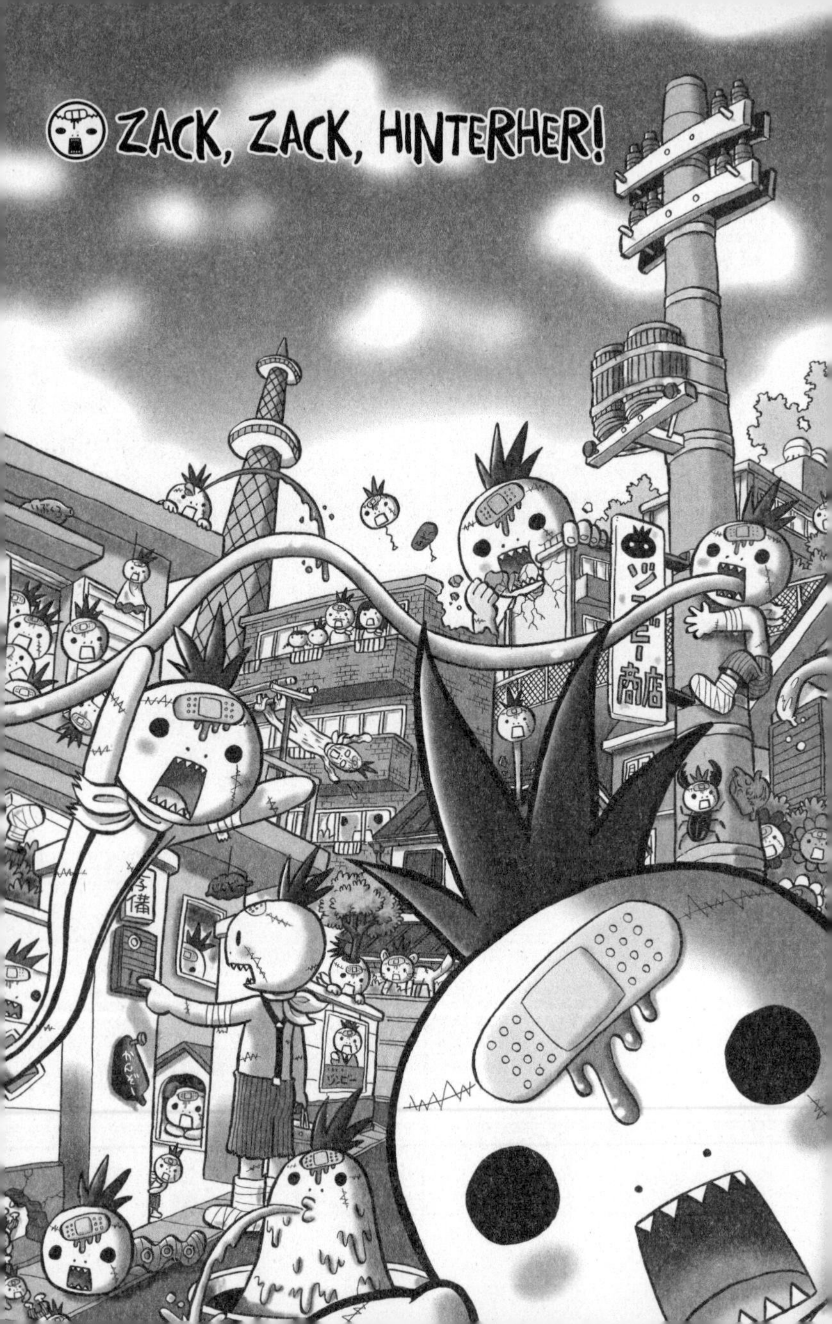
ZACK, ZACK, HINTERHER!
ゾンビー商店

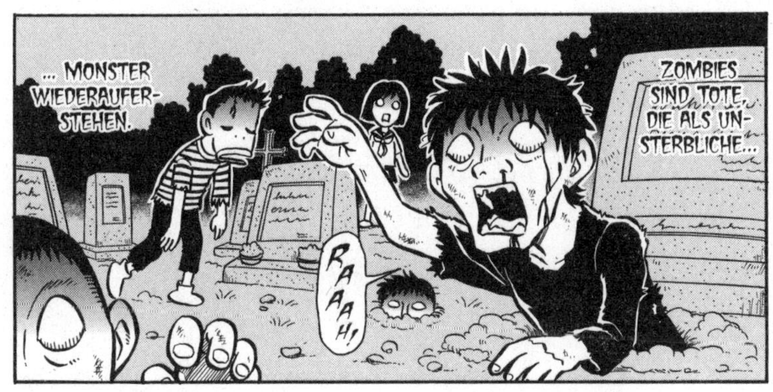

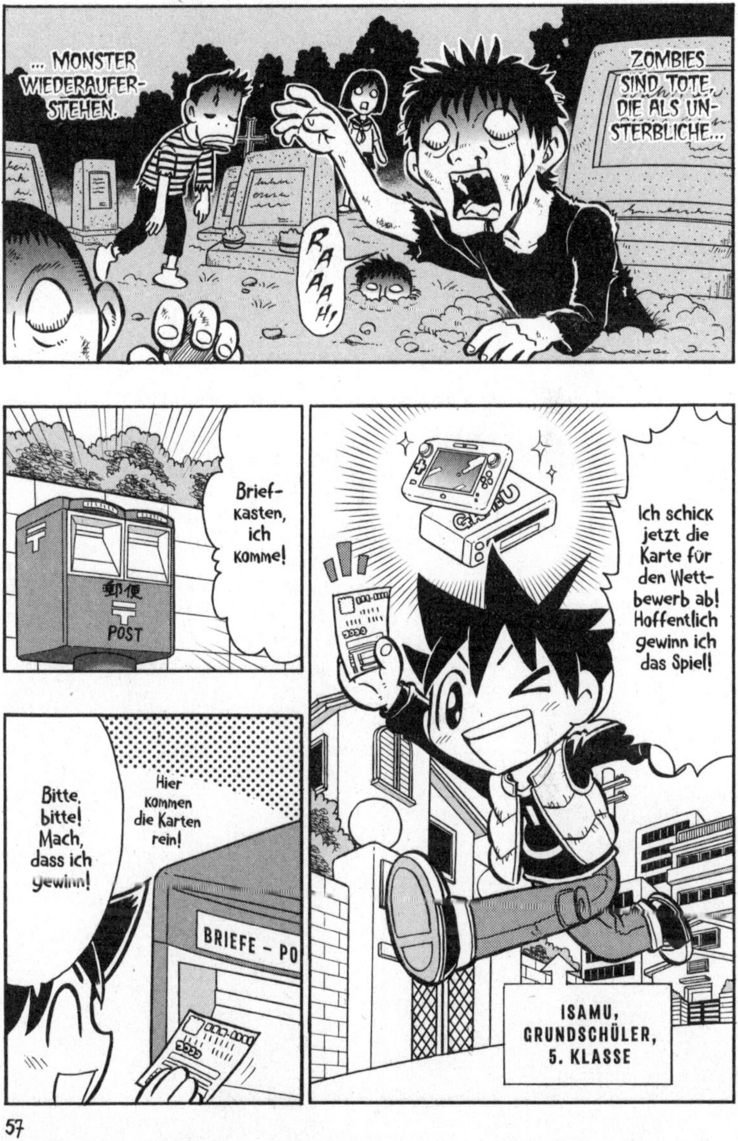

Ich schick jetzt die Karte für den Wett-bewerb ab! Hoffentlich gewinn ich das Spiel!

ISAMU, GRUNDSCHÜLER, 5. KLASSE

Brief-kasten, ich komme!

POST

Hier kommen die Karten rein!

Bitte, bitte! Mach, dass ich gewinn!

BRIEFE – PO

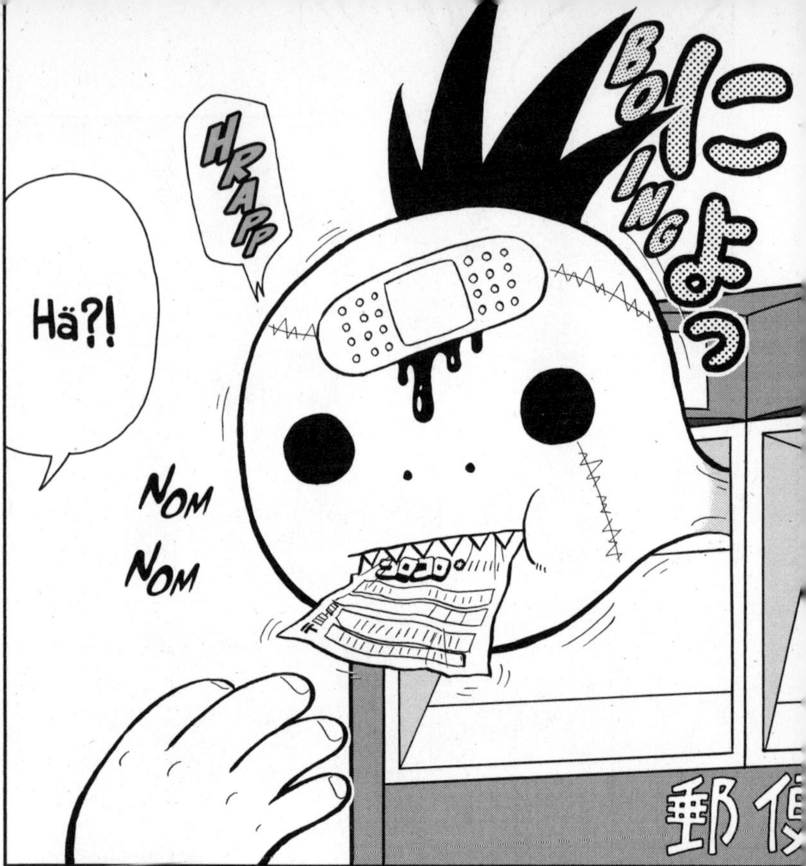

BOING
にーよっ

HRAPP

Hä?!

NOM
NOM

コロコロ*

郵便

* Manga-Magazin »CoroCoro Comic«

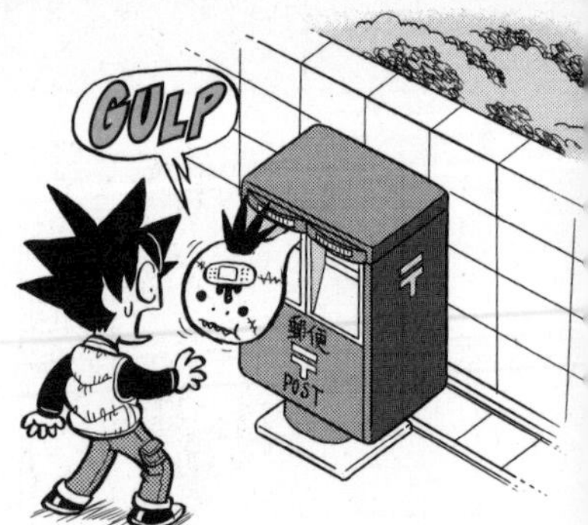


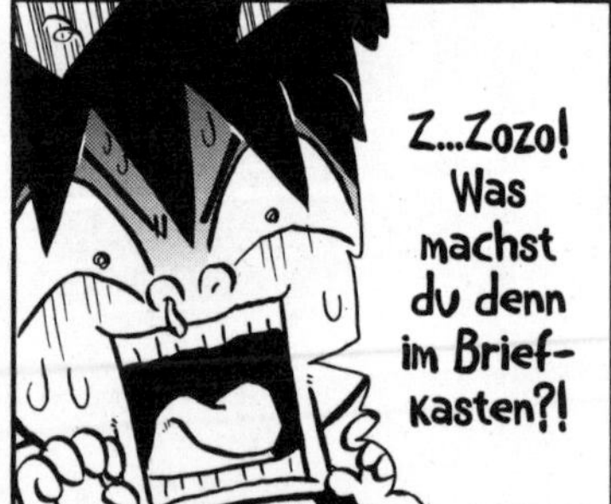

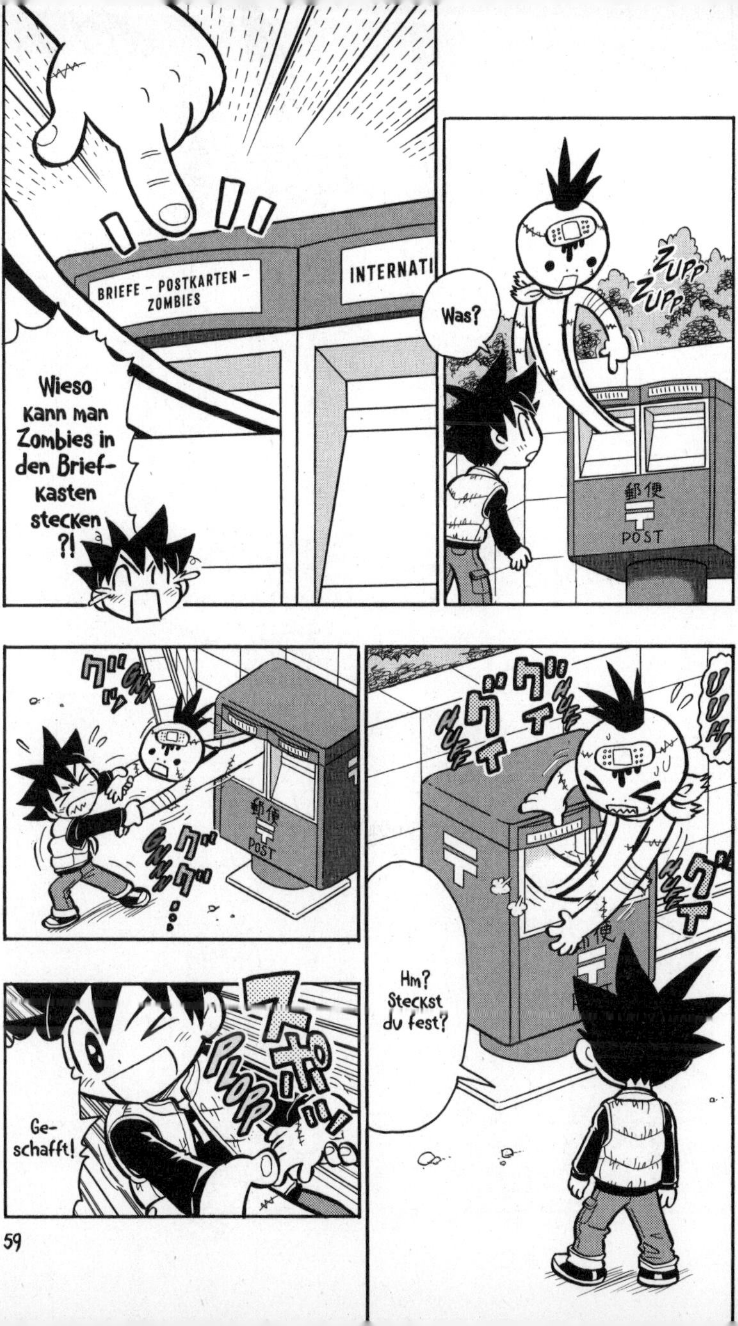

BRIEFE – POSTKARTEN – ZOMBIES

INTERNATI

Wieso kann man Zombies in den Brief-Kasten stecken ?!

Was?

ZUPP ZUPP

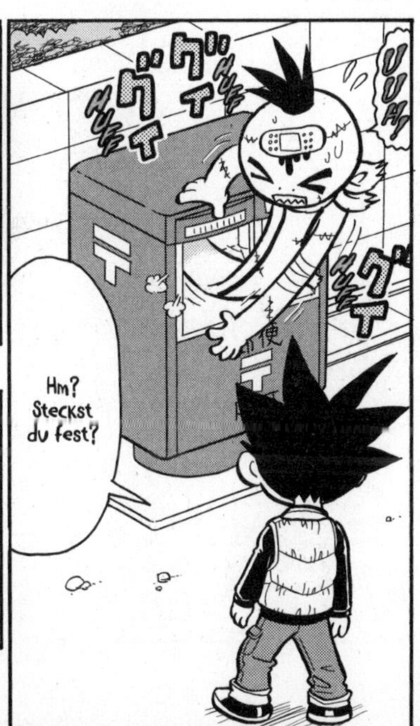


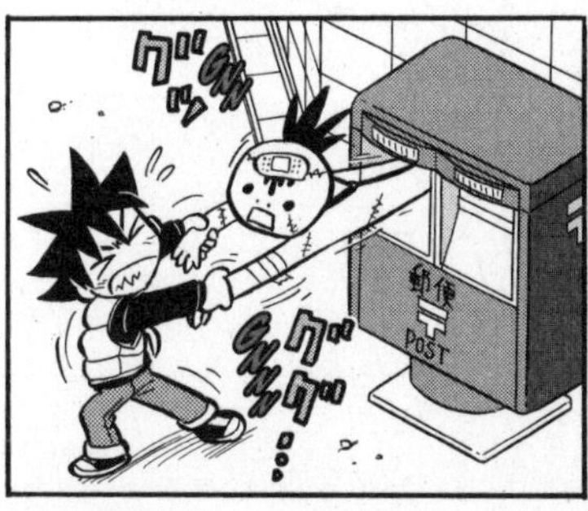


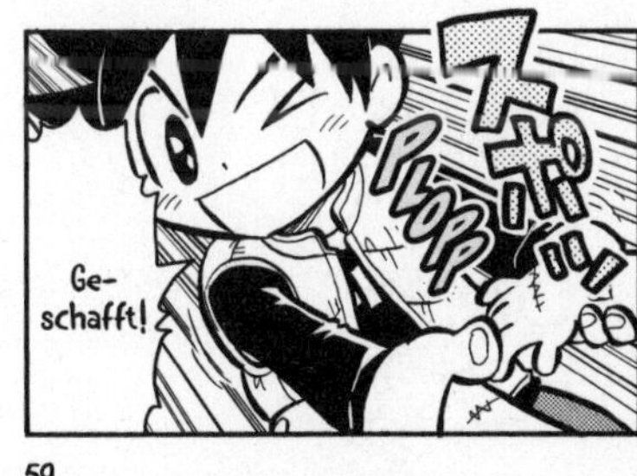

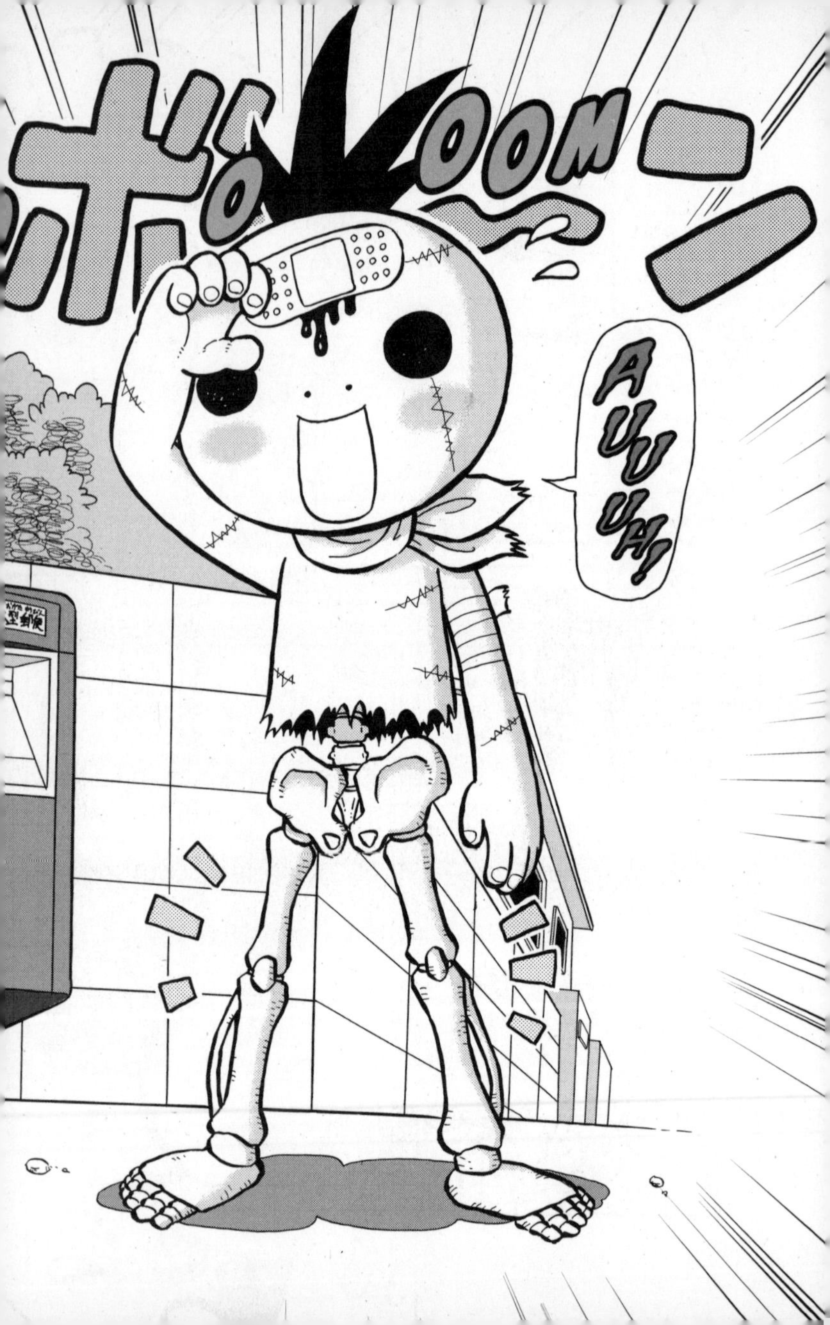
ボO OOMーー
AUUUA!

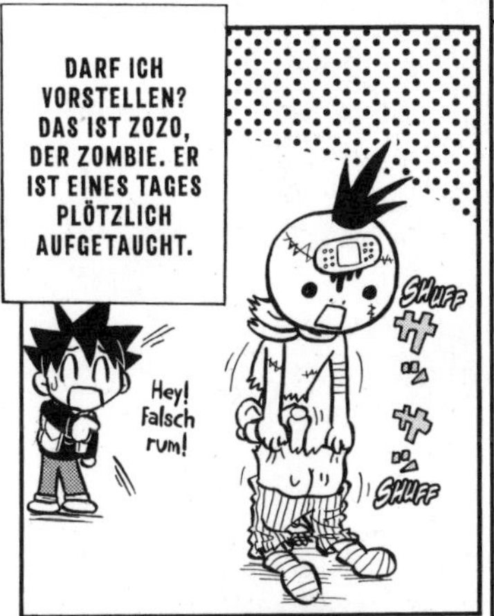


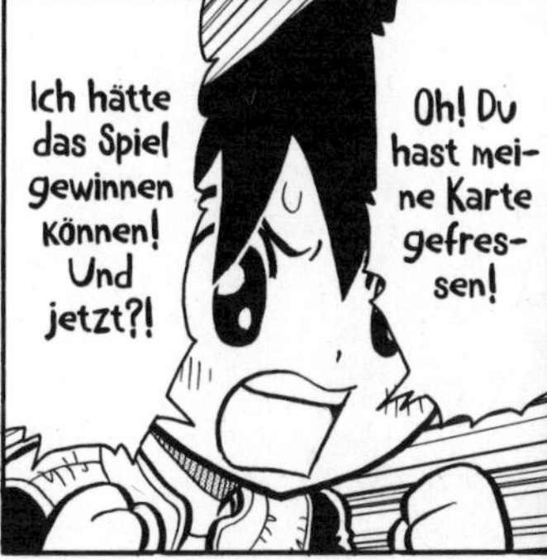


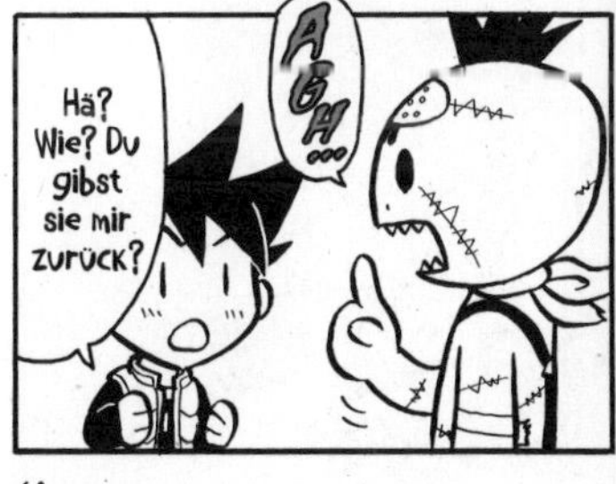

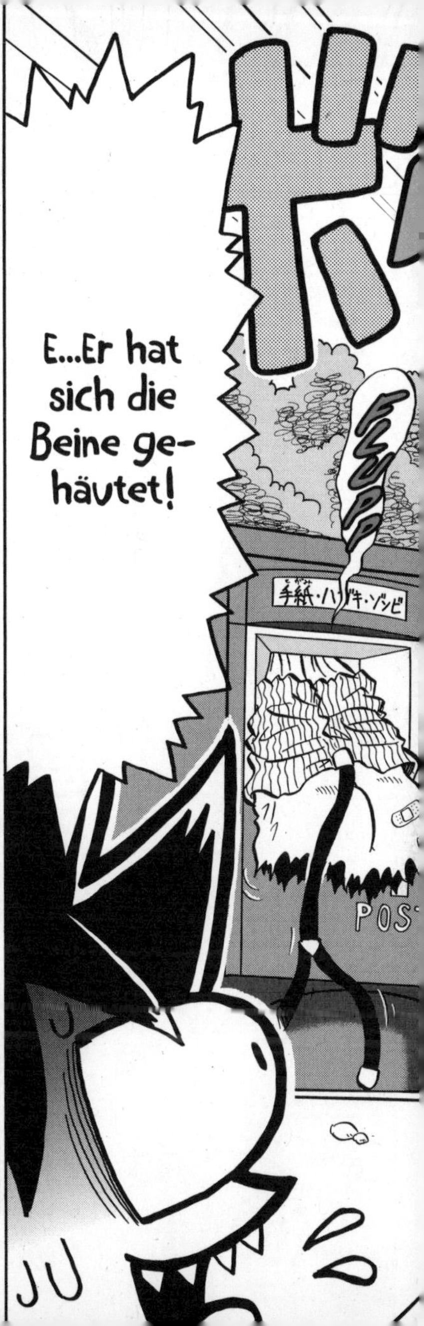

E...Er hat sich die Beine gehäutet!

FLUPP

手紙・ハガキ・ゾンビ

POST

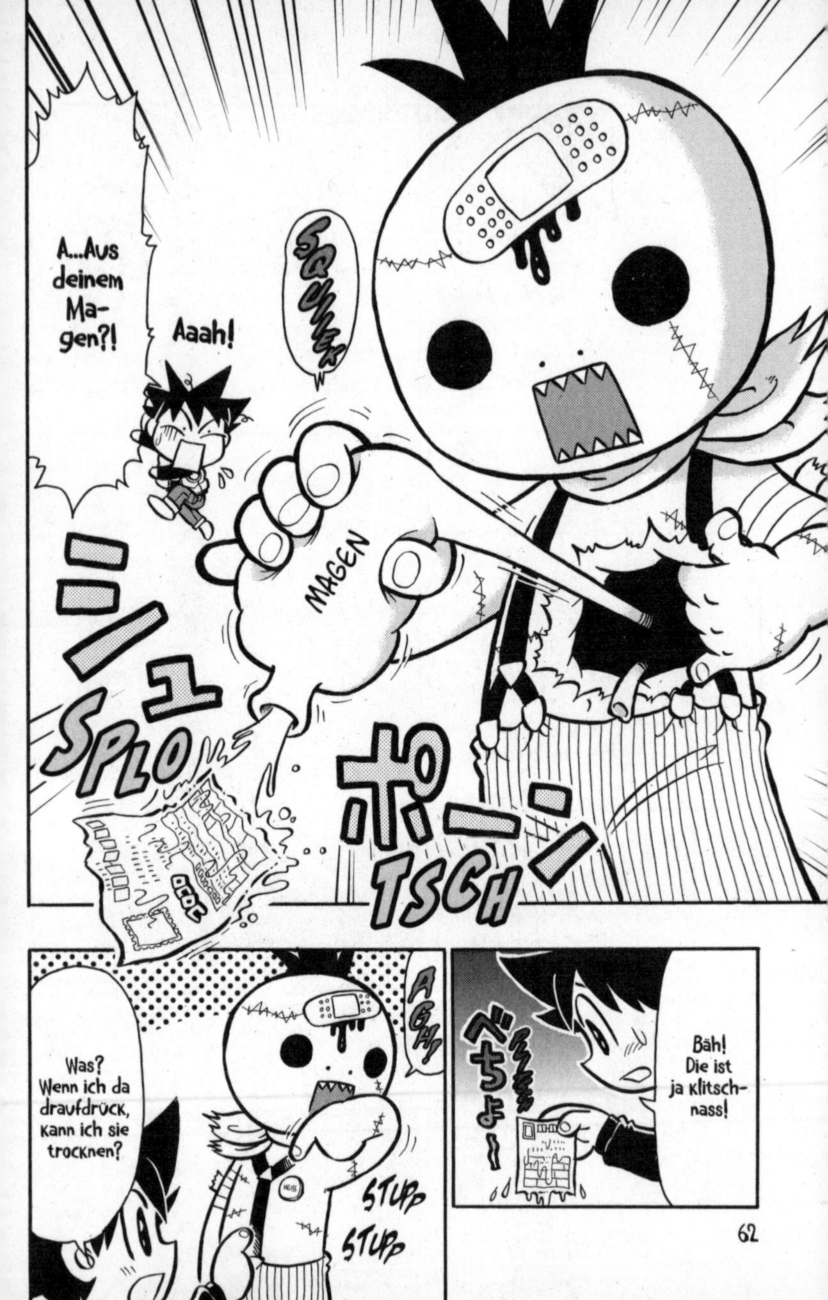

SQUEAK
A...Aus deinem Magen?!
Aaah!
MAGEN
シュ
SPLO
ポーン
TSCH
AGH!
Was? Wenn ich da draufdrück, kann ich sie trocknen?
STUPP
STUPP
べちょ~
Bäh! Die ist ja klitschnass!

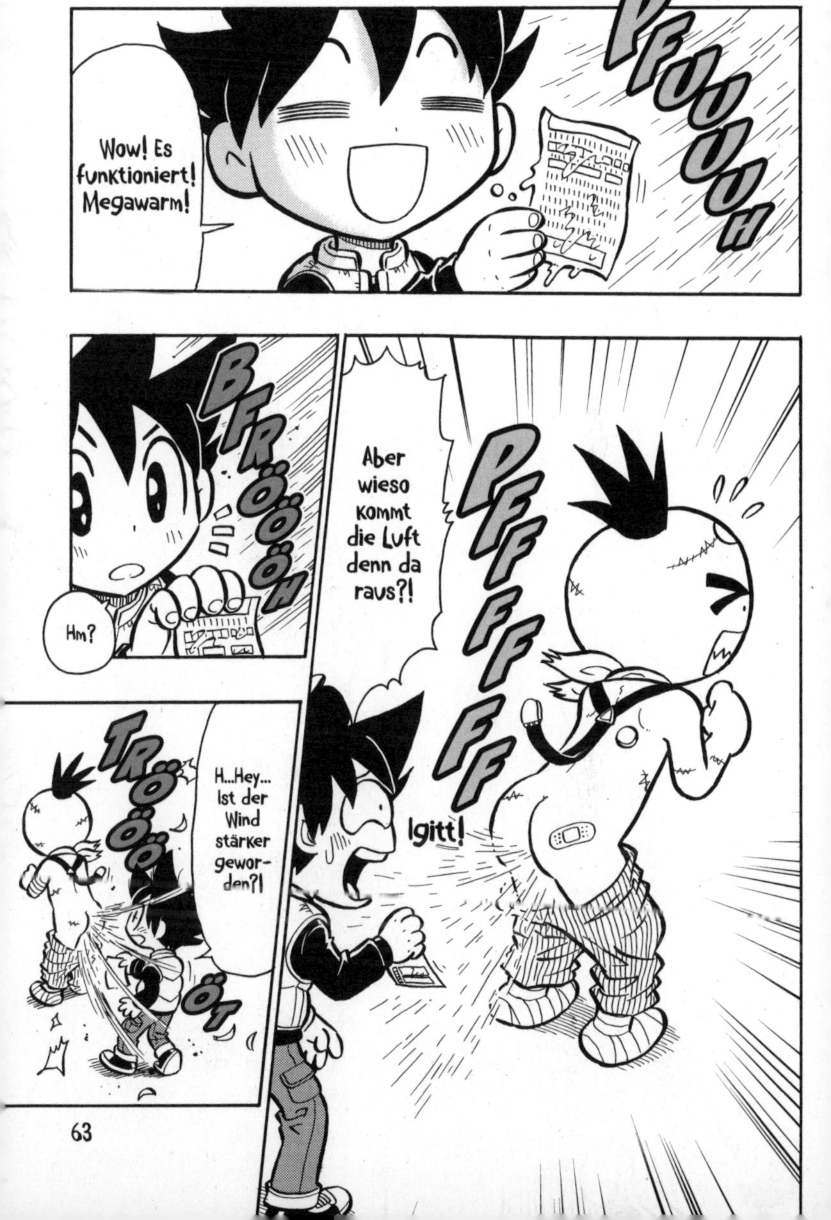

PFUUUUH
Wow! Es funktioniert! Megawarm!
BFRÖÖÖÖH
Hm?
Aber wieso kommt die Luft denn da raus?!
PFFFFFF
Igitt!
TRÖÖÖÖÖT
H...Hey... Ist der Wind stärker geworden?!

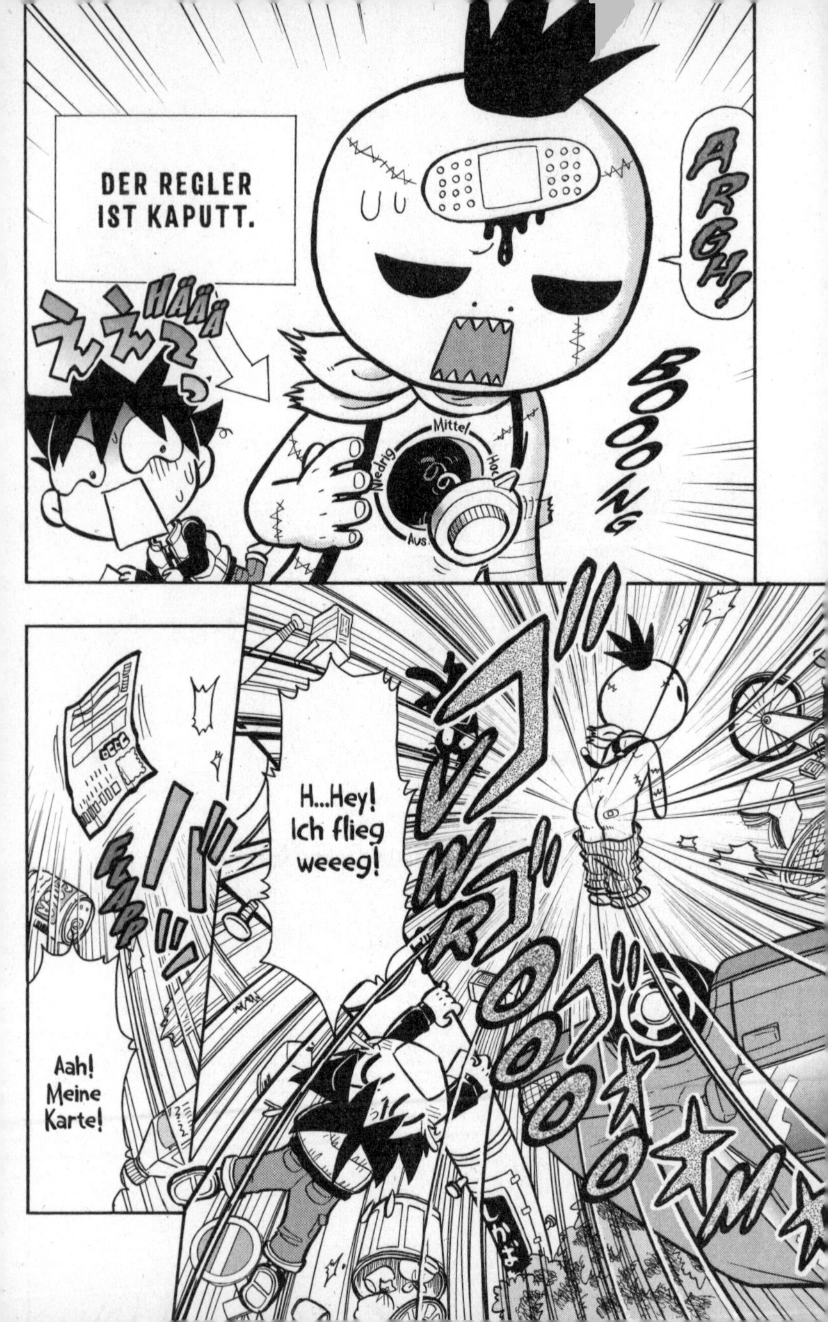

DER REGLER IST KAPUTT.
ARGH!
えええっ
HÄÄÄ
Mittel
Hoch
Niedrig
Aus
BOOOOING
H...Hey! Ich flieg weeeg!
FLAPP
Aah! Meine Karte!
WROOOOM

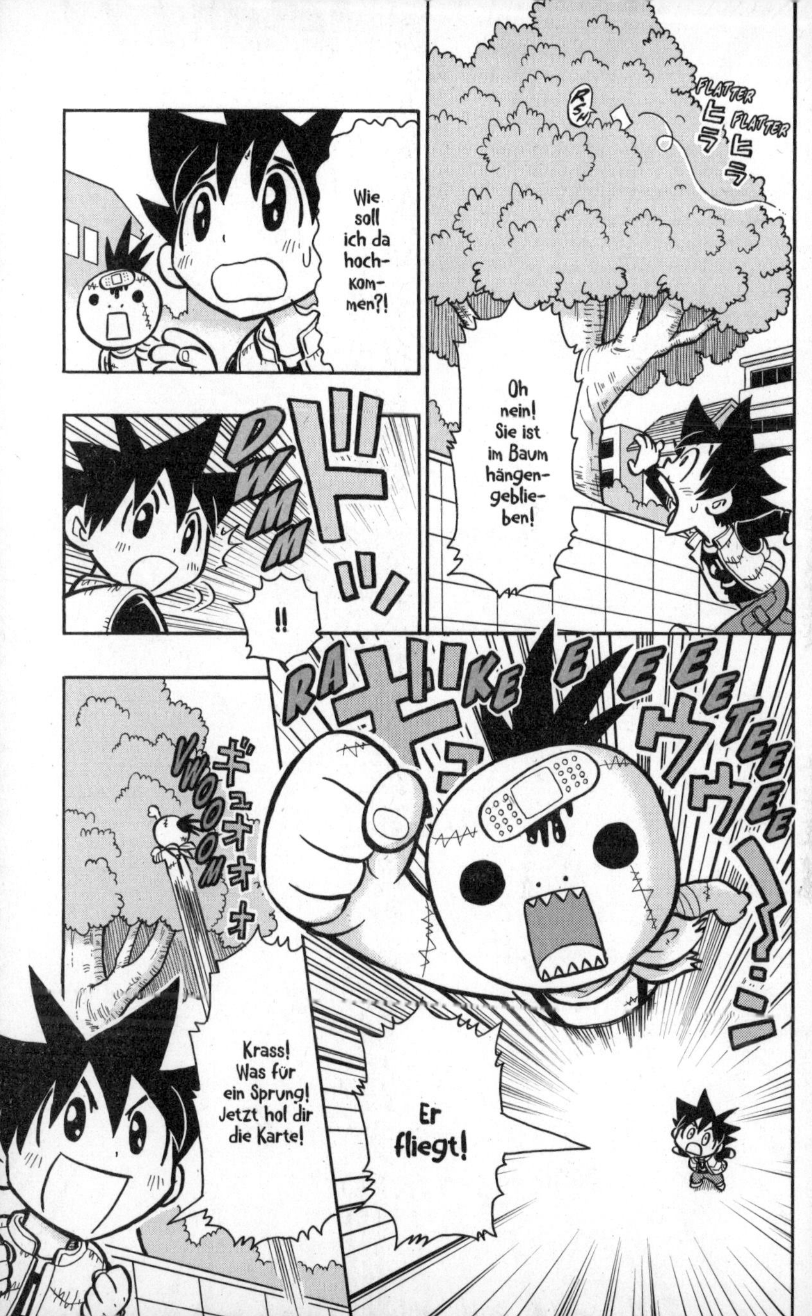

RASH
FLATTER FLATTER
ヒラヒラ
Oh nein! Sie ist im Baum hängengeblieben!
Wie soll ich da hochkommen?!
DWMM
ドッ
!!
RAKEEEETEEEE
キュウウ
VWOOOOM
ギュオォォ
Er fliegt!
Krass! Was für ein Sprung! Jetzt hol dir die Karte!

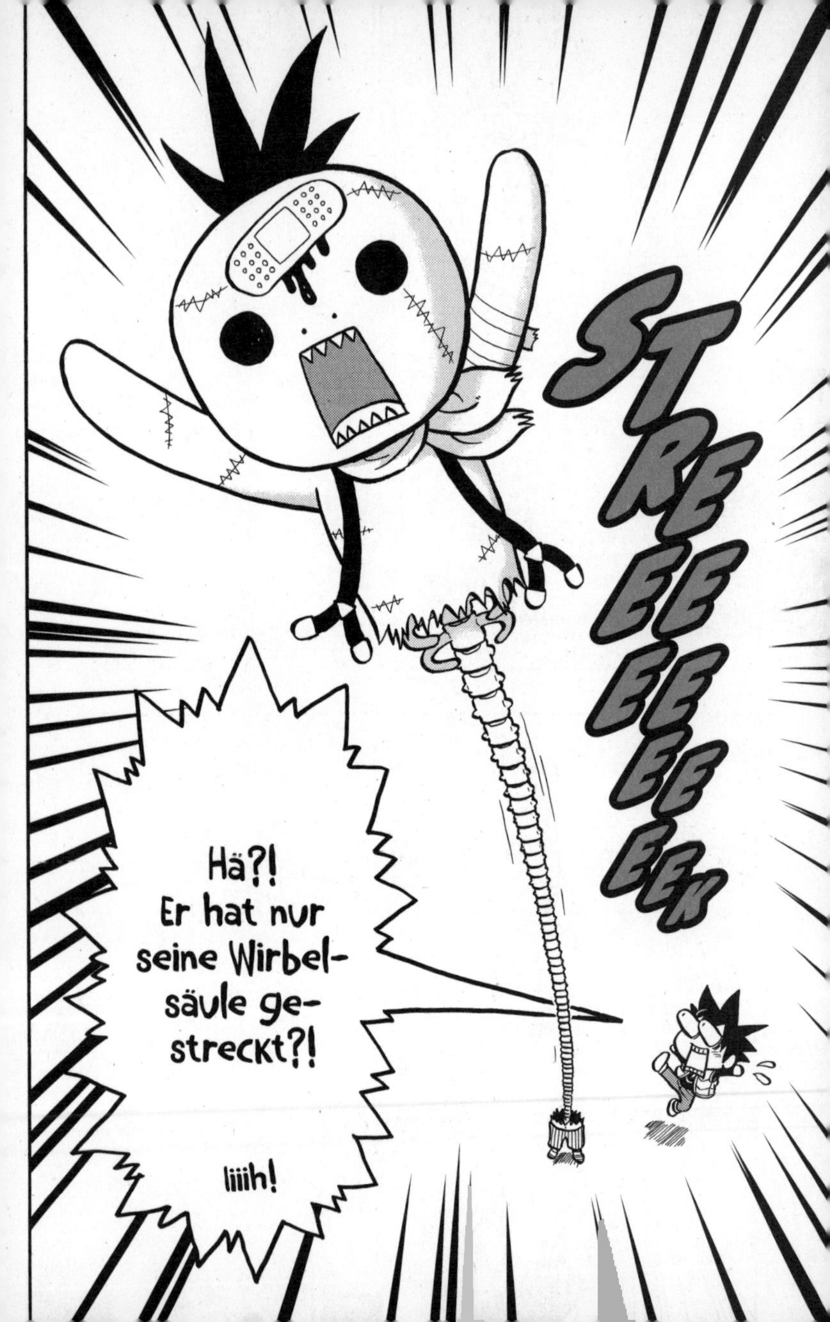
STREEEEEEEEEK
Hä?!
Er hat nur seine Wirbel-säule ge-streckt?!
Iiiih!

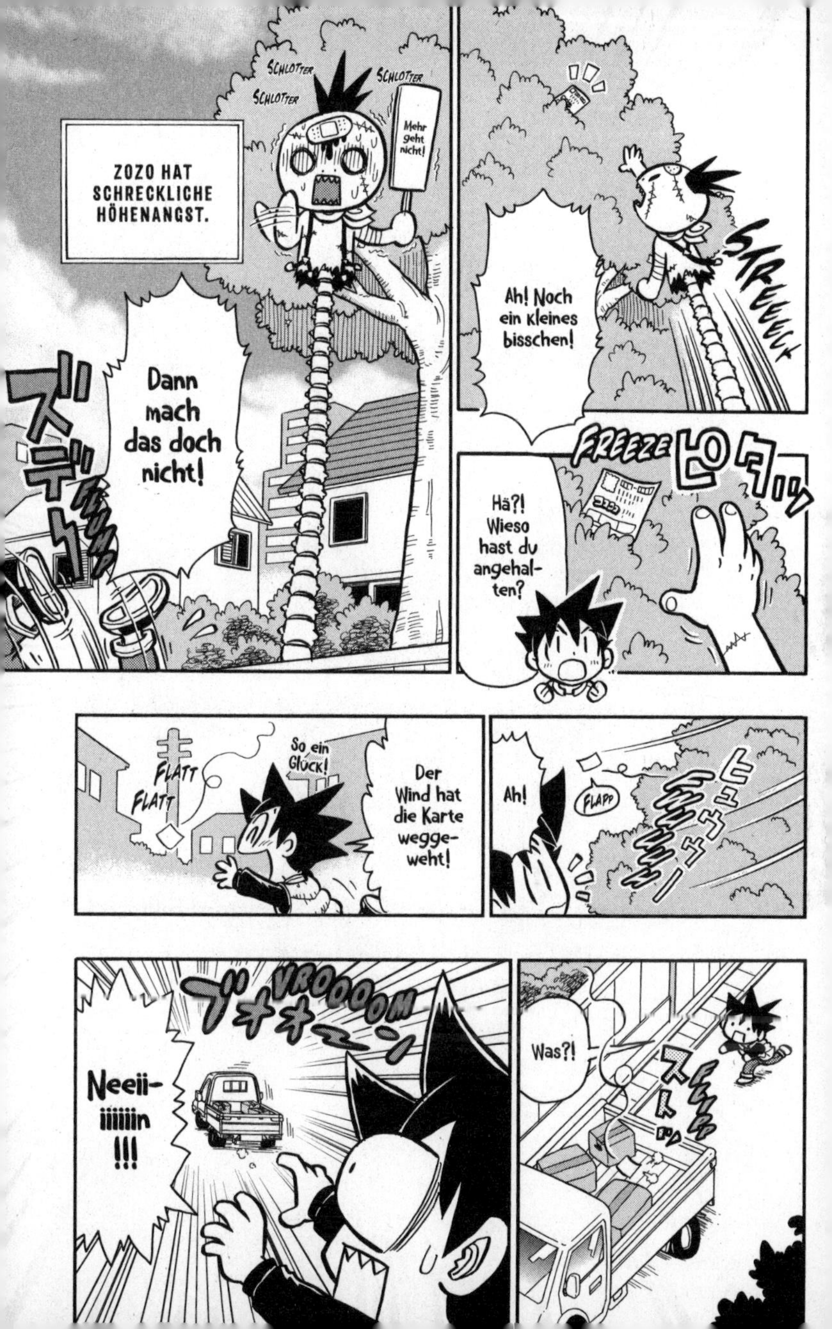

Ah! Noch ein kleines bisschen!

SPREEECK

FREEZE

Hä?! Wieso hast du angehalten?

SCHLOTTER

SCHLOTTER

SCHLOTTER

Mehr geht nicht!

ZOZO HAT SCHRECKLICHE HÖHENANGST.

Dann mach das doch nicht!

FLUMP

Ah!

FLAPP

So ein GLÜCK!

FLATT

FLATT

Der Wind hat die Karte weggeweht!

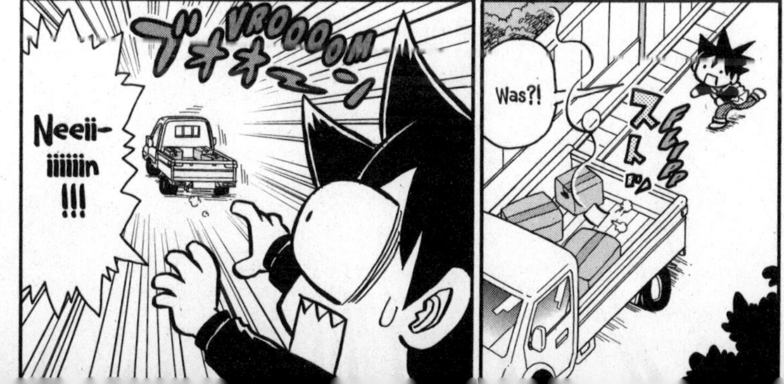

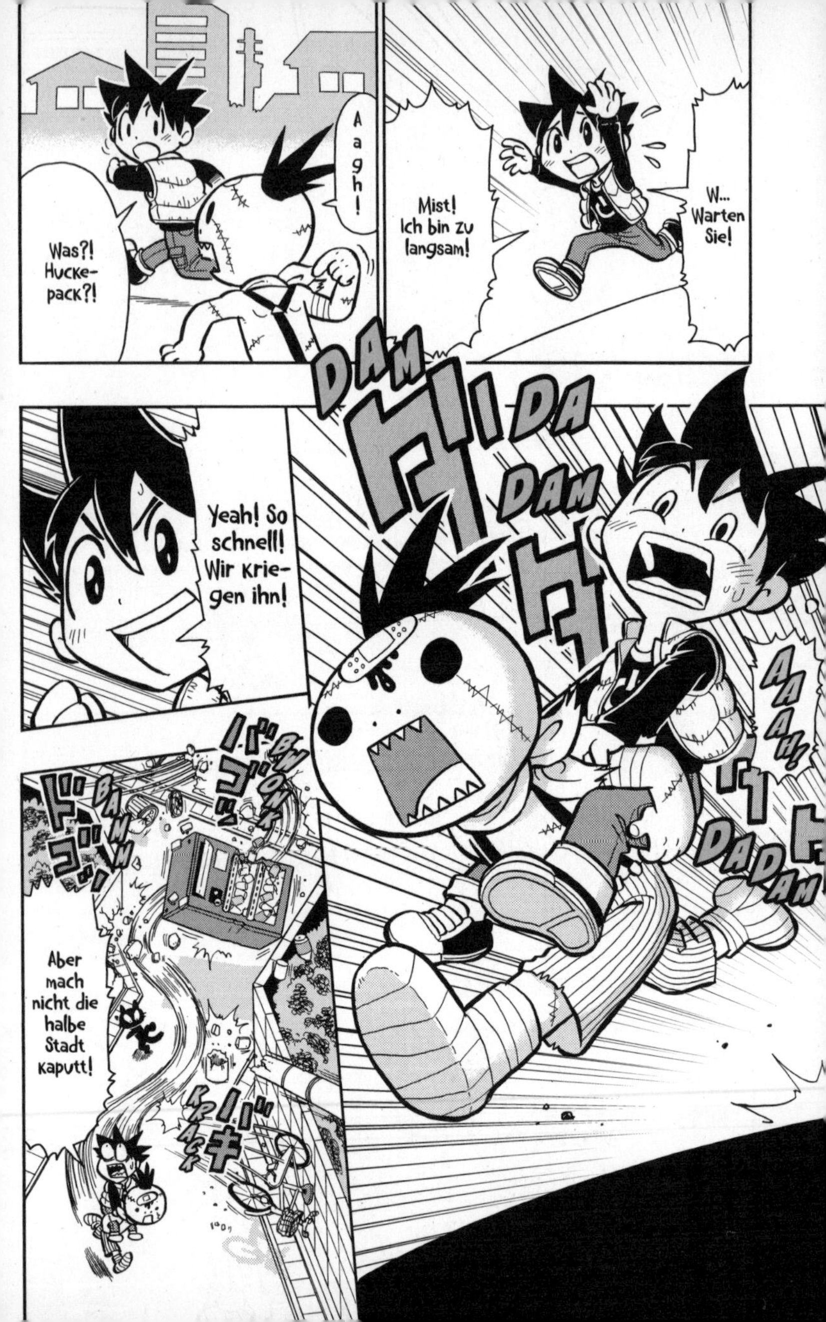

W... Warten Sie!
Mist! Ich bin zu langsam!
Aagh!
Was?! Hucke-pack?!
DAM DA DAM
AAAAH!
DADAM
Yeah! So schnell! Wir krie-gen ihn!
BWONK
BAMM
KRACK
Aber mach nicht die halbe Stadt kaputt!

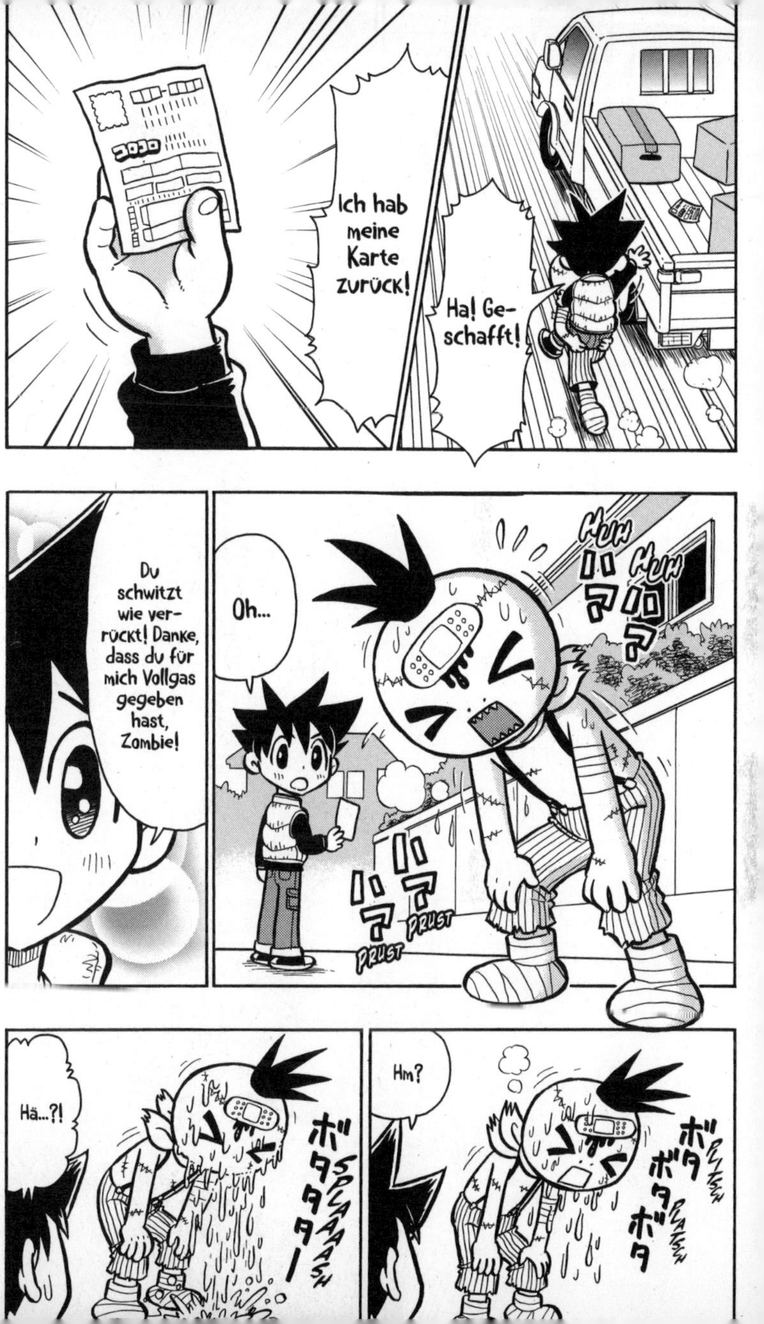

Ha! Geschafft!

Ich hab meine Karte zurück!

HUH HUH

Oh...

PRUST PRUST

Du schwitzt wie verrückt! Danke, dass du für mich Vollgas gegeben hast, Zombie!

Hm?

PLATSCH PLATSCH

Hä...?!

SPLAAAAASH

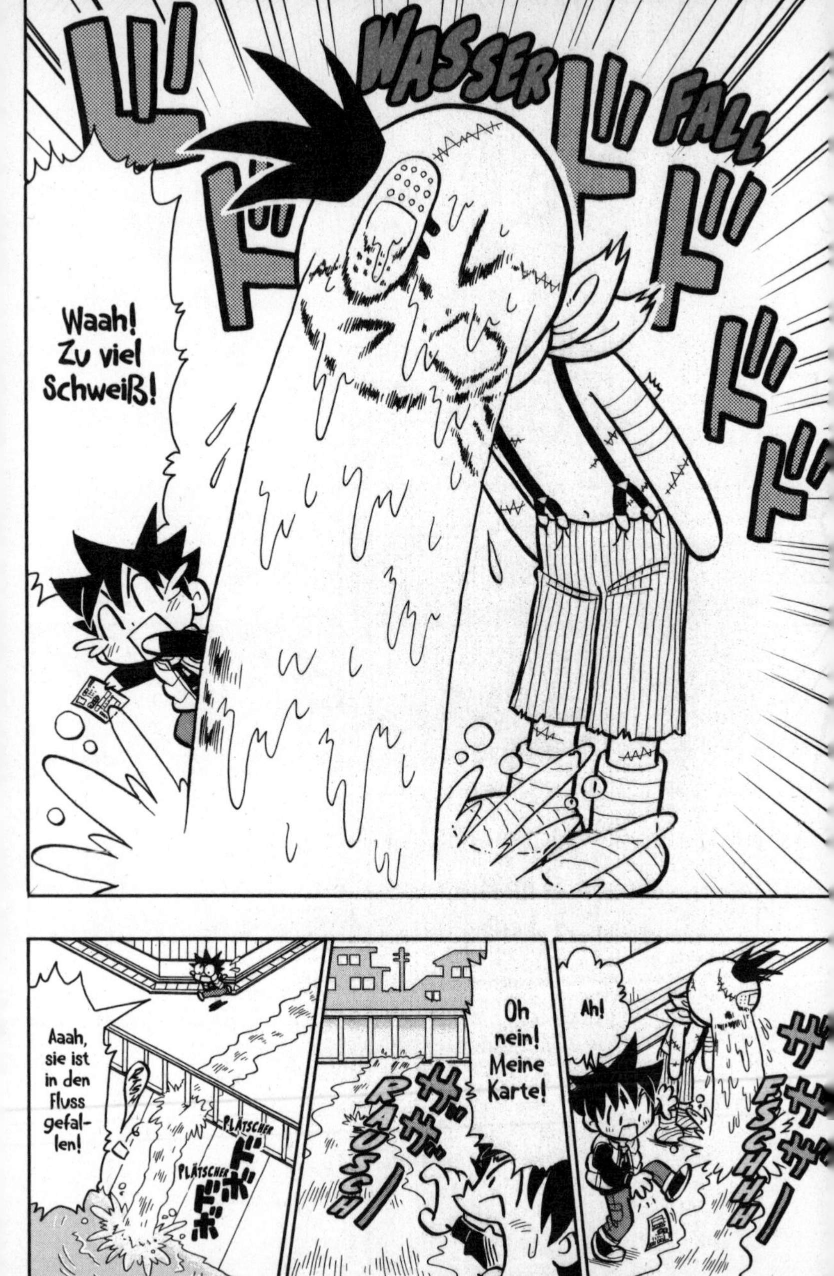
WASSER FALL
Waah! Zu viel Schweiß!
Ah!
FSCHHH
Oh nein! Meine Karte!
RAUSCH
Aaah, sie ist in den Fluss gefal-len!
PLÄTSCHER
PLÄTSCHER

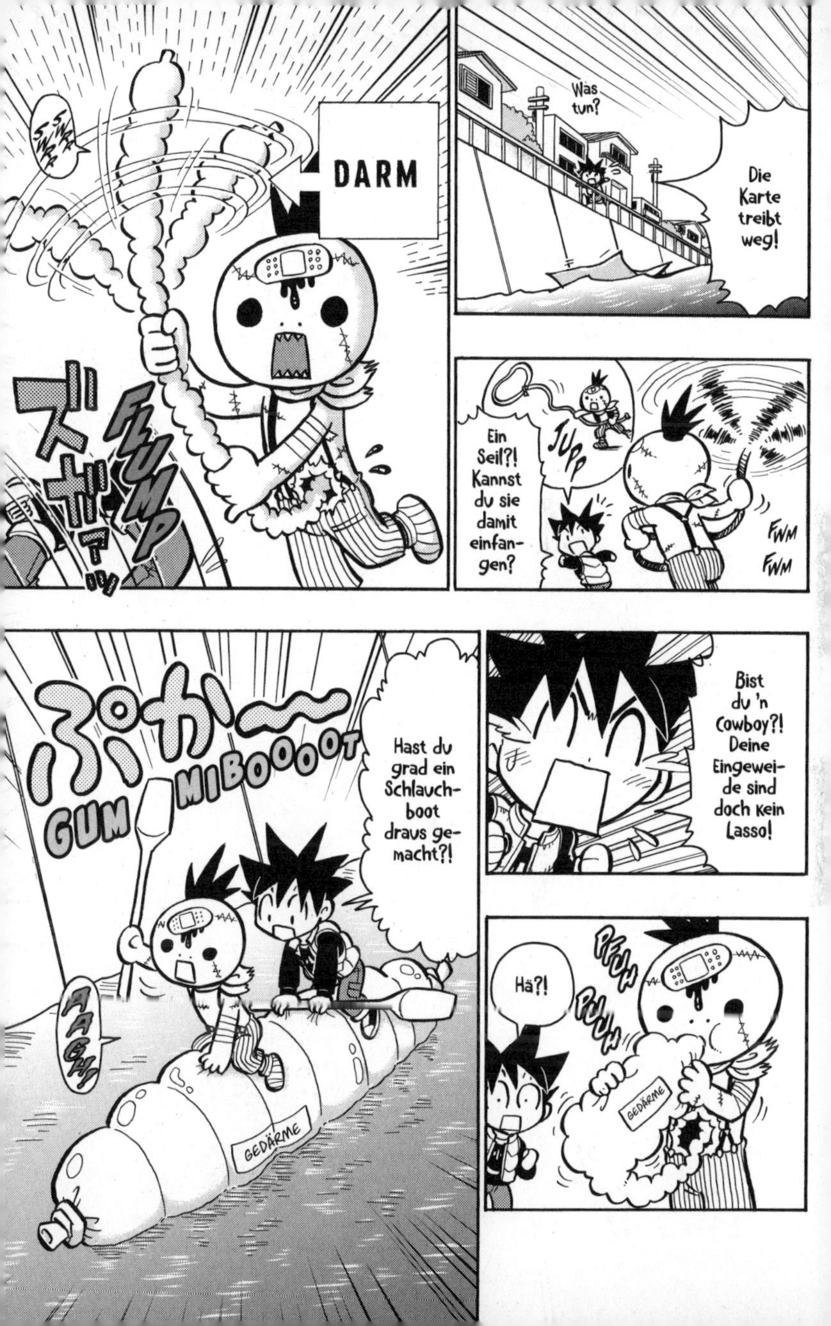

Was tun?
Die Karte treibt weg!
Ein Seil?! Kannst du sie damit einfangen?
JUPP
FWM FWM
SWAP SWAP
DARM
FLUMP
Bist du 'n Cowboy?! Deine Eingeweide sind doch kein Lasso!
Hä?!
PFUH PFUH
GEDÄRME
Hast du grad ein Schlauchboot draus gemacht?!
GUMMIBOOOOOT
AAAGH!
GEDÄRME

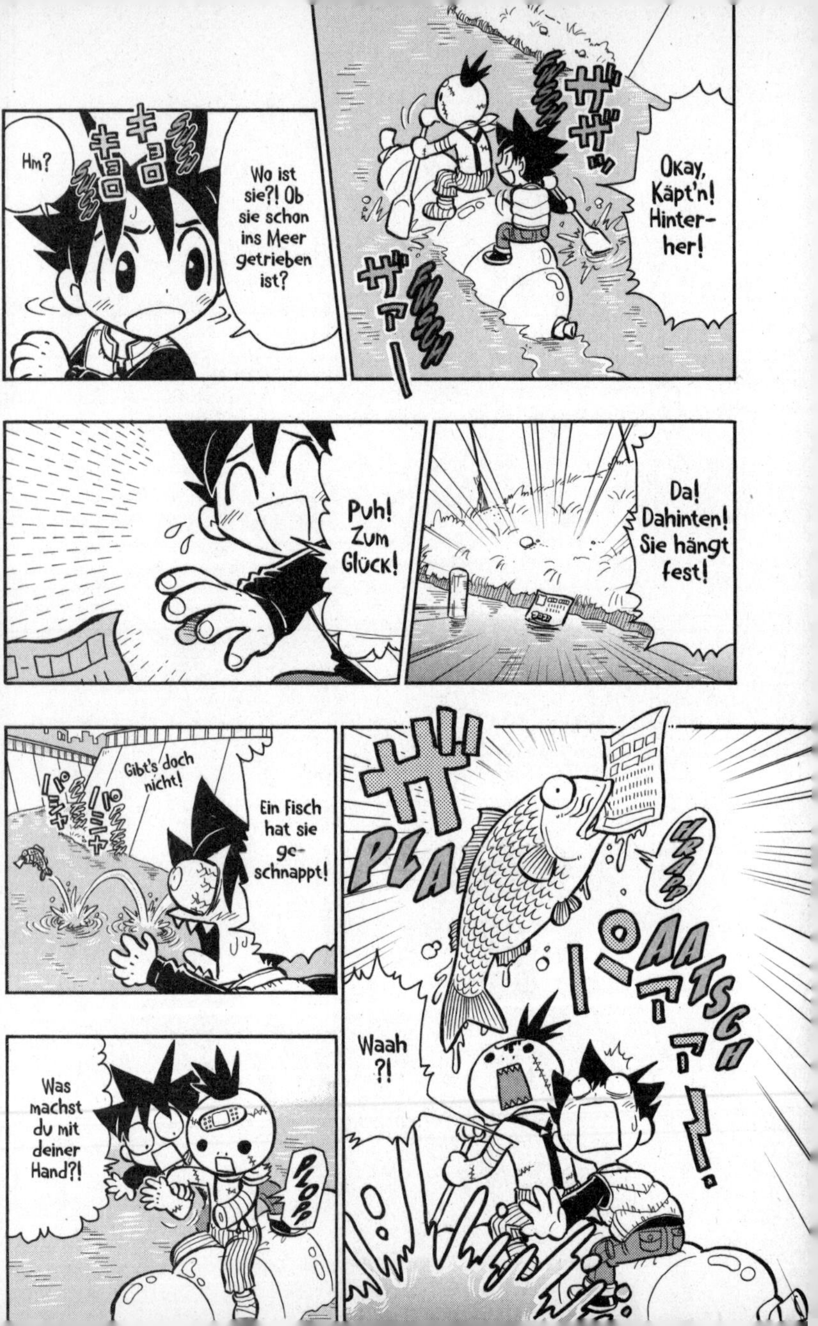

Okay, Käpt'n! Hinterher!

Wo ist sie?! Ob sie schon ins Meer getrieben ist?

Hm?

Da! Dahinten! Sie hängt fest!

Puh! Zum Glück!

PLA

AATSCH

Ein Fisch hat sie geschnappt!

Gibt's doch nicht!

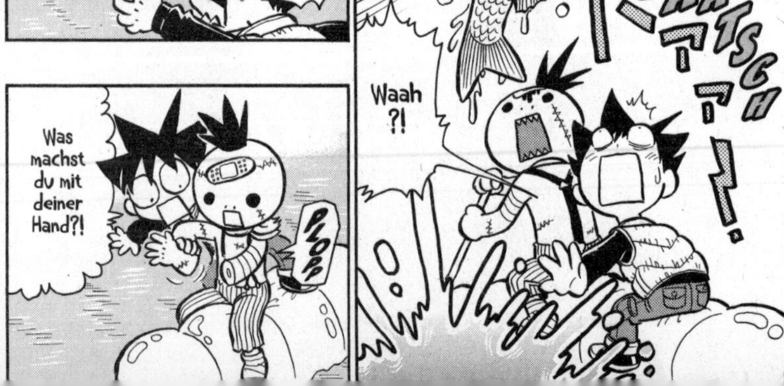

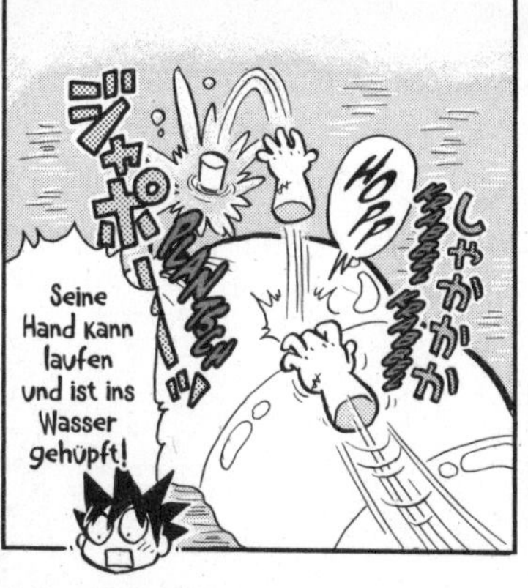
Seine Hand kann laufen und ist ins Wasser gehüpft!

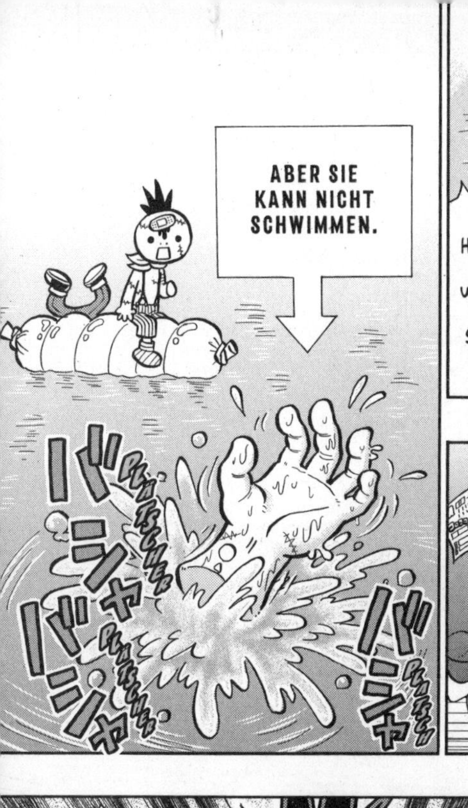
ABER SIE KANN NICHT SCHWIMMEN.

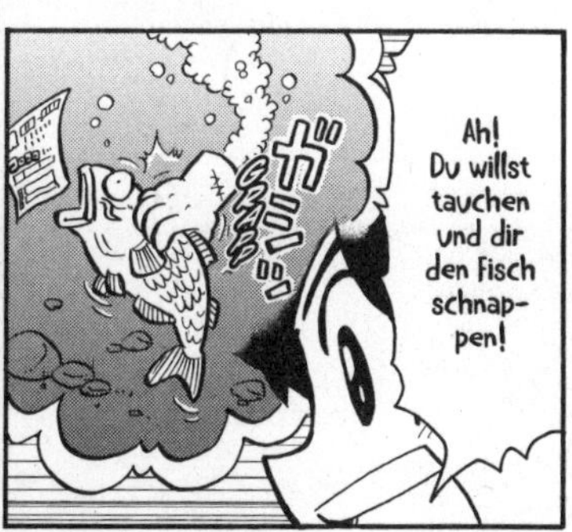
Ah! Du willst tauchen und dir den Fisch schnap-pen!

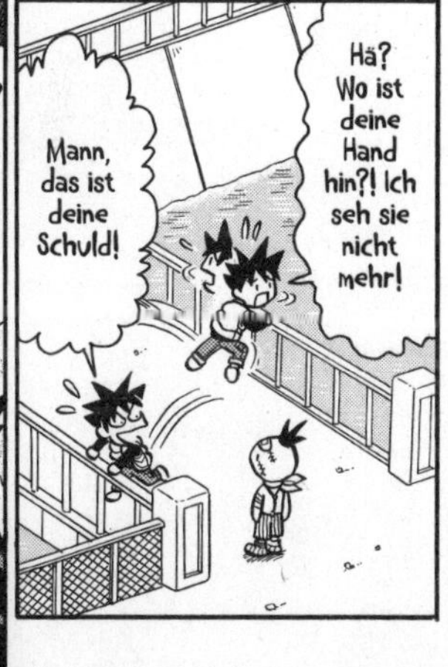
Hä? Wo ist deine Hand hin?! Ich seh sie nicht mehr!
Mann, das ist deine Schuld!

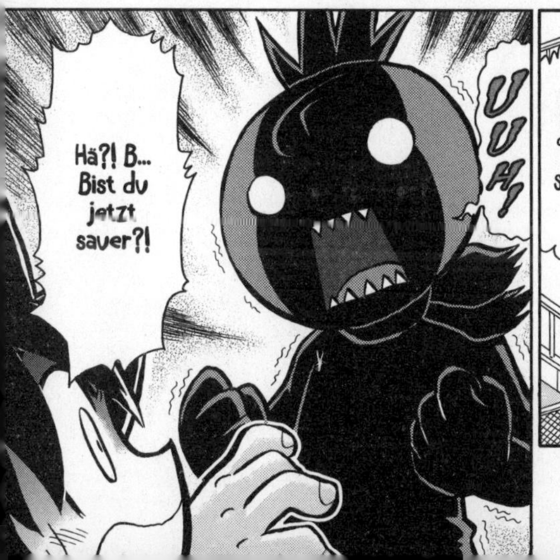
UUUH!
Hä?! B... Bist du jetzt sauer?!

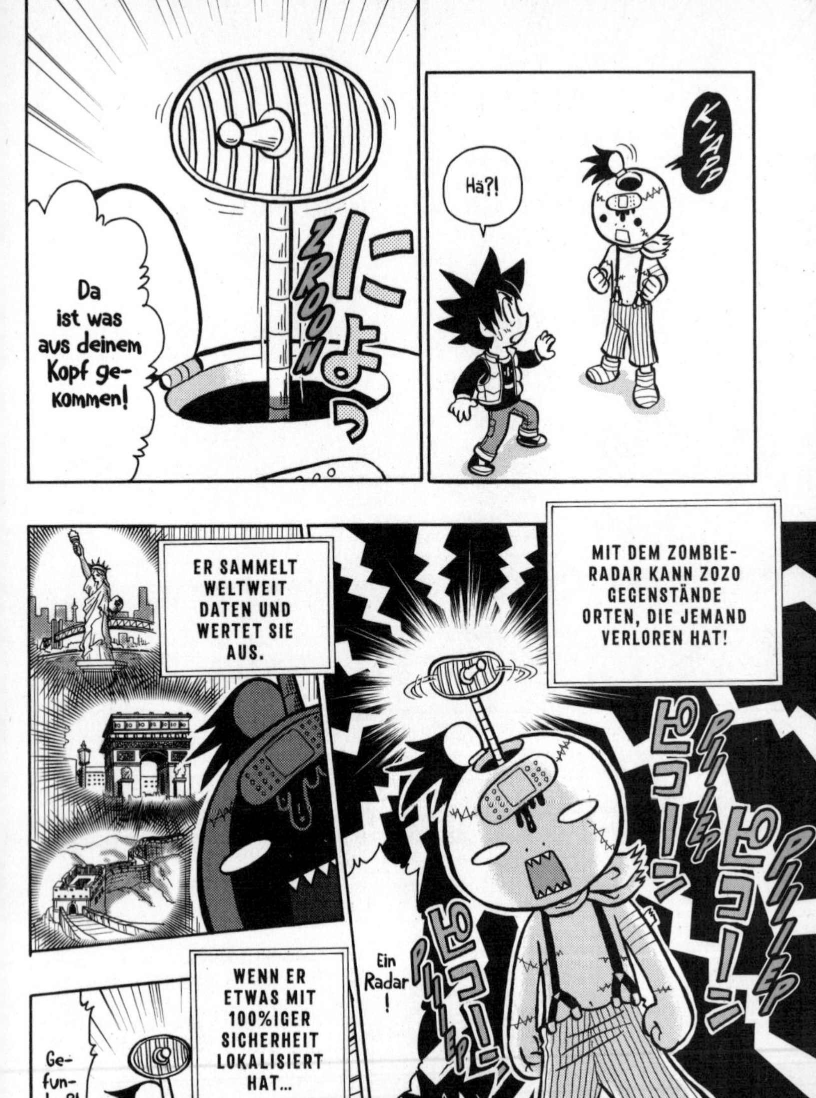
KLAPP
Hä?!
ZROOOM
にょっ
Da ist was aus deinem Kopf gekommen!
MIT DEM ZOMBIE-RADAR KANN ZOZO GEGENSTÄNDE ORTEN, DIE JEMAND VERLOREN HAT!
PIIIIEP
ピコーン
PIIIIEP
ピコーン
PIIIIEP
ピコーン
Ein Radar!
ER SAMMELT WELTWEIT DATEN UND WERTET SIE AUS.
WENN ER ETWAS MIT 100%IGER SICHERHEIT LOKALISIERT HAT…
STRAAAHL
ピカー
Gefunden?!

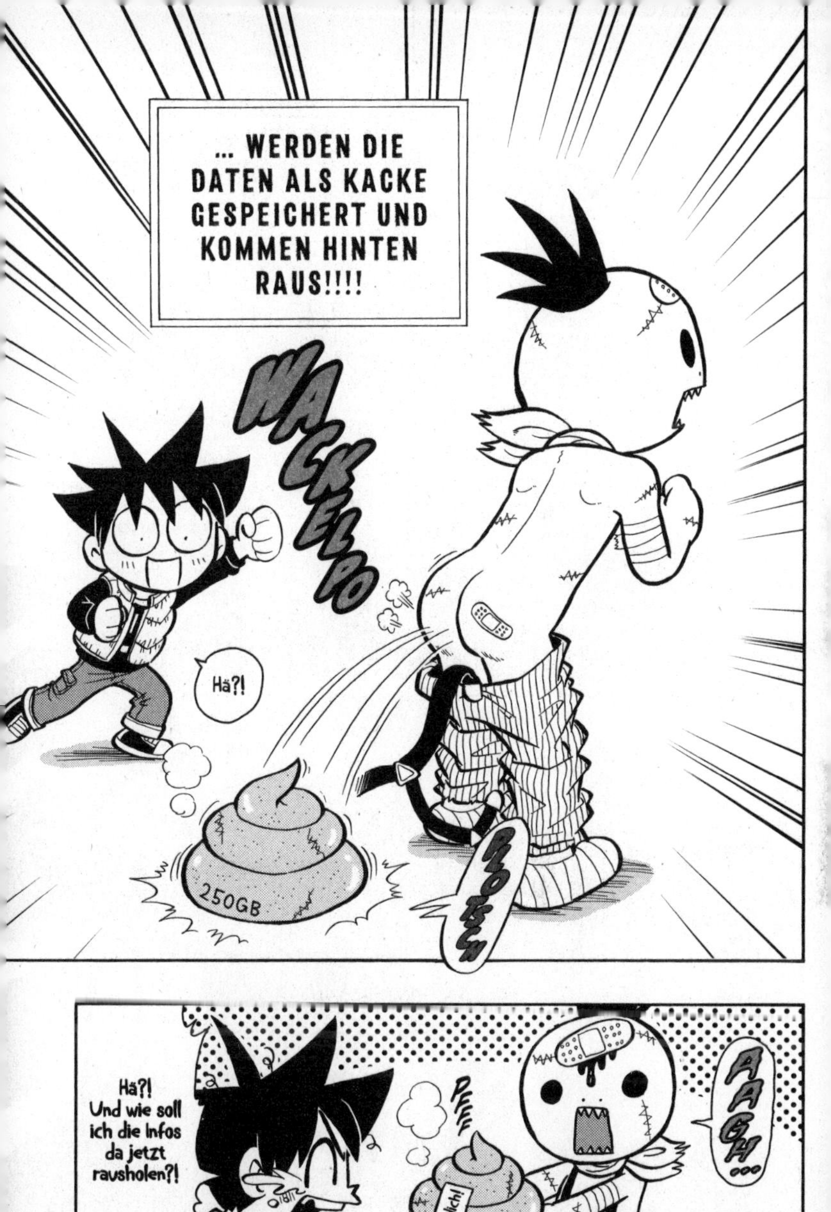
... WERDEN DIE DATEN ALS KACKE GESPEICHERT UND KOMMEN HINTEN RAUS!!!!
WACKELPO
PLOTSCH
250GB
Hä?!
AAGH...
Für dich!
Hä?! Und wie soll ich die Infos da jetzt rausholen?!

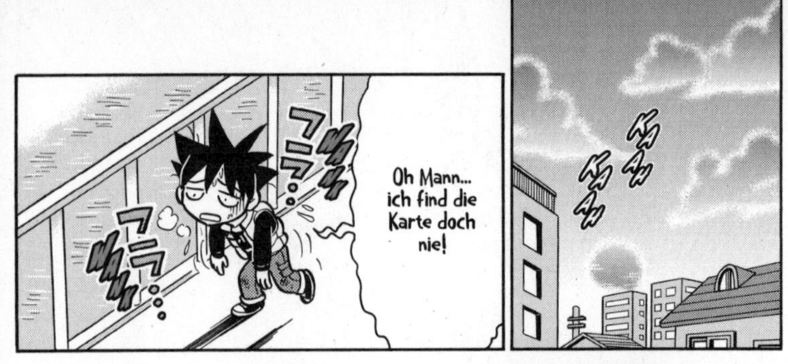
KAAH
KAAH
Oh Mann... ich find die Karte doch nie!
WANK
WANK

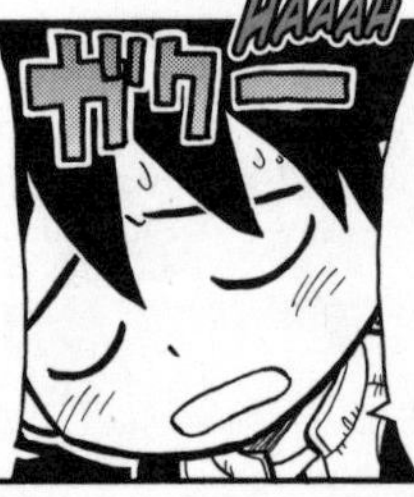
HAAAH
Ich könnte mir noch 'ne Ausgabe von CoroCoro kaufen, aber...
... ich hab kein Taschengeld mehr. Das war's dann wohl.

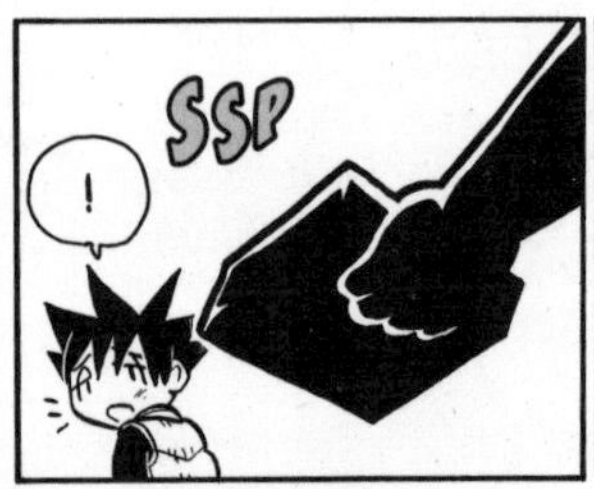
SSP
!

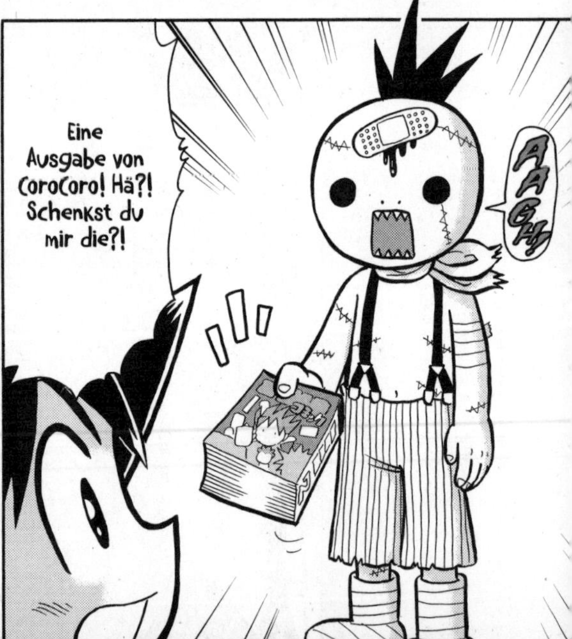
AAGH!
Eine Ausgabe von CoroCoro! Hä?! Schenkst du mir die?!

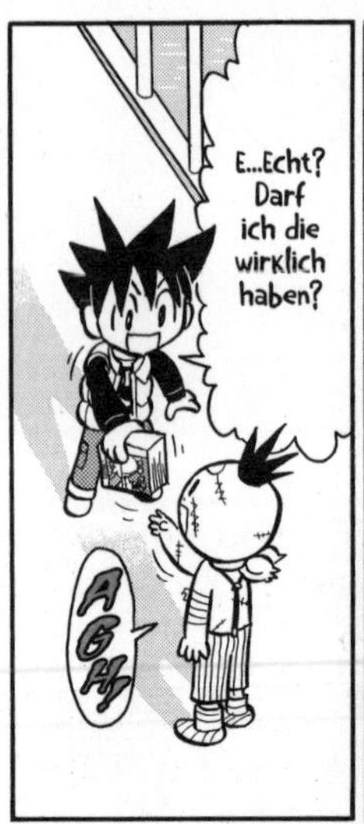
E...Echt? Darf ich die wirklich haben?
AGH!

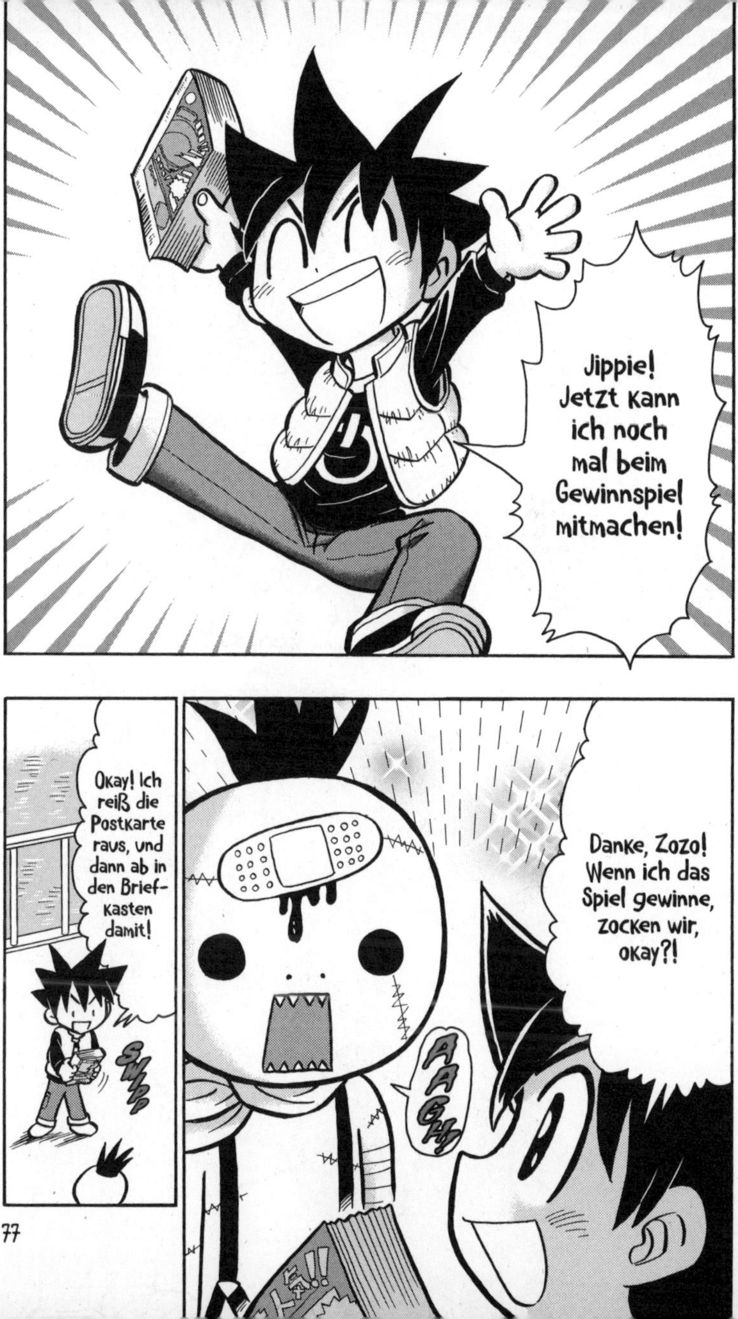

Jippie! Jetzt kann ich noch mal beim Gewinnspiel mitmachen!

Danke, Zozo! Wenn ich das Spiel gewinne, zocken wir, okay?!

AAGH!

Okay! Ich reiß die Postkarte raus, und dann ab in den Briefkasten damit!

SWIPP

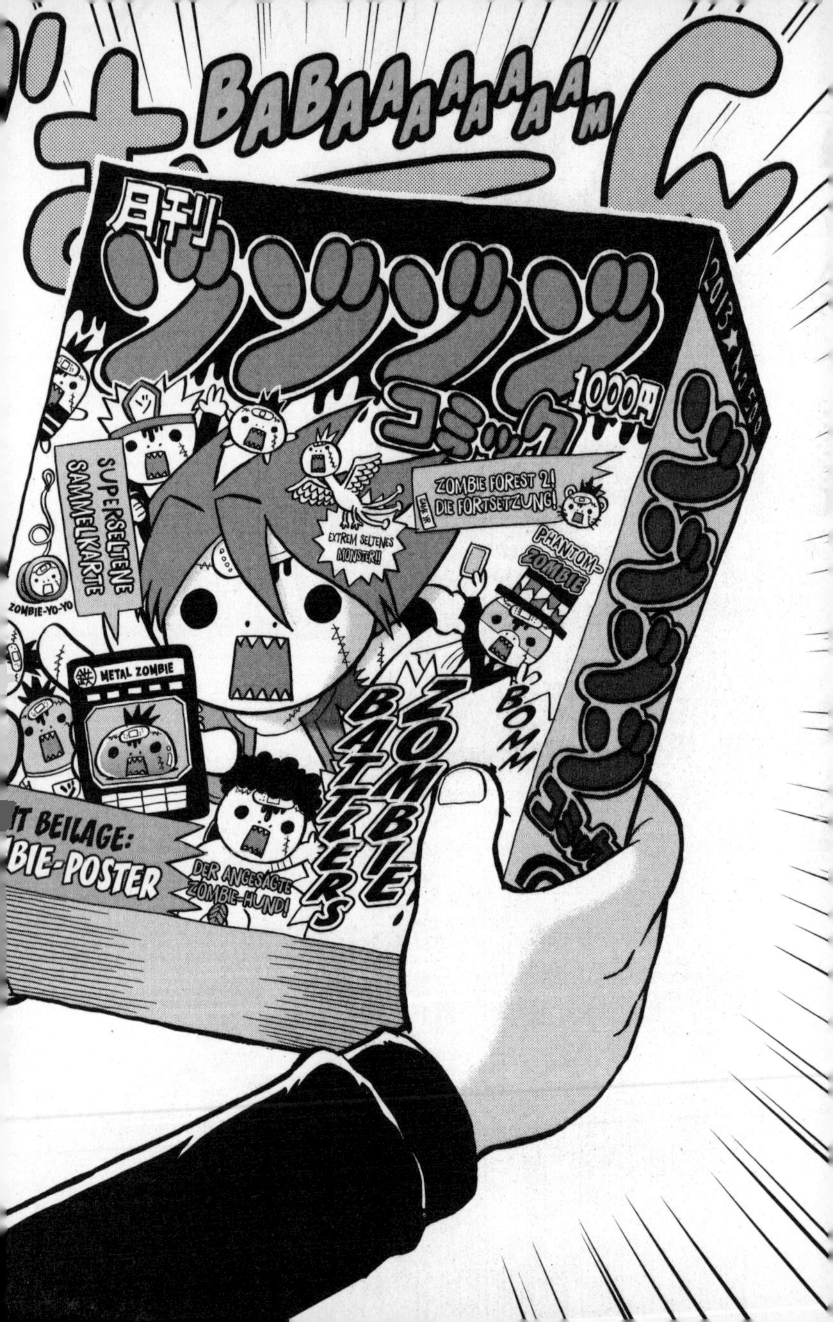
BABAAAAAAAAM
1000円
SUPERSELTENE SAMMELKARTE
ZOMBIE FOREST 2! DIE FORTSETZUNG!
EXTREM SELTENES MONSTER!!
PHANTOM-ZOMBIE
ZOMBIE-YO-YO
METAL ZOMBIE
ZOMBIE BATTLERS
BOMM
IT BEILAGE:
BIE-POSTER
DER ANGESÄGTE ZOMBIE-HUND!

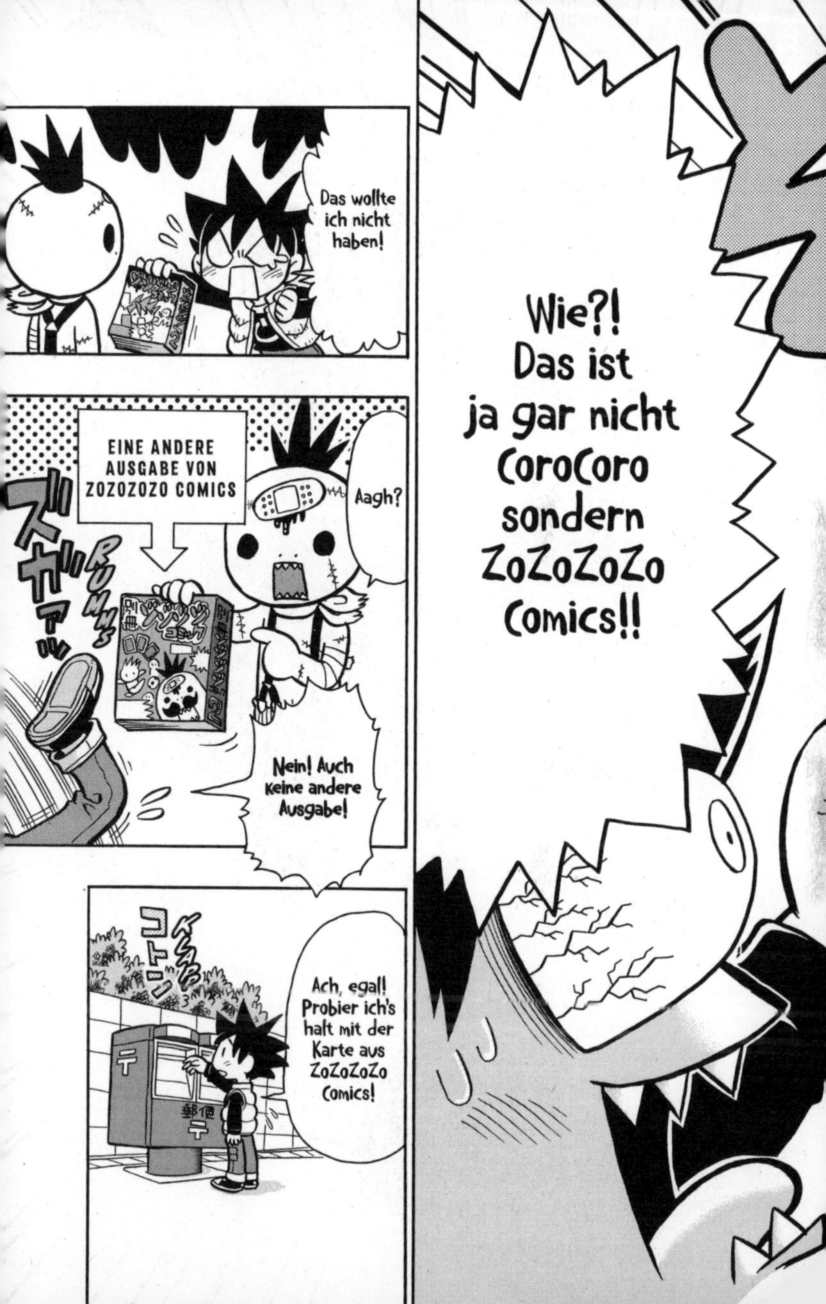
Wie?! Das ist ja gar nicht CoroCoro sondern ZoZoZoZo Comics!!
Das wollte ich nicht haben!
EINE ANDERE AUSGABE VON ZOZOZOZO COMICS
Aagh?
RUMMS
Nein! Auch keine andere Ausgabe!
KLAPP
Ach, egal! Probier ich's halt mit der Karte aus ZoZoZoZo Comics!

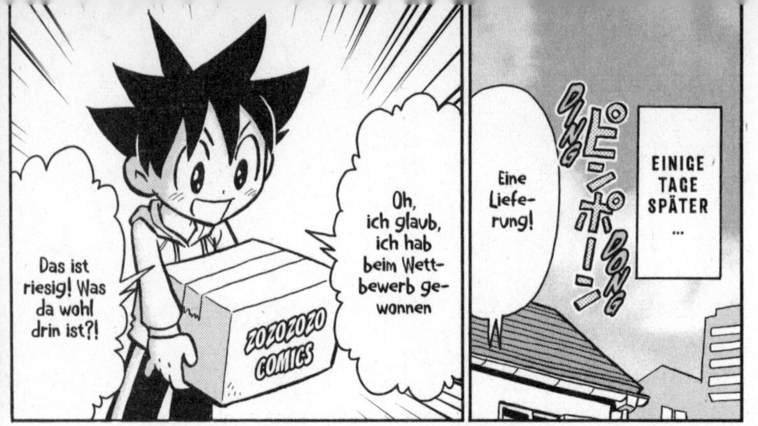

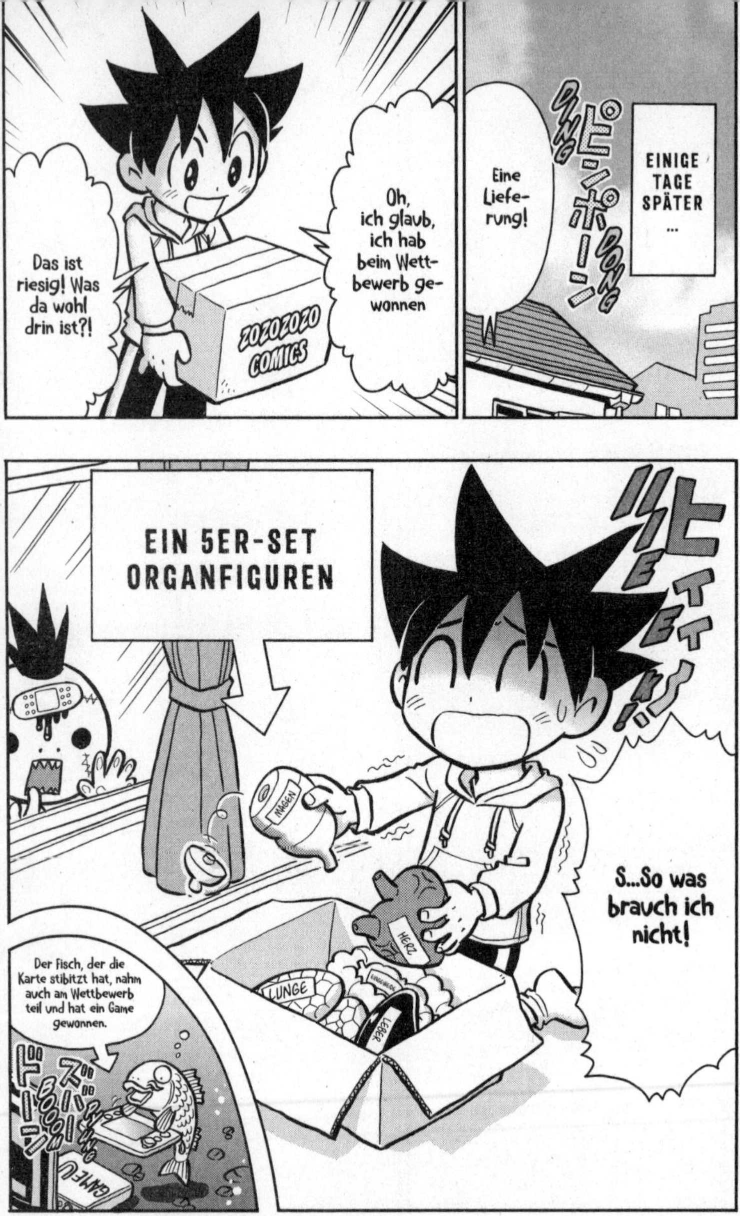

Ein 5er-Set Organfiguren

IIEEK!

S...So was brauch ich nicht!

MAGEN

HERZ

LUNGE

LEBER

Der Fisch, der die Karte stibitzt hat, nahm auch am Wettbewerb teil und hat ein Game gewonnen.

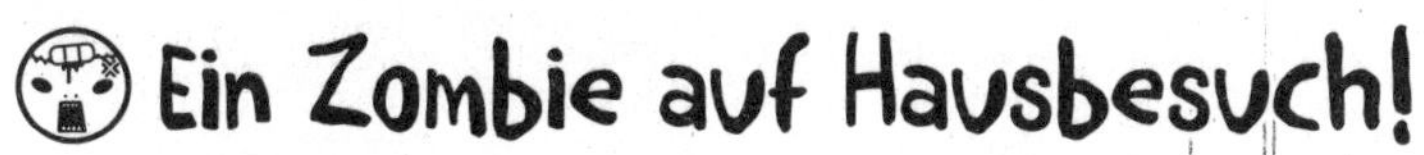

# Ein Zombie auf Hausbesuch!

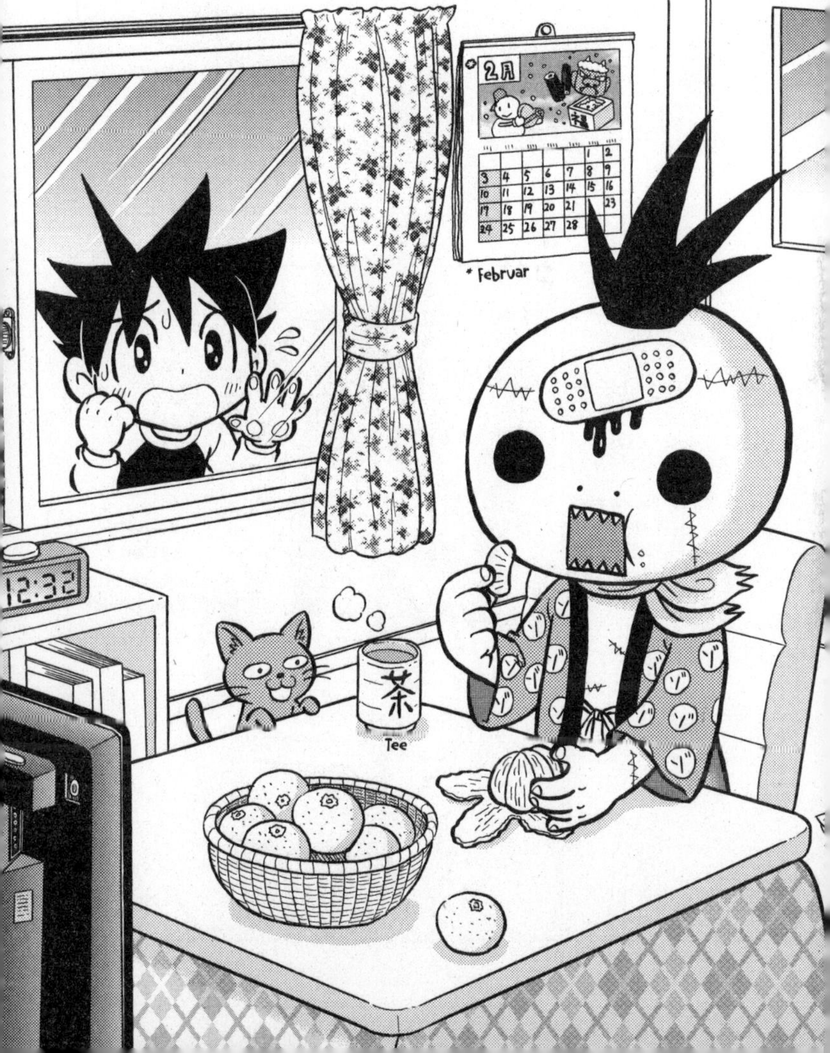

2月

* Februar

茶

Tee

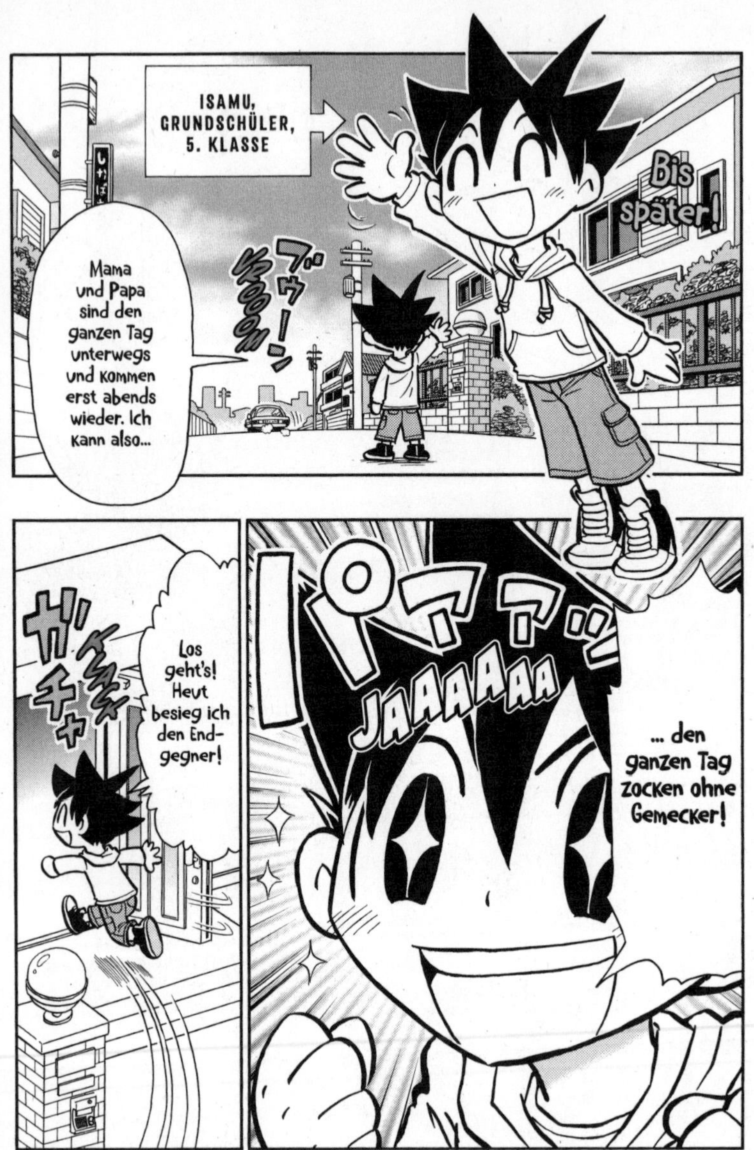
ISAMU, GRUNDSCHÜLER, 5. KLASSE
Bis später!
ブゥーン
VROOOM
Mama und Papa sind den ganzen Tag unterwegs und kommen erst abends wieder. Ich kann also...
パァァッ
JAAAAAA
... den ganzen Tag zocken ohne Gemecker!
ガチャ
KLACK
Los geht's! Heut besieg ich den Endgegner!

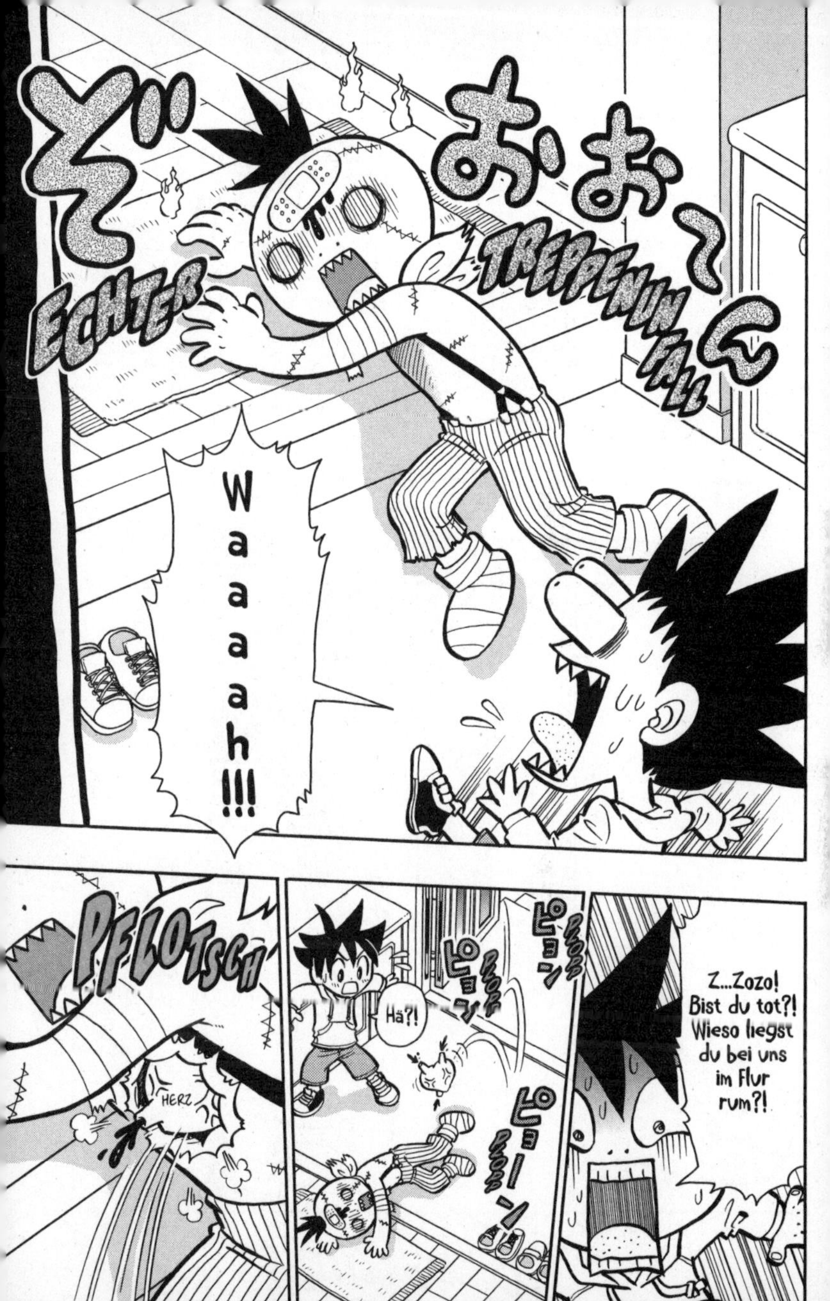
ぞ
おおっ
ECHTER TREPPENUNFALL
Waaaaah!!!
PFLOTSCH
HERZ
Hä?!
ピョン
PLOPP
ピョン
PLOPP
ピョーン
PLOPP
Z...Zozo! Bist du tot?! Wieso liegst du bei uns im Flur rum?!

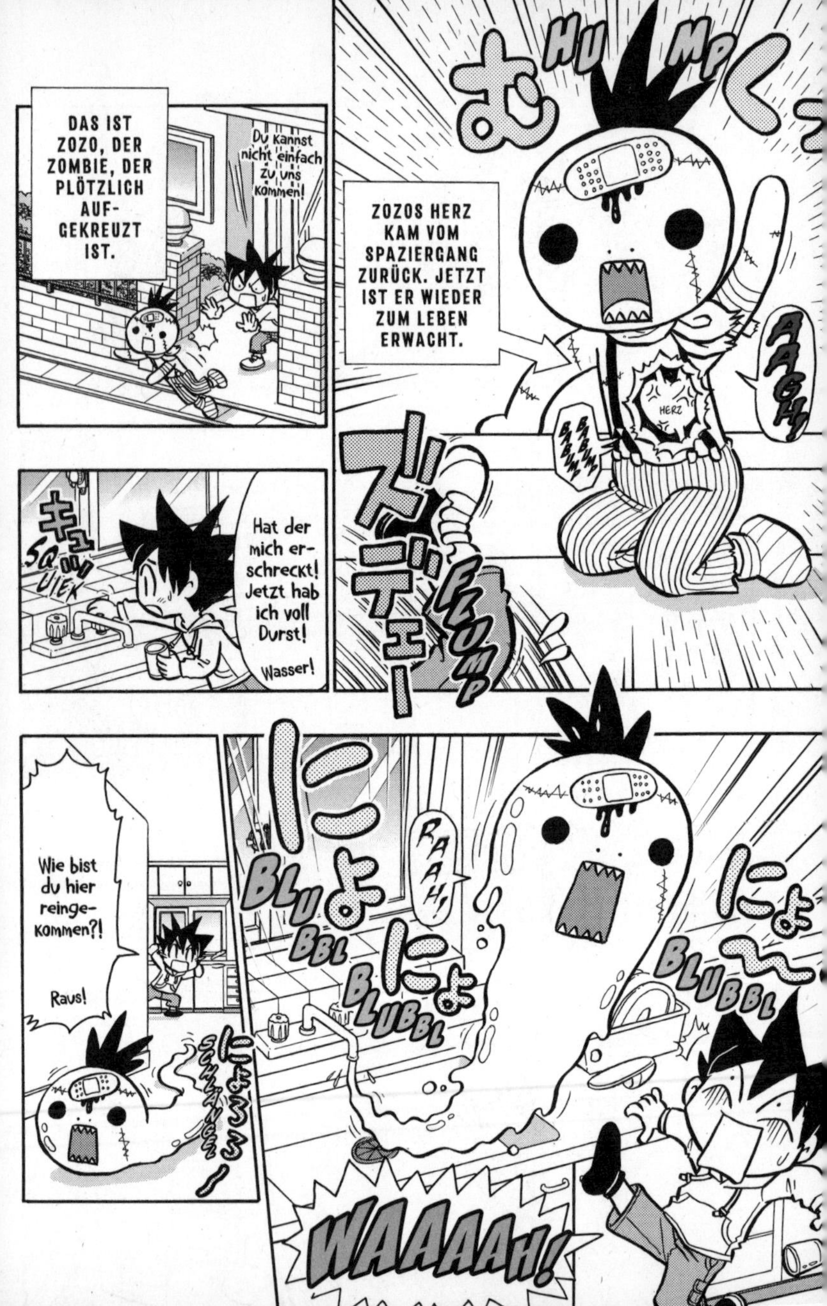
HUMP
ZOZOS HERZ KAM VOM SPAZIERGANG ZURÜCK. JETZT IST ER WIEDER ZUM LEBEN ERWACHT.
AAGH!
HERZ
BABUM BABUM
DAS IST ZOZO, DER ZOMBIE, DER PLÖTZLICH AUF-GEKREUZT IST.
Du kannst nicht einfach zu uns kommen!
FLUMP
Hat der mich erschreckt! Jetzt hab ich voll Durst!
Wasser!
SQUIEK
BLUBBBL
RAAAH!
BLUBBL
BLUBBL
WAAAAAH!
Wie bist du hier reinge-kommen?!
Raus!
SCHLANGEL

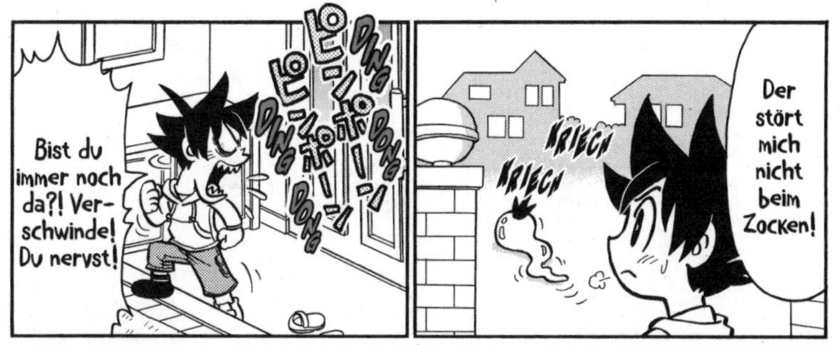

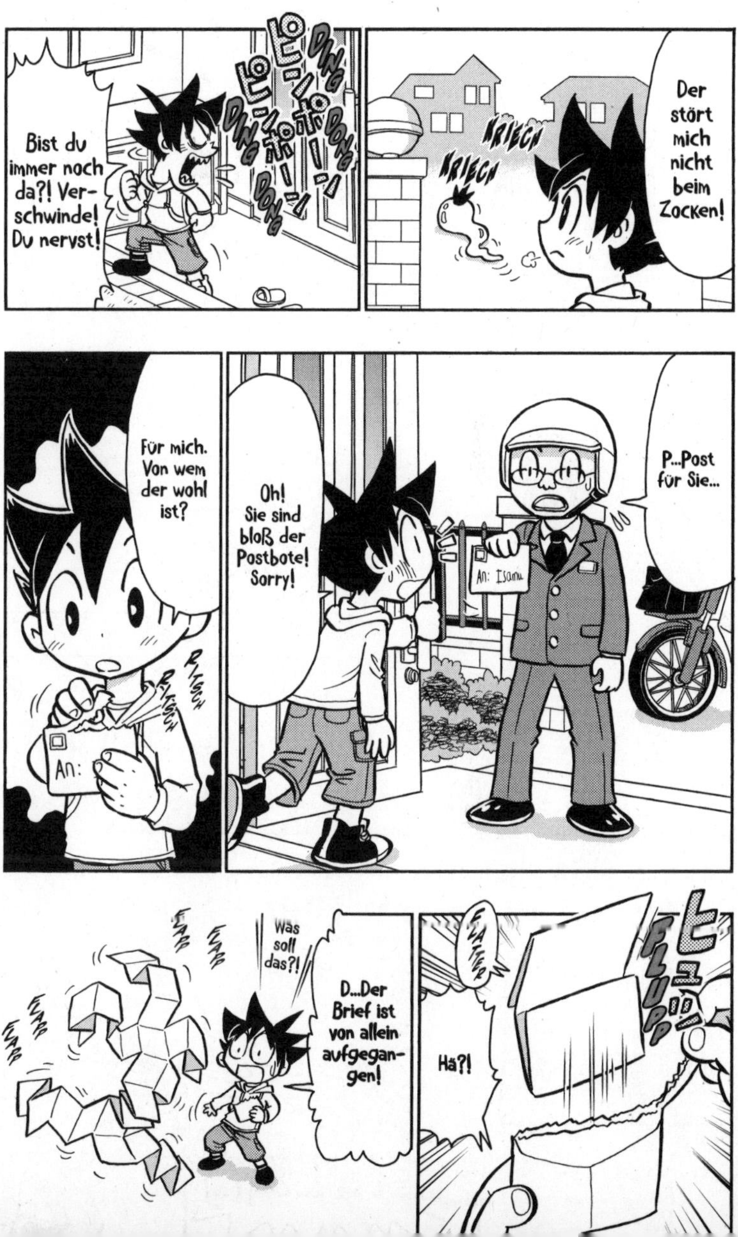

P...Post für Sie...

Oh! Sie sind bloß der Postbote! Sorry!

An: Isamu

Für mich. Von wem der wohl ist?

RATSCH
RATSCH

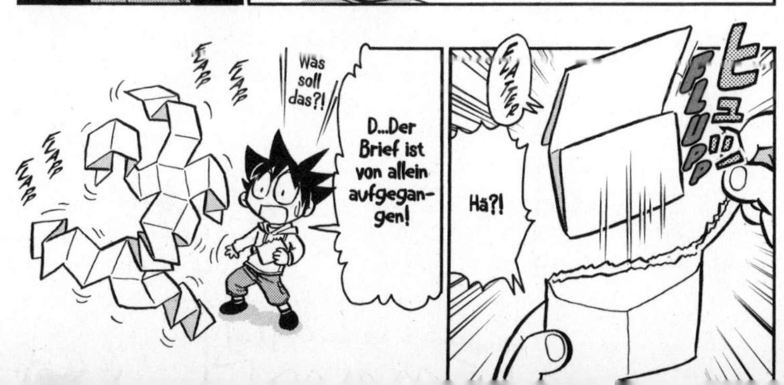

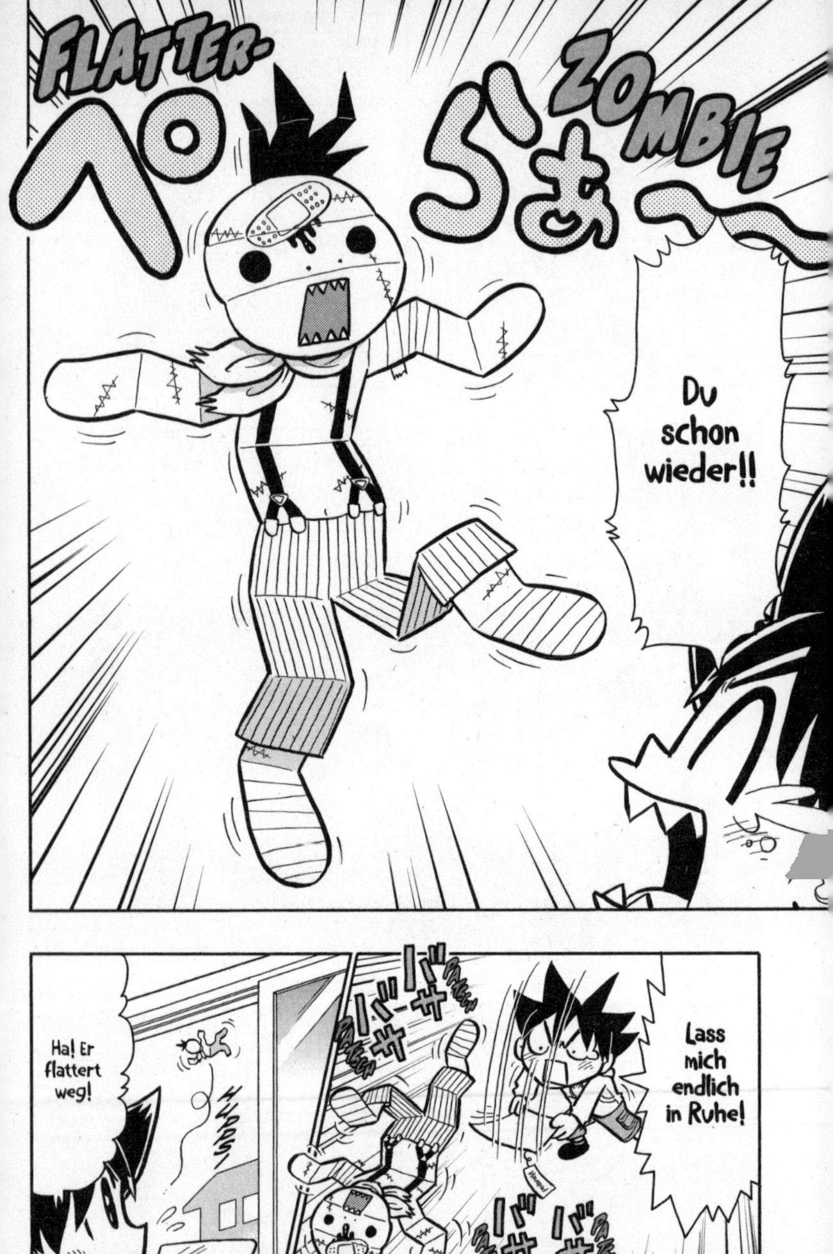
FLATTER-
ZOMBIE
Du schon wieder!!
Lass mich endlich in Ruhe!
Ha! Er flattert weg!

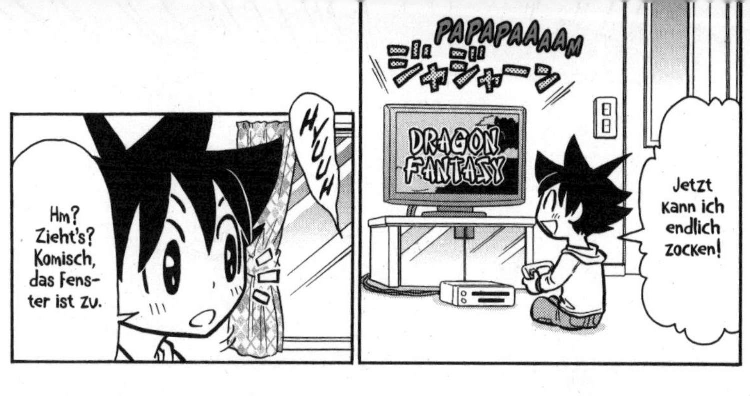

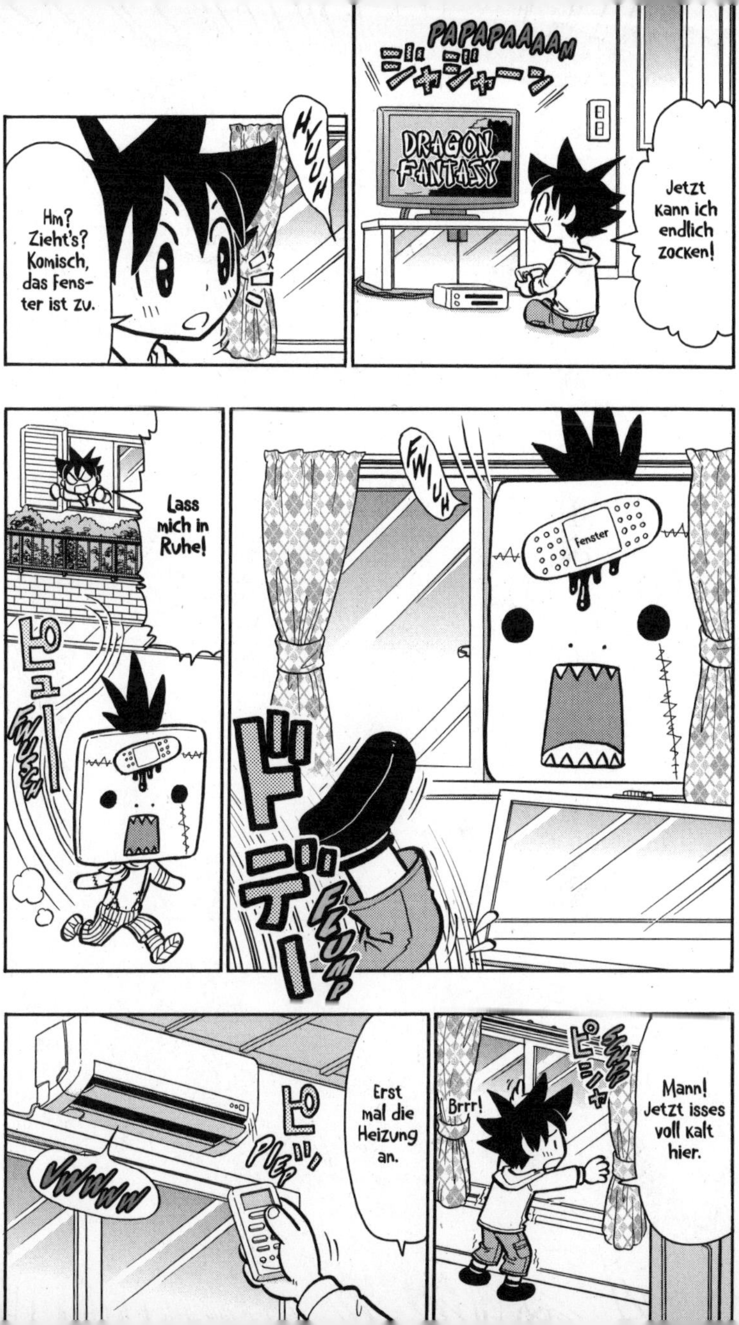

FWIUH
Fenster
FLUMP
Lass mich in Ruhe!
FWUSCH

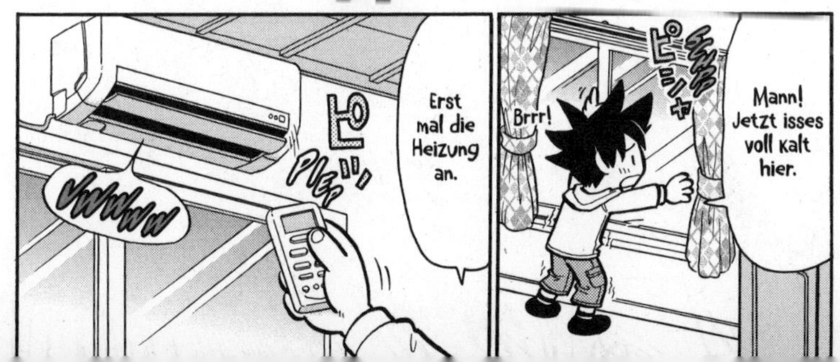

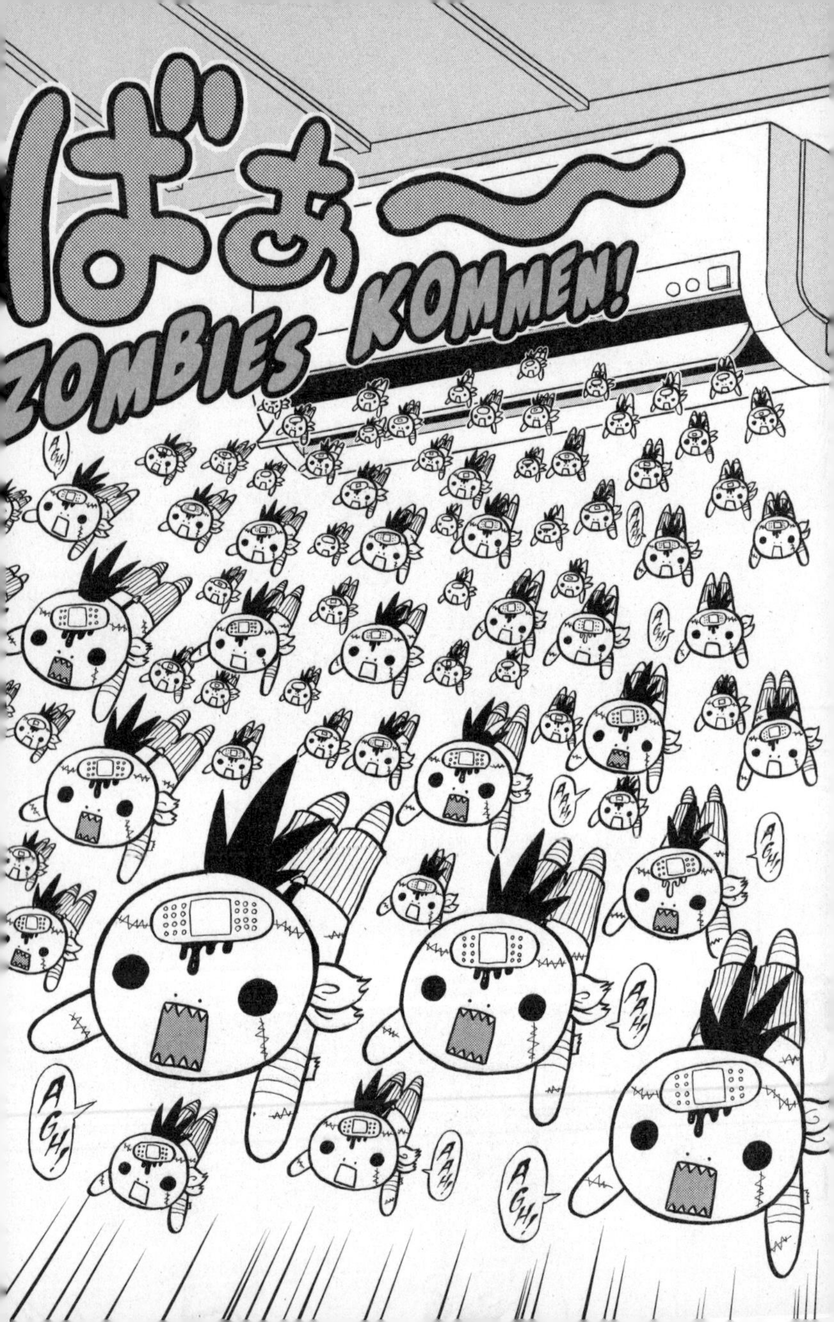
ばあ〜〜
ZOMBIES KOMMEN!
AGH!
AAH!
AGH!
AGH!
AAH!
AGH!
AAH!
AGH!
AAH!
AGH!

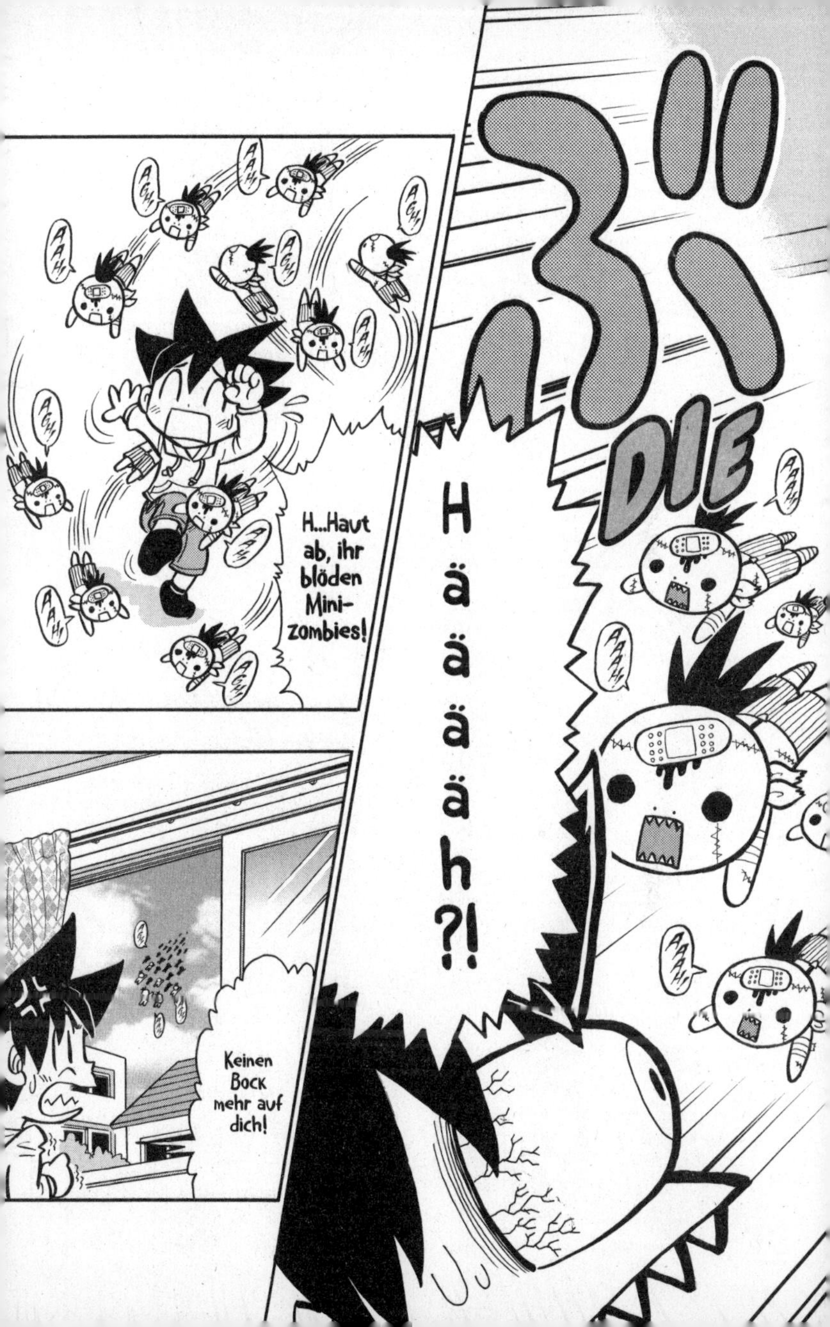
DIE
Häääh?!
AAAH!
H...Haut ab, ihr blöden Mini-zombies!
AAH!
AGH!
Keinen Bock mehr auf dich!

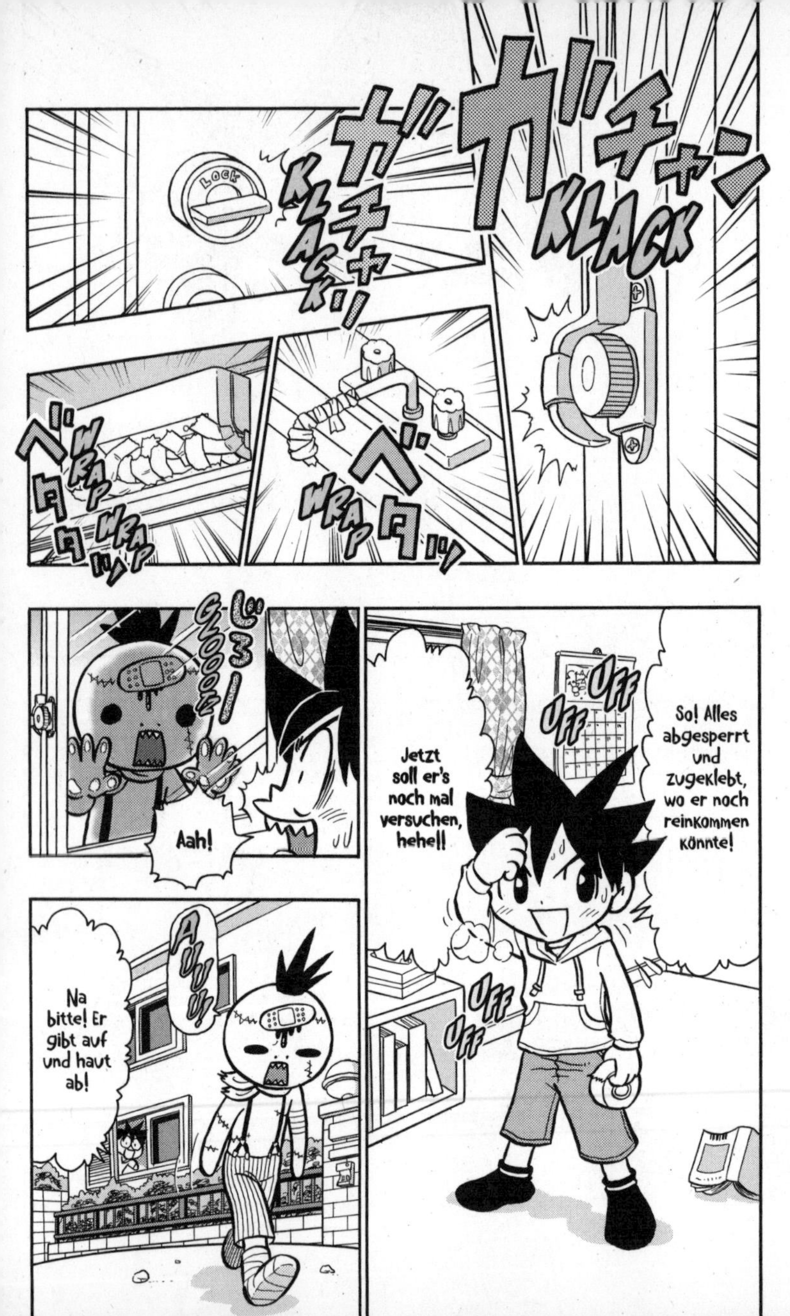
ガチャン
KLACK
ガチャッ
KLACK!!
ベタッ
WRAP
ベタッ
WRAP WRAP
So! Alles abgesperrt und zugeklebt, wo er noch reinkommen könnte!
Jetzt soll er's noch mal versuchen, hehe!!
UFF UFF
UFF UFF
じ~
GLOOOOTZ
Aah!
AUUUH!
Na bitte! Er gibt auf und haut ab!

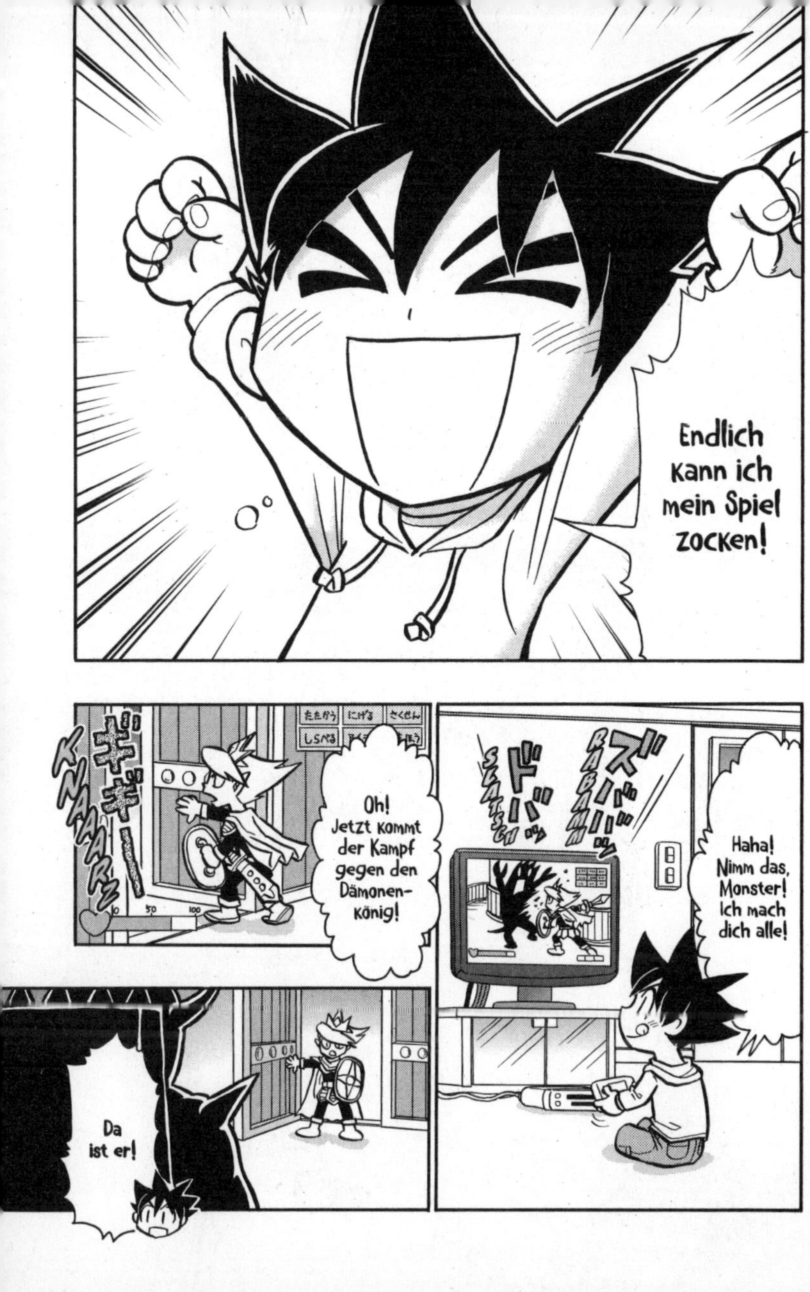

Endlich kann ich mein Spiel zocken!

KNAAARZ

Oh! Jetzt kommt der Kampf gegen den Dämonen-König!

Da ist er!

SLATSCH

RABAMM

Haha! Nimm das, Monster! Ich mach dich alle!

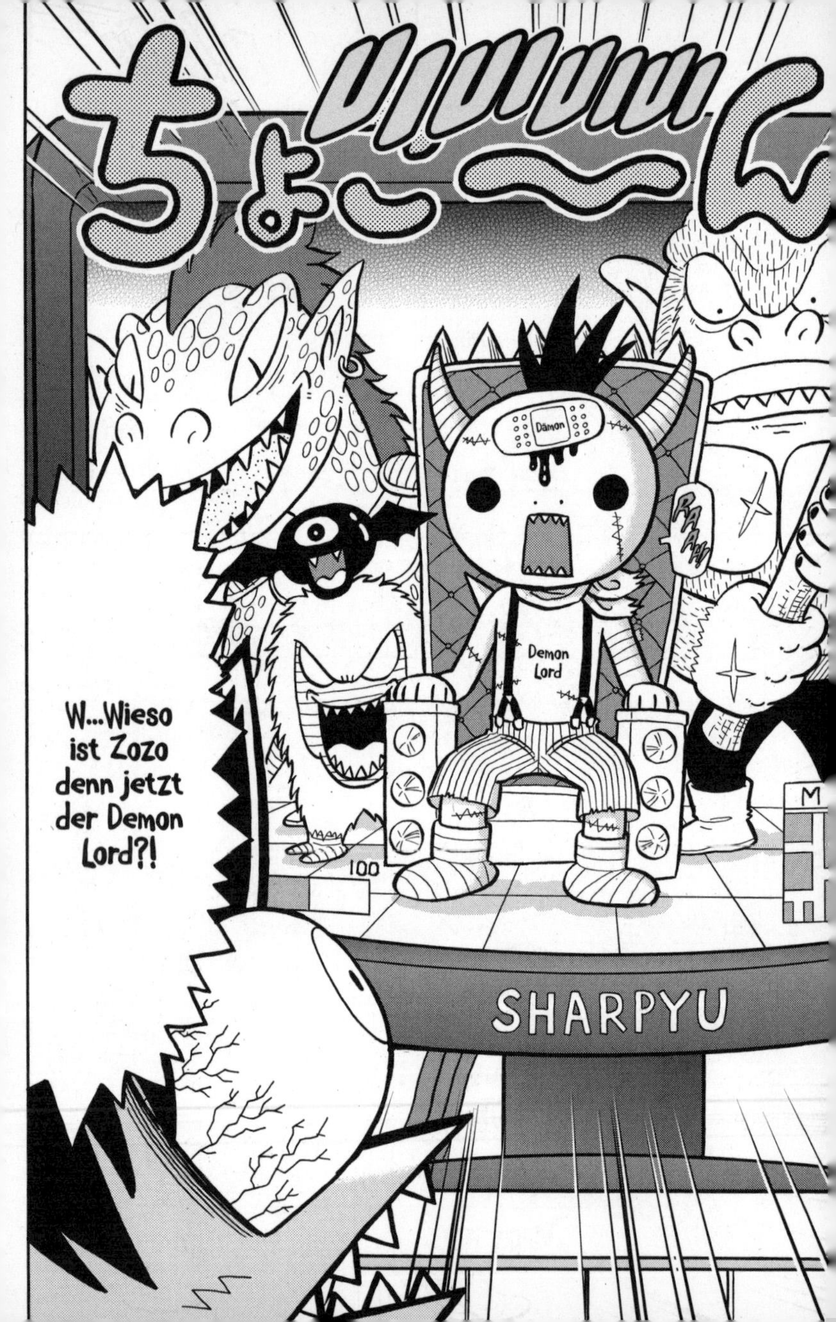
ちょーーー
W…Wieso ist Zozo denn jetzt der Demon Lord?!
Dämon
Demon Lord
RAAAH
100
M
SHARPYU

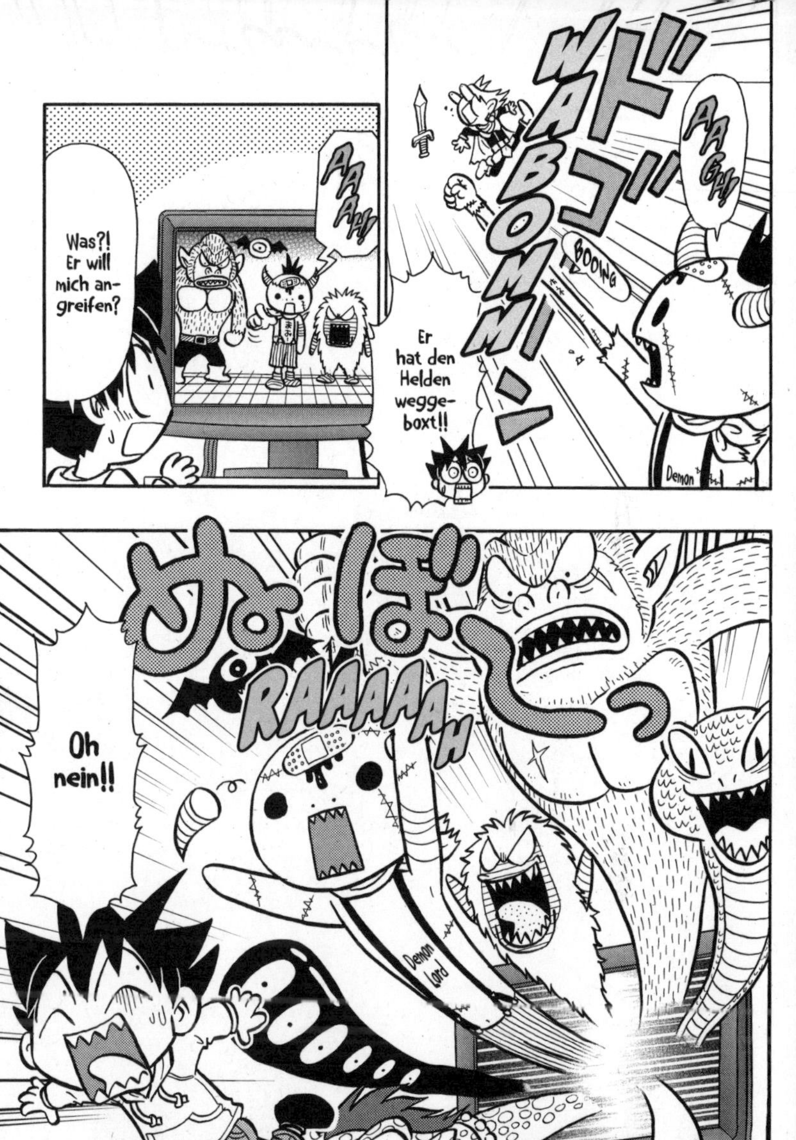

AAAGH!
WABOMM
BOOING
Er hat den Helden weggeboxt!!
AAAAH!
Was?! Er will mich angreifen?
RAAAAAAH
Oh nein!!
Demon
Demon Lord

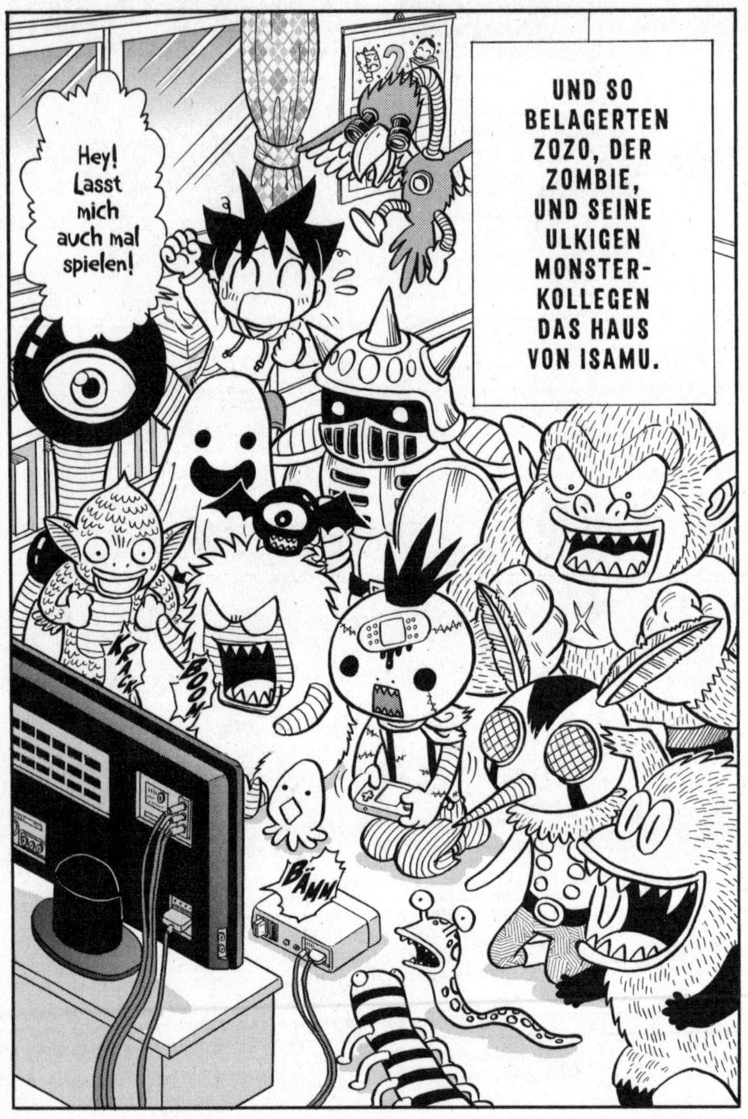
UND SO BELAGERTEN ZOZO, DER ZOMBIE, UND SEINE ULKIGEN MONSTER-KOLLEGEN DAS HAUS VON ISAMU.
Hey! Lasst mich auch mal spielen!
KRACK
BOOM
BÄMM

# ZOMBASTISCHER 4-BILDER-MANGA 3

## SCHLÜSSEL

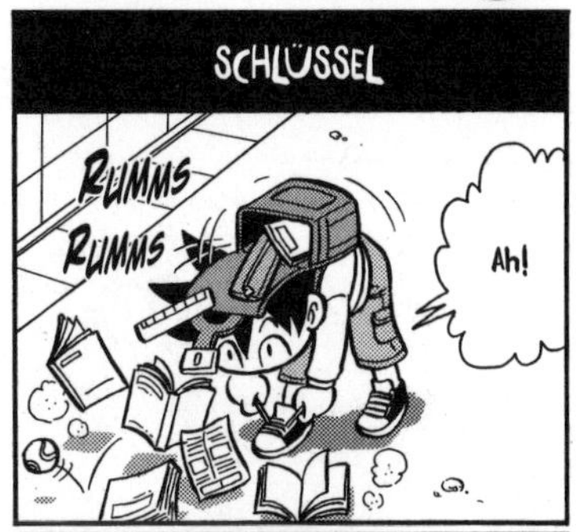


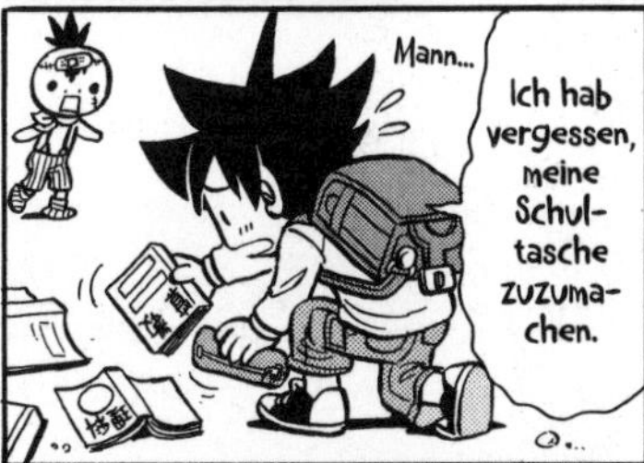


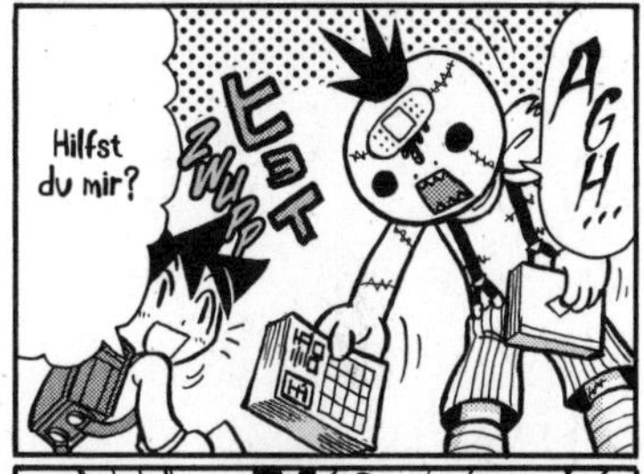


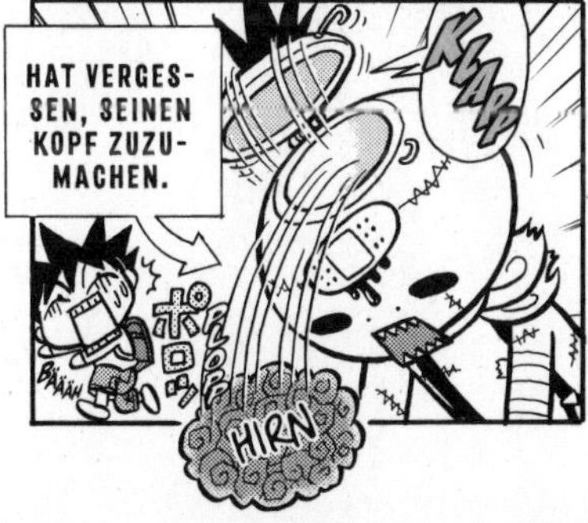


## DIE REDE

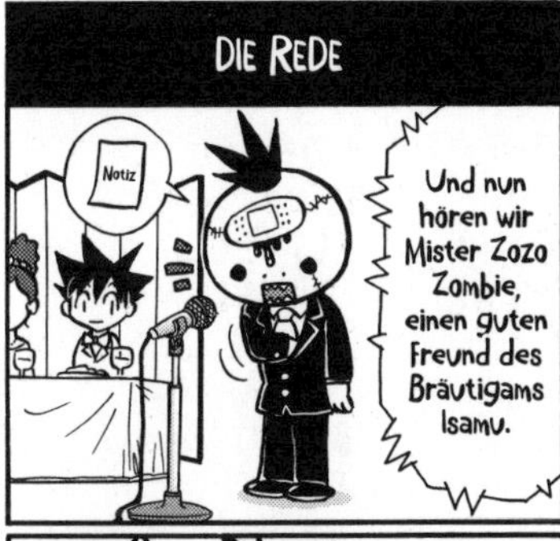


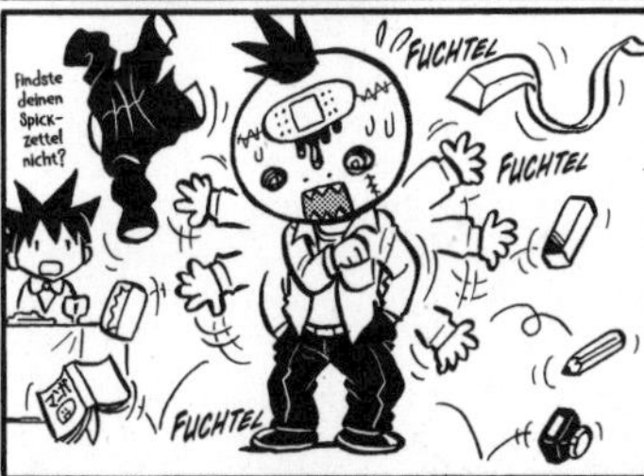


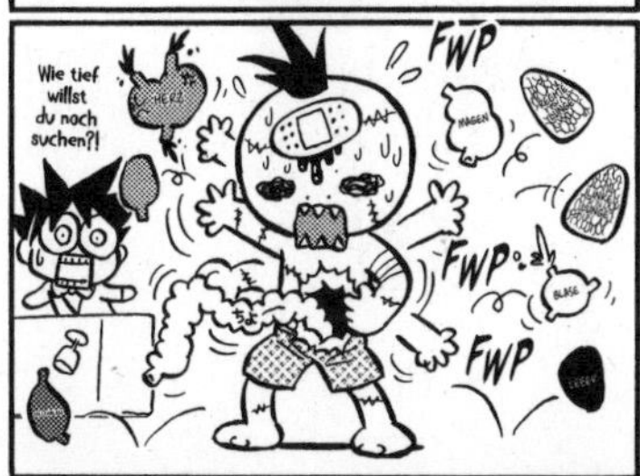


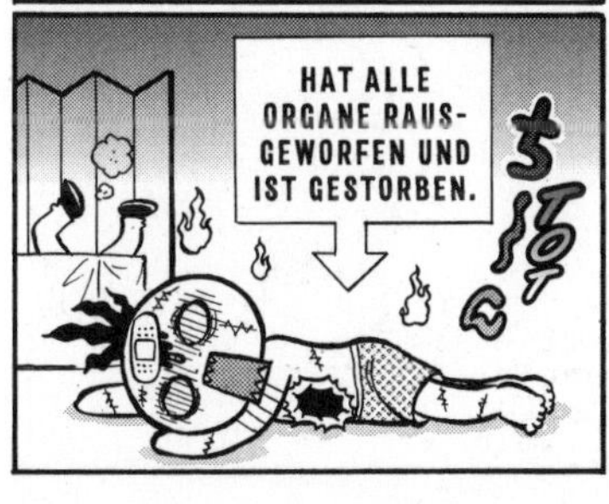

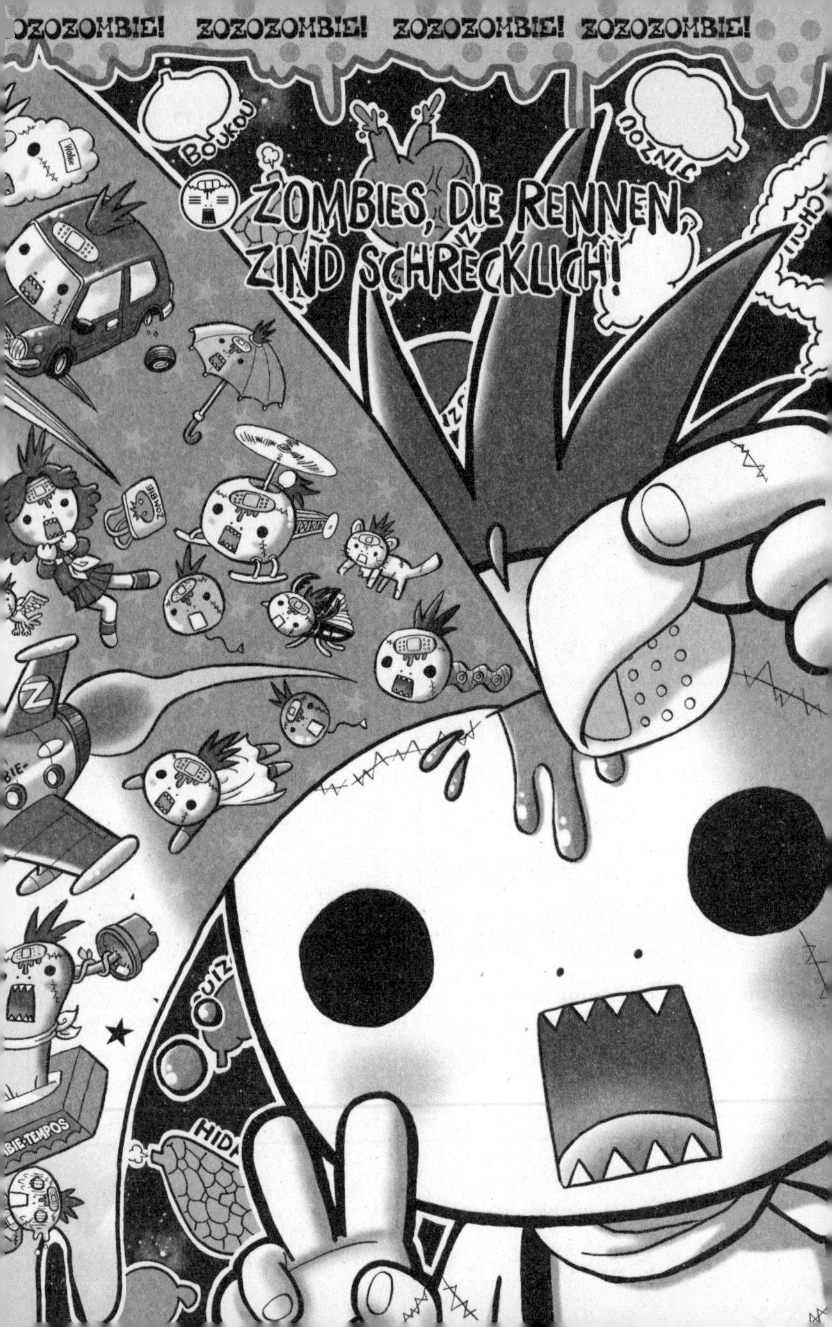
ZOZOZOMBIE! ZOZOZOMBIE! ZOZOZOMBIE! ZOZOZOMBIE!
ZOMBIES, DIE RENNEN, ZIND SCHRECKLICH!
BOUKOU
JINZOU
Wolke
ZOMBIE
ZOMBIE-TEMPOS
QUIZ
HIDI

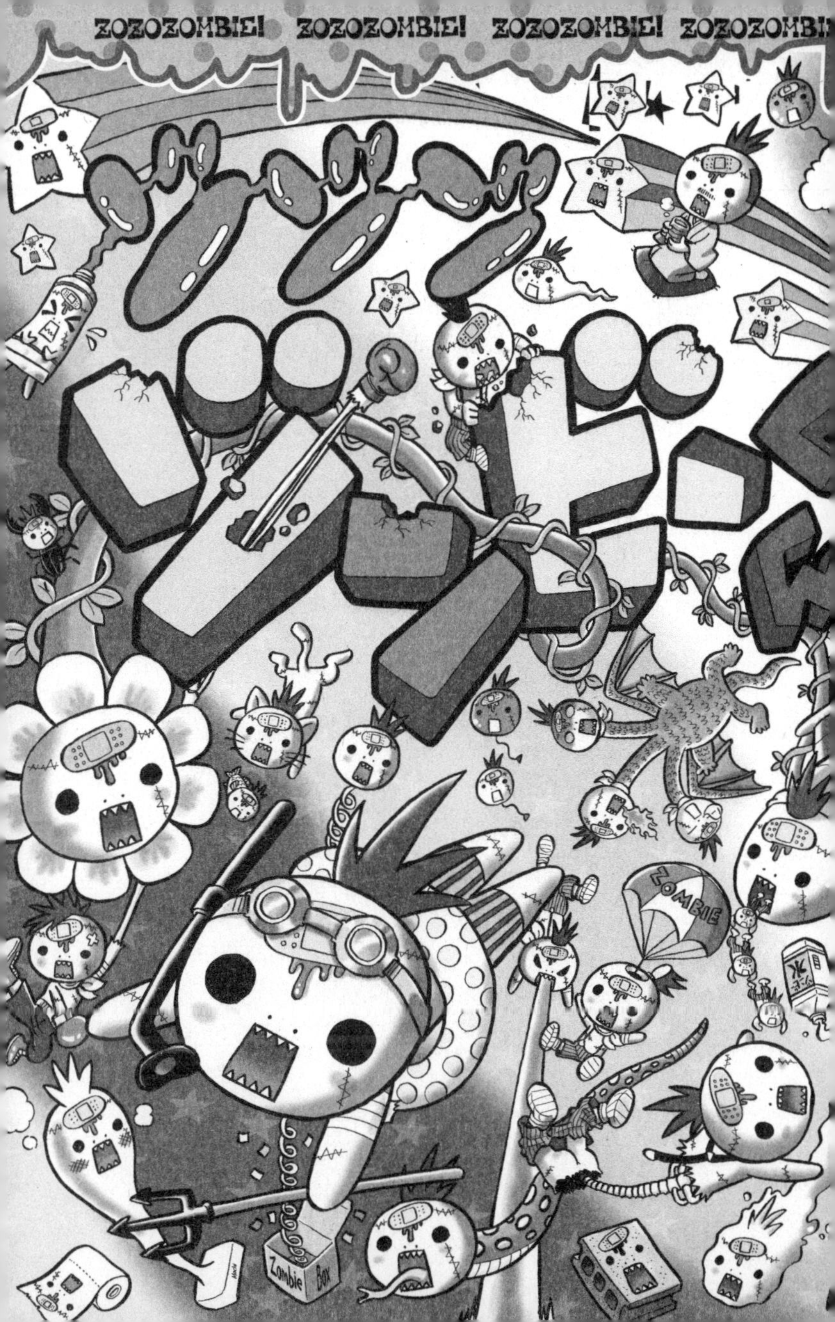
ZOZOZOMBIE! ZOZOZOMBIE! ZOZOZOMBIE! ZOZOZOMBI
ZOMBIE
Zombie
Box

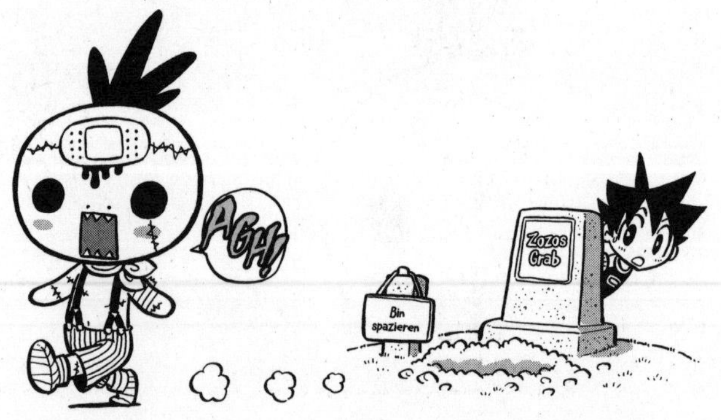
AGH!
Bin spazieren
Zozos Grab

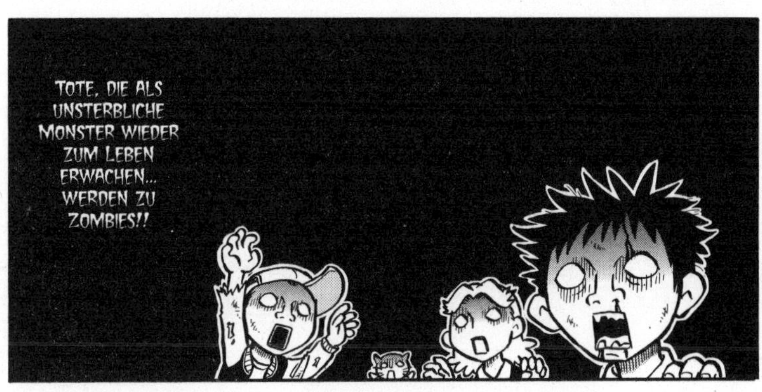

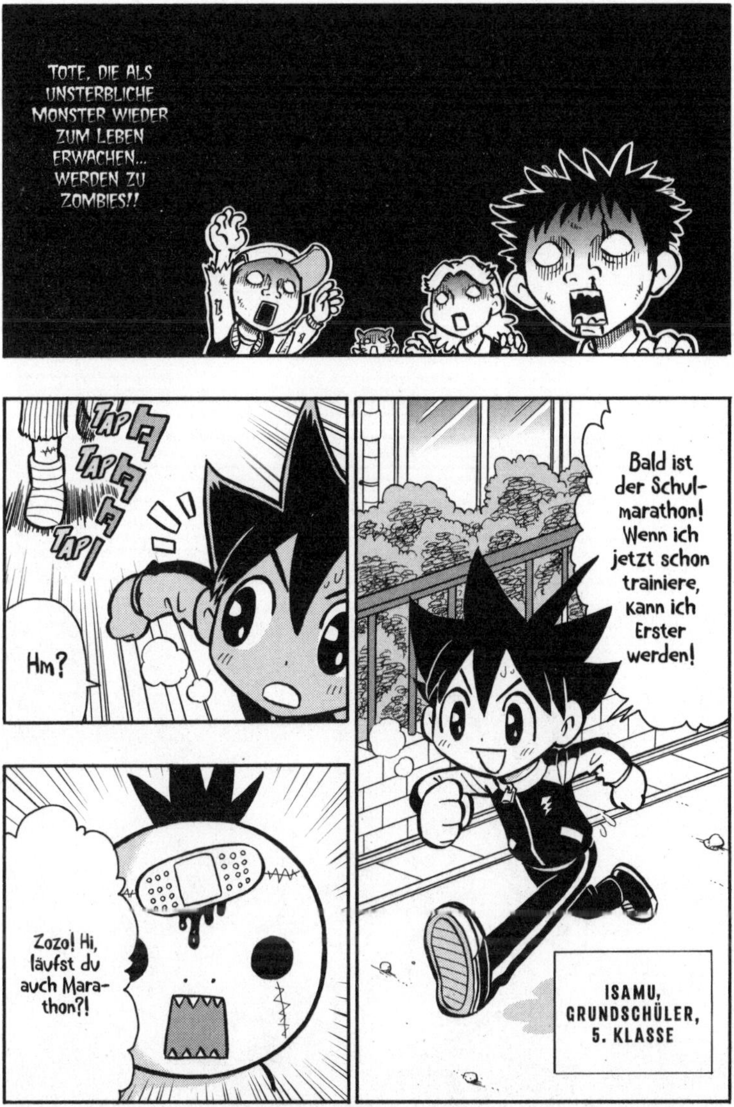

Bald ist der Schulmarathon! Wenn ich jetzt schon trainiere, kann ich Erster werden!

ISAMU, GRUNDSCHÜLER, 5. KLASSE

TAP TAP TAP

Hm?

Zozo! Hi, läufst du auch Marathon?!

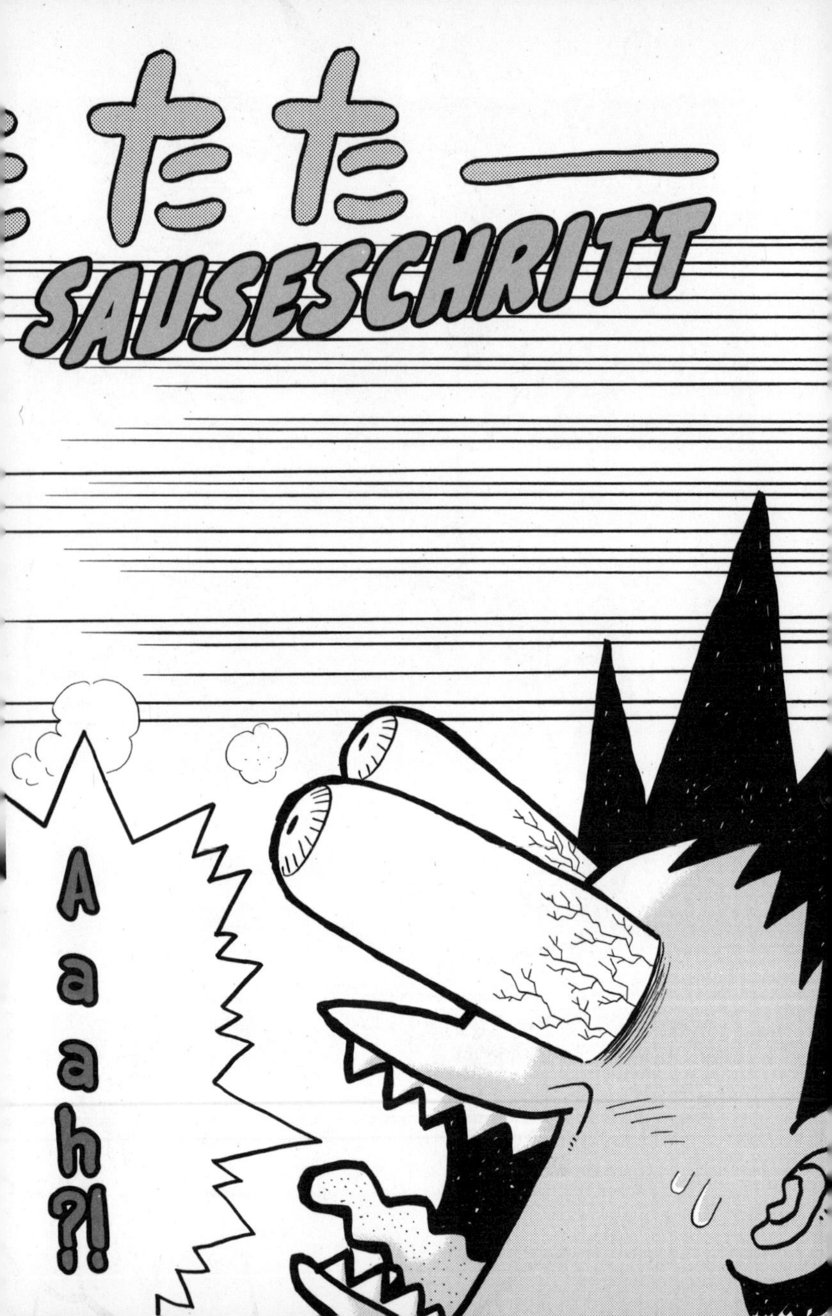
たたー
SAUSESCHRITT
Aaaah?!

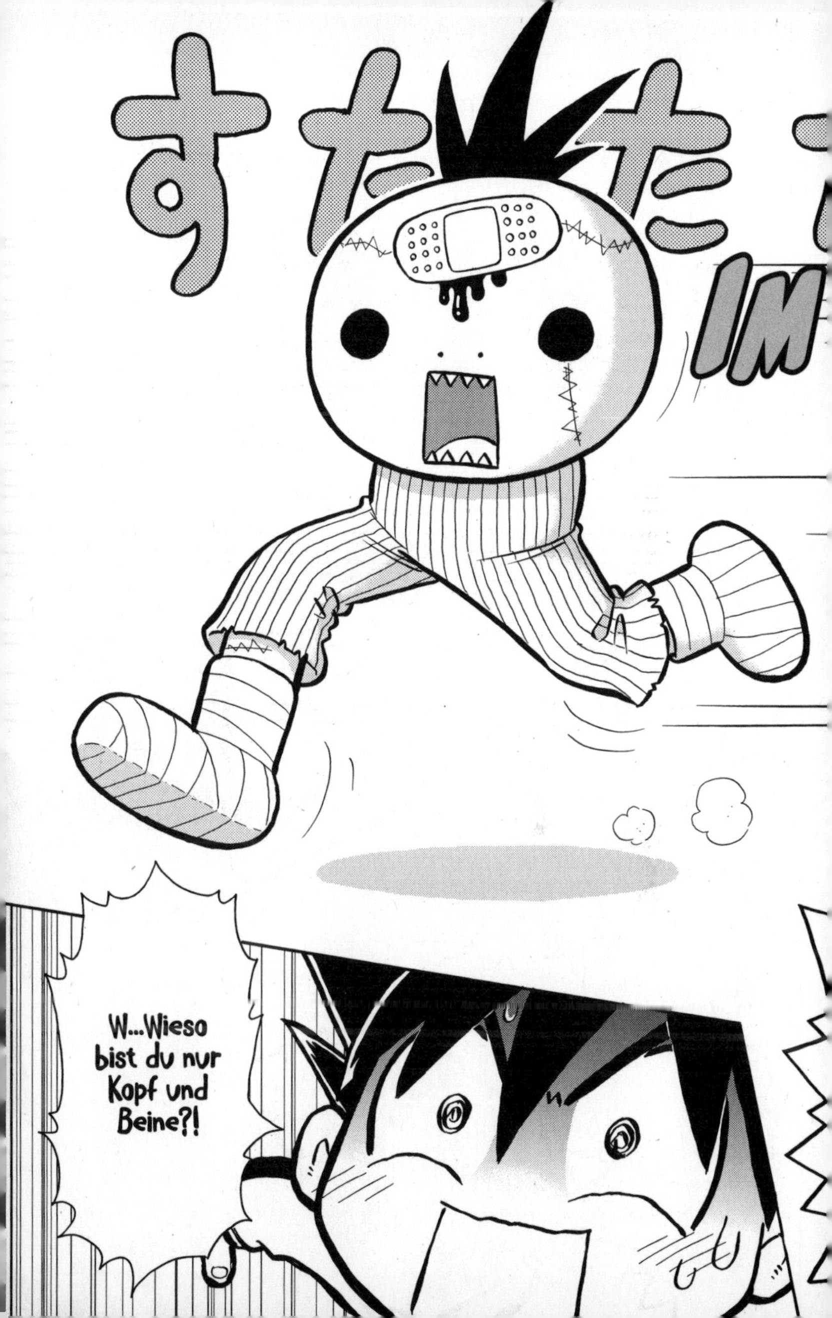
すたた
IM
W...Wieso bist du nur Kopf und Beine?!

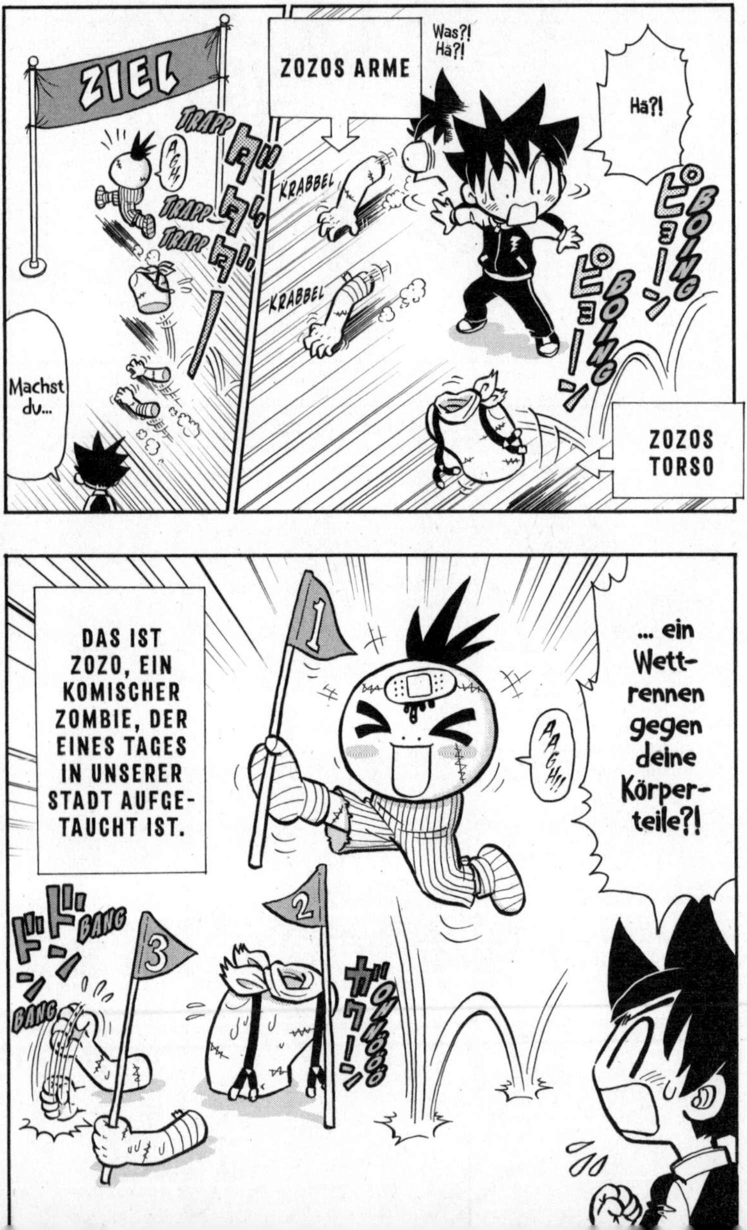

ZOZOS ARME

Was?! Hä?!

Hä?!

KRABBEL

KRABBEL

BOING

BOING

ZOZOS TORSO

ZIEL

TRAPP

AGH!

TRAPP

TRAPP

Machst du...

... ein Wettrennen gegen deine Körperteile?!

AAGH!!

DAS IST ZOZO, EIN KOMISCHER ZOMBIE, DER EINES TAGES IN UNSERER STADT AUFGETAUCHT IST.

1

2

3

OHNOOO

BANG

BANG

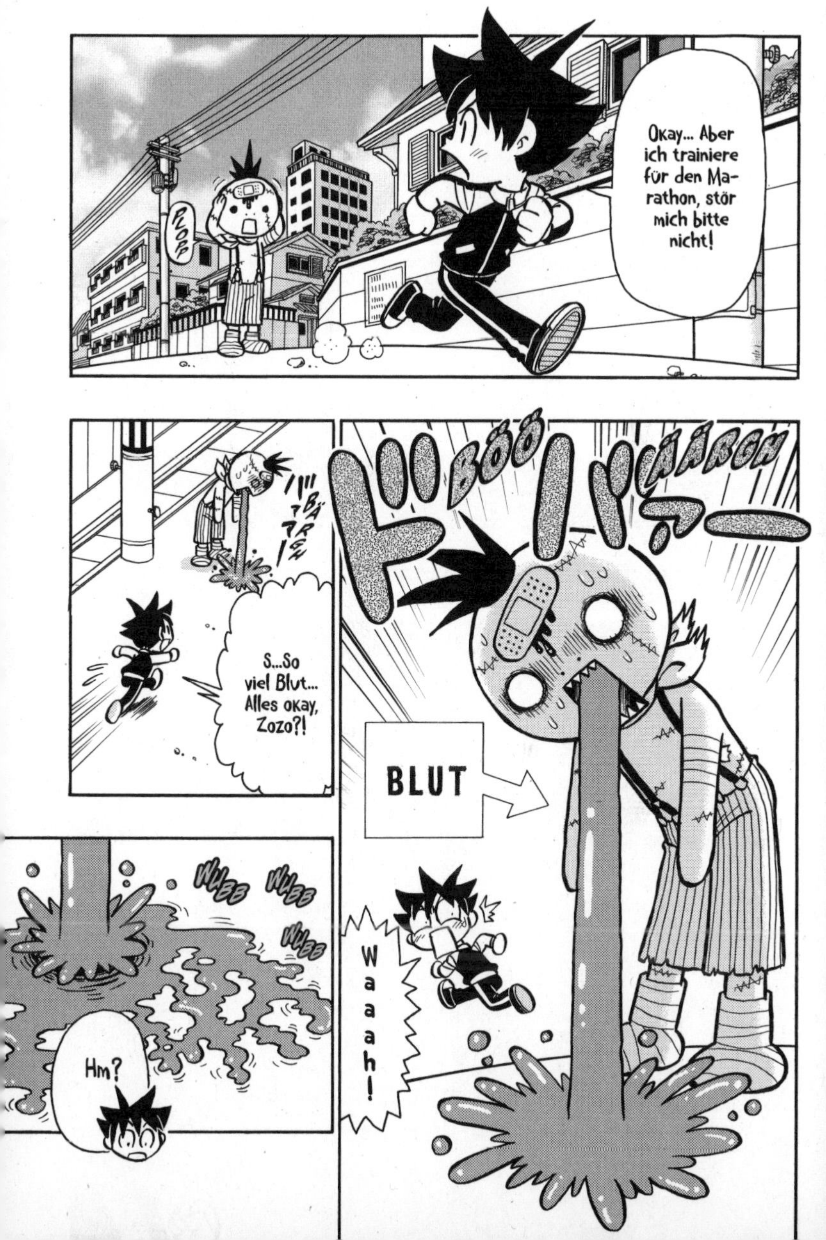

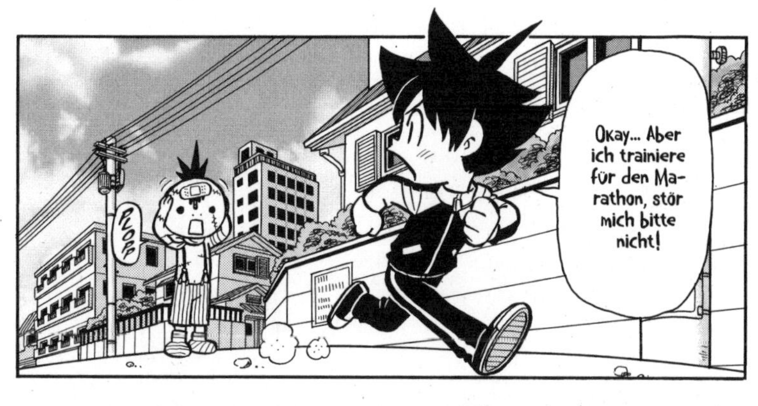


BÖÖ
WÄÄRGH
BLUT
Waaah!

BÄRGH!
S...So viel Blut... Alles okay, Zozo?!

WUBB WUBB WUBB
Hm?

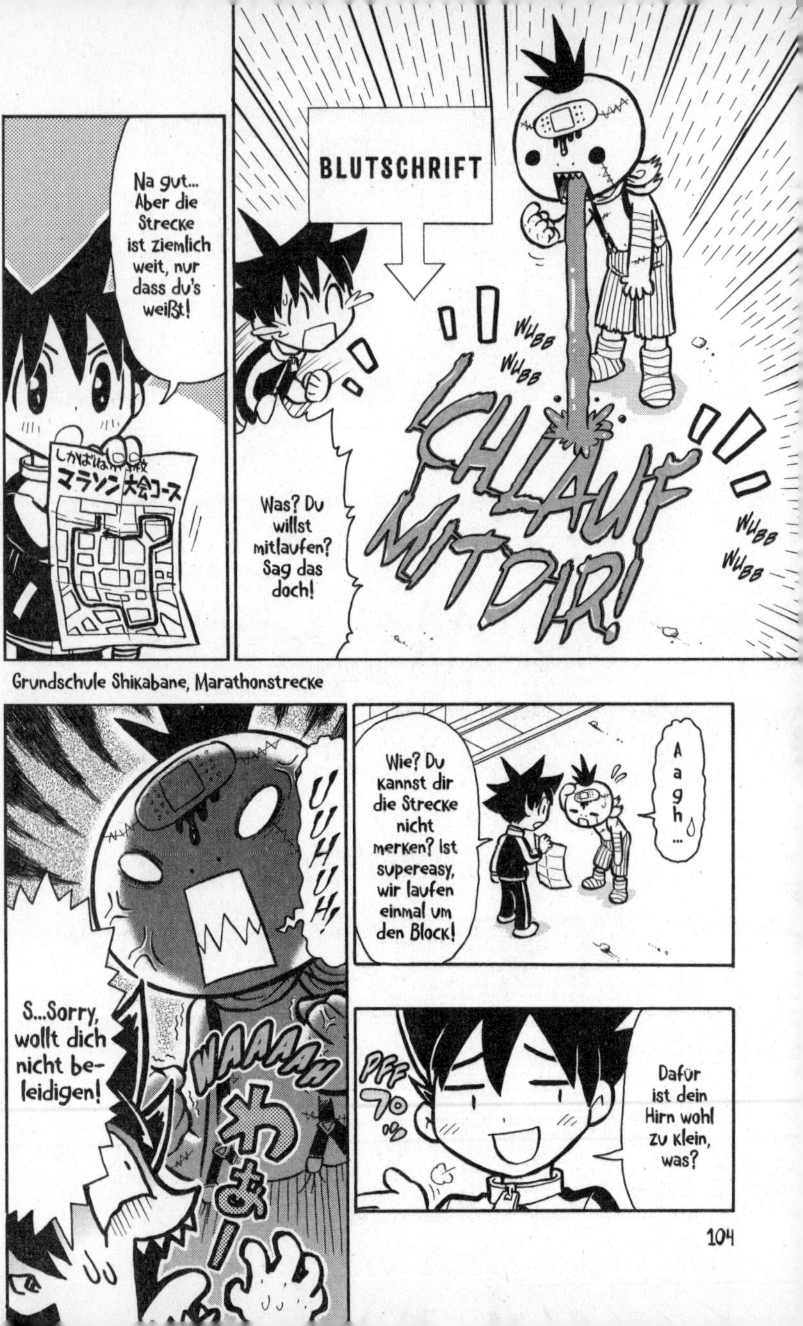

BLUTSCHRIFT

ICH LAUF MIT DIR!

WUBB WUBB

WUBB WUBB

Was? Du willst mitlaufen? Sag das doch!

Na gut... Aber die Strecke ist ziemlich weit, nur dass du's weißt!

マラソン大会コース

Grundschule Shikabane, Marathonstrecke

Aagh...

Wie? Du kannst dir die Strecke nicht merken? Ist supereasy, wir laufen einmal um den Block!

PFF

Dafür ist dein Hirn wohl zu klein, was?

UUHUUH!

WAAAAH

わぁ!

S...Sorry, wollt dich nicht beleidigen!

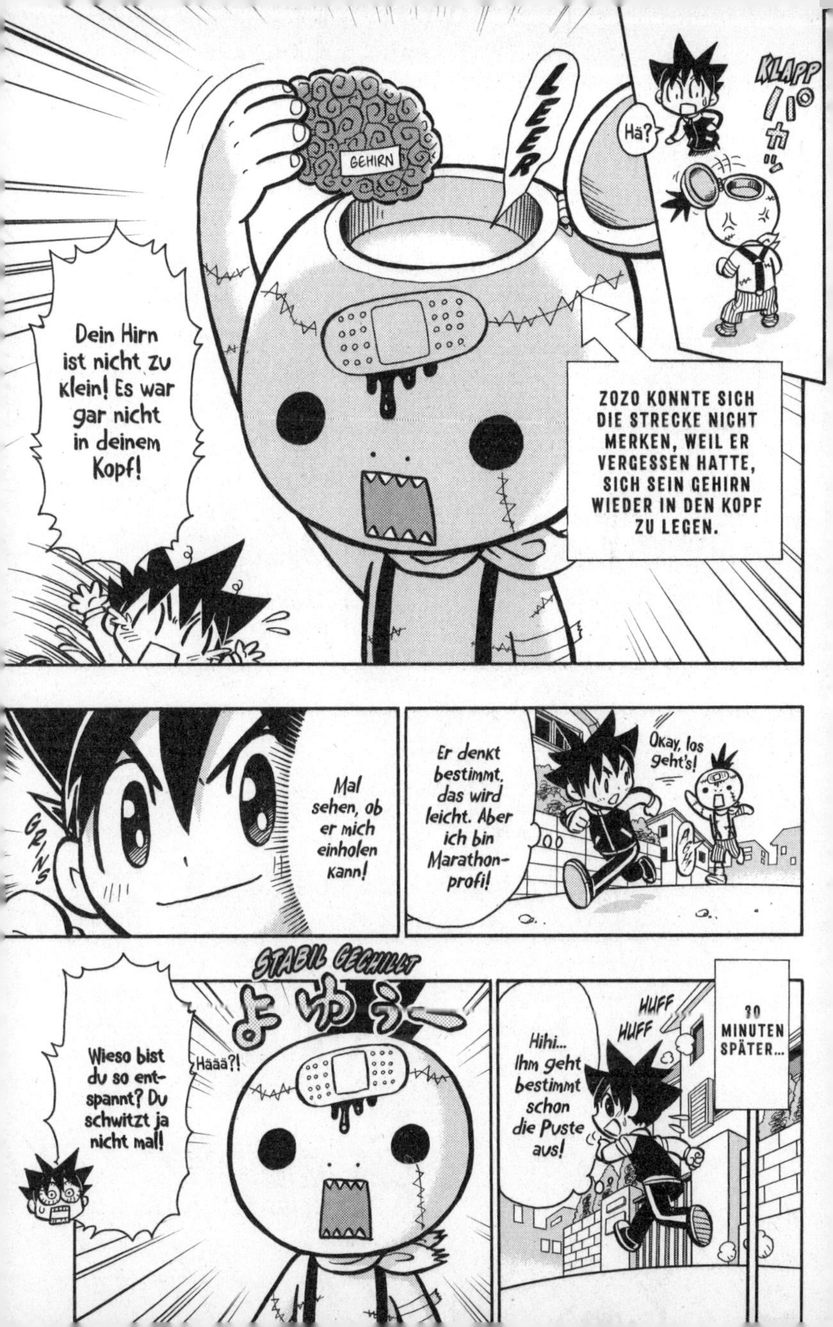

KLAPP

Hä?

LEER

GEHIRN

ZOZO KONNTE SICH DIE STRECKE NICHT MERKEN, WEIL ER VERGESSEN HATTE, SICH SEIN GEHIRN WIEDER IN DEN KOPF ZU LEGEN.

Dein Hirn ist nicht zu klein! Es war gar nicht in deinem Kopf!

Okay, los geht's!

Er denkt bestimmt, das wird leicht. Aber ich bin Marathonprofi!

Mal sehen, ob er mich einholen kann!

GRINS

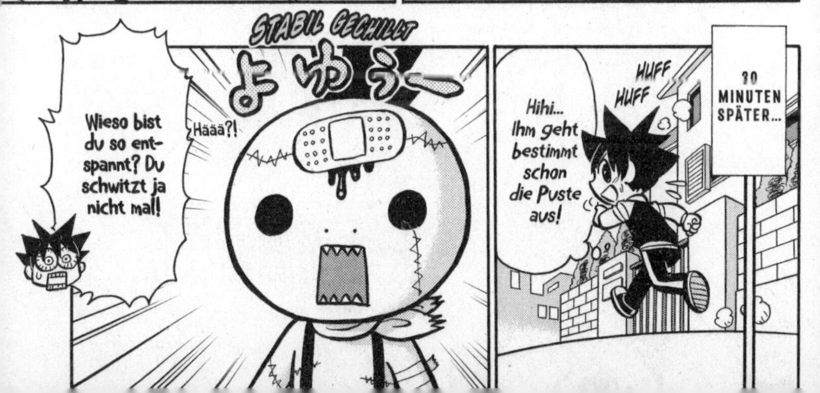

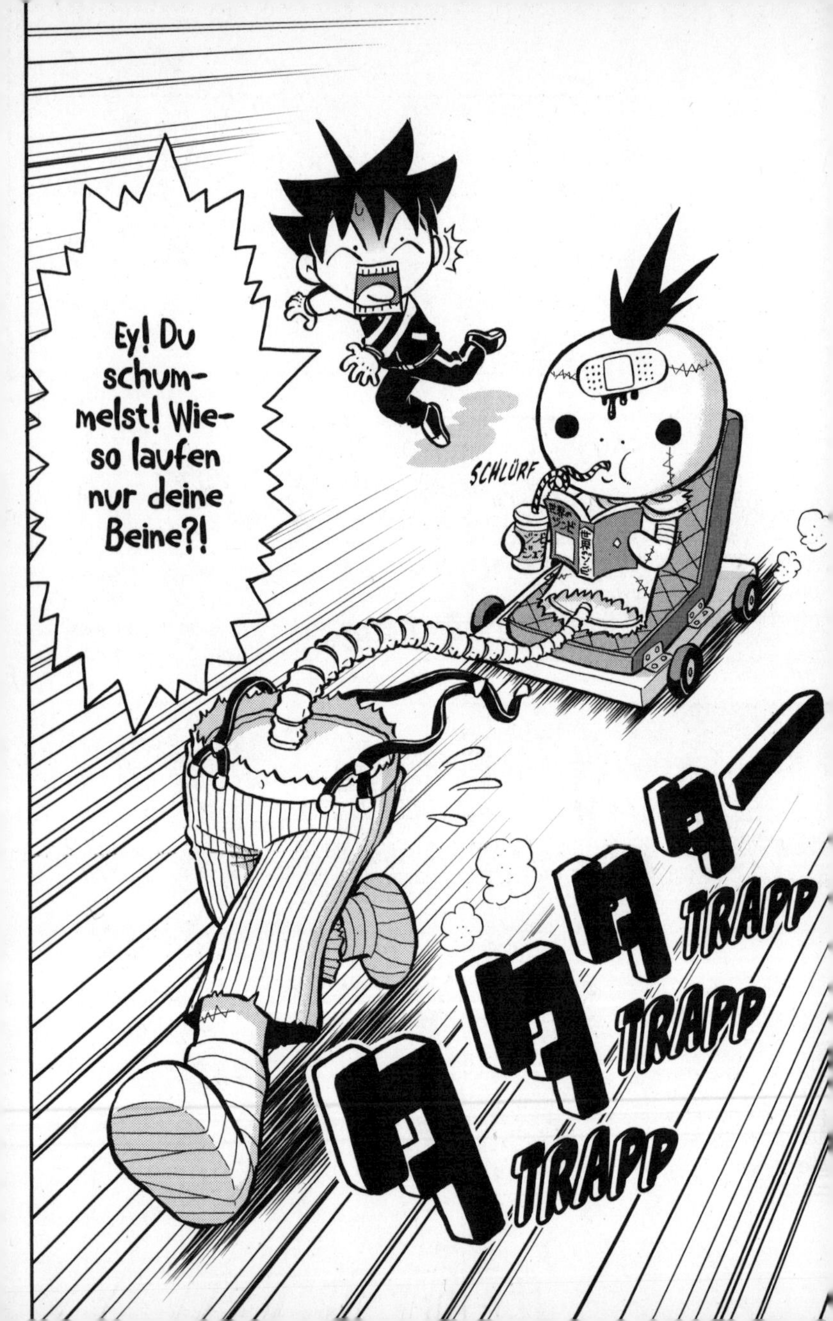
Ey! Du schum-melst! Wie-so laufen nur deine Beine?!
SCHLÜRF
TRAPP
TRAPP
TRAPP

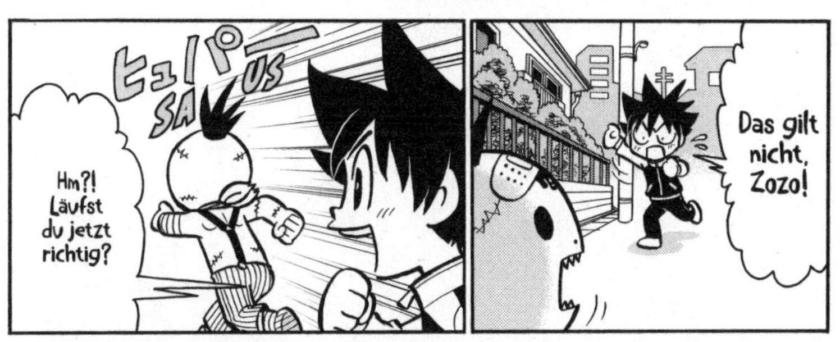

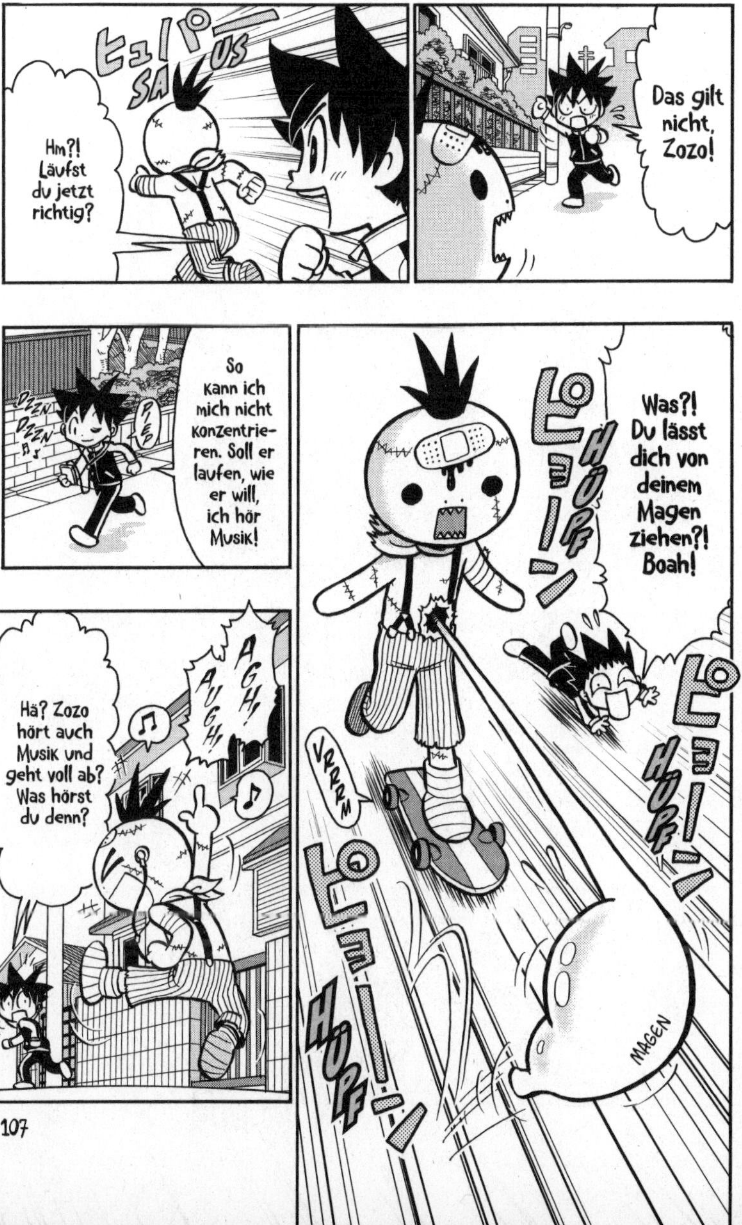

Was?! Du lässt dich von deinem Magen ziehen?! Boah!
ピョーン
HÜPF
ピョーン
HÜPF
VRRRM
ピョーン
HÜPF
MAGEN

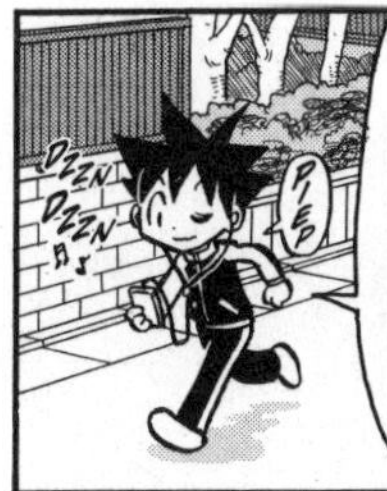


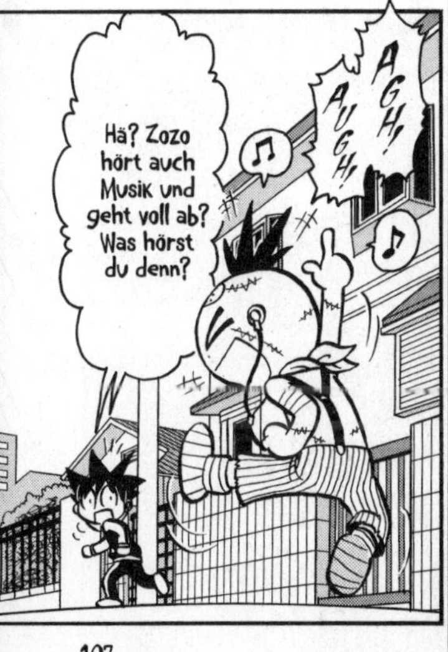

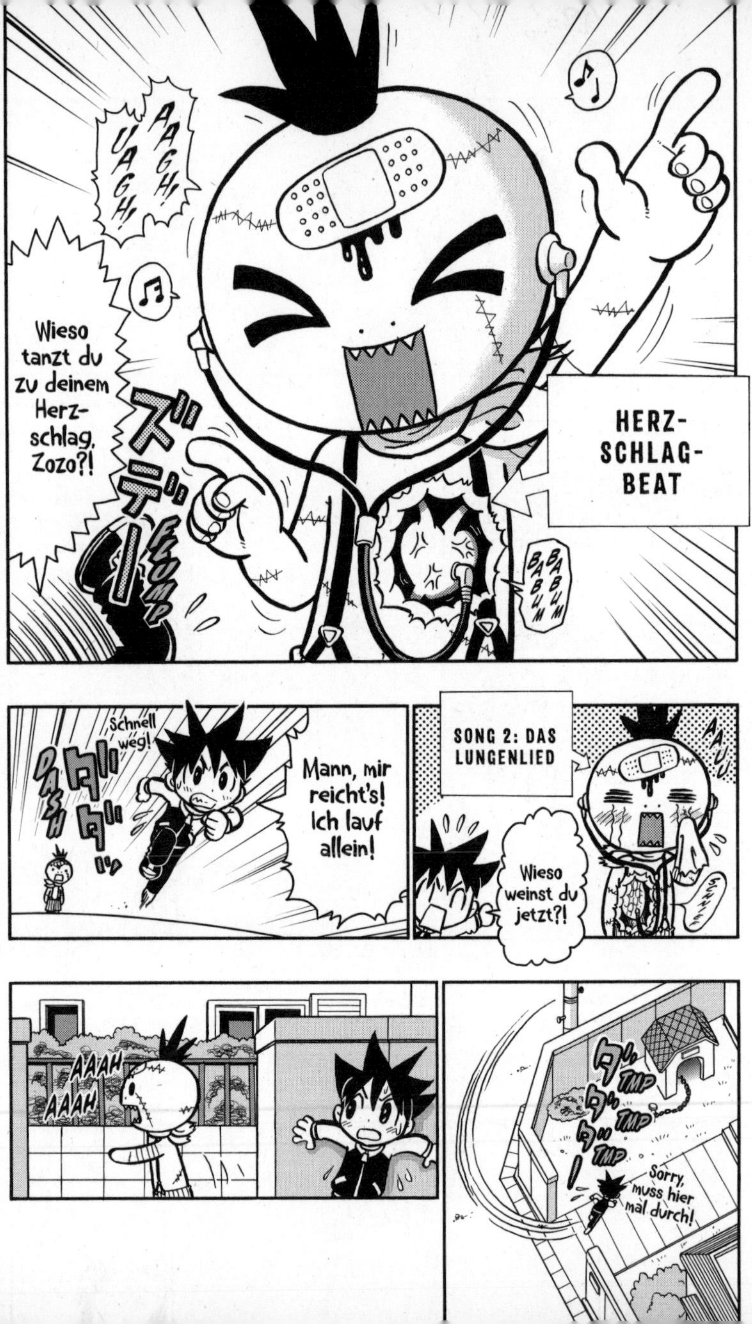

AAGH! UAGH!
Wieso tanzt du zu deinem Herzschlag, Zozo?!
FLUMP
HERZSCHLAG-BEAT
BABUM BABUM

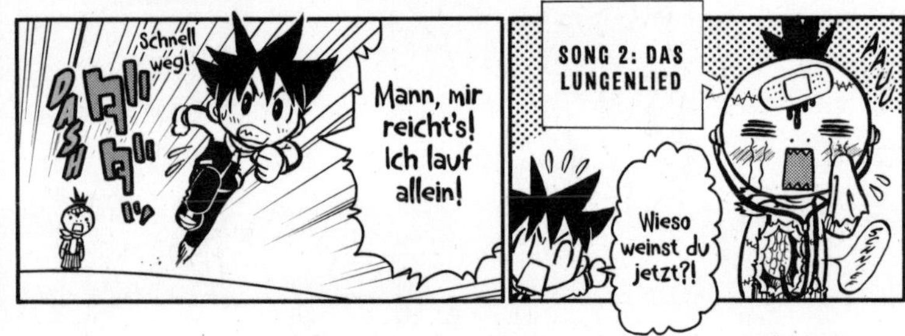


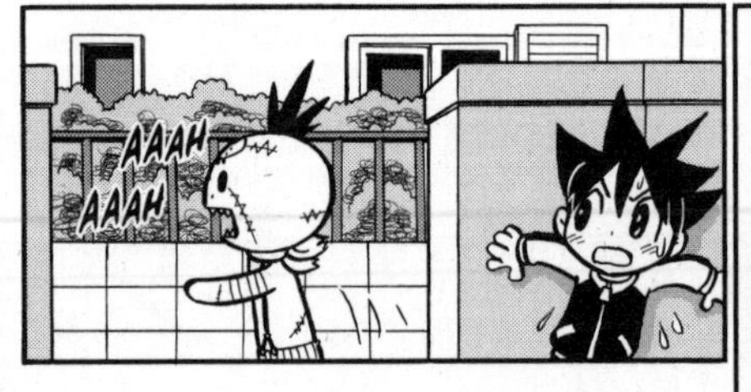


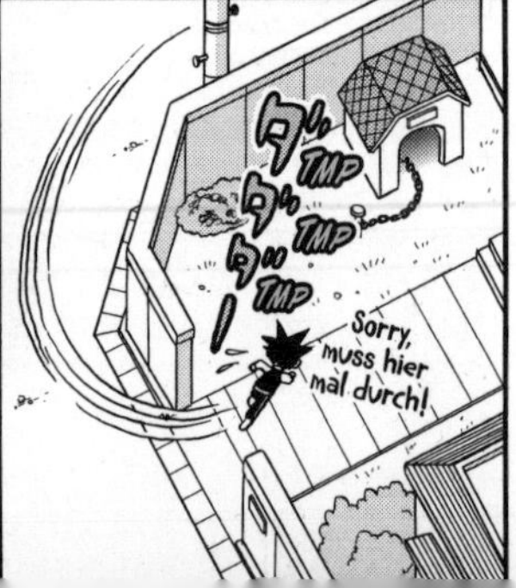

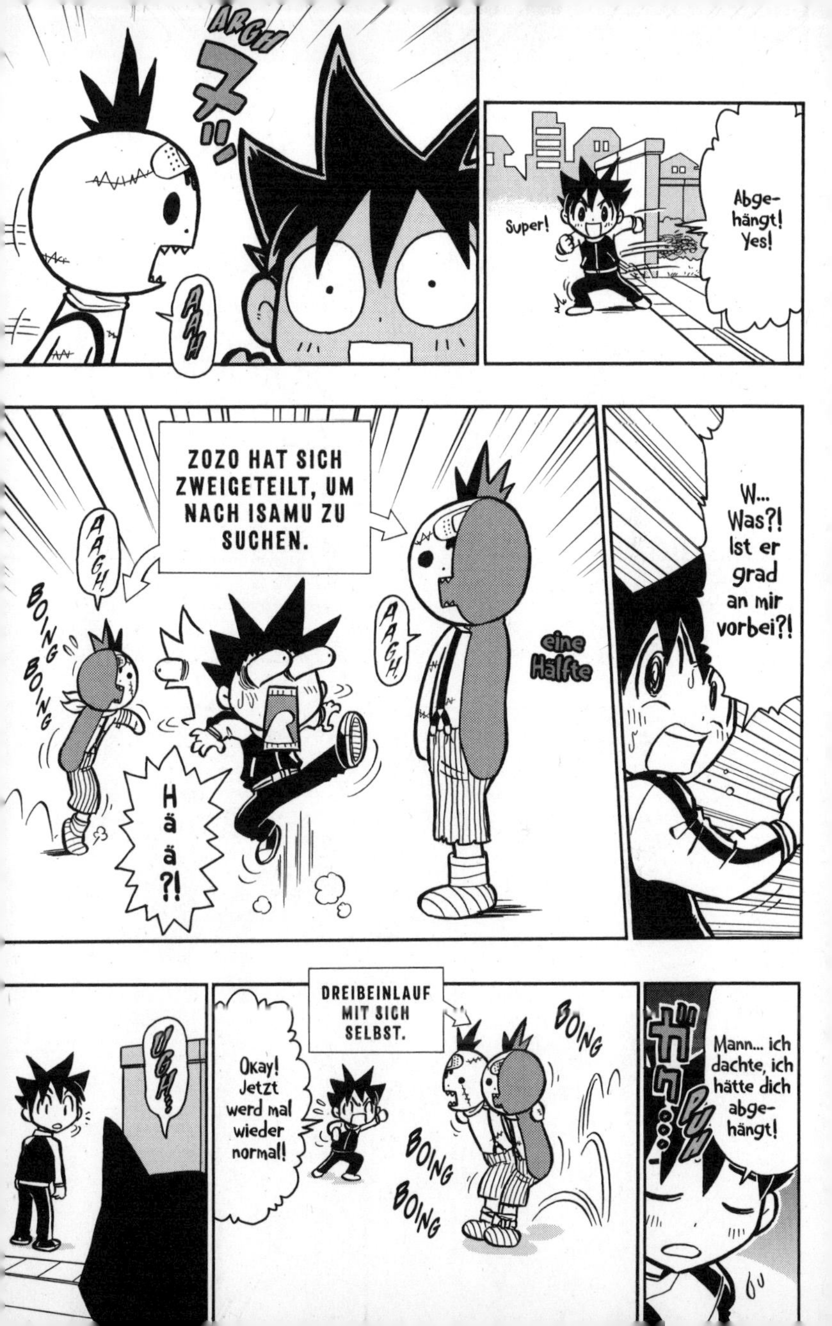

Abge-
hängt!
Yes!

Super!

ARGH

AAAH

W...
Was?!
Ist er
grad
an mir
vorbei?!

ZOZO HAT SICH ZWEIGETEILT, UM NACH ISAMU ZU SUCHEN.

eine Hälfte

AAGH.

AAGH.

BOING BOING

Hä ä?!

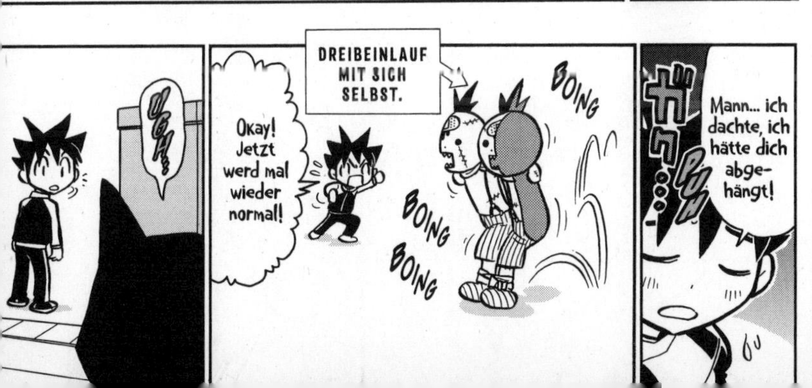

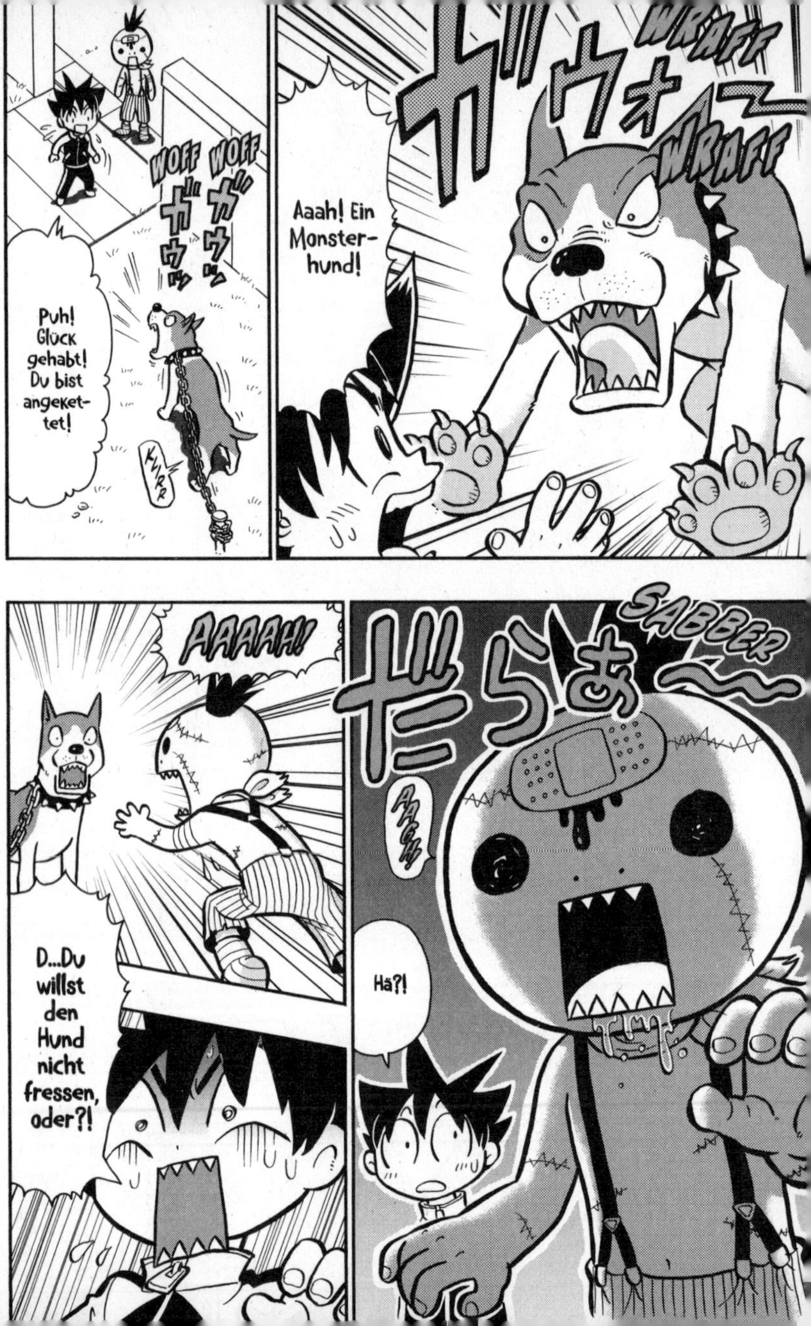

WRAFF
WRAFF
Aaah! Ein Monster-hund!
WOFF WOFF
Puh! Glück gehabt! Du bist angekettet!
KLIRR
SABBER
AAAGH
Hä?!
AAAAH!
D...Du willst den Hund nicht fressen, oder?!

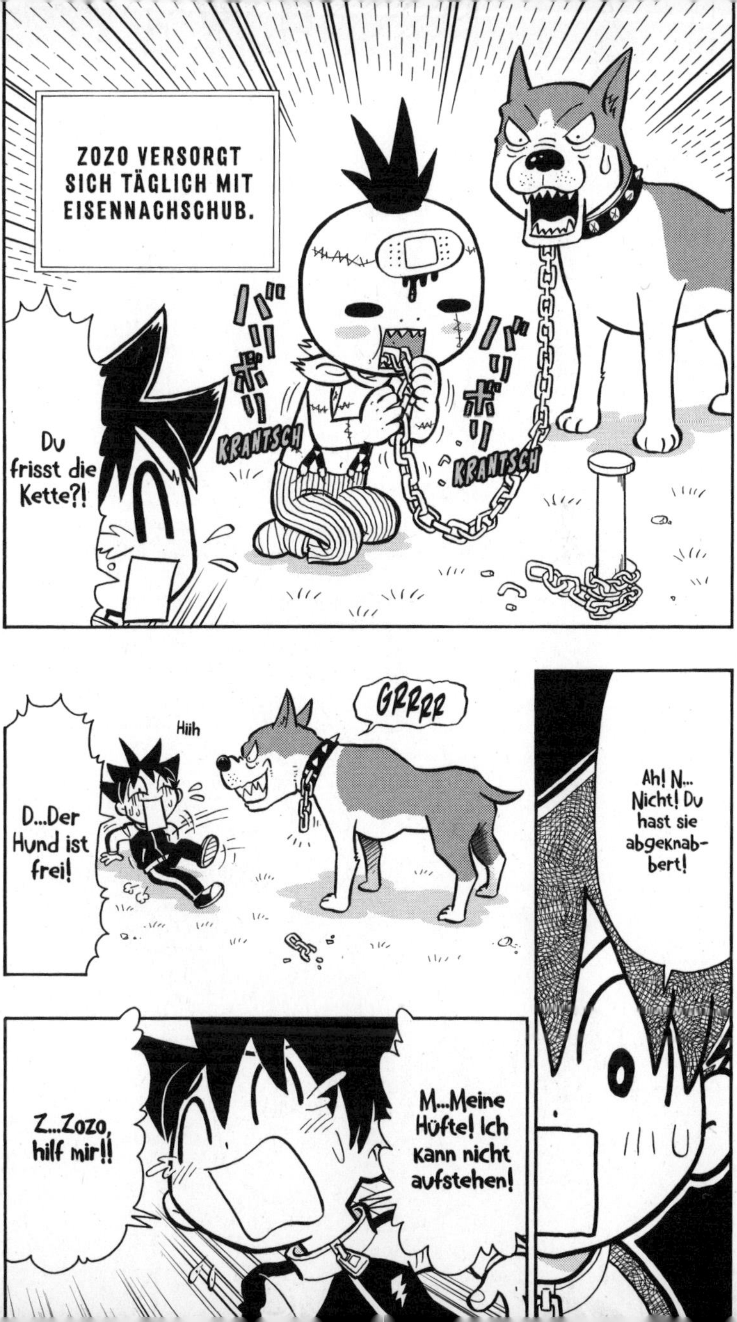

ZOZO VERSORGT SICH TÄGLICH MIT EISENNACHSCHUB.

バリボリ

KRANTSCH

バリボリ

KRANTSCH

Du frisst die Kette?!

Ah! N... Nicht! Du hast sie abgeknab-bert!

GRRRR

Hiih

D...Der Hund ist frei!

M...Meine Hüfte! Ich kann nicht aufstehen!

Z...Zozo, hilf mir!!

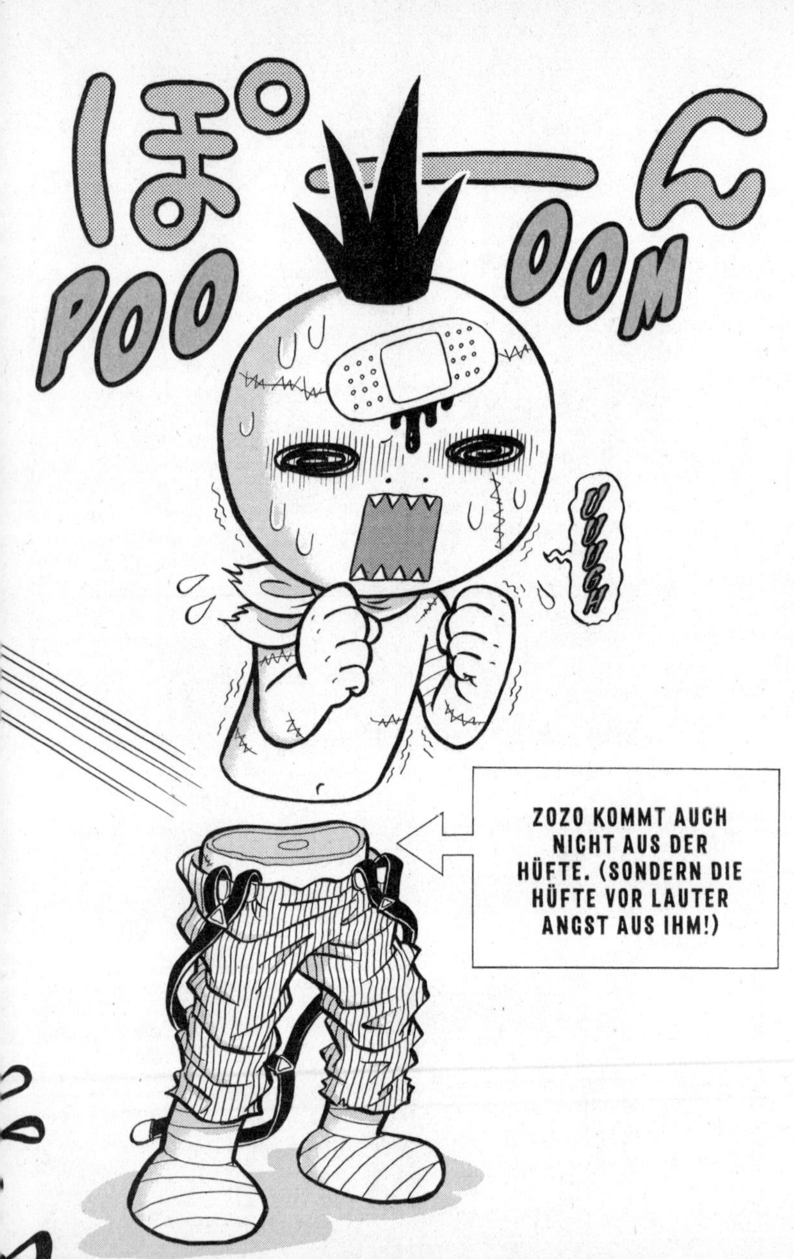
ぽーん
POOOOM
UUUGH
ZOZO KOMMT AUCH NICHT AUS DER HÜFTE. (SONDERN DIE HÜFTE VOR LAUTER ANGST AUS IHM!)

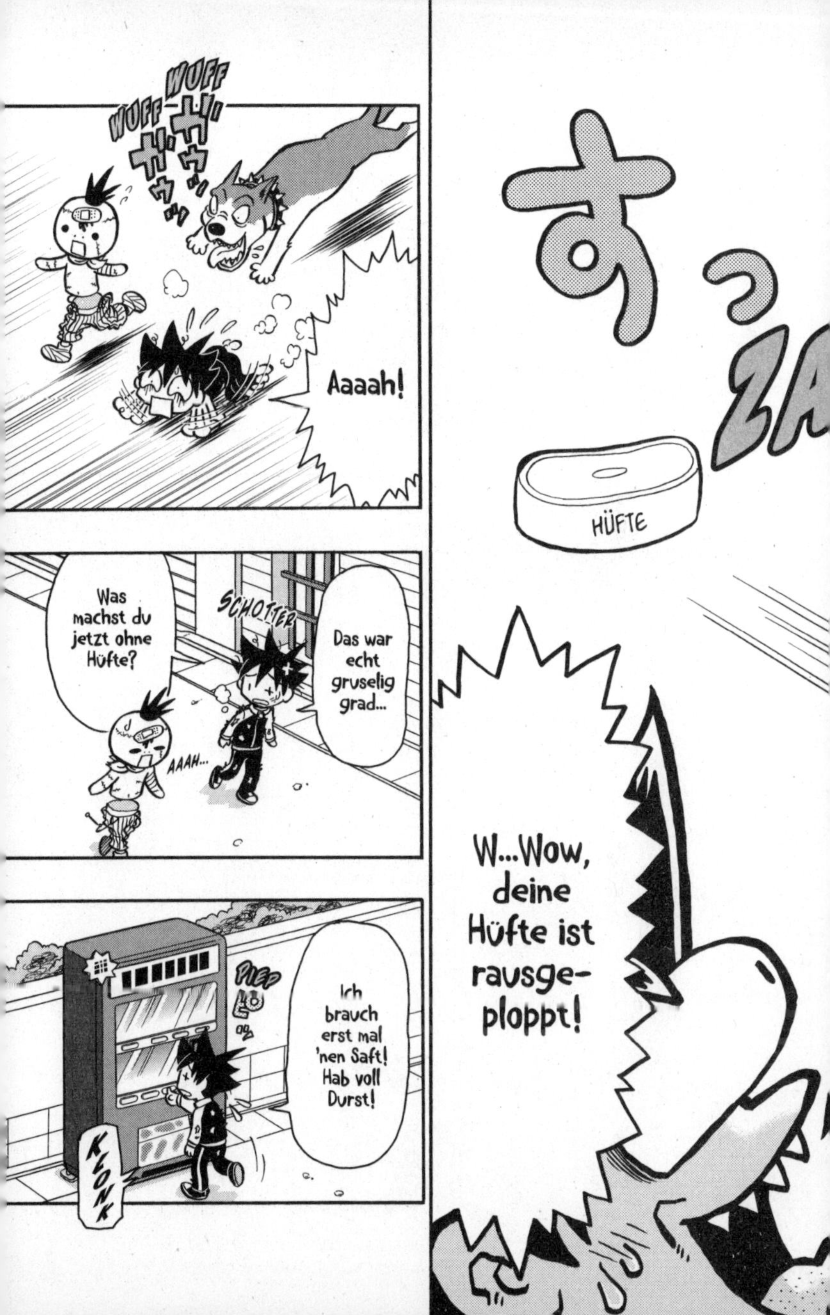

すっ
ZA
HÜFTE
W...Wow, deine Hüfte ist rausge-ploppt!
WUFF WUFF
Aaaah!
SCHOTTER
Das war echt gruselig grad...
Was machst du jetzt ohne Hüfte?
AAAH...
PIEP
Ich brauch erst mal 'nen Saft! Hab voll Durst!
KLONK

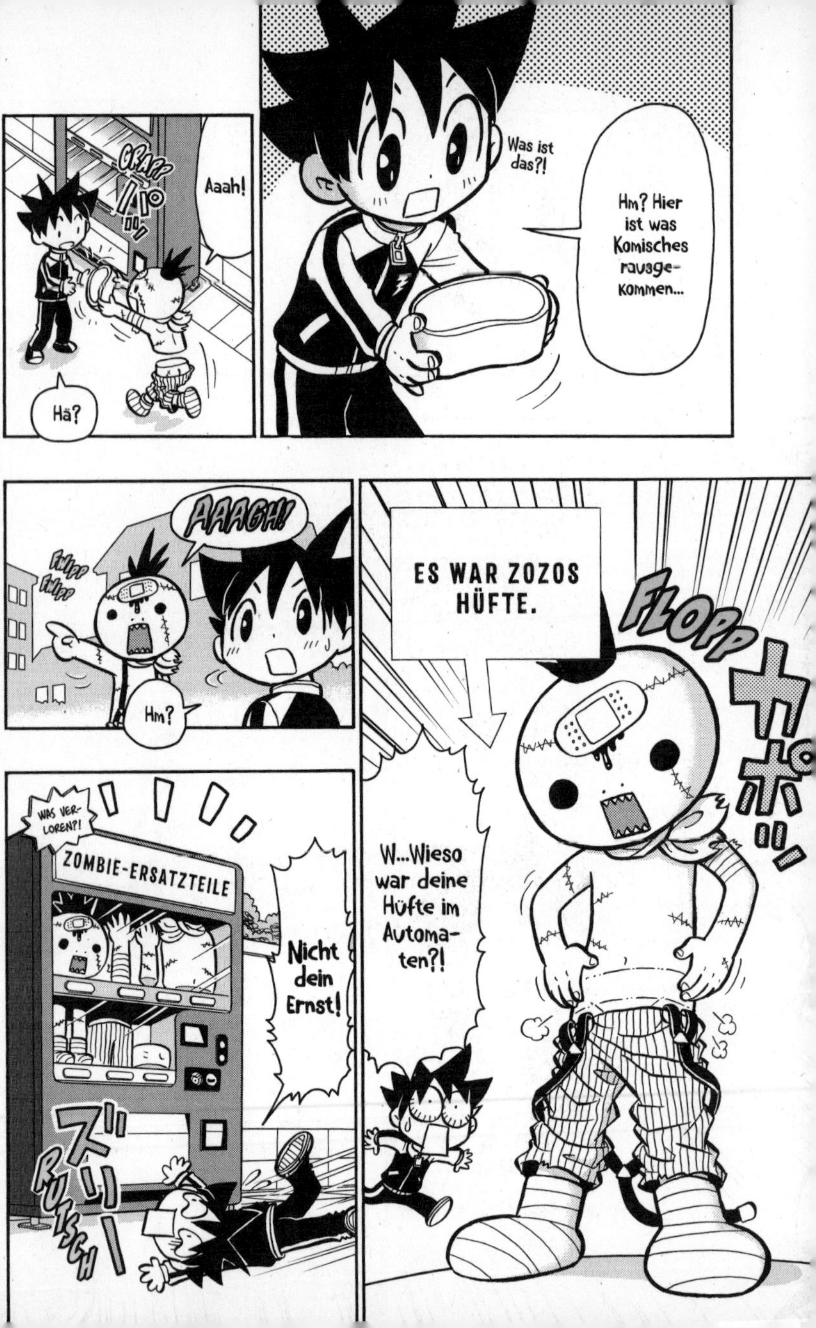

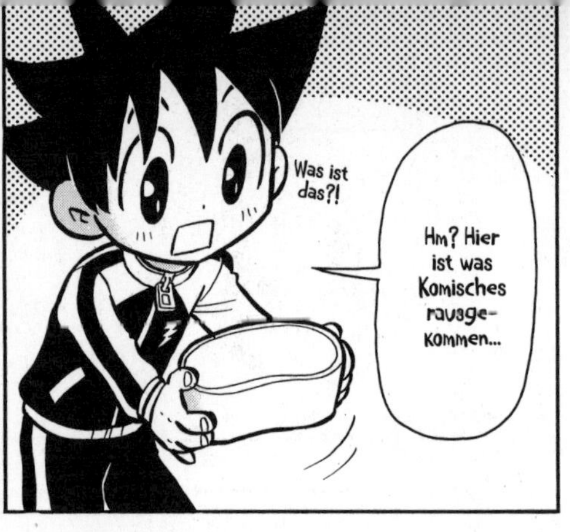


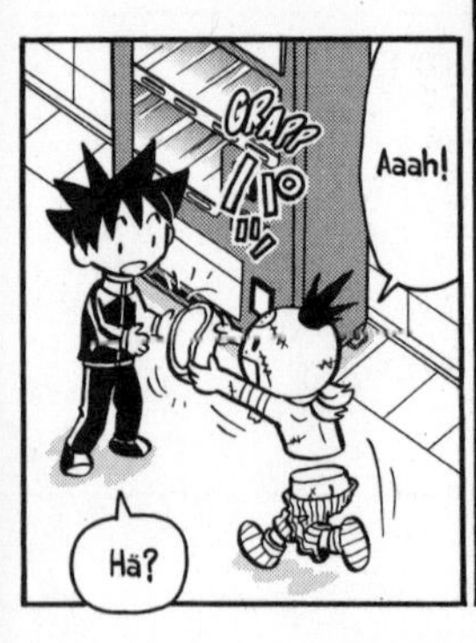


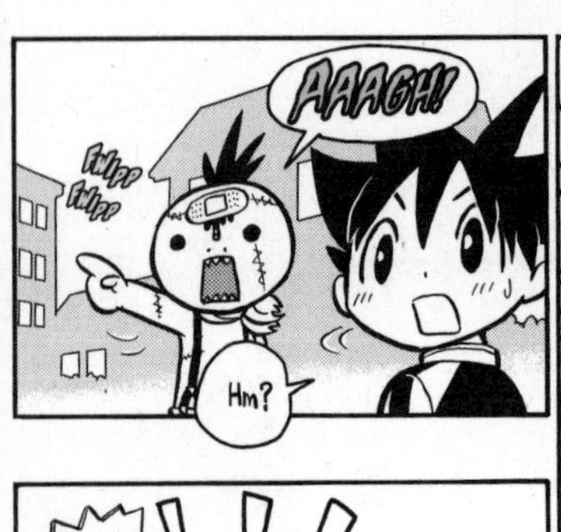


ES WAR ZOZOS HÜFTE.

FLOPP

W...Wieso war deine Hüfte im Automa-ten?!

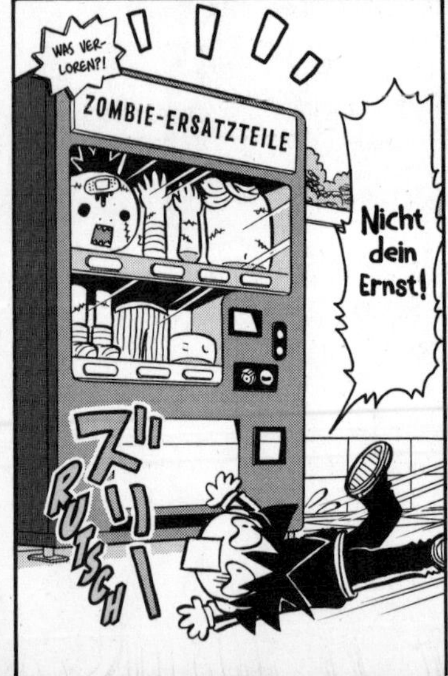

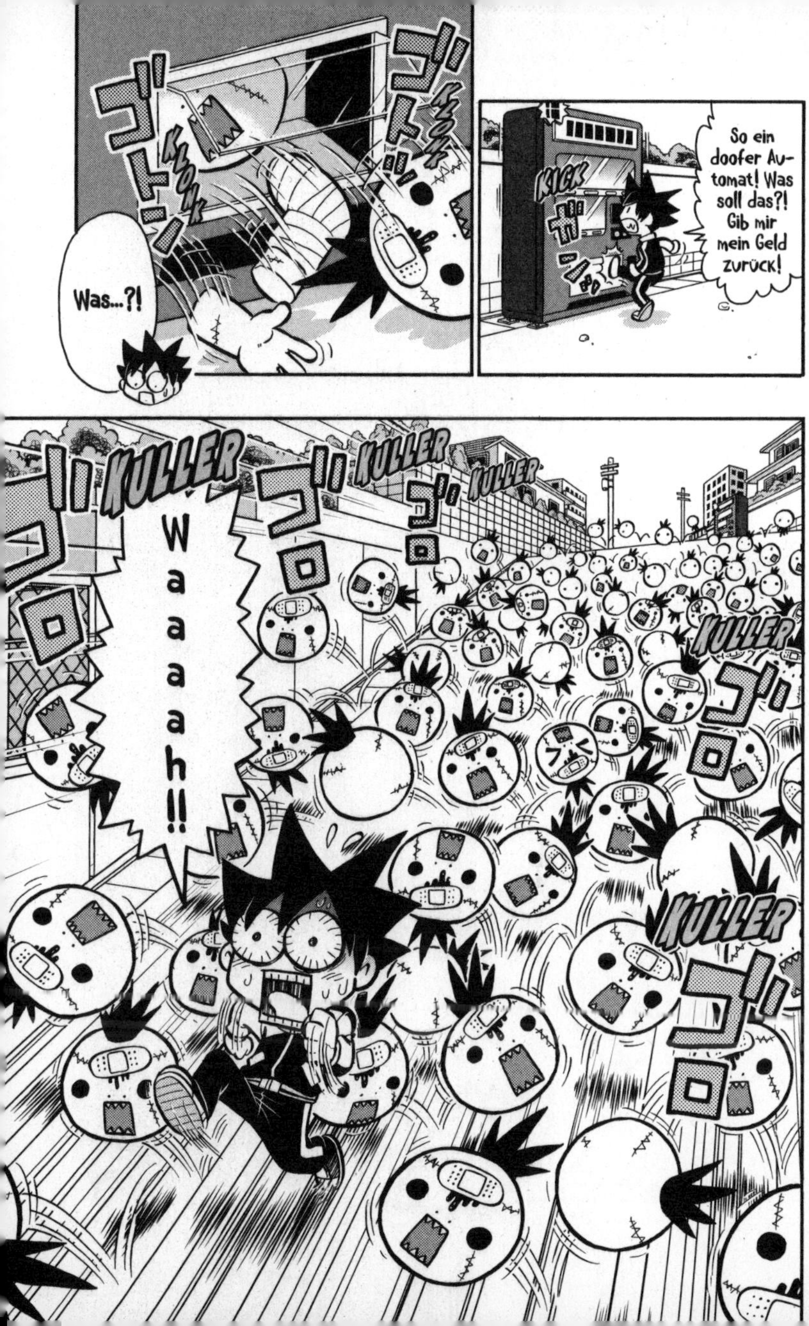

KICK
So ein doofer Automat! Was soll das?! Gib mir mein Geld zurück!
KLONK
KLONK
Was...?!
KULLER
KULLER
KULLER
Waaaaah!!
KULLER
KULLER

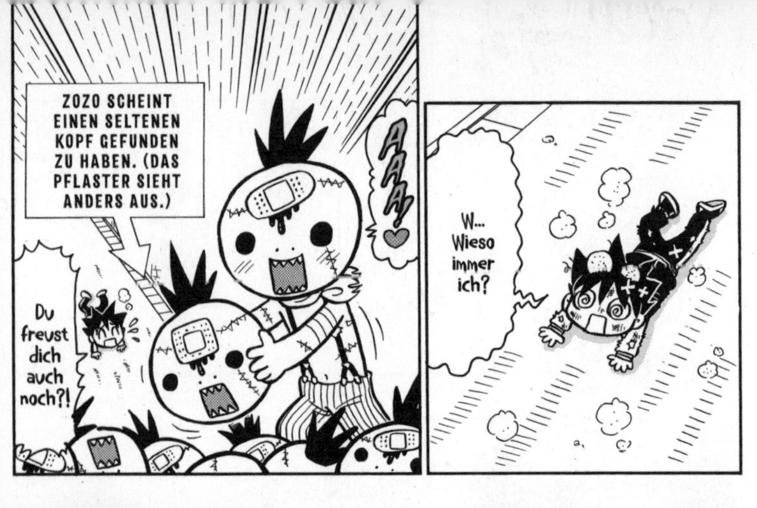

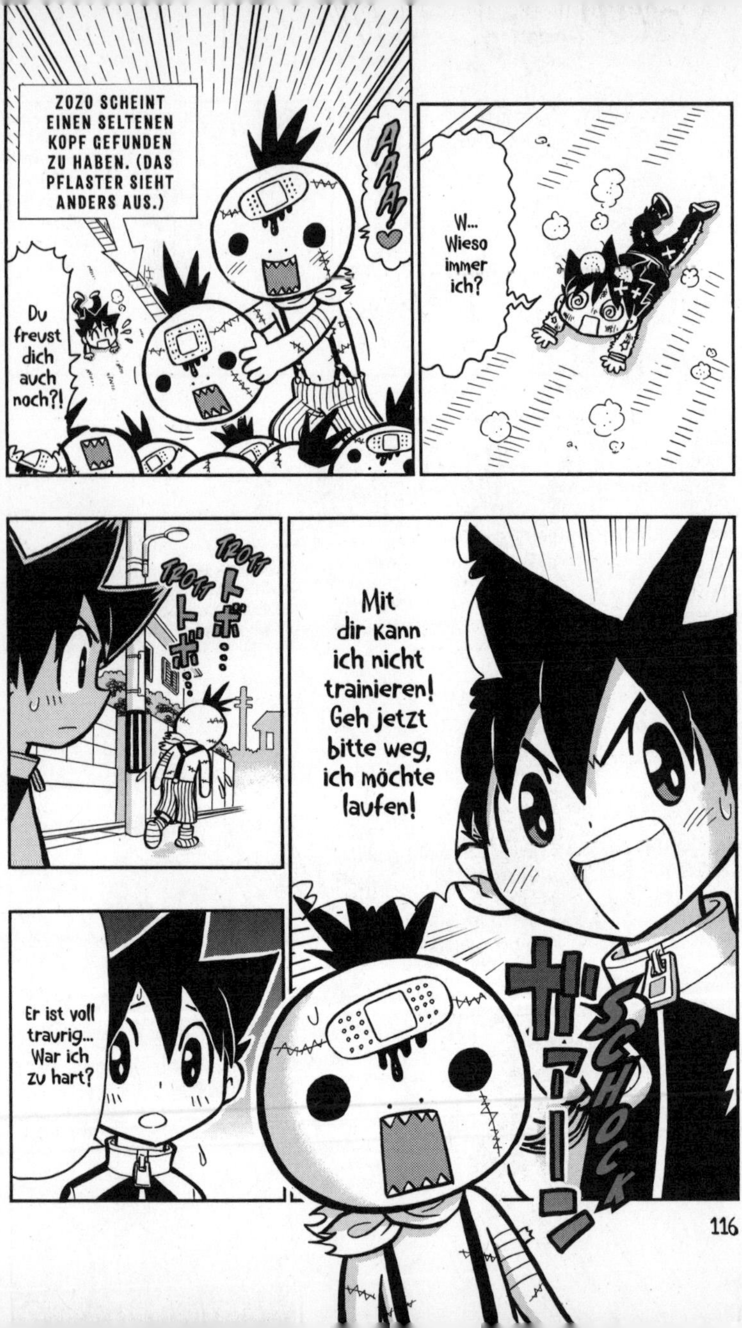

Mit dir kann ich nicht trainieren! Geh jetzt bitte weg, ich möchte laufen!

SCHOCK

TROTT

TROTT

Er ist voll traurig... War ich zu hart?

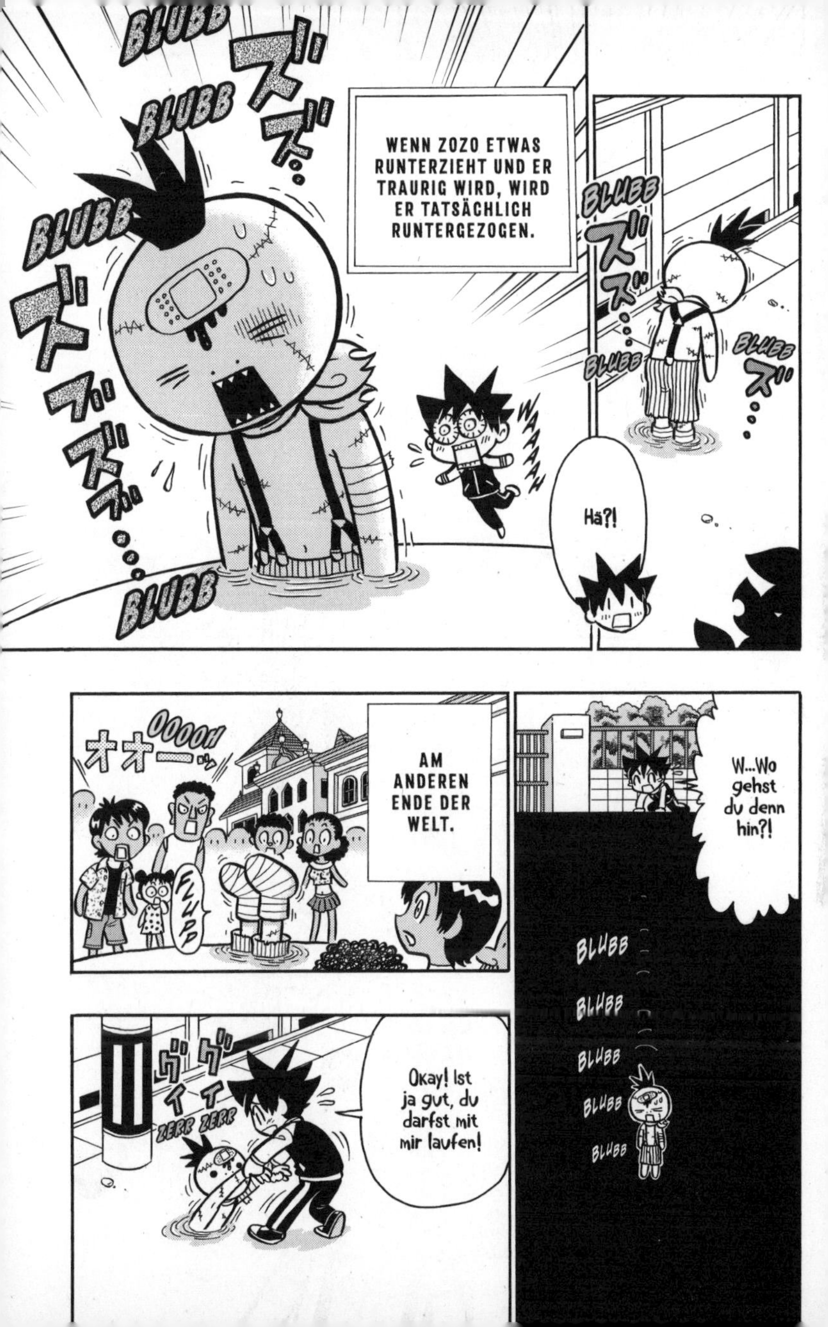

Hä?!

BLUBB

BLUBB

WENN ZOZO ETWAS RUNTERZIEHT UND ER TRAURIG WIRD, WIRD ER TATSÄCHLICH RUNTERGEZOGEN.

WAAAAAH

BLUBB

BLUBB

BLUBB

BLUBB

W...Wo gehst du denn hin?!

BLUBB

BLUBB

BLUBB

BLUBB

BLUBB

AM ANDEREN ENDE DER WELT.

OOOOH

FLUPP

Okay! Ist ja gut, du darfst mit mir laufen!

ZERR ZERR

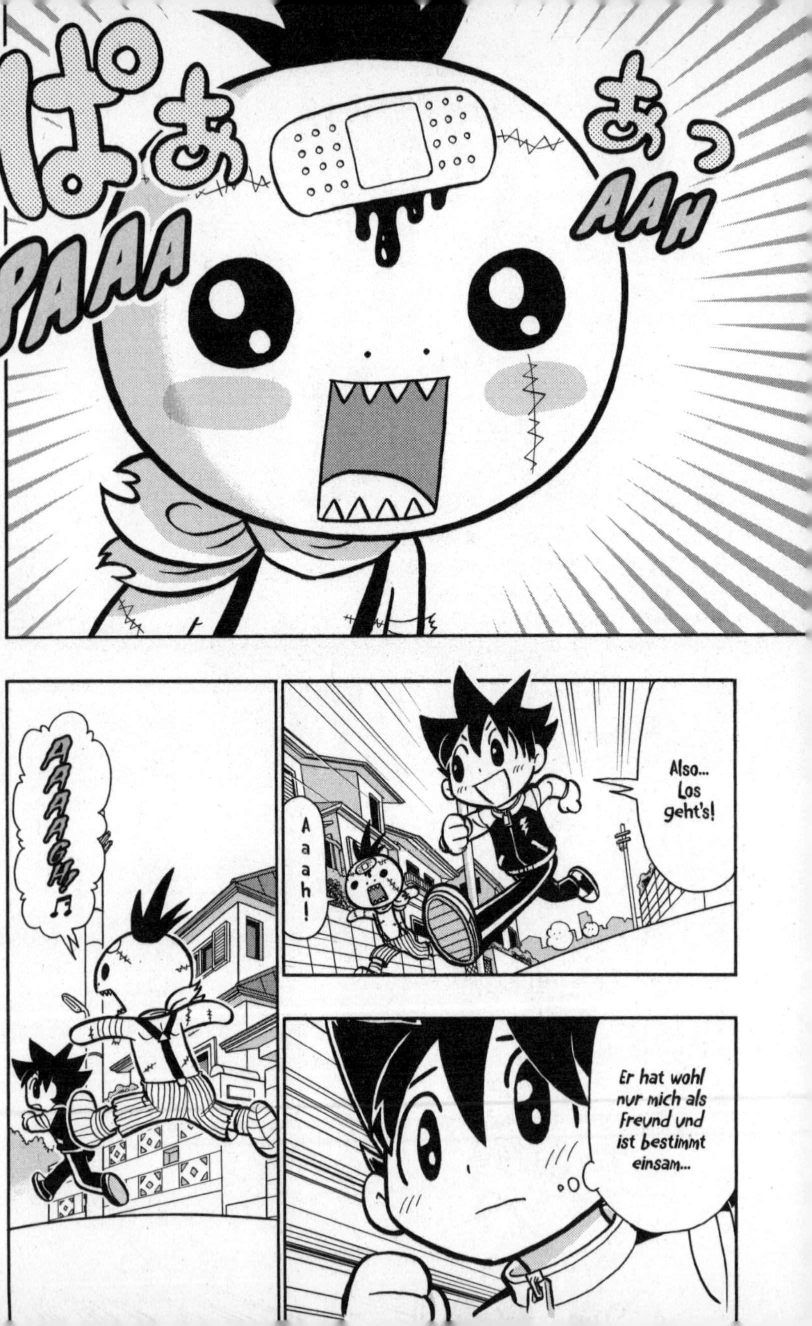

ぱぁ
PAAA
あっ
AAH
Also... Los geht's!
Aaaah!
Er hat wohl nur mich als Freund und ist bestimmt einsam...
AAAAGH!♫

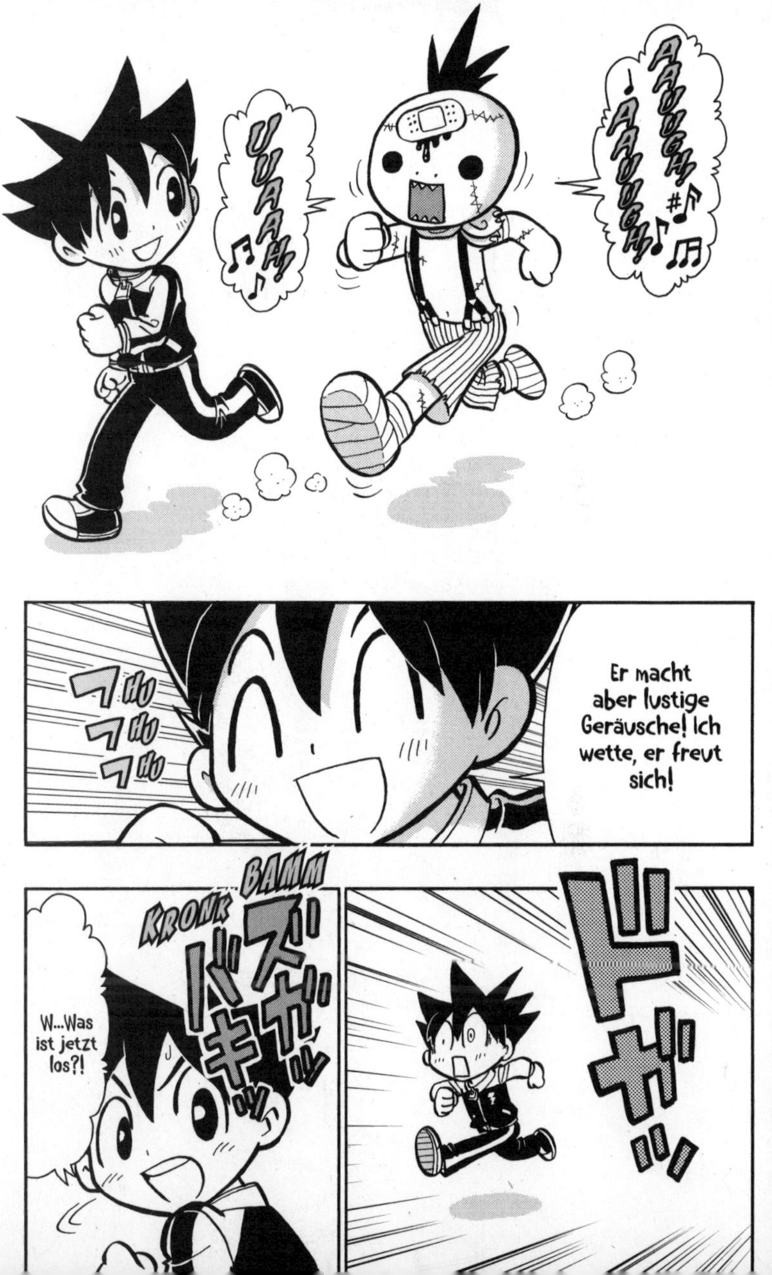

AAUUGH!
AAUUGH!
UUAAAH!

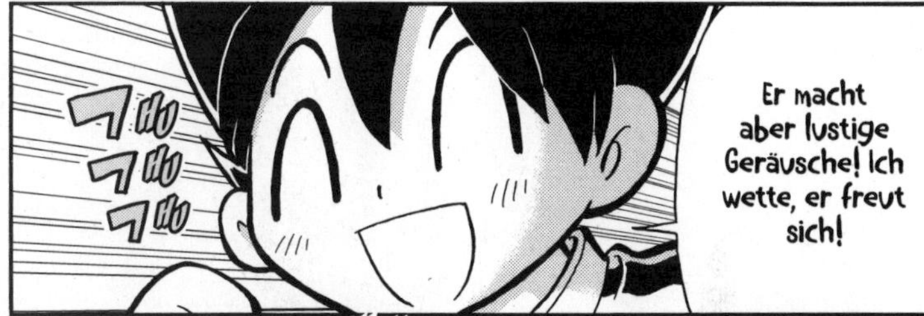


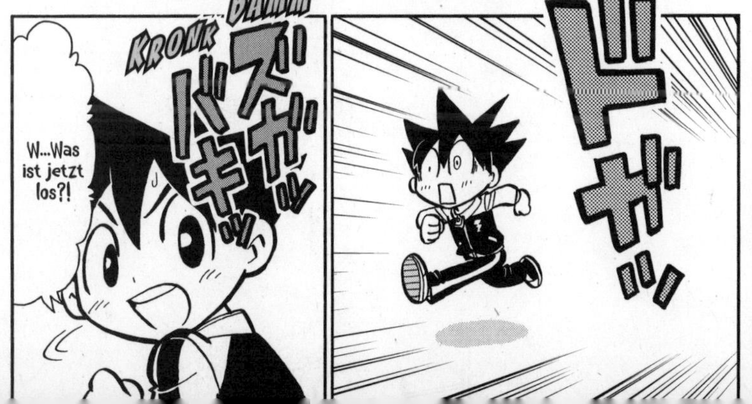

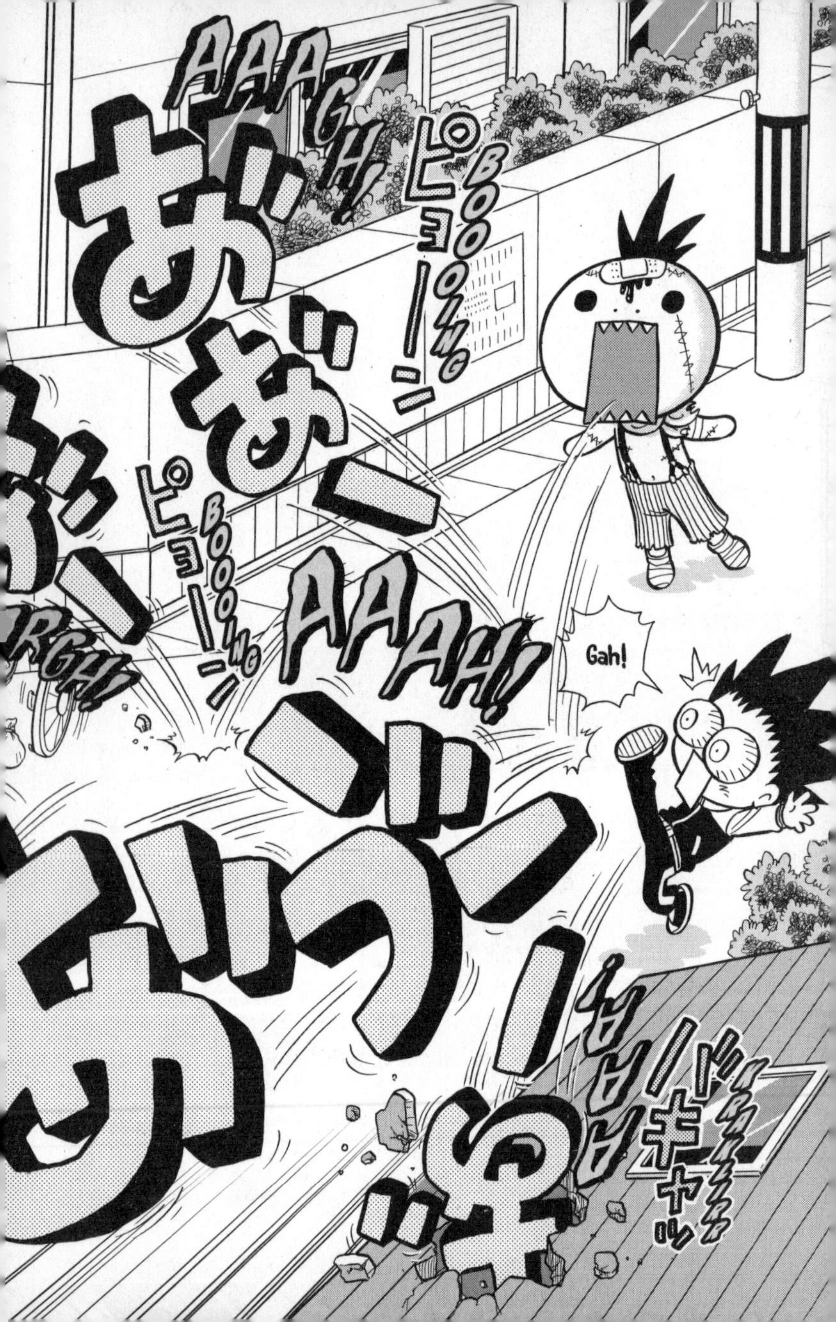
AAAGH!
ピョーー!!
BOOOOING
AAAH!
BOOOOING
Gah!

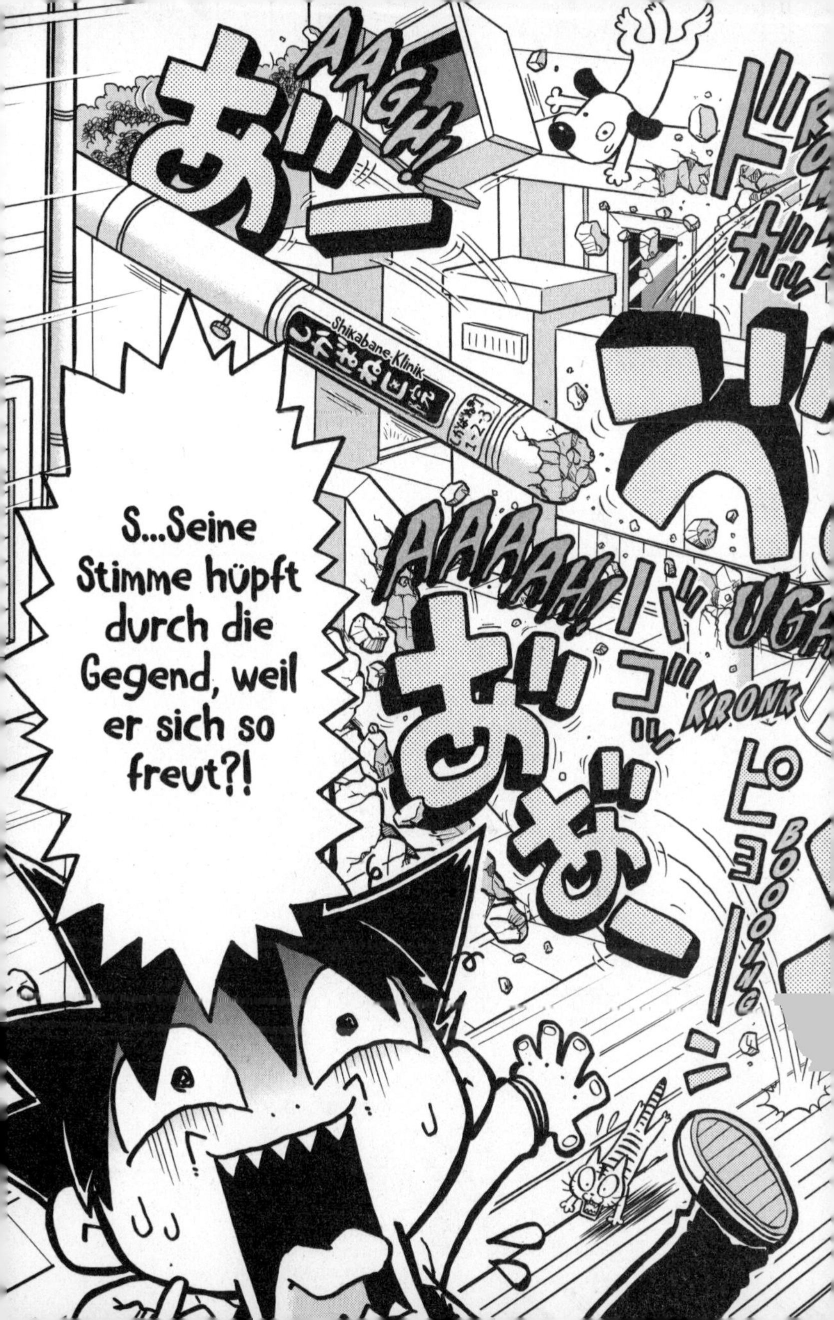
AAGH!
Shikabane-Klinik
AAAAAH!
KRONK
BOOOOING
S...Seine Stimme hüpft durch die Gegend, weil er sich so freut?!

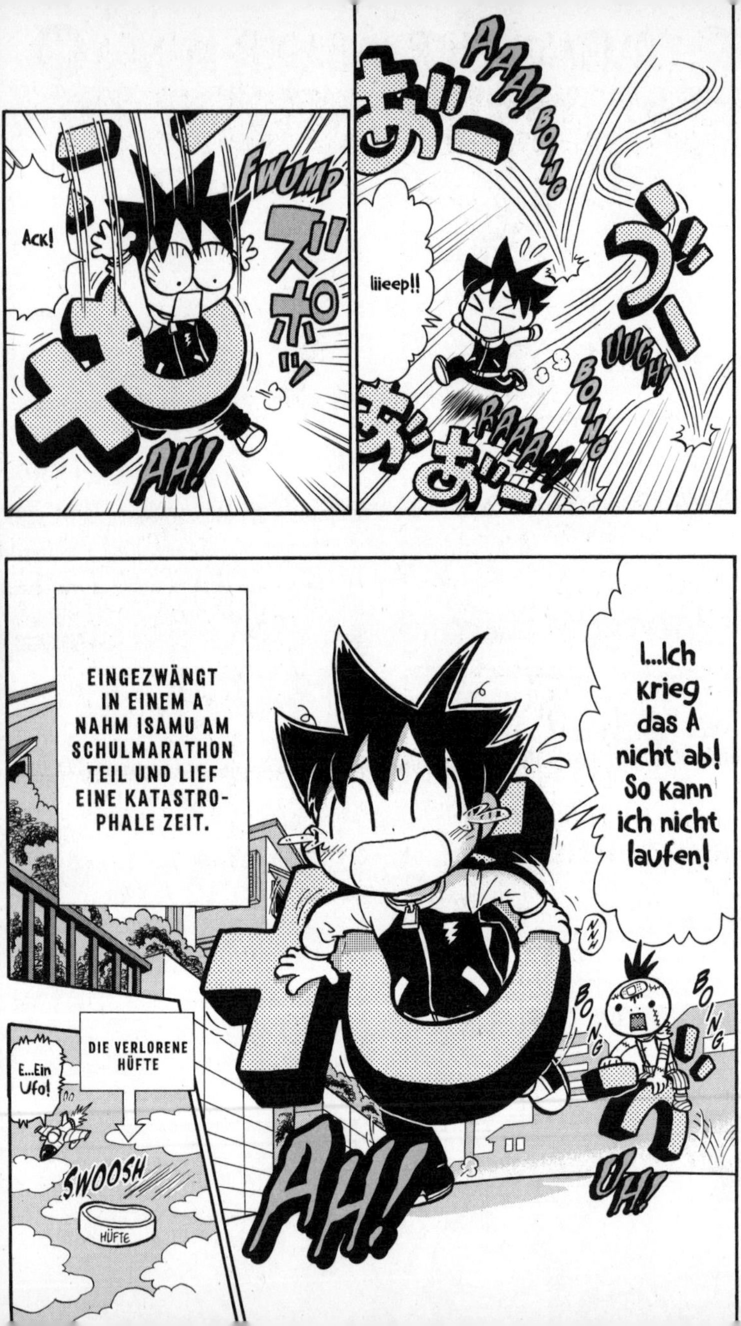

AAAA! BOING

Iiieep!!

UUGH! BOING

RAAAAH!

FWUMP

ACK!

AH!

I...Ich krieg das A nicht ab! So kann ich nicht laufen!

EINGEZWÄNGT IN EINEM A NAHM ISAMU AM SCHULMARATHON TEIL UND LIEF EINE KATASTROPHALE ZEIT.

NNH

BOING

BOING

UH!

AH!

DIE VERLORENE HÜFTE

E...Ein Ufo!

SWOOSH

HÜFTE

# ZOMBASTISCHER 4-BILDER-MANGA 4

## STEINE

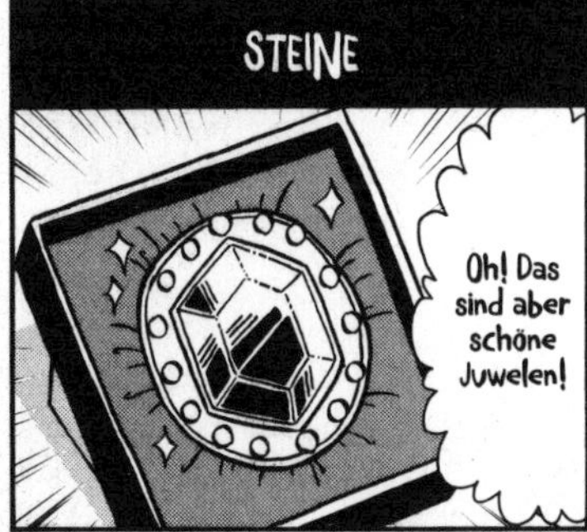


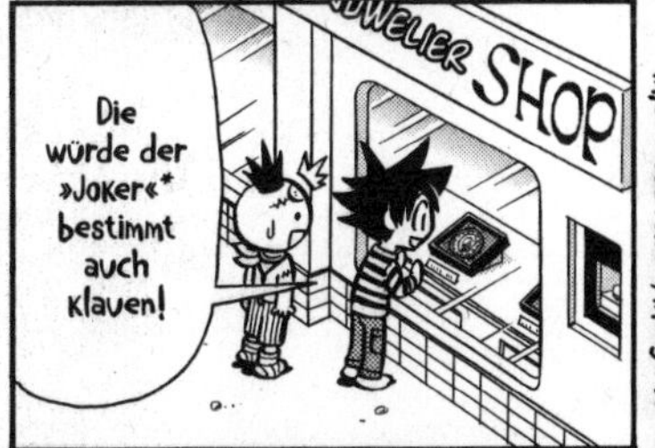


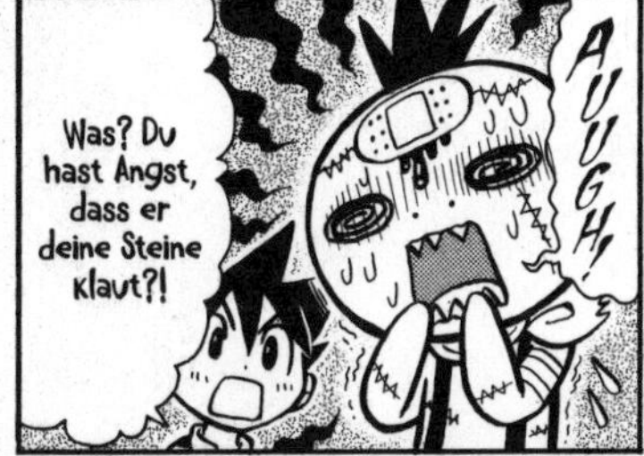


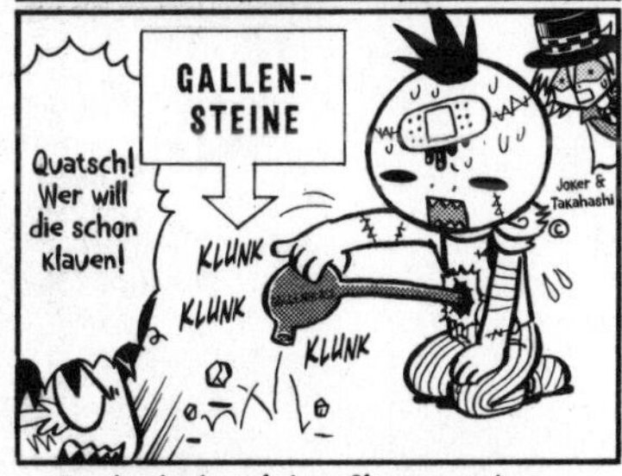


## LUNGENQUIZ

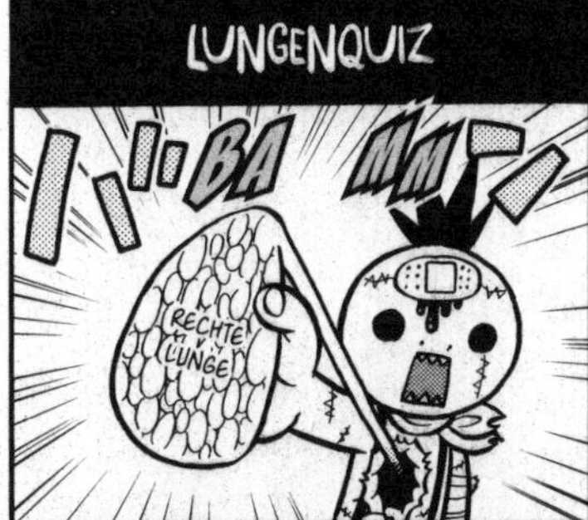


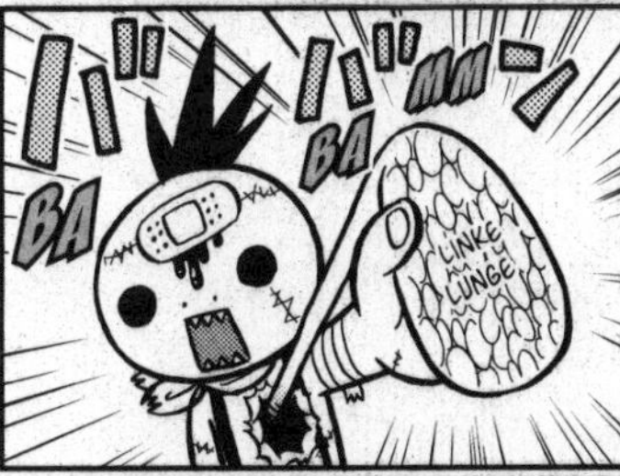


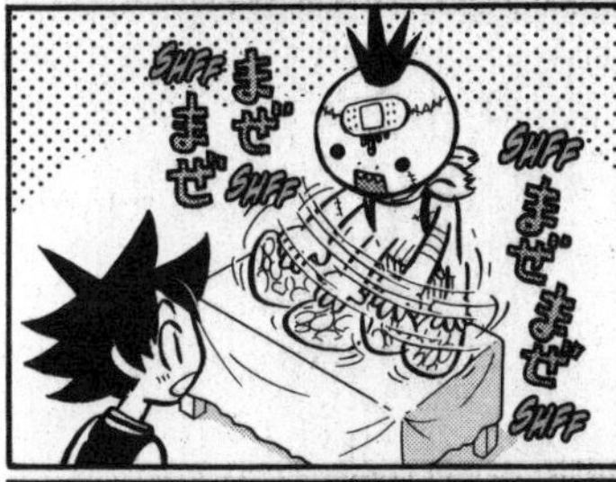


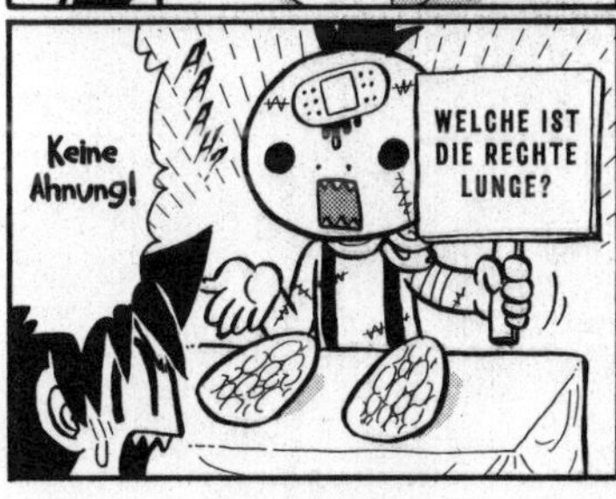


*»Mysterious Joker«, Manga von Hideyasu Takahashi

Takahashi, herzlichen Glückwunsch zum Shogakukan-Manga-Award!

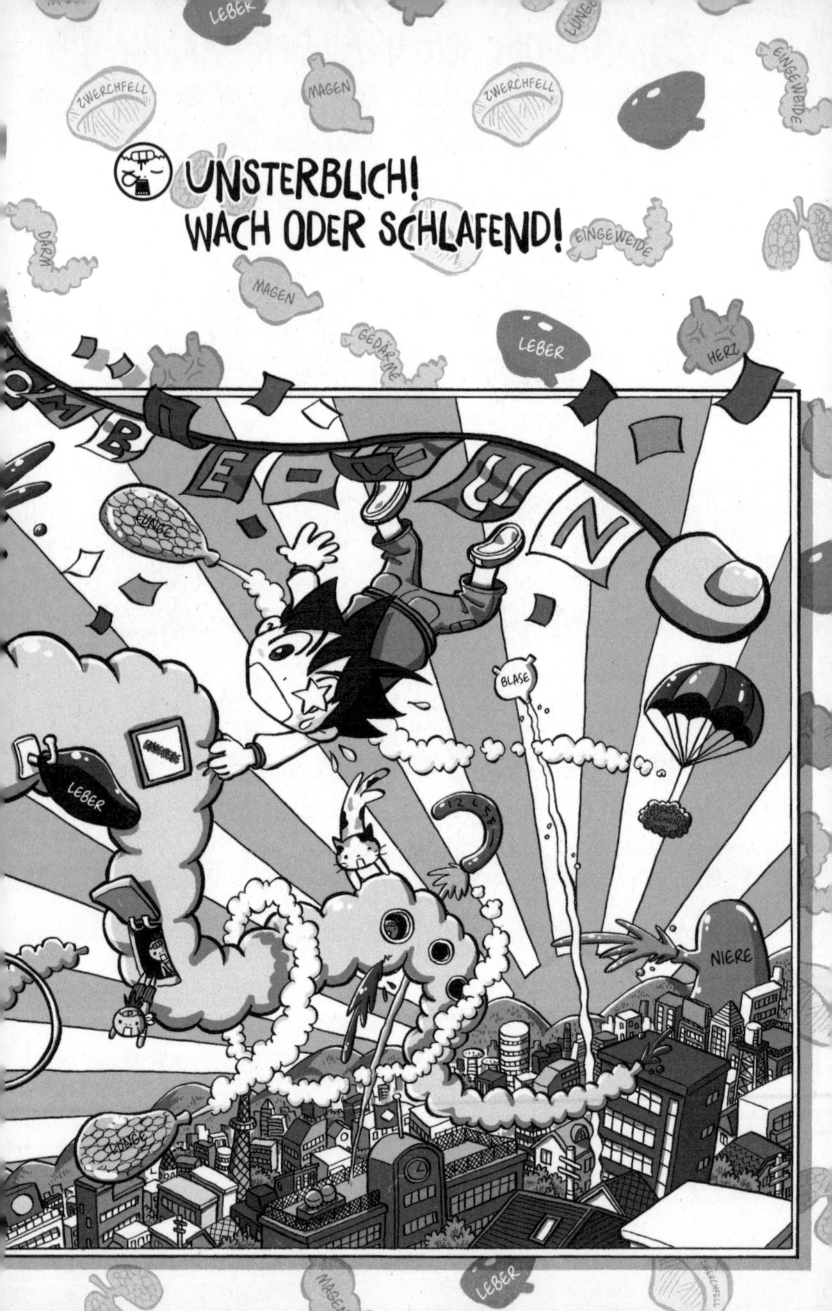

LEBER
LUNGE
ZWERCHFELL
MAGEN
ZWERCHFELL
EINGEWEIDE
UNSTERBLICH!
WACH ODER SCHLAFEND!
DARM
EINGEWEIDE
MAGEN
GEDÄRME
LEBER
HERZ
LUNGE
BLASE
LEBER
NIERE
LUNGE
MAGEN
LEBER

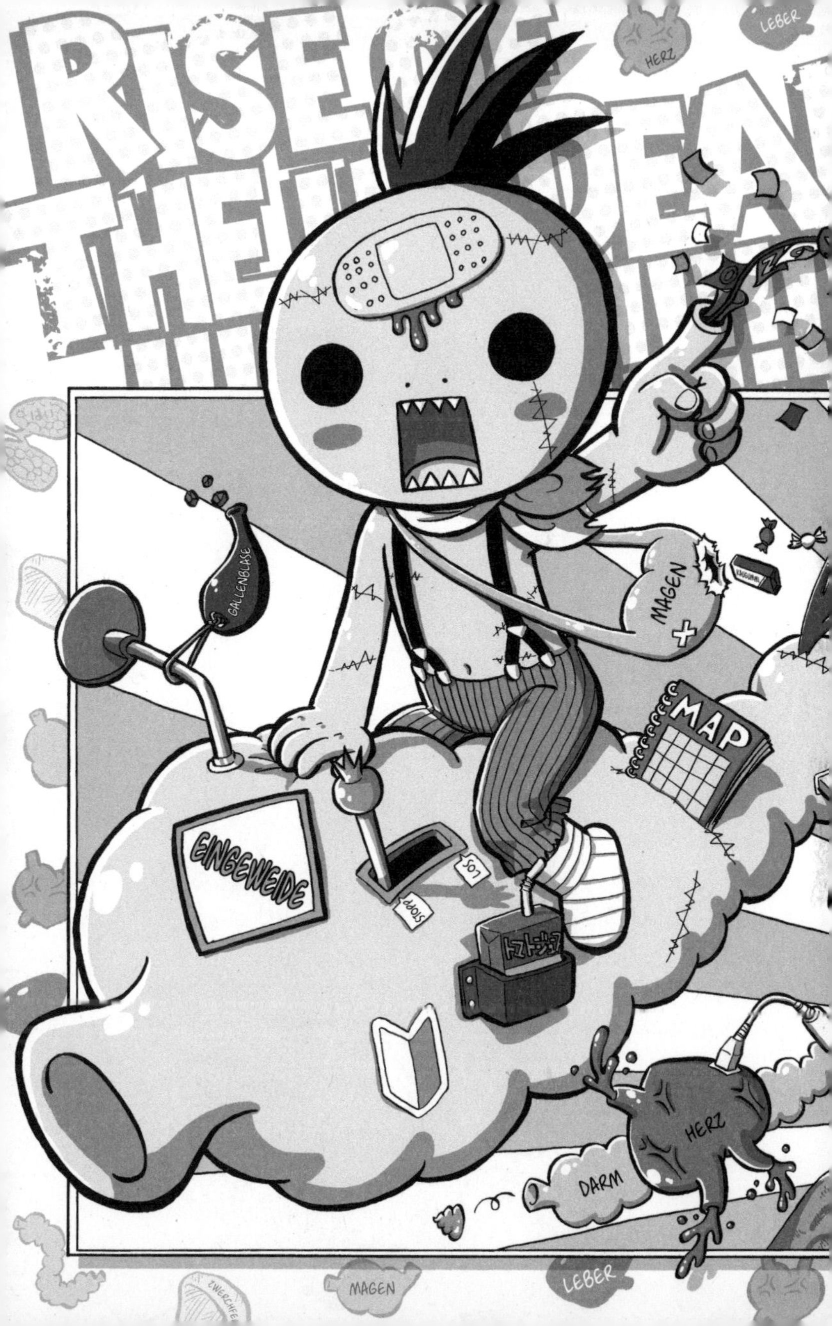

RISE
LEBER
HERZ
GALLENBLASE
MAGEN
MAP
EINGEWEIDE
LOS
STOPP
HERZ
DARM
MAGEN
LEBER

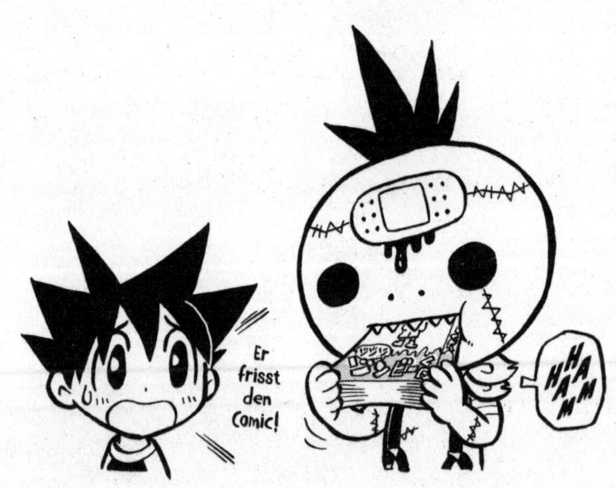
HAM HAM
Er frisst den Comic!

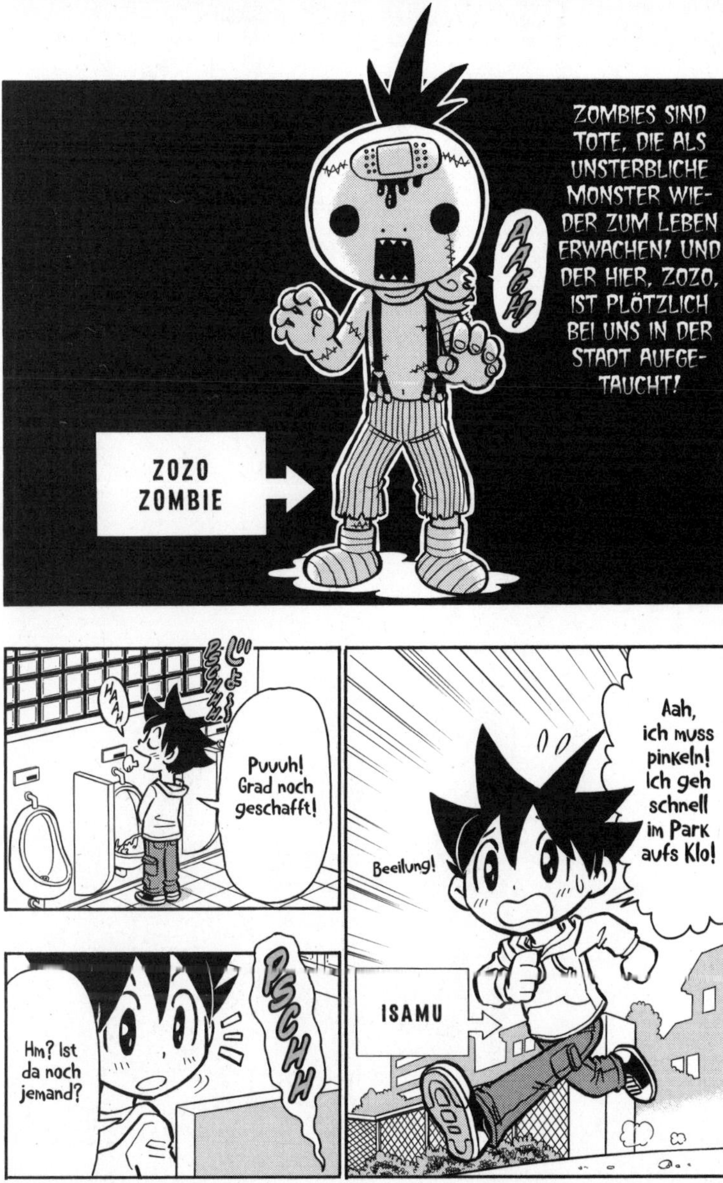

ZOMBIES SIND TOTE, DIE ALS UNSTERBLICHE MONSTER WIEDER ZUM LEBEN ERWACHEN! UND DER HIER, ZOZO, IST PLÖTZLICH BEI UNS IN DER STADT AUFGETAUCHT!

AAGH!

ZOZO ZOMBIE

Aah, ich muss pinkeln! Ich geh schnell im Park aufs Klo!

Beeilung!

ISAMU

HAAH

PSCHHH...

Puuuh! Grad noch geschafft!

PSCHH

Hm? Ist da noch jemand?

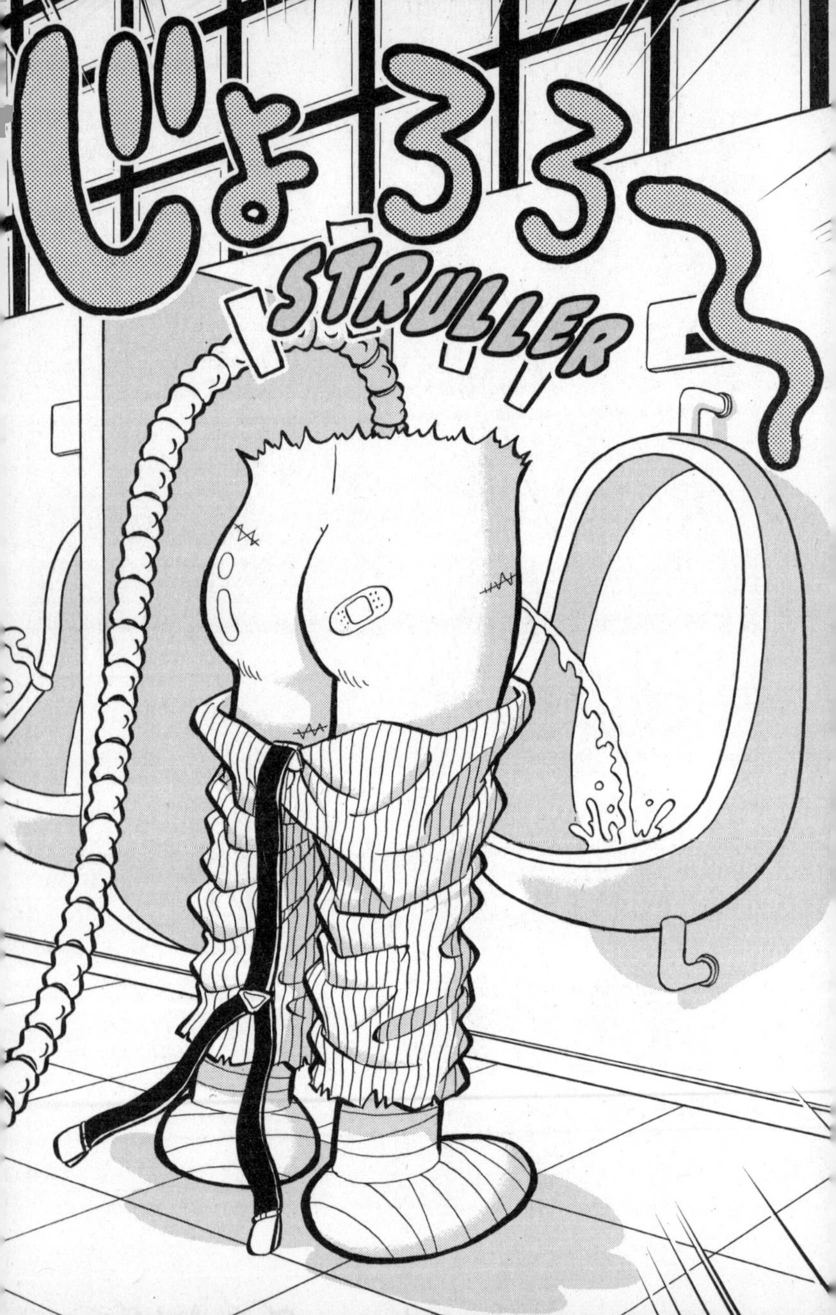
じょろろ〜
STRULLER

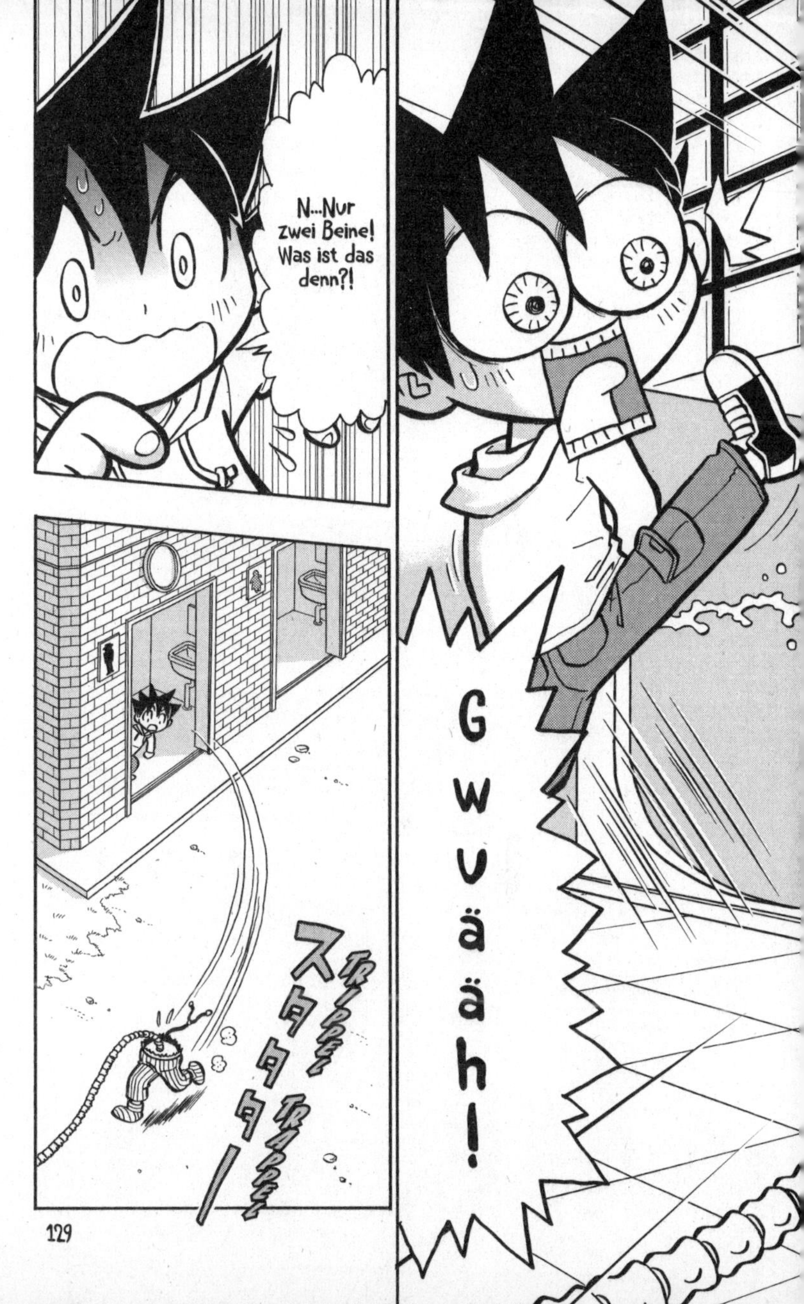
Gwuäh!
N...Nur zwei Beine! Was ist das denn?!
スタタタ
TRIPPEL TRAPPEL

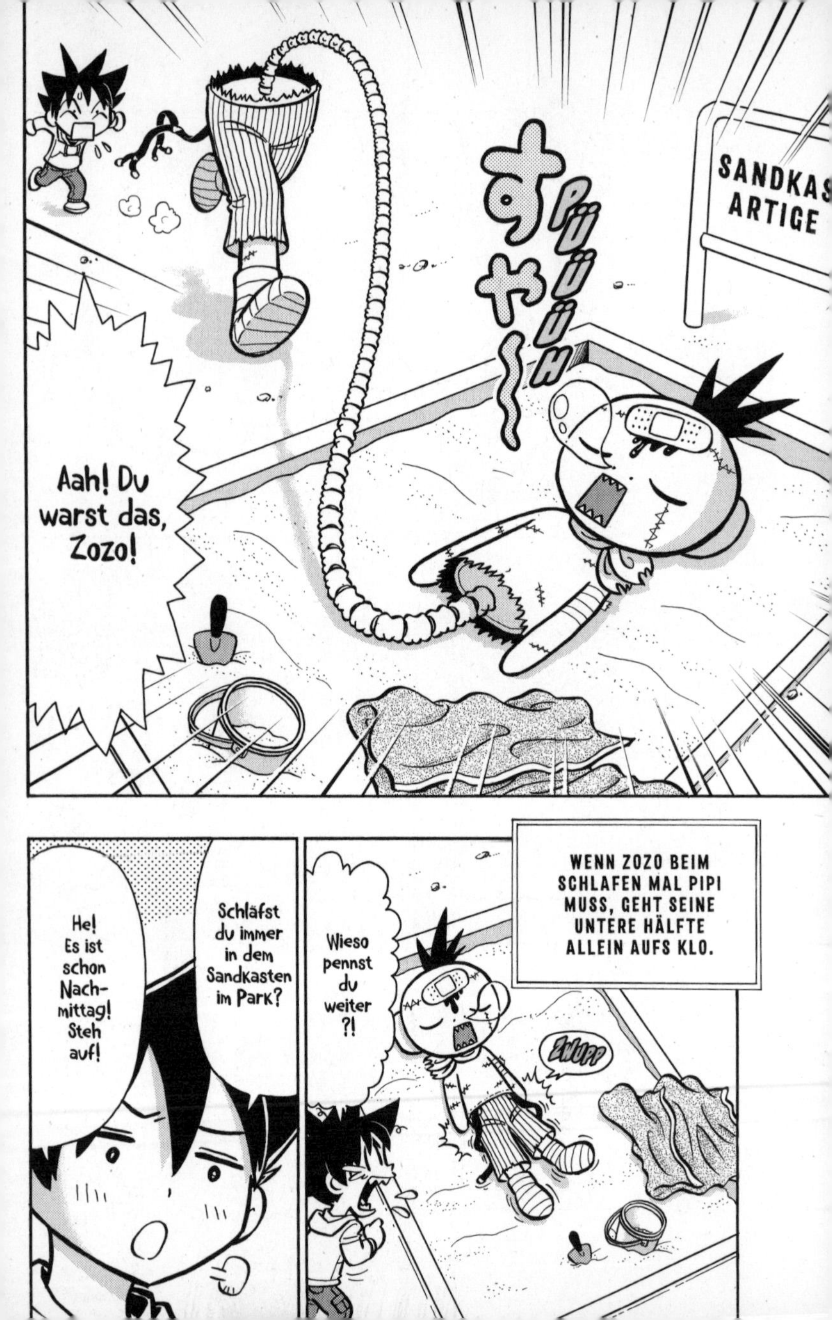
SANDKAS
ARTIGE
すやー
PÜÜÜH
Aah! Du warst das, Zozo!
WENN ZOZO BEIM SCHLAFEN MAL PIPI MUSS, GEHT SEINE UNTERE HÄLFTE ALLEIN AUFS KLO.
ZWUPP
Wieso pennst du weiter ?!
Schläfst du immer in dem Sandkasten im Park?
He! Es ist schon Nach-mittag! Steh auf!

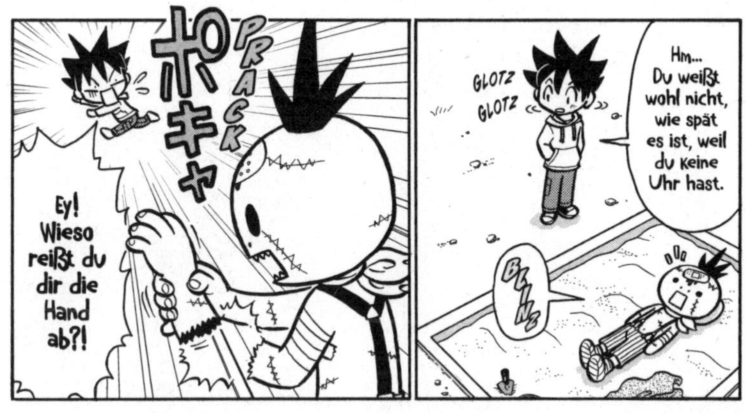
Hm... Du weißt wohl nicht, wie spät es ist, weil du keine Uhr hast.
GLOTZ GLOTZ
BLING
PRACK
ポキャ
Ey! Wieso reißt du dir die Hand ab?!

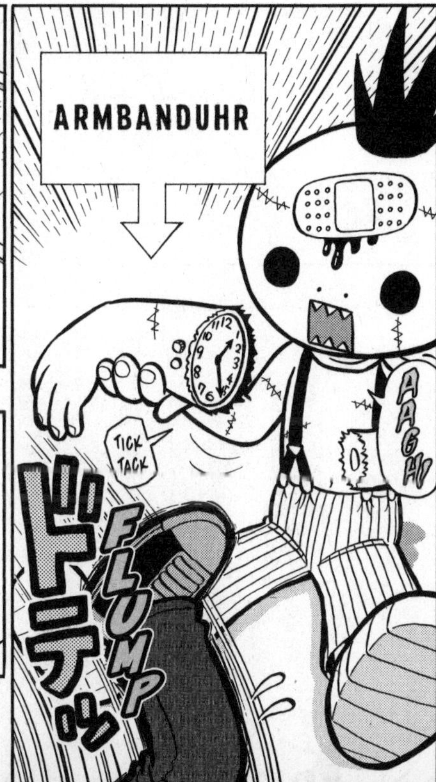
ARMBANDUHR
AAGH!
TICK TACK
FLUMP
ドテッ

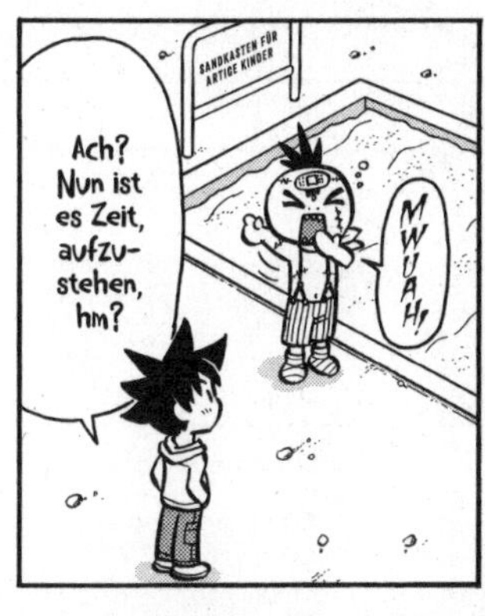
SANDKASTEN FÜR ARTIGE KINDER
MWUAH!
Ach? Nun ist es Zeit, aufzustehen, hm?

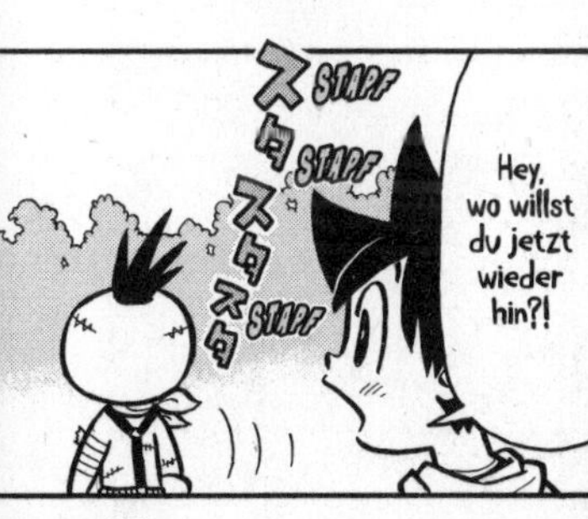
Hey, wo willst du jetzt wieder hin?!
STAPF
STAPF
STAPF

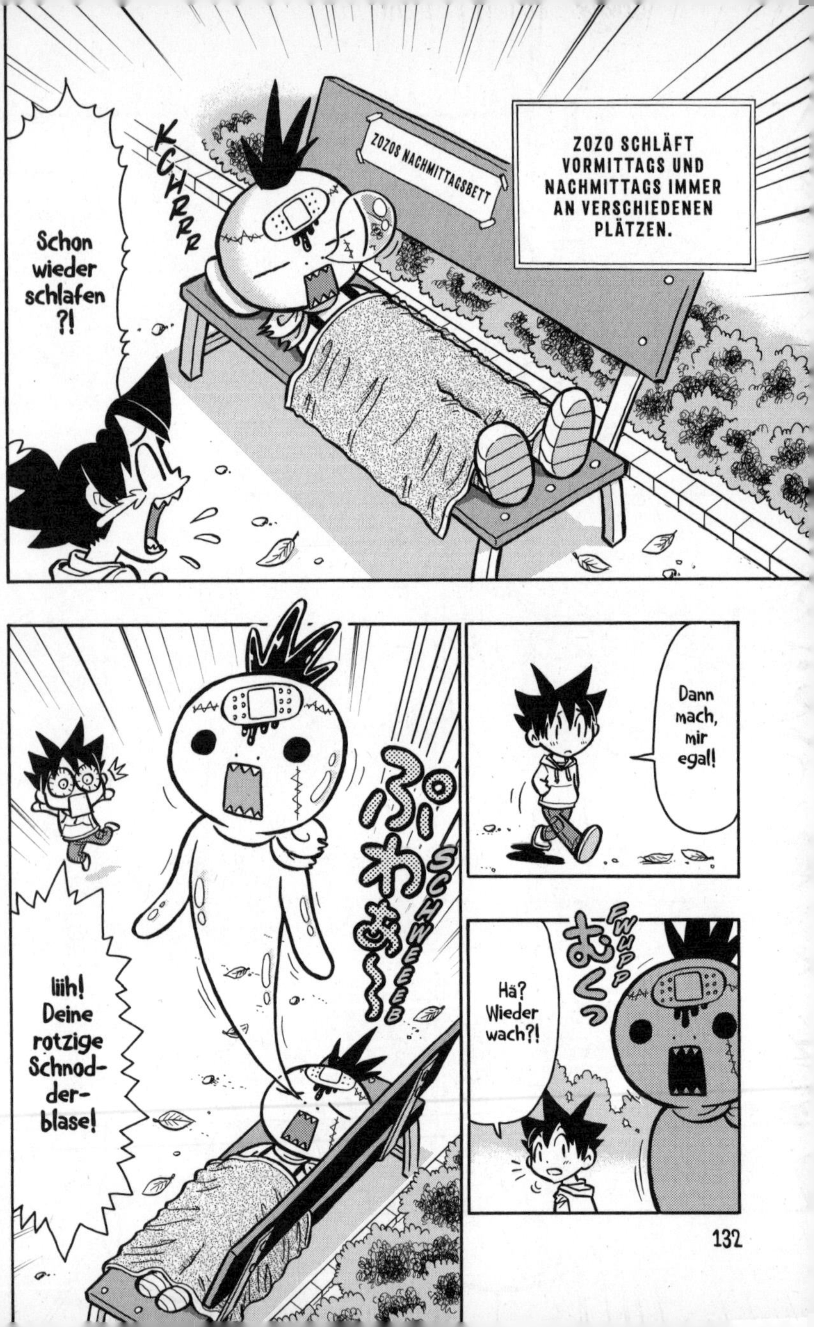

ZOZO SCHLÄFT VORMITTAGS UND NACHMITTAGS IMMER AN VERSCHIEDENEN PLÄTZEN.

ZOZOS NACHMITTAGSBETT

KCHRRR

Schon wieder schlafen?!

Dann mach, mir egal!

おくっ FWUPP

Hä? Wieder wach?!

ぷわぁ〜 SCHWEEEEB

Iiih! Deine rotzige Schnodder-blase!

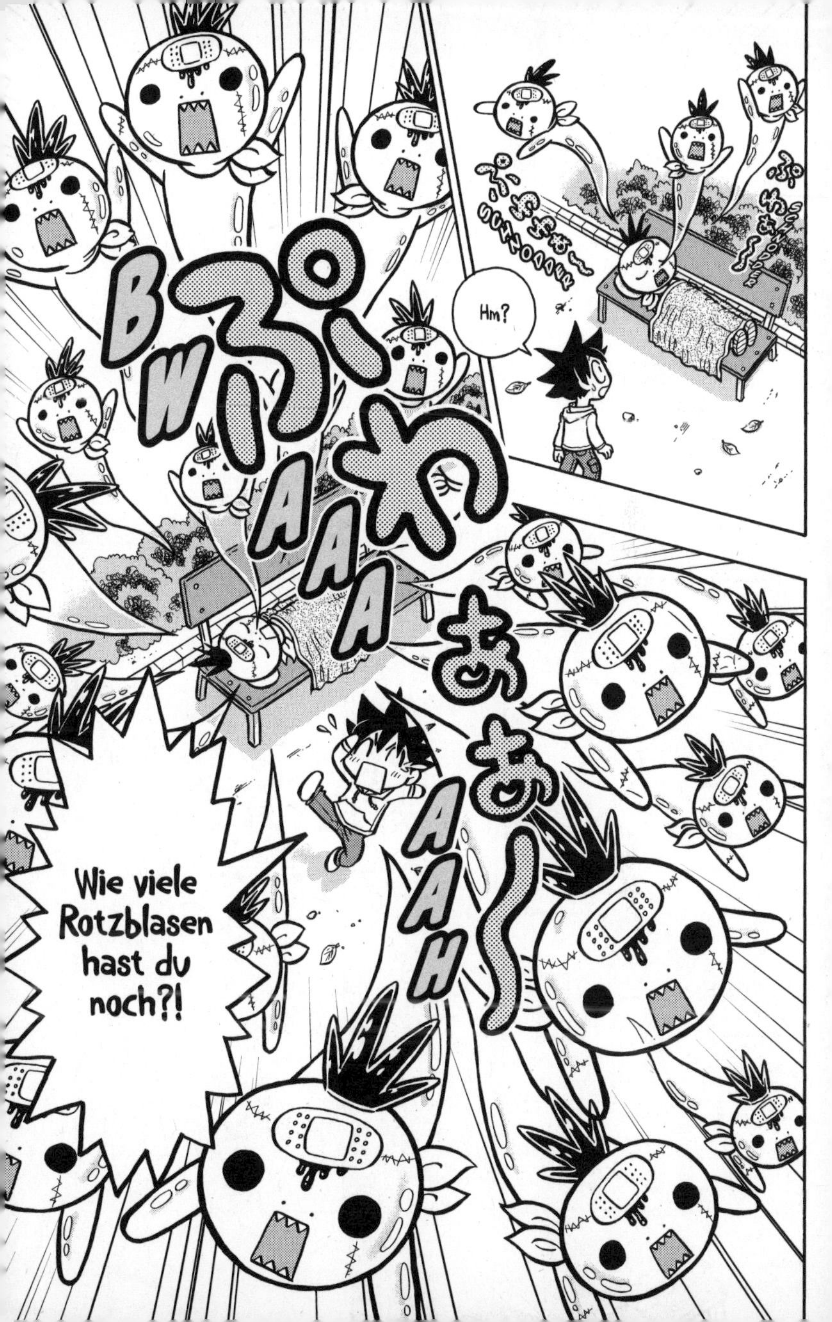

SCHNODDER
SCHNODDER
Hm?
BWAAAAH
Wie viele Rotzblasen hast du noch?!

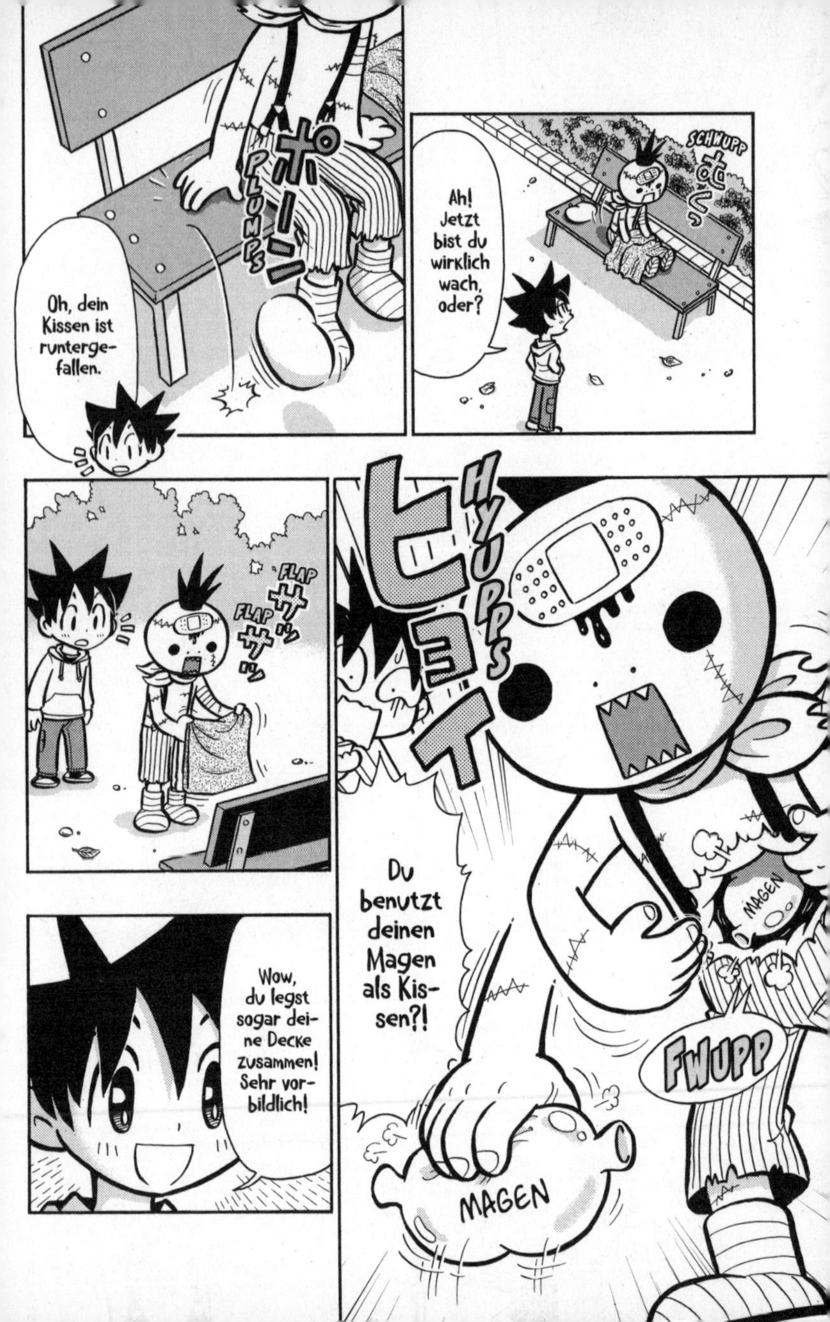
PLUMPS
Oh, dein Kissen ist runtergefallen.
SCHWUPP
Ah! Jetzt bist du wirklich wach, oder?
HYUPPS
Du benutzt deinen Magen als Kissen?!
MAGEN
FWUPP
MAGEN
FLAP
FLAP
Wow, du legst sogar deine Decke zusammen! Sehr vorbildlich!

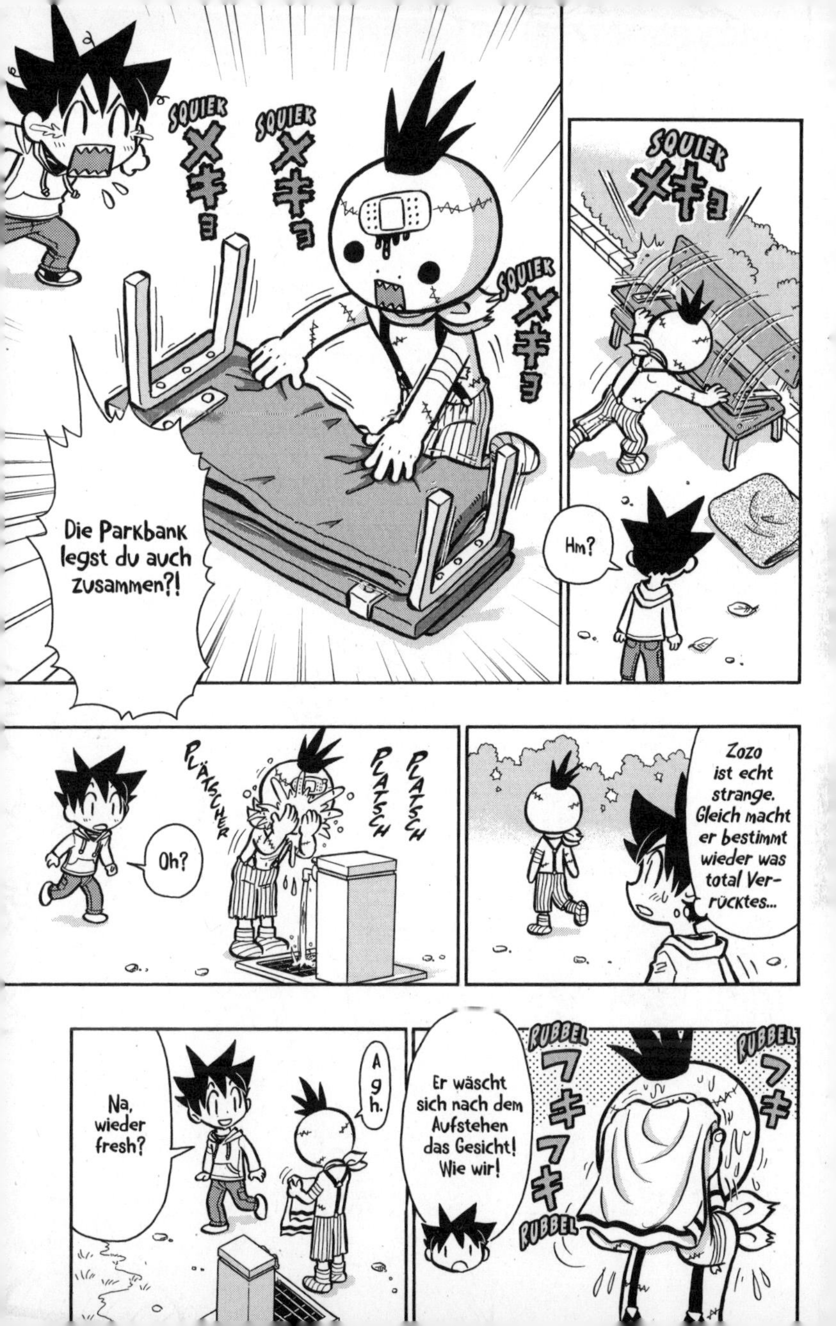

SQUIEK
メキョ
Hm?

SQUIEK
メキョ
SQUIEK
メキョ
SQUIEK
メキョ
Die Parkbank legst du auch zusammen?!

Zozo ist echt strange. Gleich macht er bestimmt wieder was total Verrücktes...

PLATSCH
PLATSCH
PLÄTSCHER
Oh?

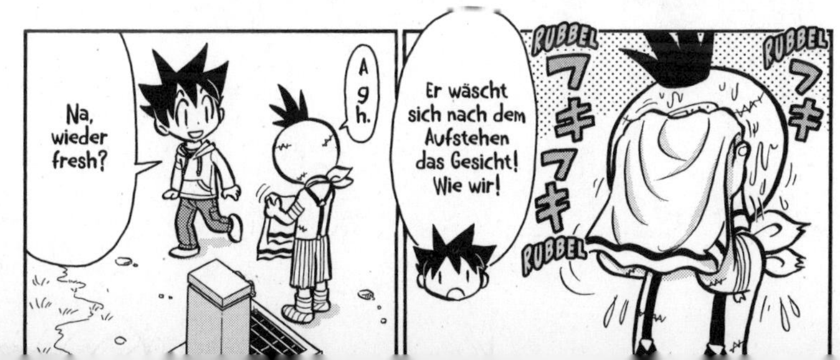

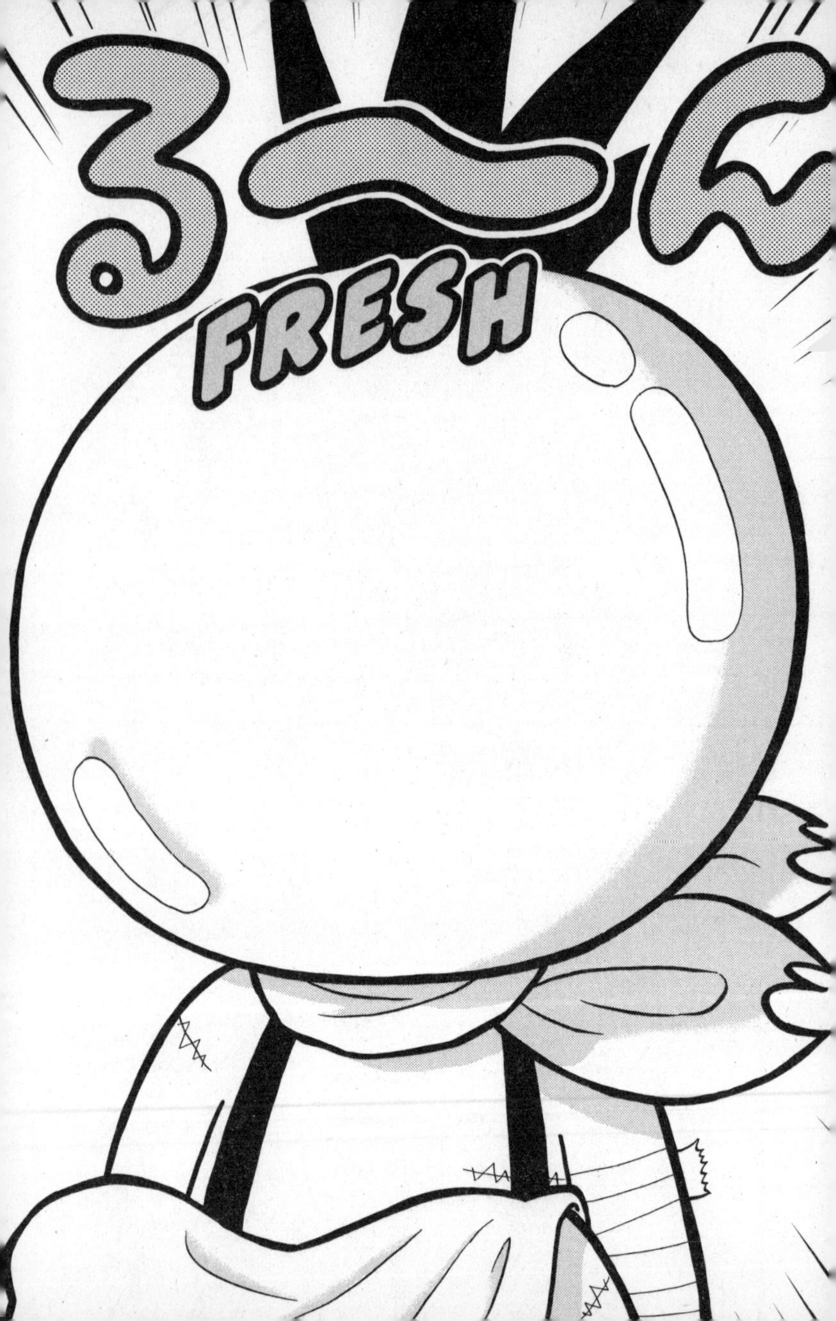
FRESH

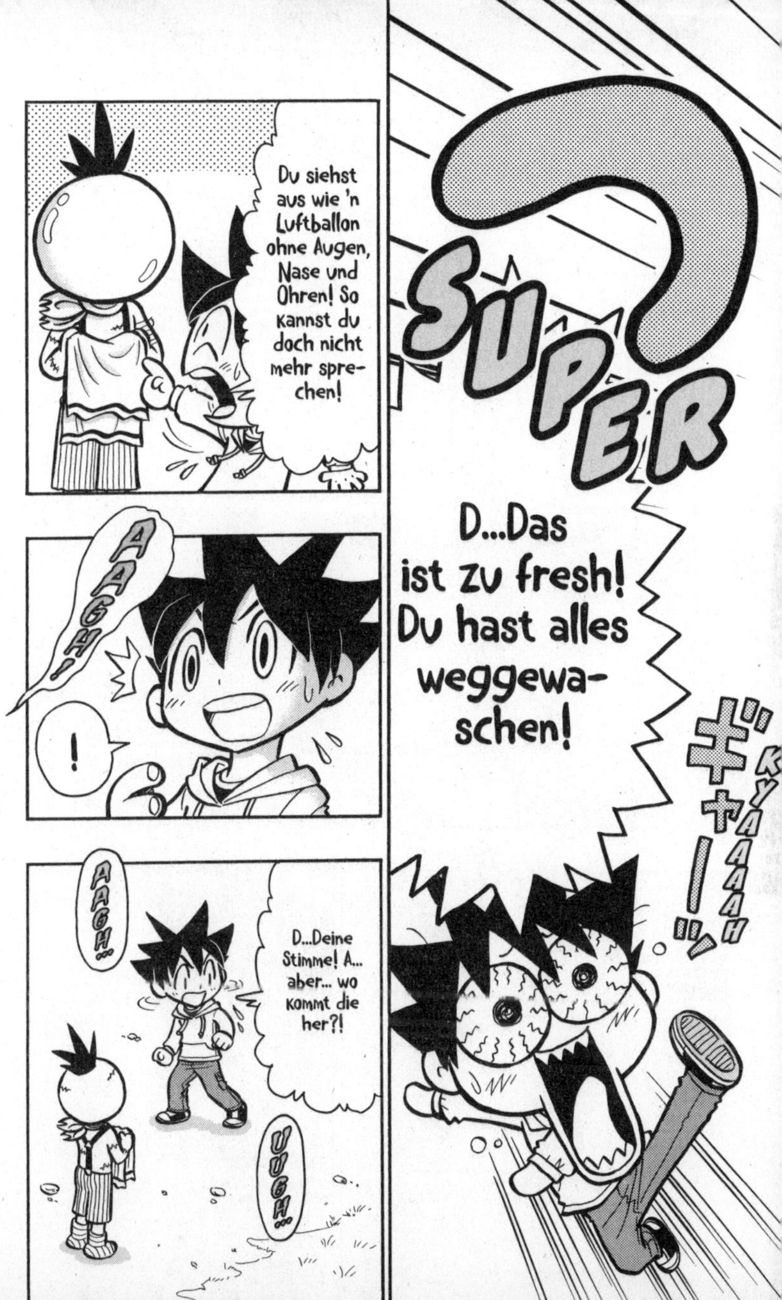
SUPER
D...Das ist zu fresh! Du hast alles weggewaschen!
KYAAAAAAH
Du siehst aus wie 'n Luftballon ohne Augen, Nase und Ohren! So kannst du doch nicht mehr sprechen!
AAGH!
!
AAGH...
D...Deine Stimme! A... aber... wo kommt die her?!
UUGH...

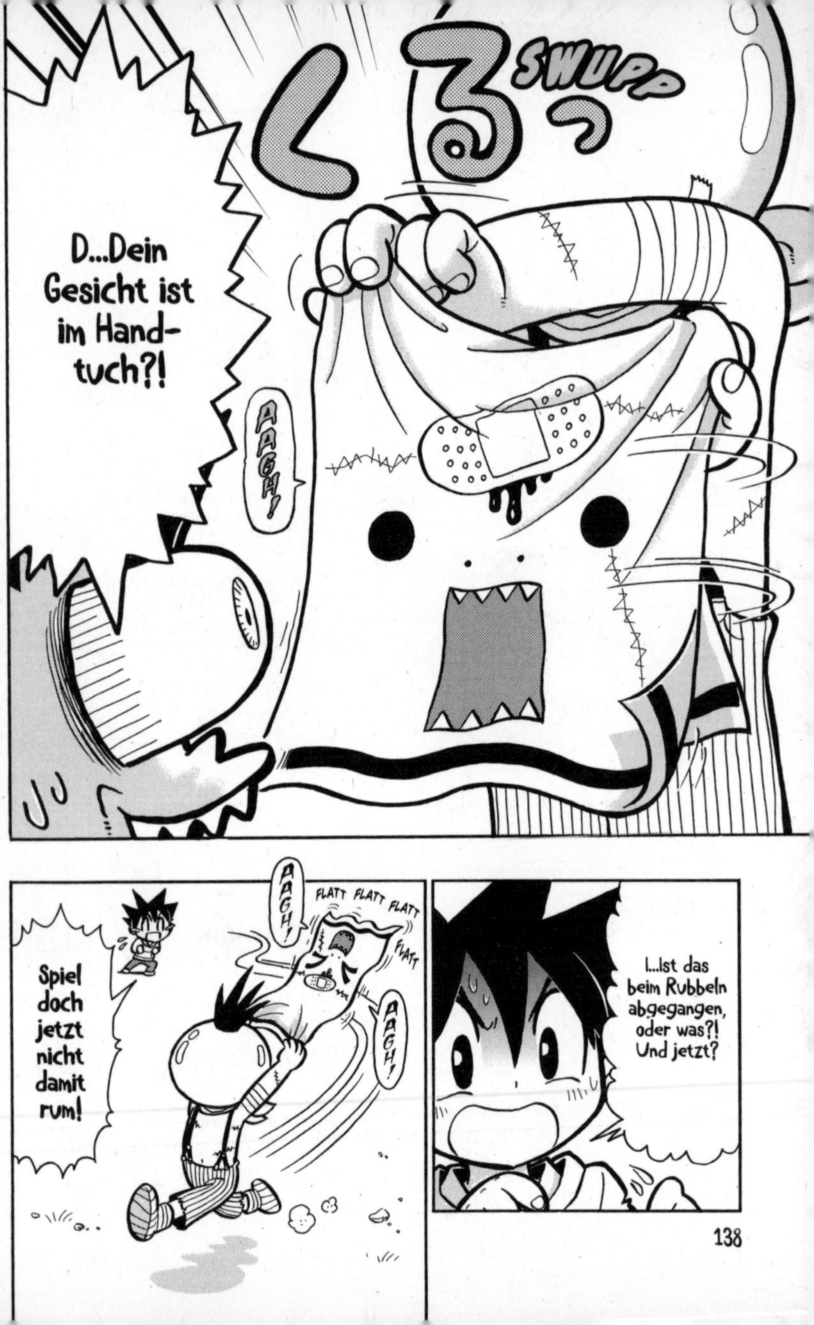

くるっ
SWUPP

D...Dein Gesicht ist im Hand-tuch?!

AAGH!

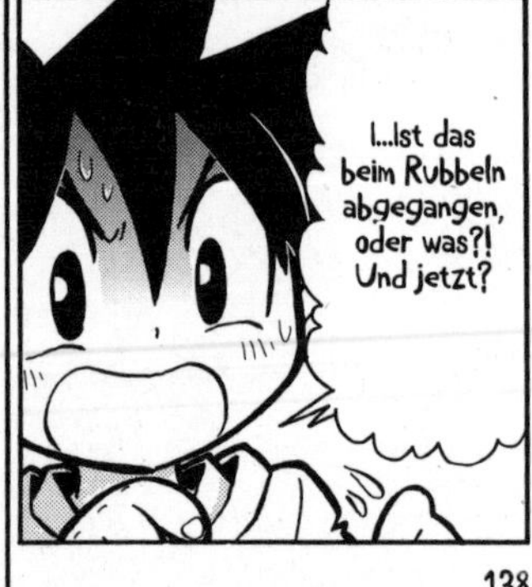


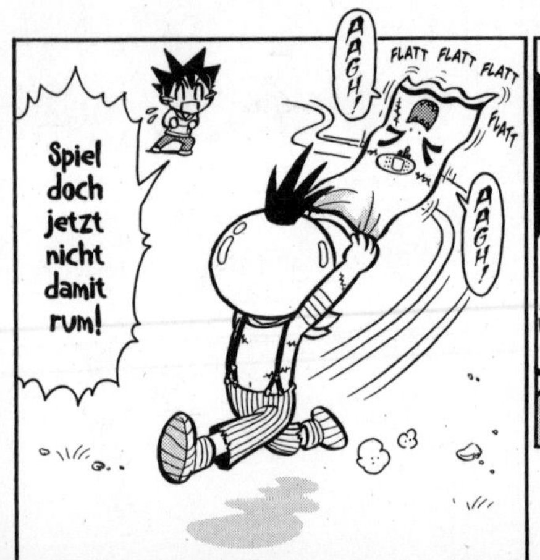

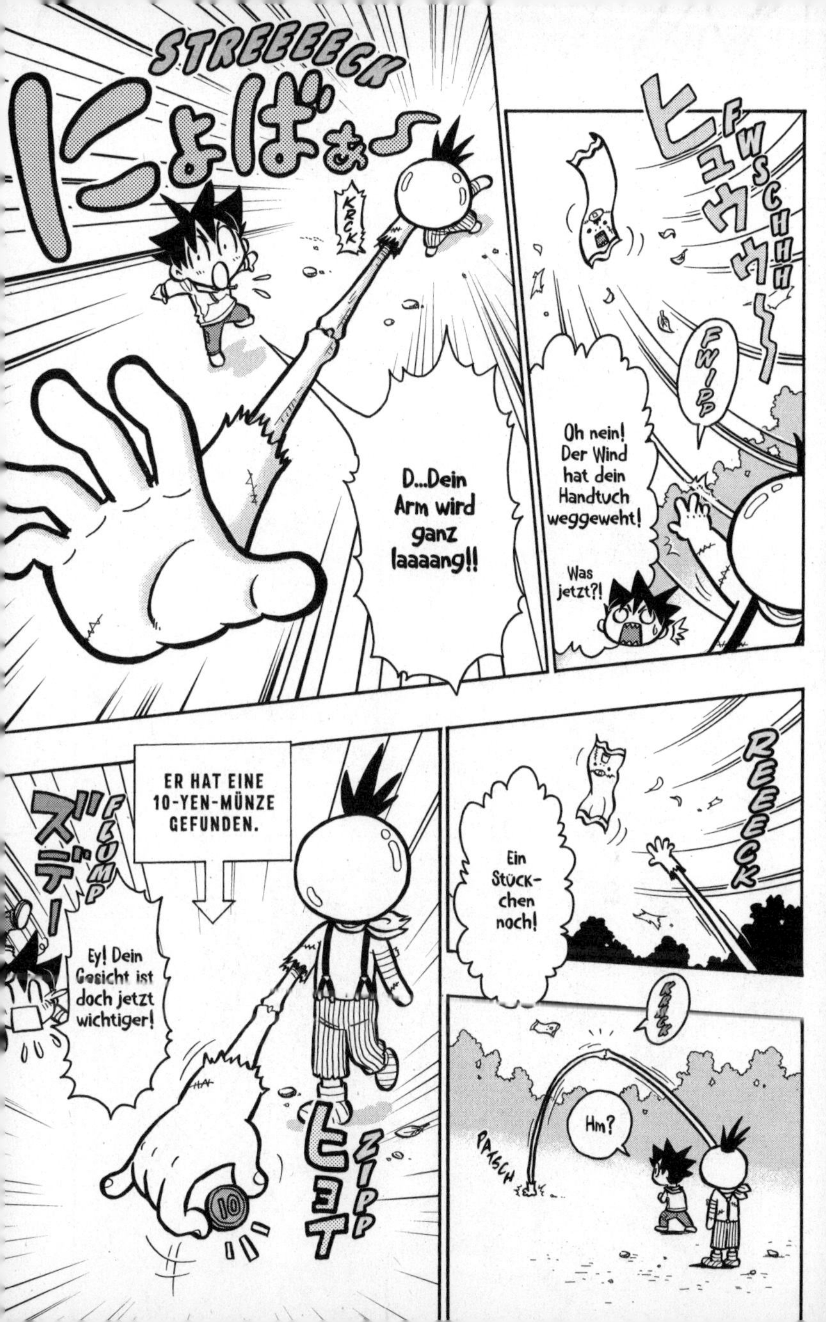

STREEEECK
にょばぁ〜
KRCK
D...Dein Arm wird ganz laaaang!!
ヒュウウ〜〜
FWSCHHH
FWIPP
Oh nein! Der Wind hat dein Handtuch weggeweht!
Was jetzt?!
REEECK
Ein Stückchen noch!
KNACK
Hm?
PAASCH
ER HAT EINE 10-YEN-MÜNZE GEFUNDEN.
ズデー
FLUMP
Ey! Dein Gesicht ist doch jetzt wichtiger!
ヒョイ
ZIPP
10

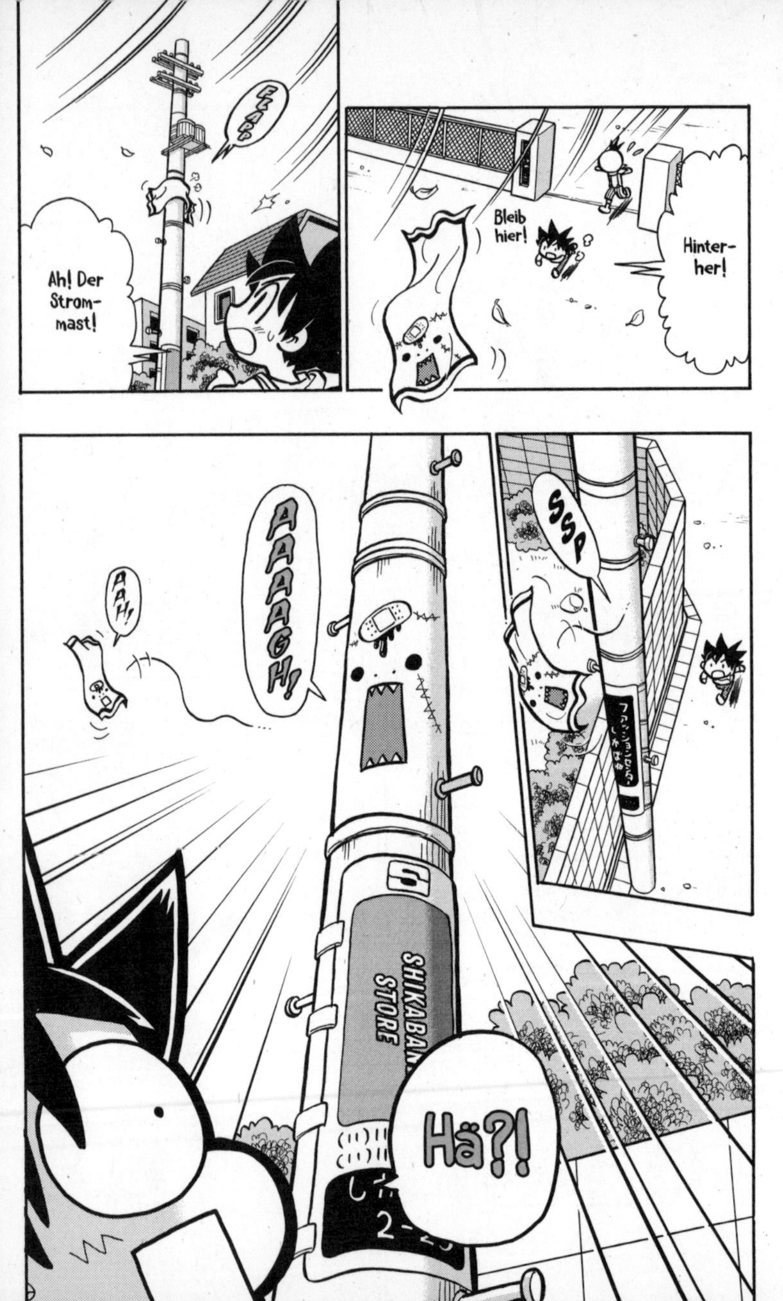
Hinter-
her!
Bleib
hier!
FLAPP
Ah! Der
Strom-
mast!
SSP
ファッションセンター
しかばね
AAAAAGH!
AAH!
SHIKABANE
STORE
Hä?!

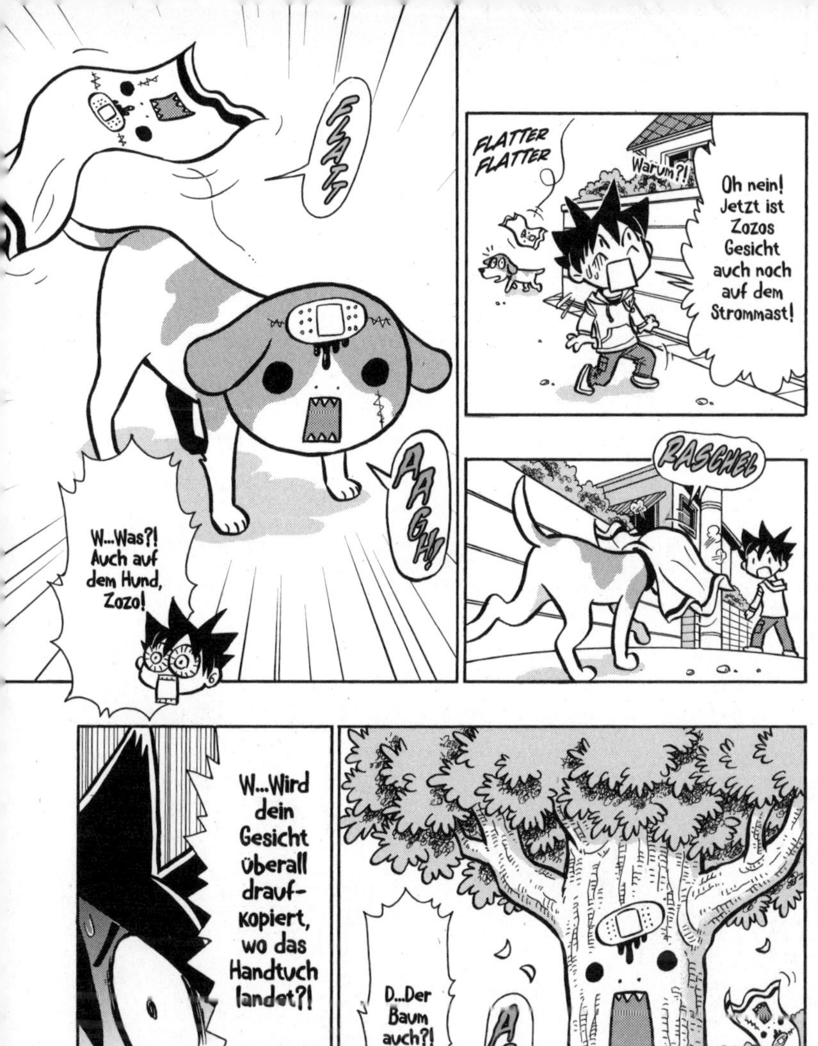
FLATTER
FLATTER
Warum?!
Oh nein! Jetzt ist Zozos Gesicht auch noch auf dem Strommast!
RASCHEL
FLATT
AAGH!
W...Was?! Auch auf dem Hund, Zozo!
D...Der Baum auch?!
AAGH...
W...Wird dein Gesicht überall drauf-kopiert, wo das Handtuch landet?!

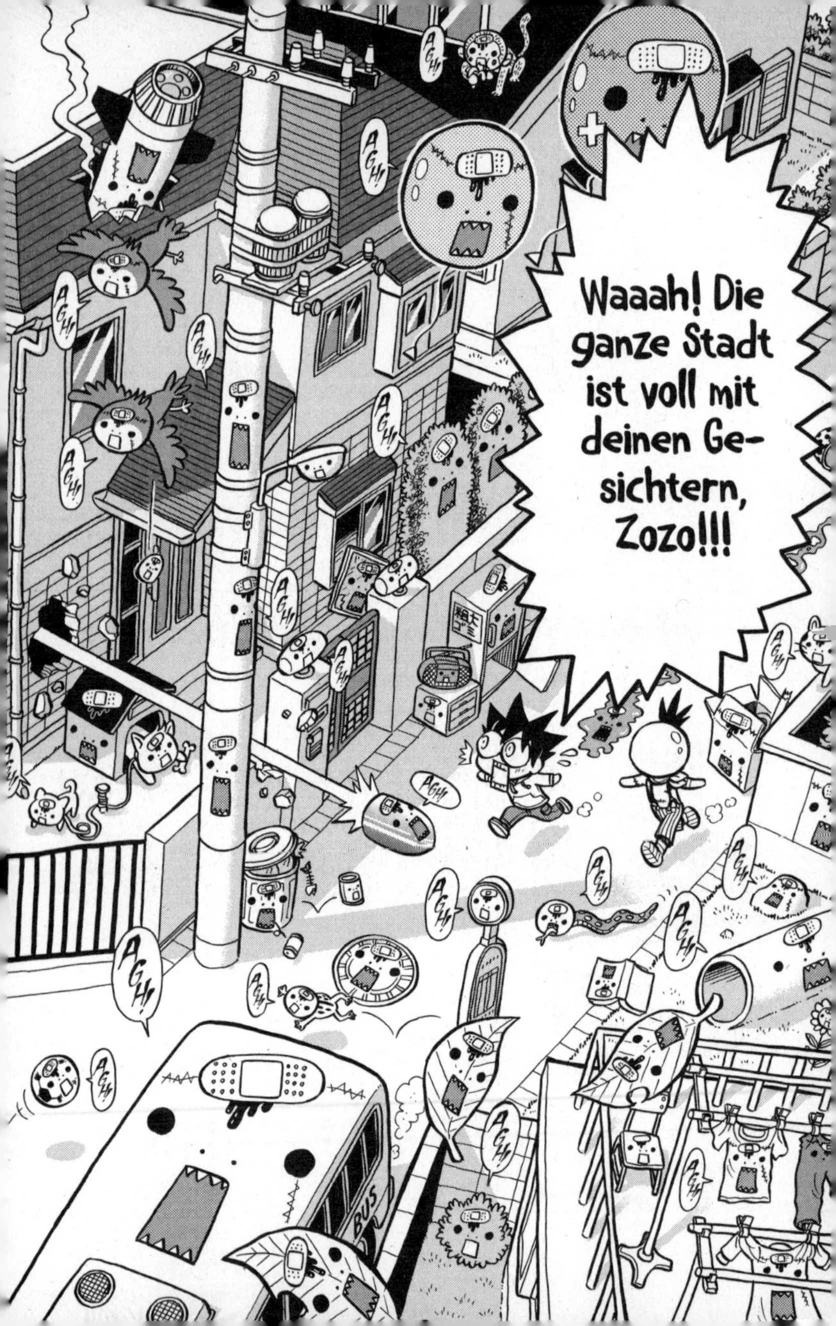
Waaah! Die ganze Stadt ist voll mit deinen Gesichtern, Zozo!!!
BUS

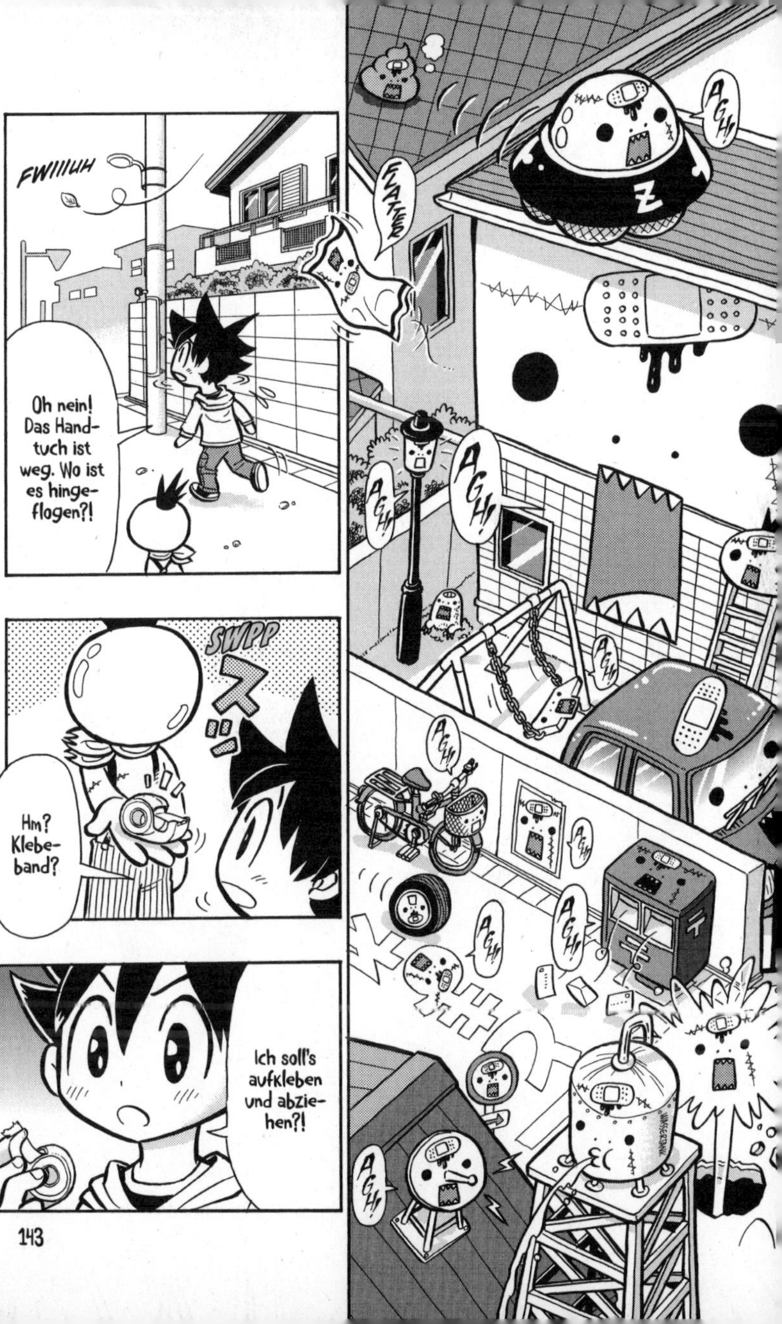

FLATTER
AGH!
AGH!
AGH!
AGH!
AGH!
AGH!
AGH!
AGH!
AGH!


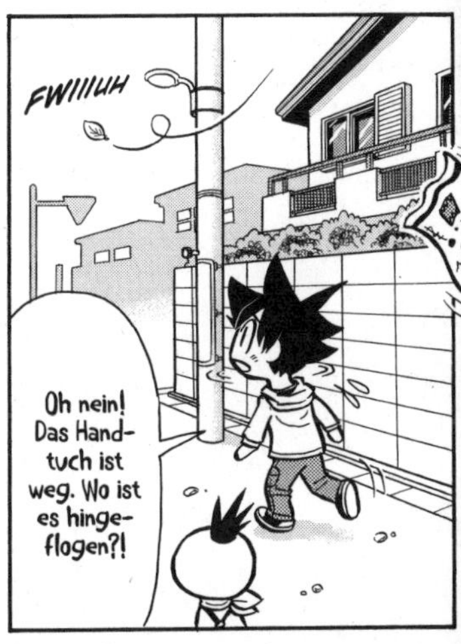

FWIIIUH
Oh nein! Das Handtuch ist weg. Wo ist es hingeflogen?!


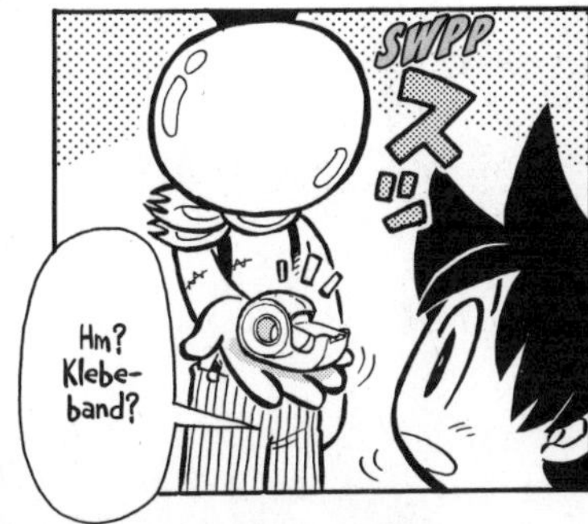

SWPP
Hm? Klebeband?


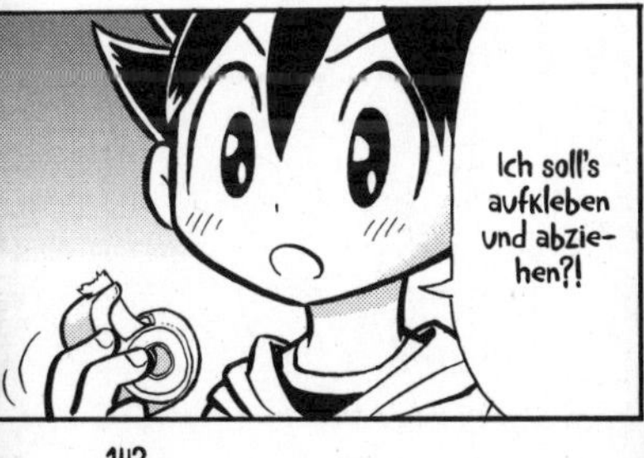

Ich soll's aufkleben und abziehen?!

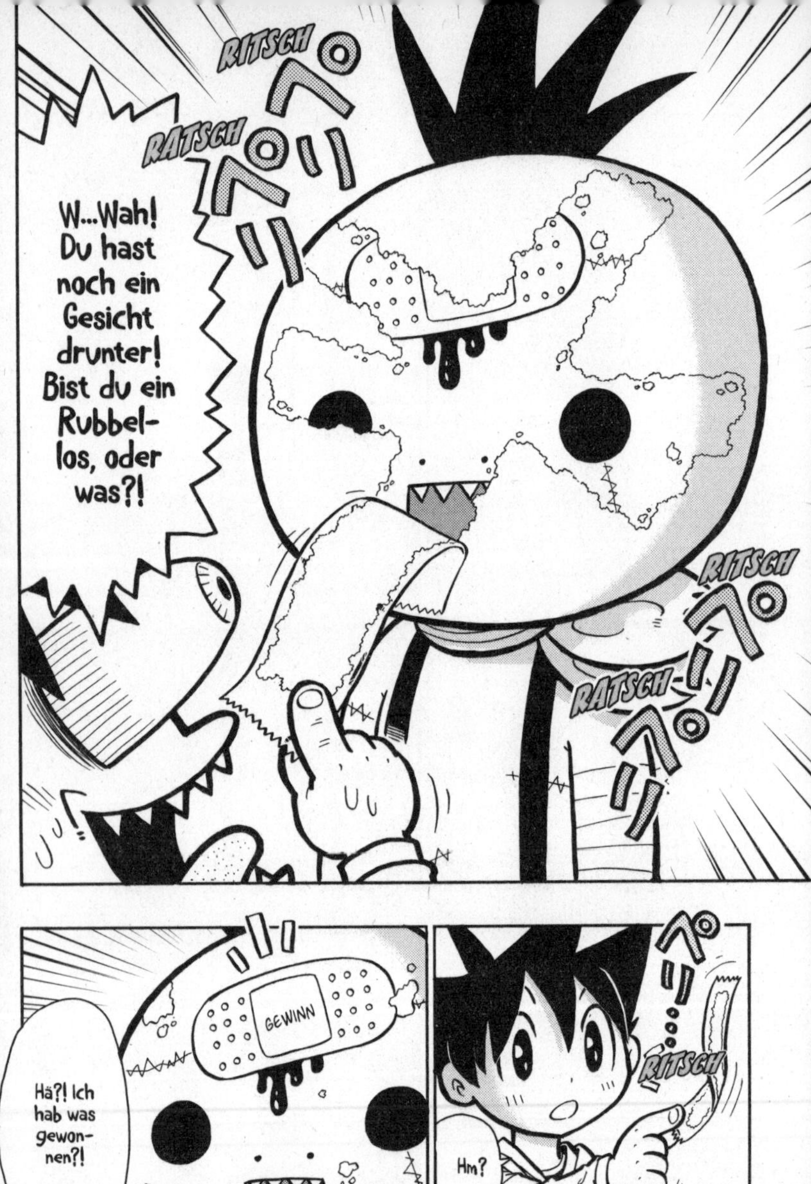
RITSCH
RATSCH
W...Wah! Du hast noch ein Gesicht drunter! Bist du ein Rubbel-los, oder was?!
RITSCH
RATSCH
GEWINN
Hä?! Ich hab was gewon-nen?!
RITSCH
Hm?

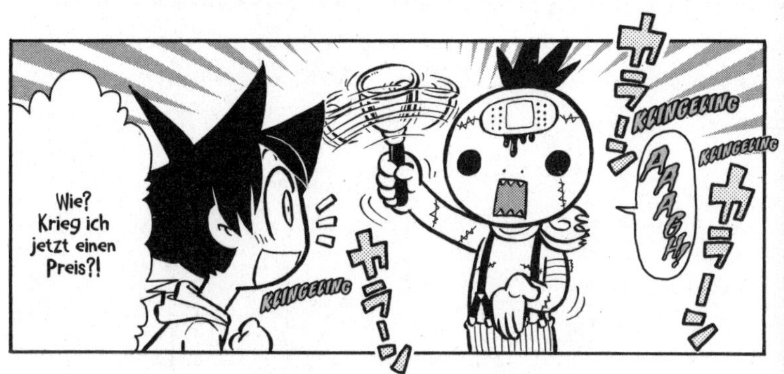

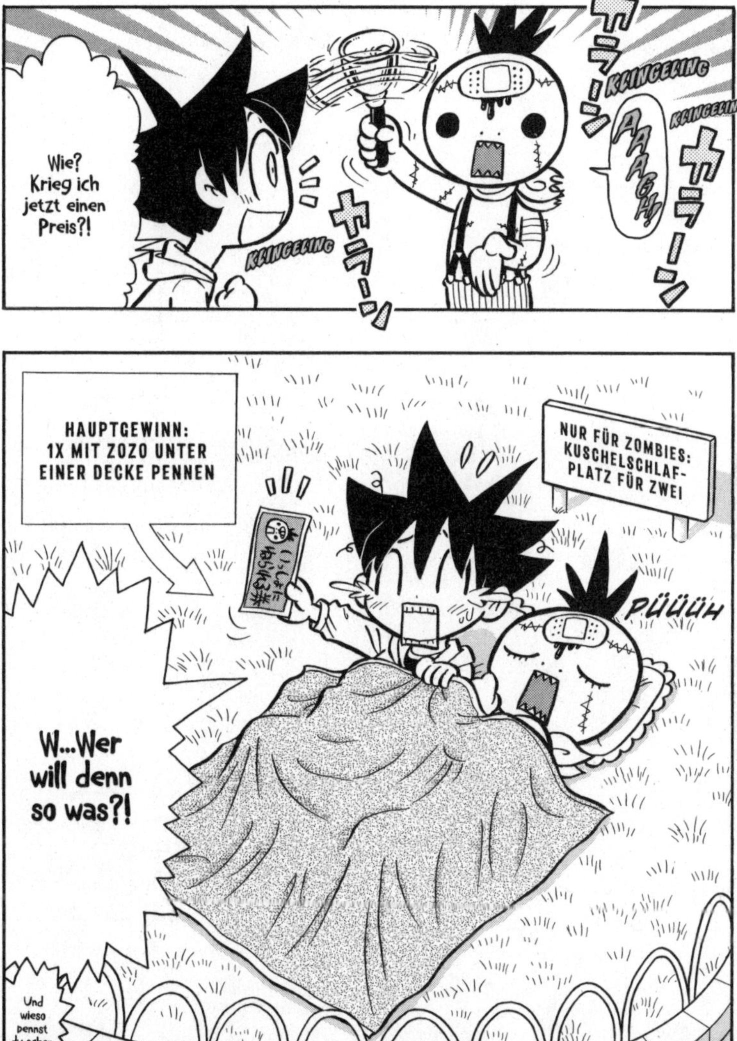

HAUPTGEWINN:
1X MIT ZOZO UNTER
EINER DECKE PENNEN

NUR FÜR ZOMBIES:
KUSCHELSCHLAF-
PLATZ FÜR ZWEI

PÜÜÜH

W...Wer will denn so was?!

Und wieso pennst du schon wieder?!

# ZOMBASTISCHER 4-BILDER-MANGA 5

## ZOZO TAUCHT AUF

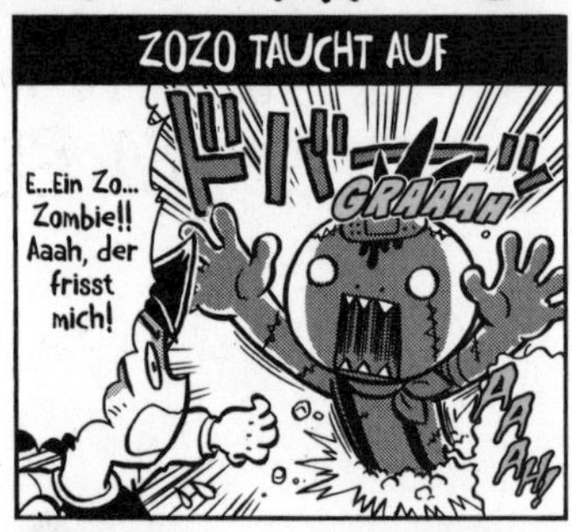


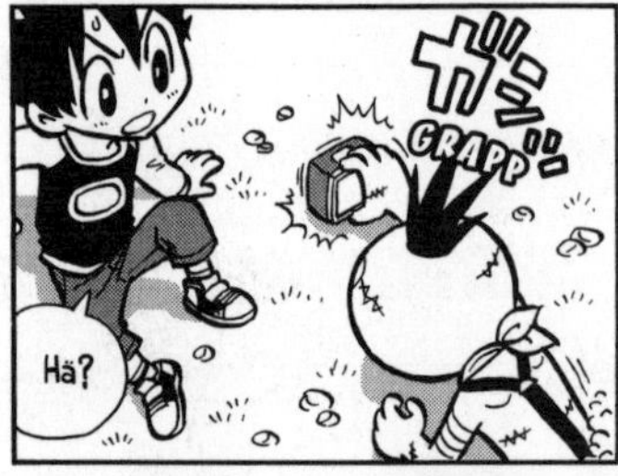


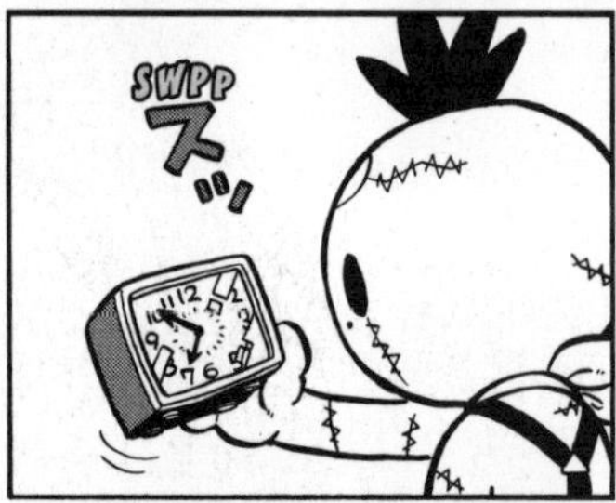


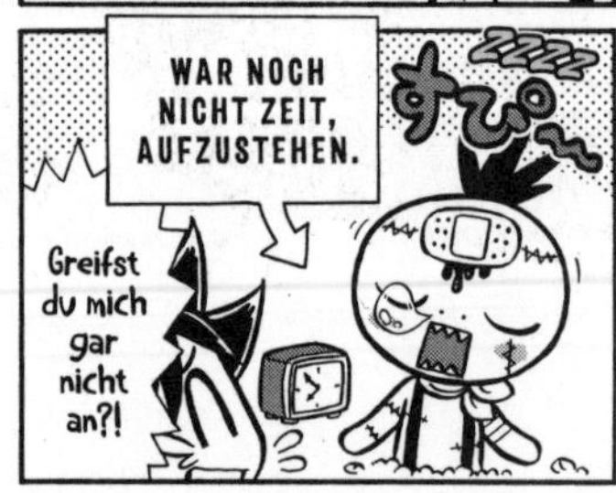


## TODSCHICK

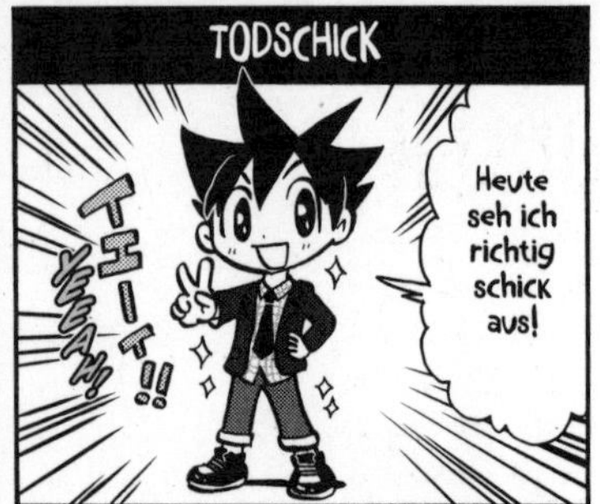


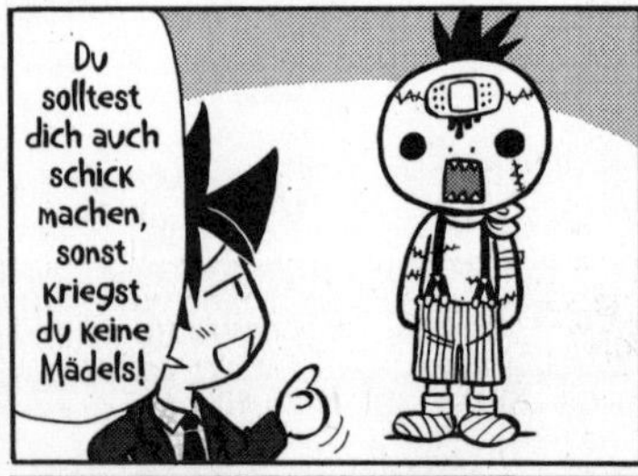


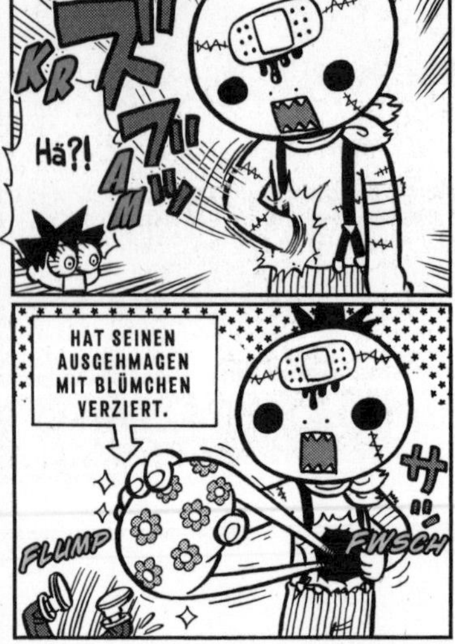

# EIN NEUER HELD IST GEBOREN!

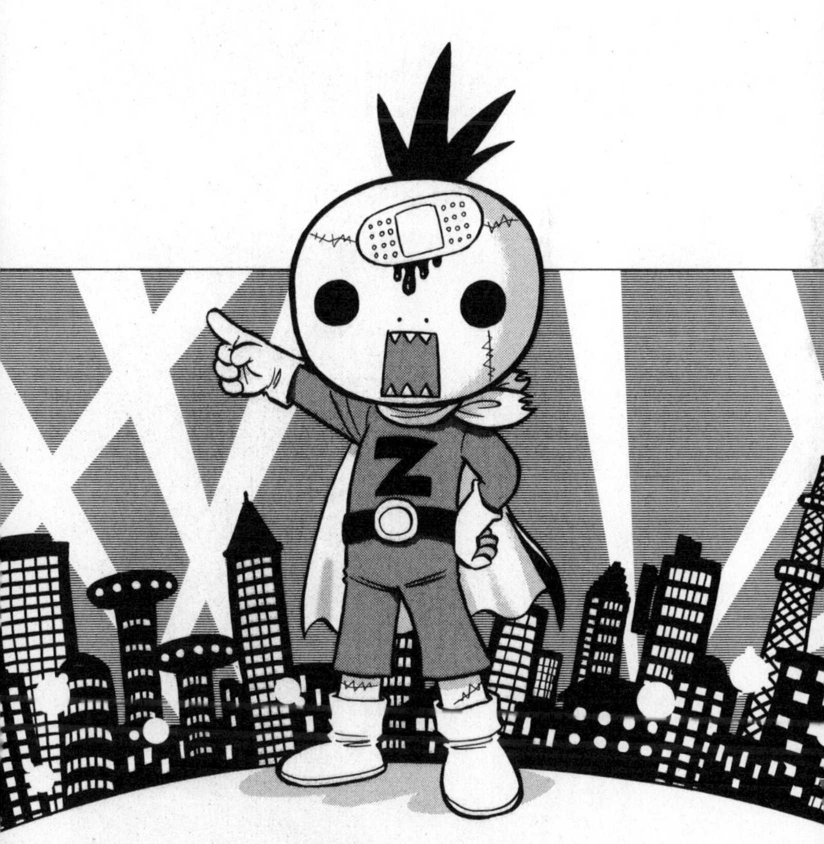

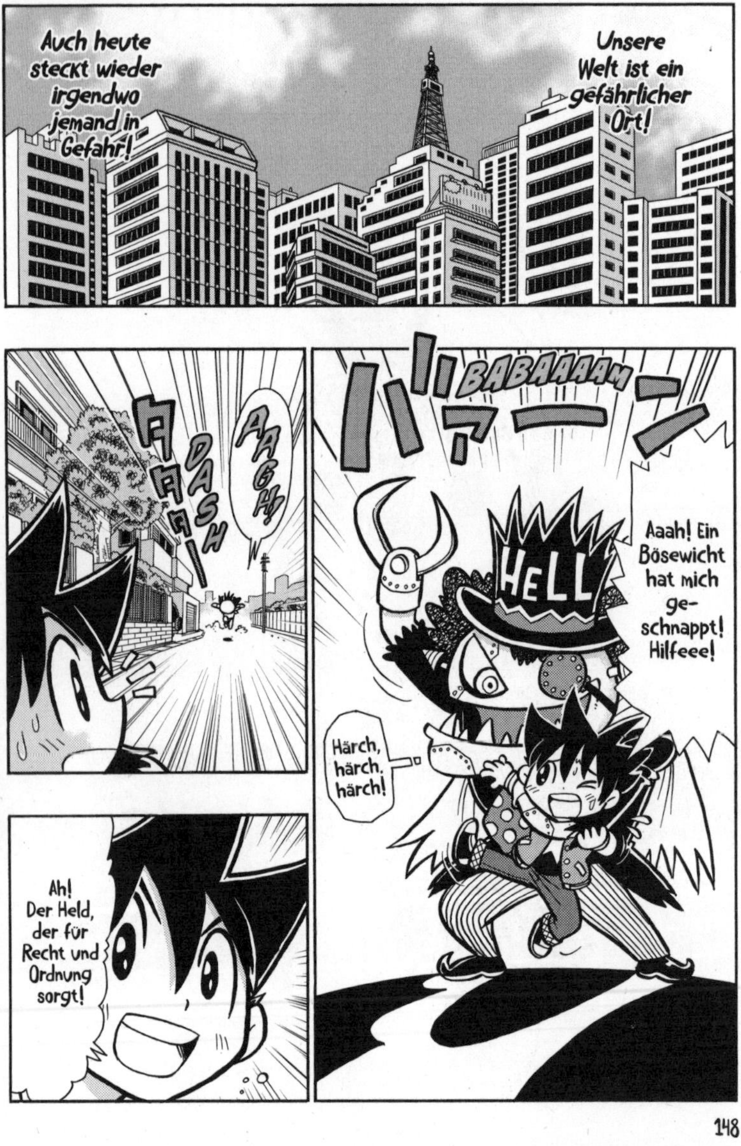

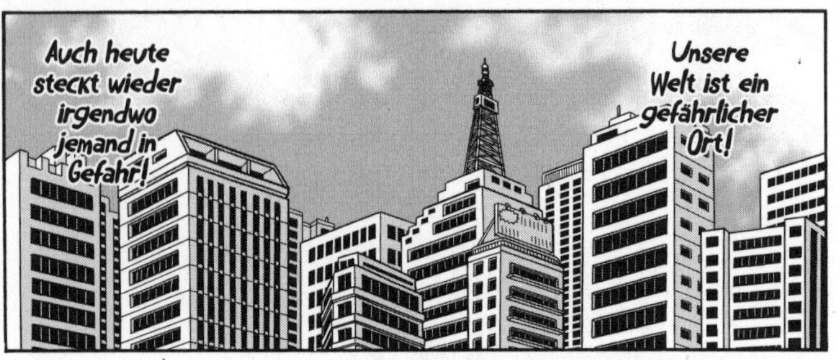


BABAAAAM
Aaah! Ein Bösewicht hat mich ge-schnappt! Hilfeee!
Härch, härch, härch!

DASH
AAGH!

Ah! Der Held, der für Recht und Ordnung sorgt!

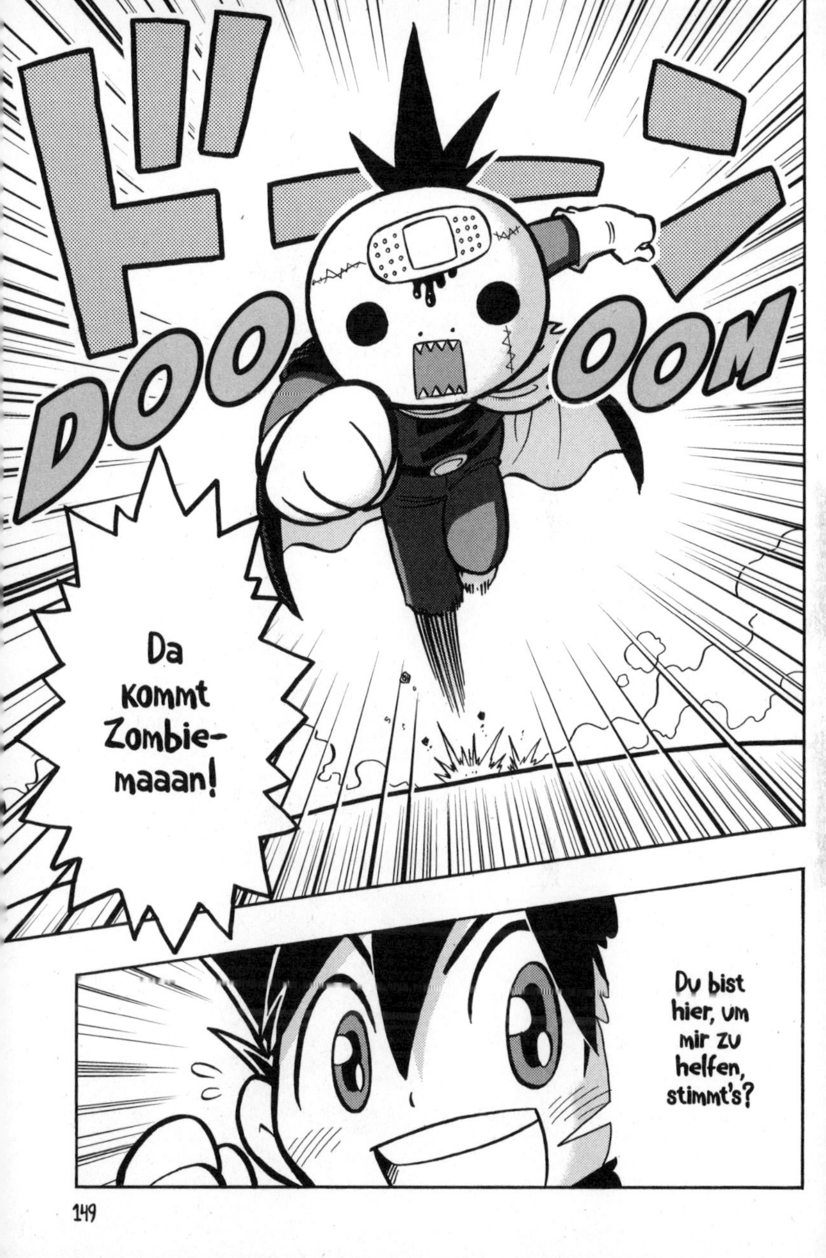
ドーン
DOOO OOM
Da kommt Zombie-maaan!
Du bist hier, um mir zu helfen, stimmt's?

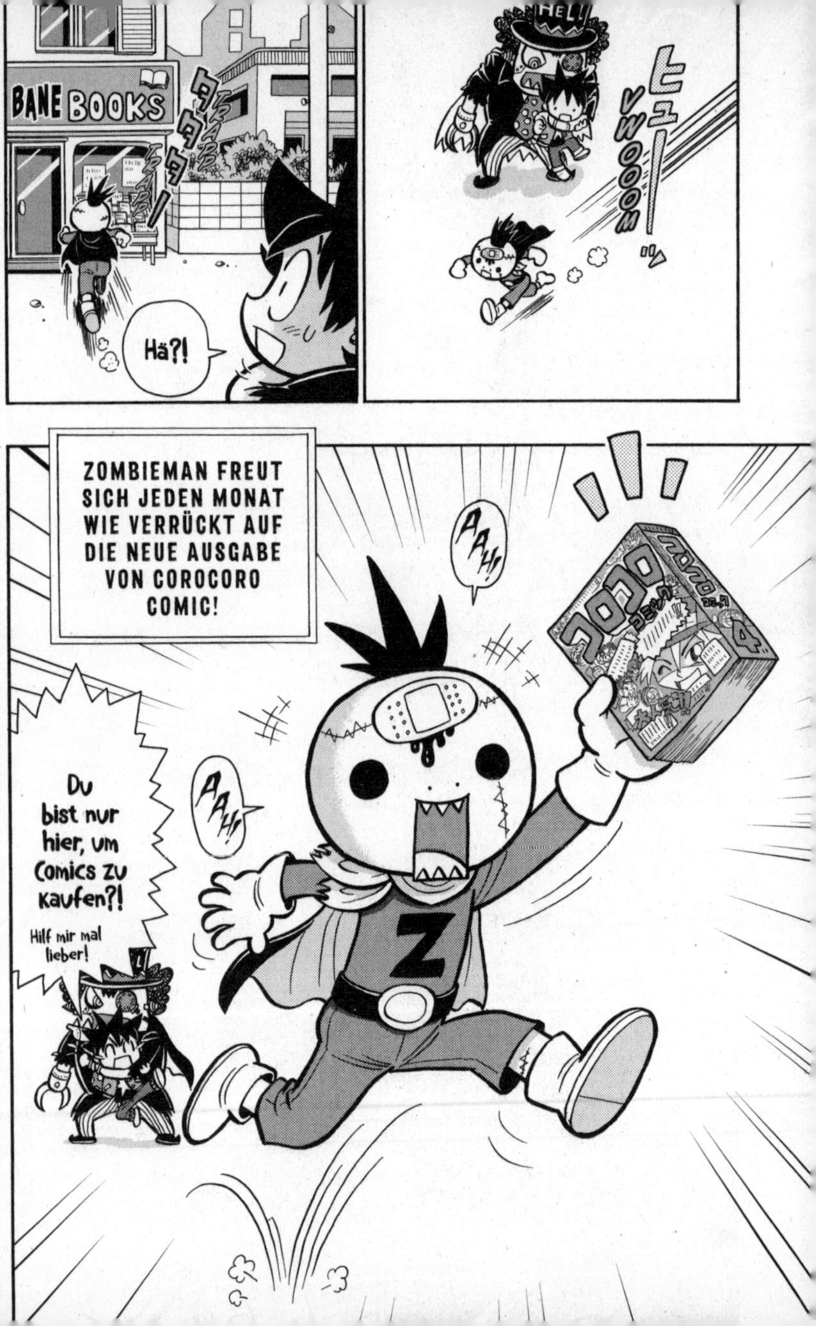

BANE BOOKS

タタタ

TRAPP TRAPP!

Hä?!

HELL

ヒュー

VWOOOOM

ZOMBIEMAN FREUT SICH JEDEN MONAT WIE VERRÜCKT AUF DIE NEUE AUSGABE VON COROCORO COMIC!

AAH!

AAH!

Du bist nur hier, um Comics zu kaufen?!

Hilf mir mal lieber!

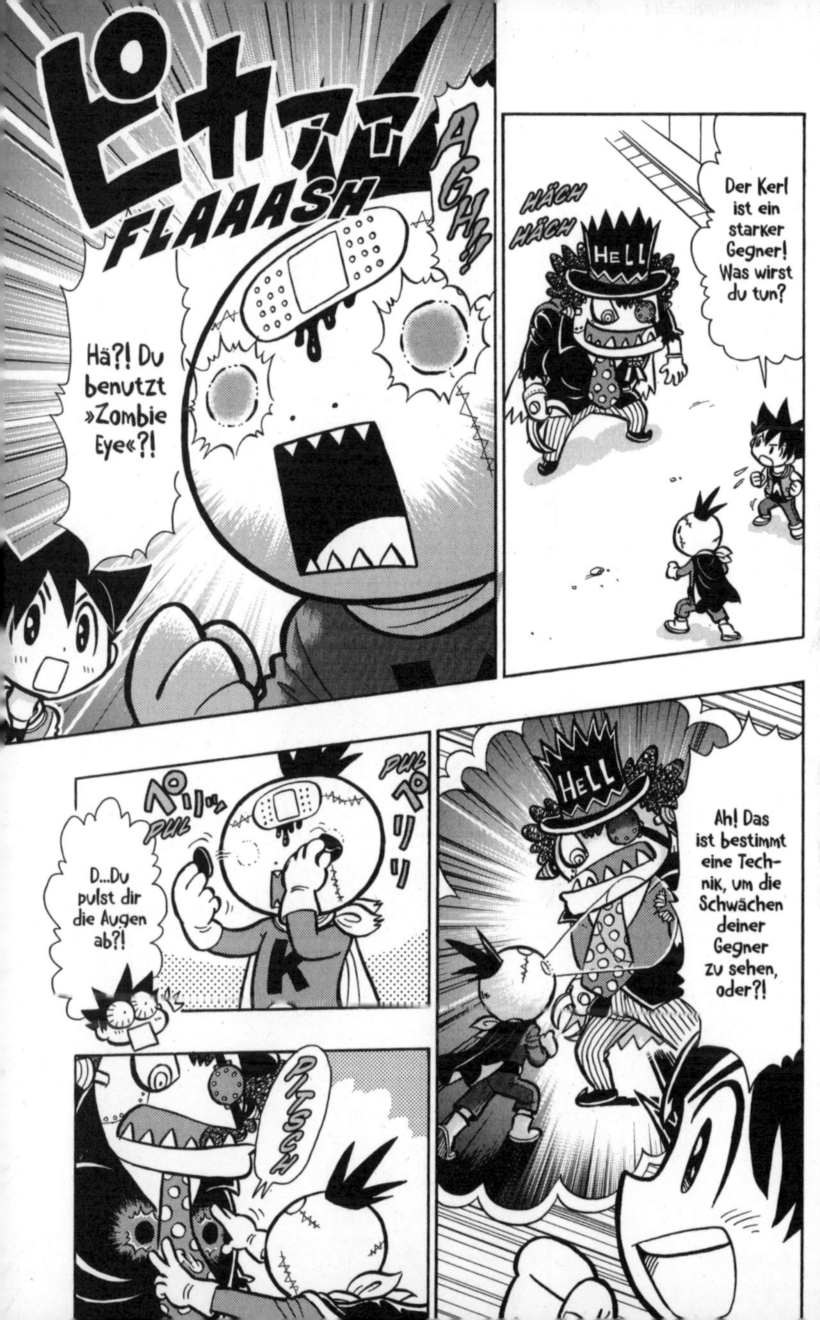
HÄCH
HÄCH
Der Kerl ist ein starker Gegner! Was wirst du tun?
FLAAASH
AGH!!
Hä?! Du benutzt »Zombie Eye«?!
Ah! Das ist bestimmt eine Technik, um die Schwächen deiner Gegner zu sehen, oder?!
PUL
PUL
D...Du pulst dir die Augen ab?!
PITSCH

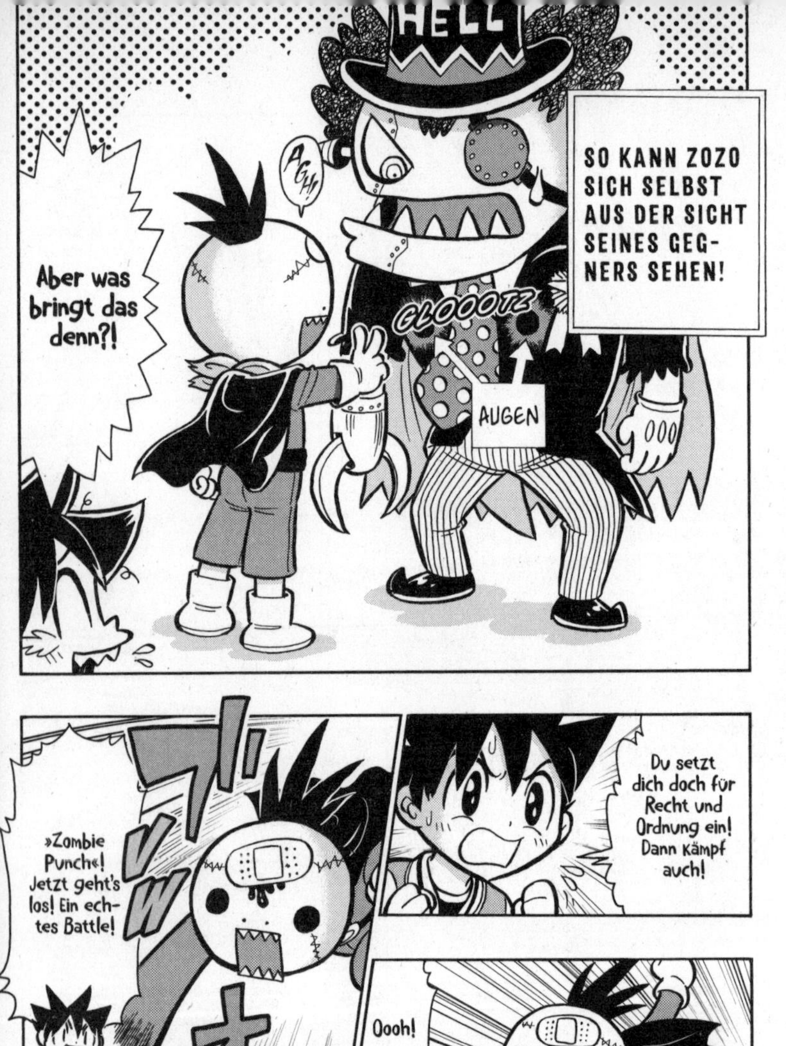
HELL
SO KANN ZOZO SICH SELBST AUS DER SICHT SEINES GEGNERS SEHEN!
ACH!
GLOOOTZ
AUGEN
Aber was bringt das denn?!
Du setzt dich doch für Recht und Ordnung ein! Dann kämpf auch!
»Zombie Punch«! Jetzt geht's los! Ein echtes Battle!
Oooh!
BWASCH

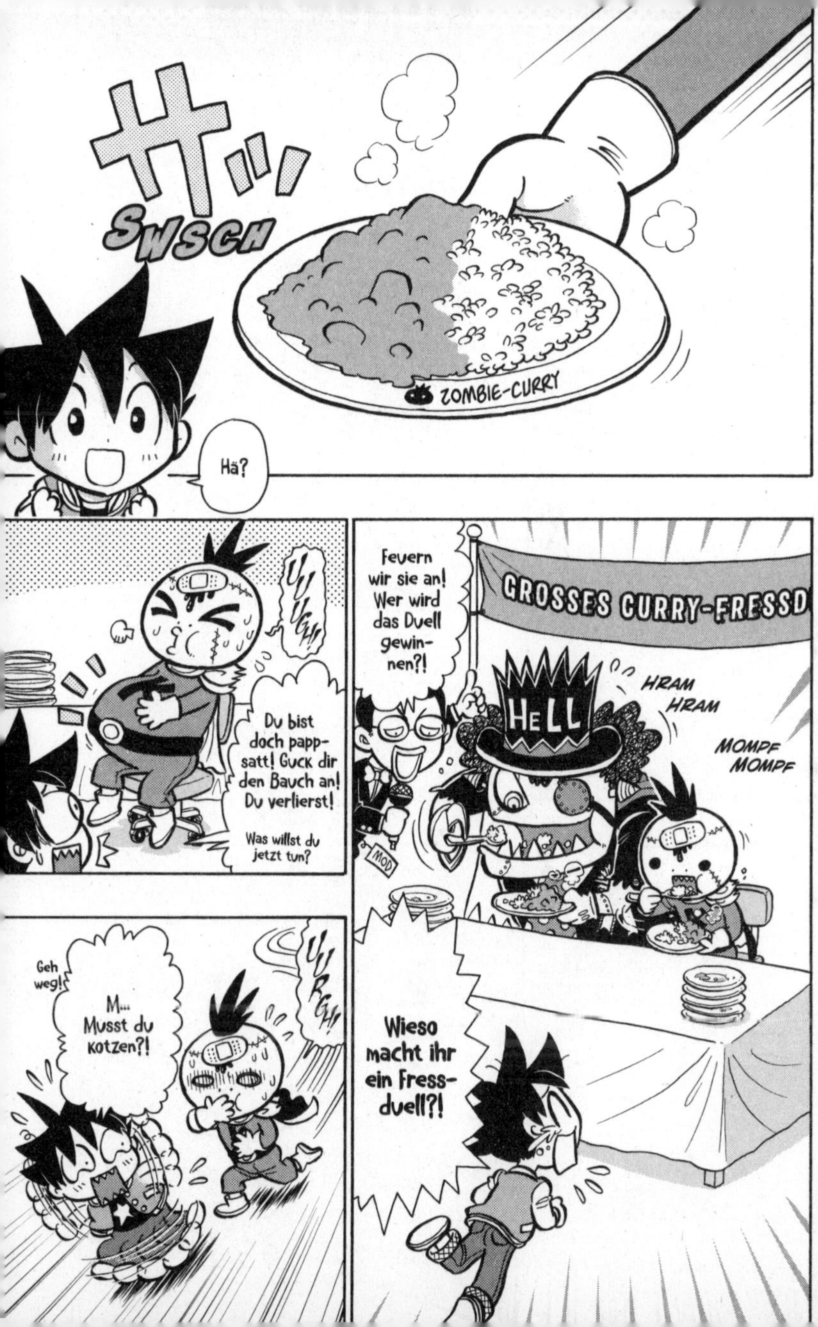

SWSCH

ZOMBIE-CURRY

Hä?

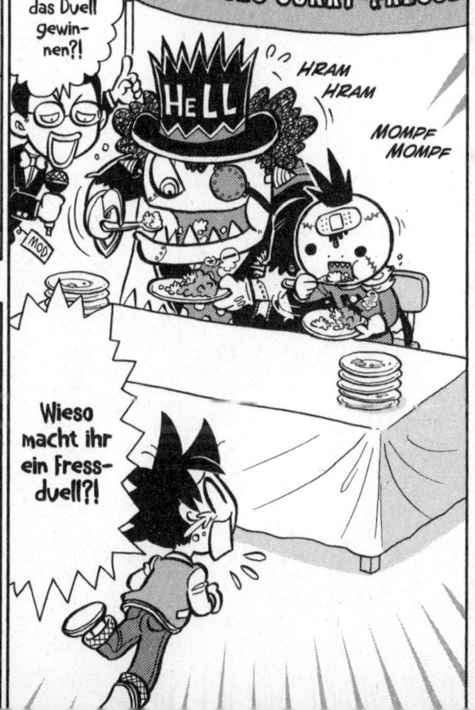


UUUGH!

Du bist doch pappsatt! Guck dir den Bauch an! Du verlierst!

Was willst du jetzt tun?

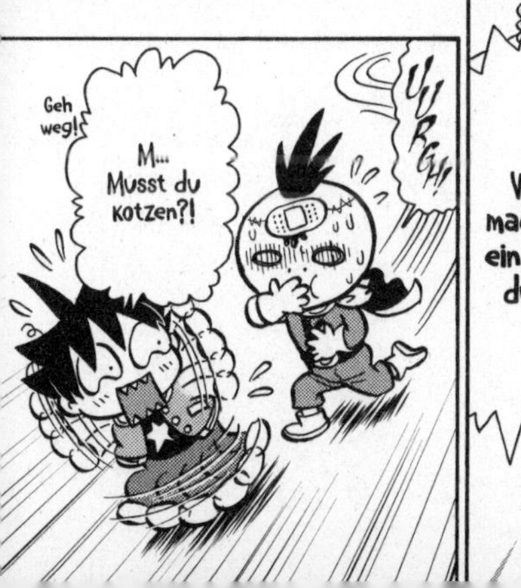

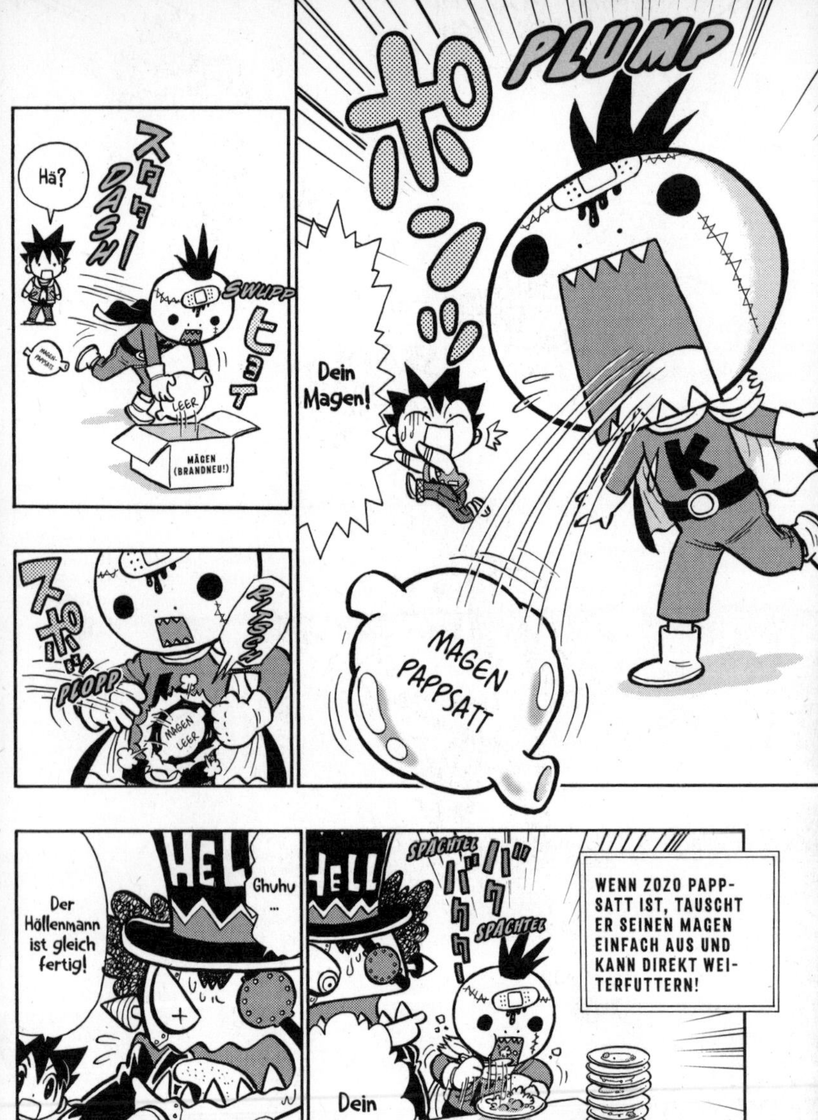
Hä?
スタタタ
DASH
SWUPP
ヒョイ
LEER
MÄGEN (BRANDNEU!)
MAGEN-PAPPSATT
ポン
PLUMP
Dein Magen!
MAGEN PAPPSATT
スポ
PLOPP
RIGGGH
MAGEN LEER
Der Höllenmann ist gleich fertig!
Ghuhu …
SPACHTEL
SPACHTEL
WENN ZOZO PAPPSATT IST, TAUSCHT ER SEINEN MAGEN EINFACH AUS UND KANN DIREKT WEITERFUTTERN!
Dein Ernst, Zozo?!

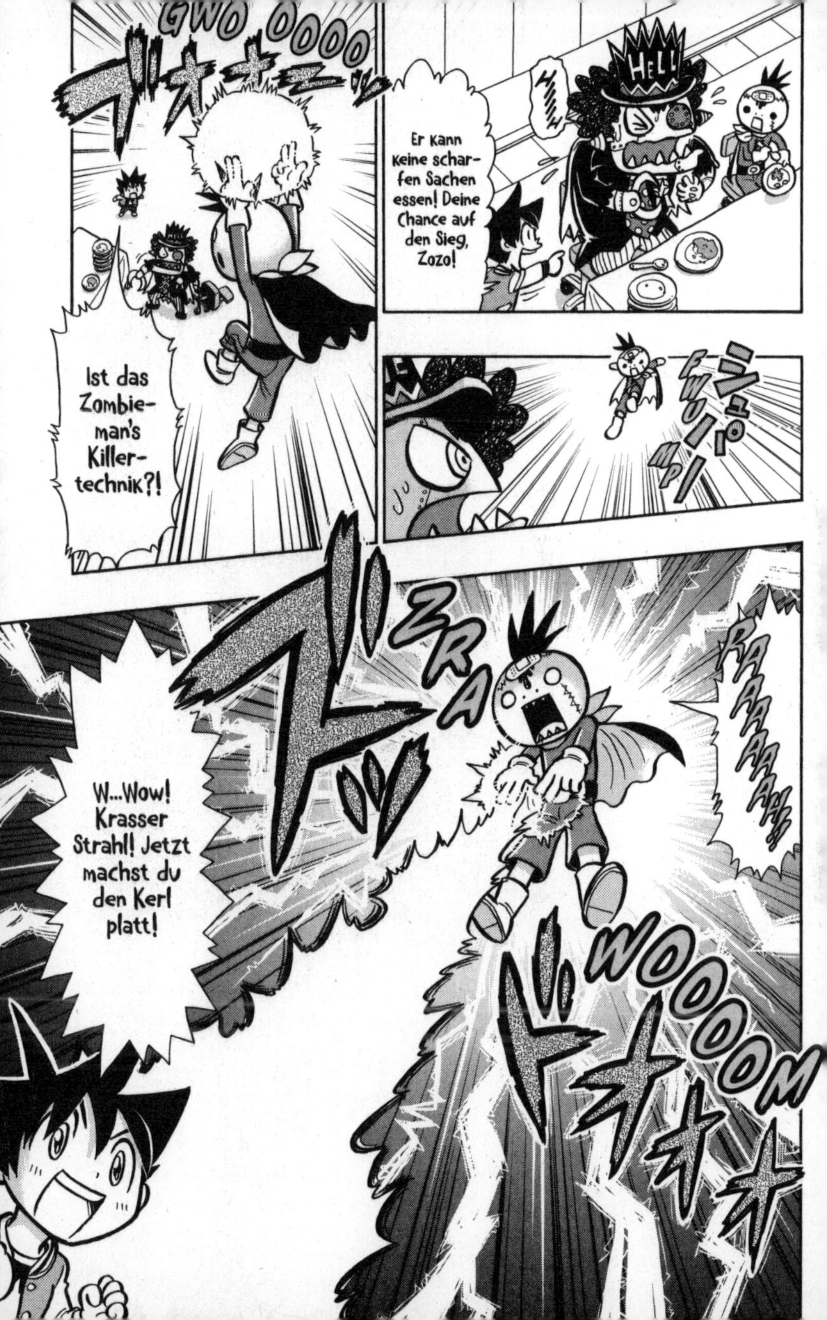
Er kann keine scharfen Sachen essen! Deine Chance auf den Sieg, Zozo!
FWUUMP!
GWO OOOO
Ist das Zombieman's Killertechnik?!
ZRA
RAAAAAAH!!
W...Wow! Krasser Strahl! Jetzt machst du den Kerl platt!
WOOOOOM

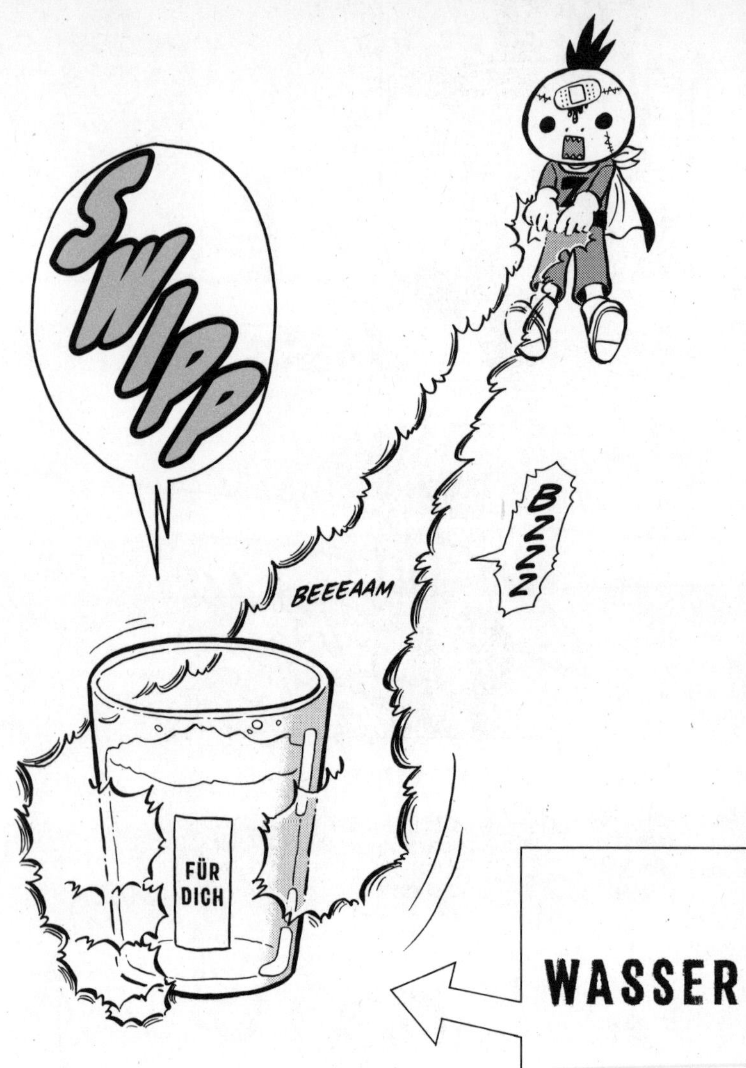
SWIPP
BEEEAAM
BZZZ
FÜR DICH
WASSER

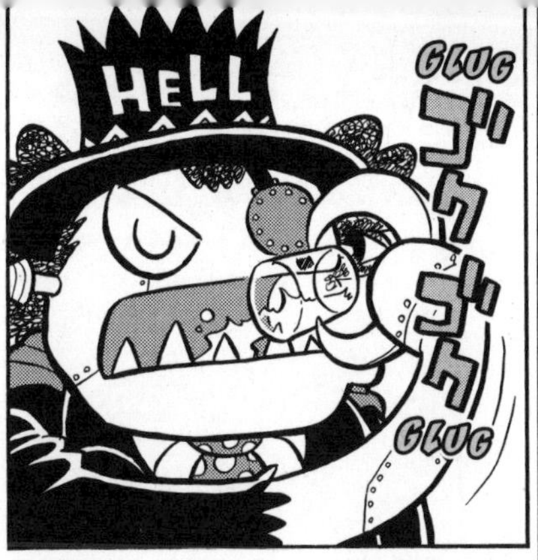
GLUG
ゴクゴク
GLUG

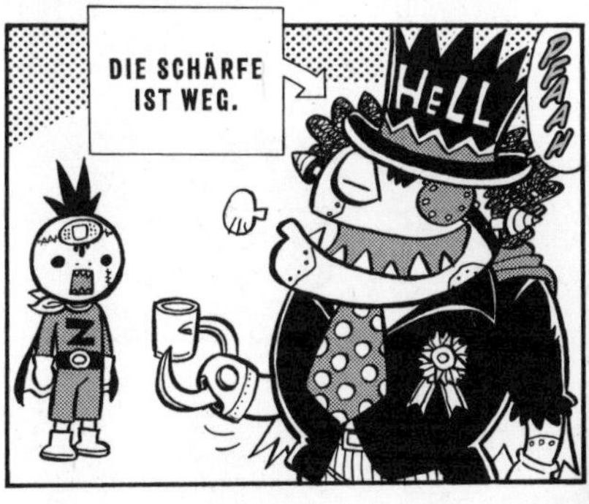
DIE SCHÄRFE IST WEG.
PFAAAH

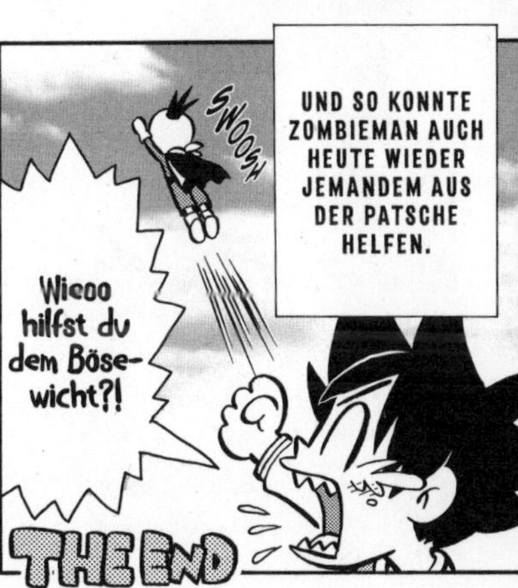
UND SO KONNTE ZOMBIEMAN AUCH HEUTE WIEDER JEMANDEM AUS DER PATSCHE HELFEN.
SWOOSH
Wieso hilfst du dem Böse-wicht?!
THE END

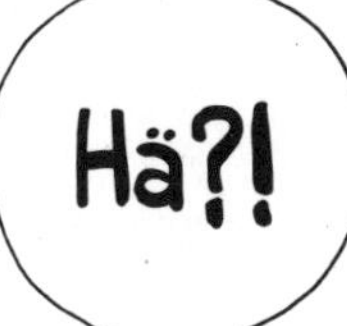
Hä?!

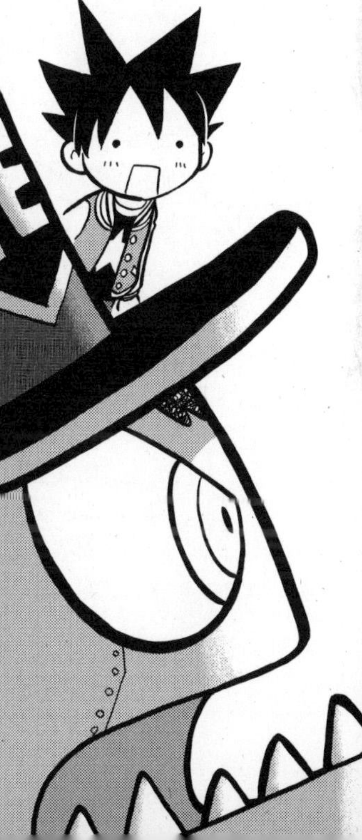

# ZOMBASTISCHER 4-BILDER-MANGA 6

## IST DAS SCHON LIEBE?

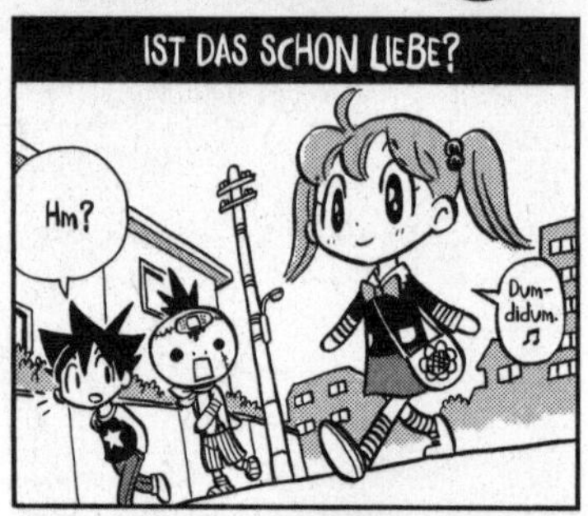


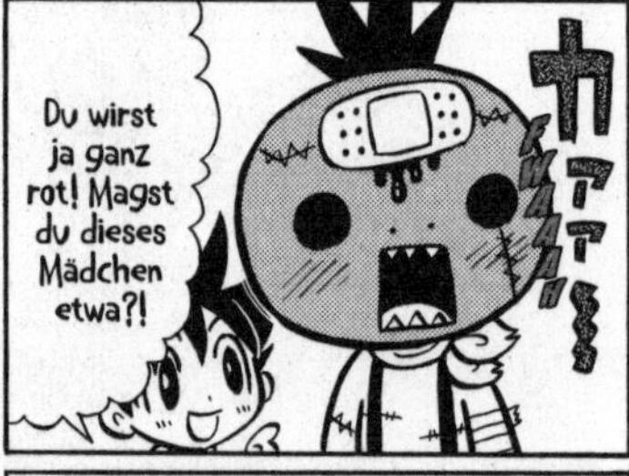


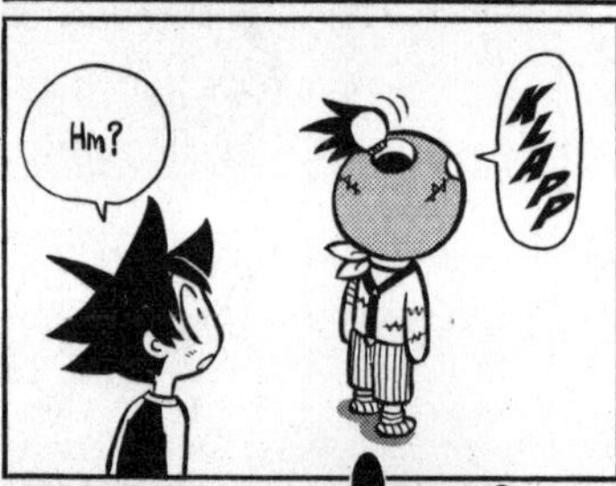


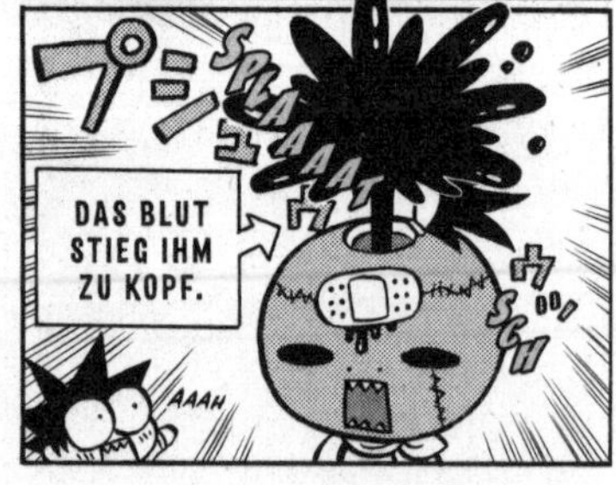


## PLÖTZLICHER ABSCHIED

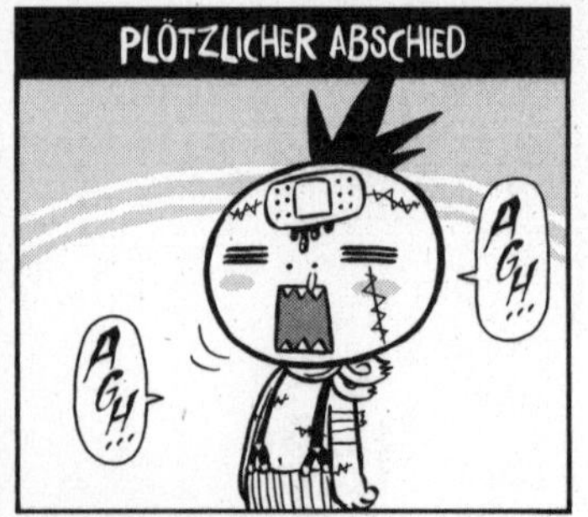


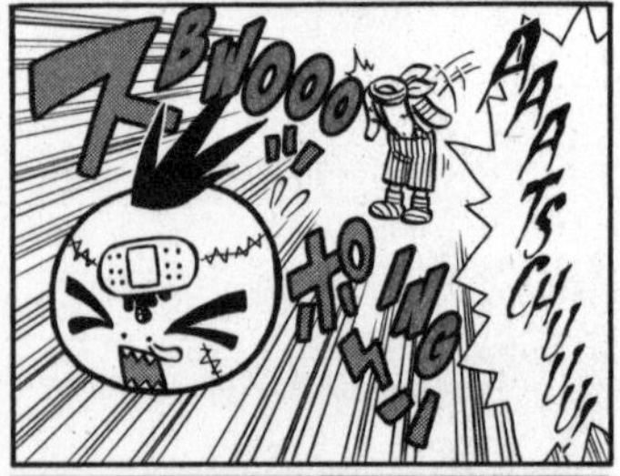


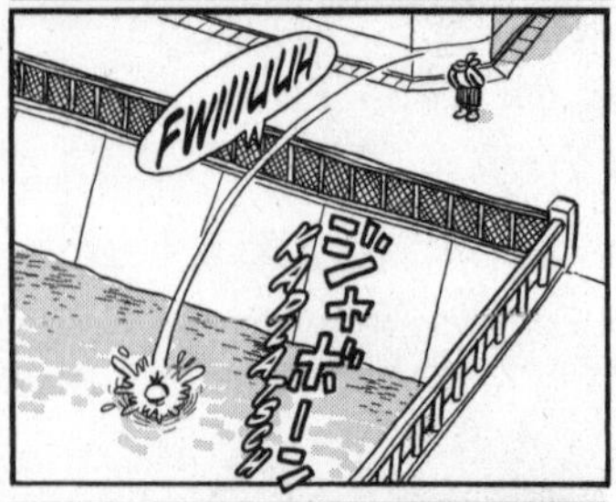


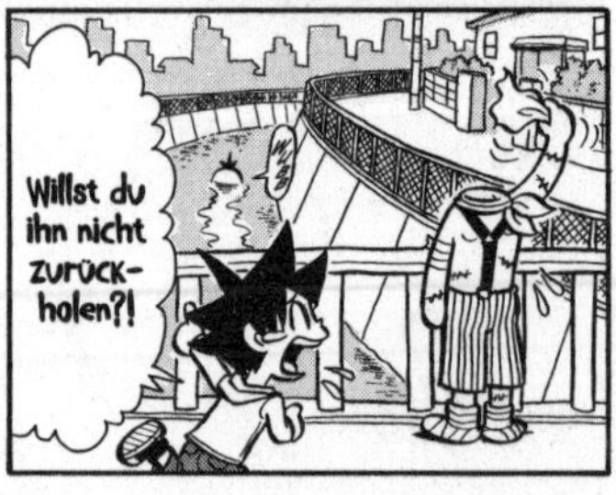

# POP-UP-ZOMBIES ÜBERALL!

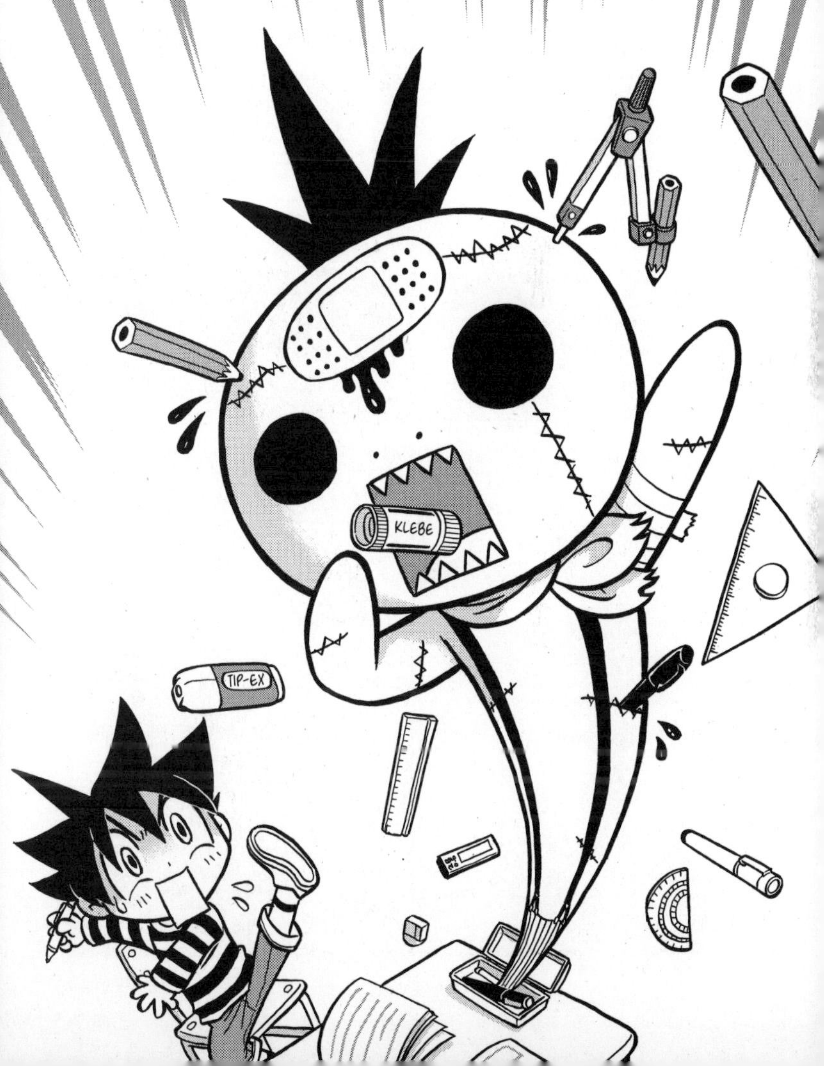

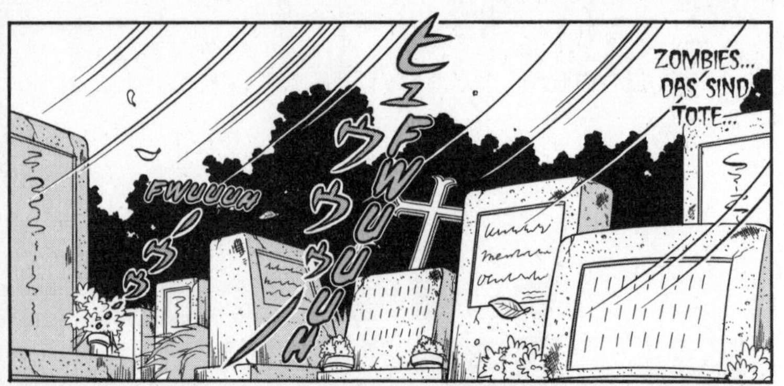

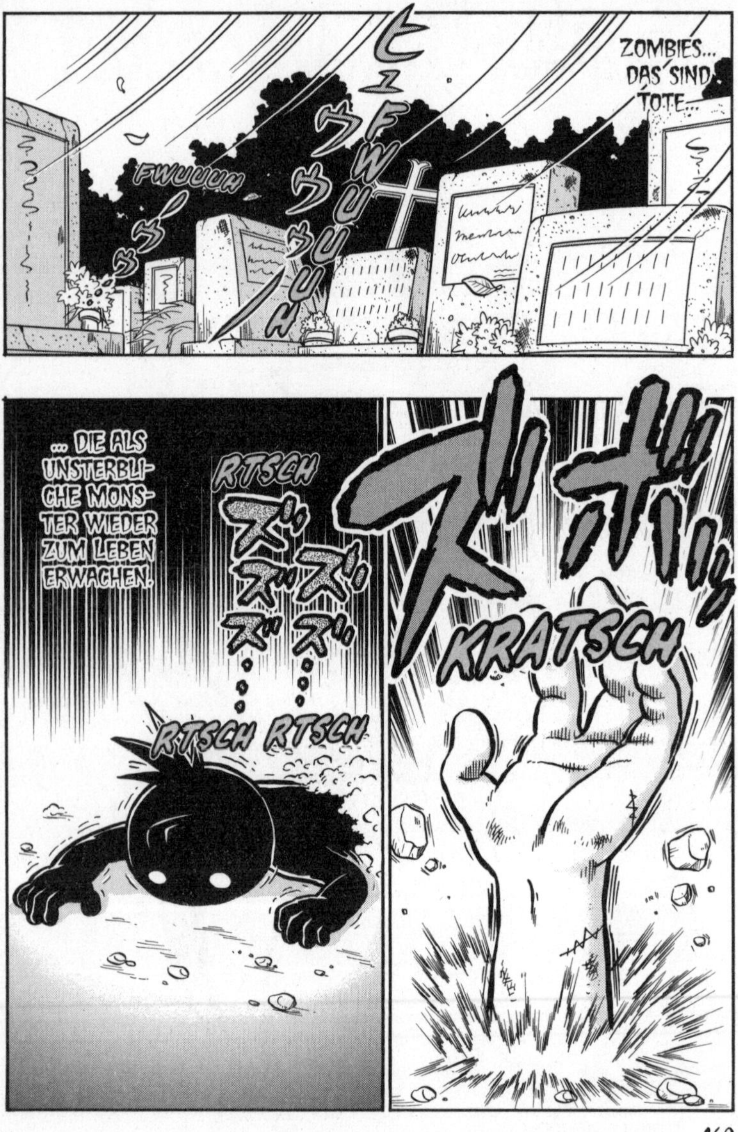

KRATSCH

... DIE ALS UNSTERBLI-CHE MONSTER WIEDER ZUM LEBEN ERWACHEN.

RTSCH

RTSCH RTSCH

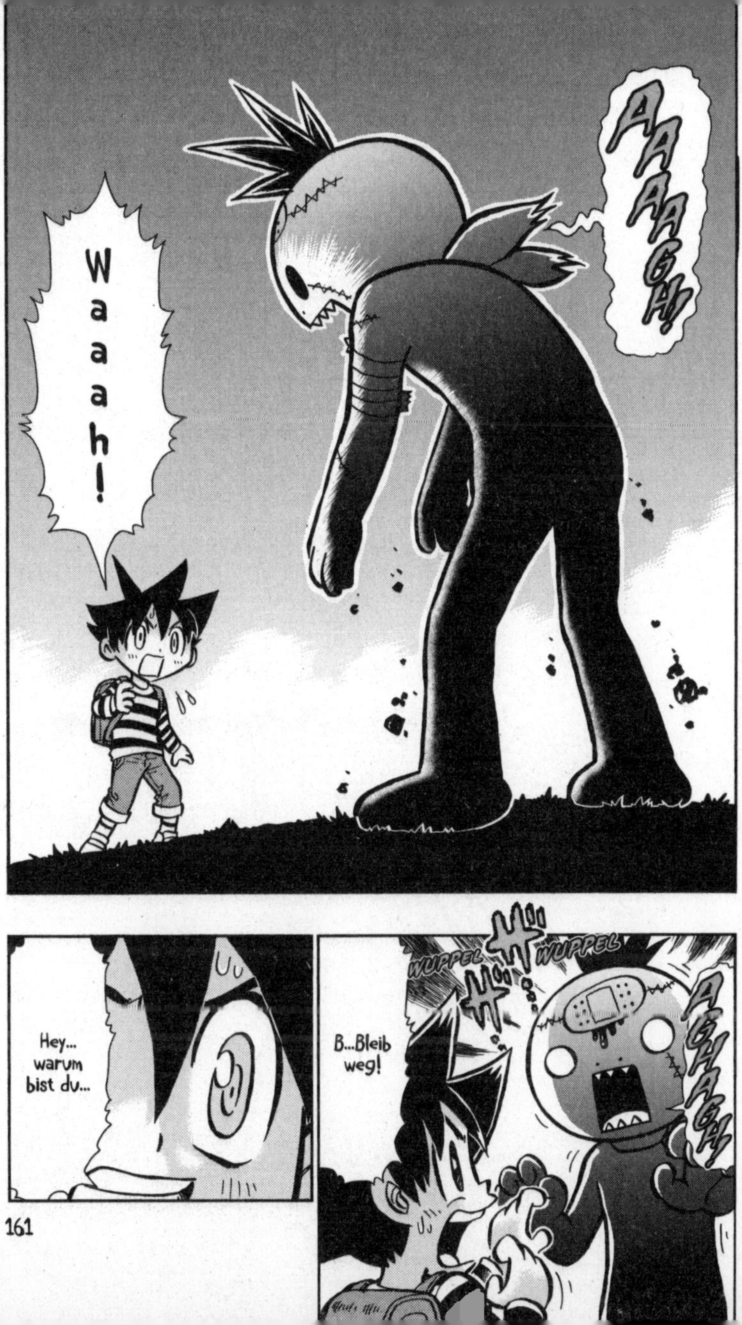

AAAAGH!

Waaah!

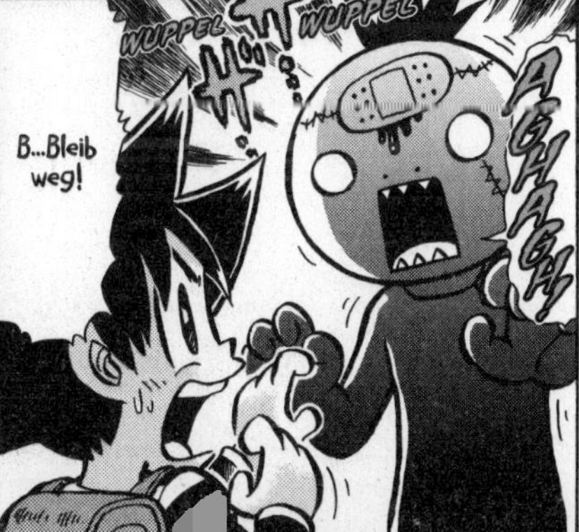


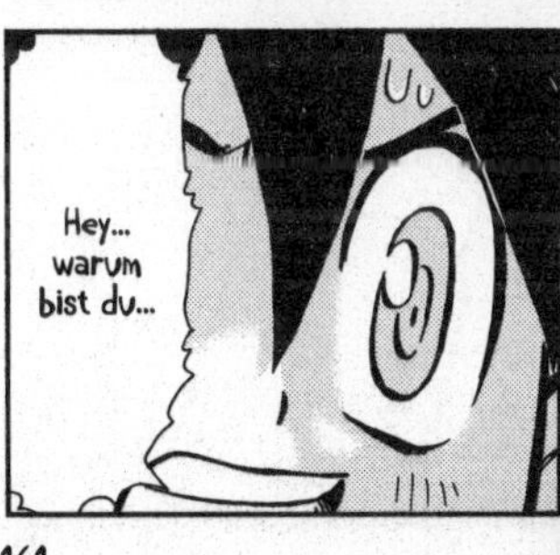

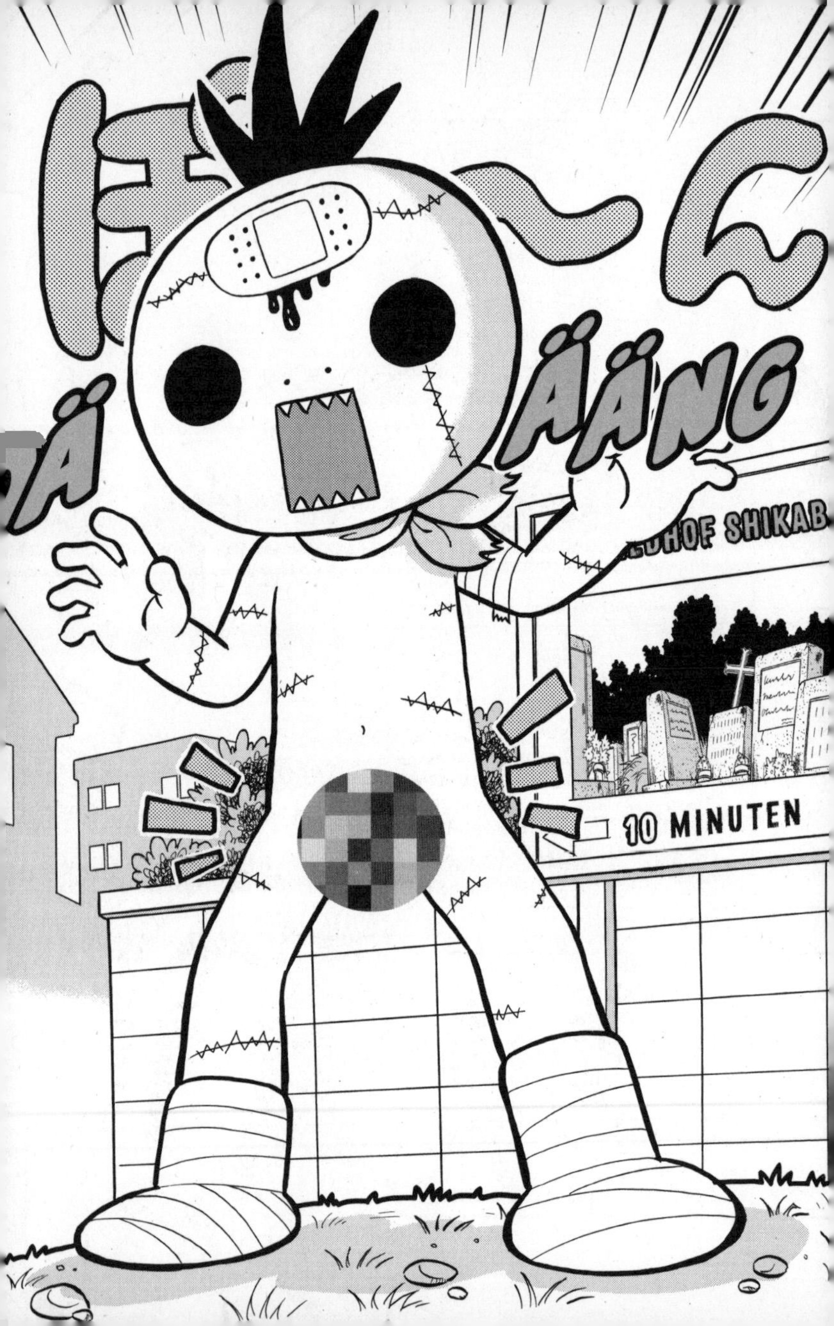

BÄÄÄNG
FRIEDHOF SHIKAB
10 MINUTEN

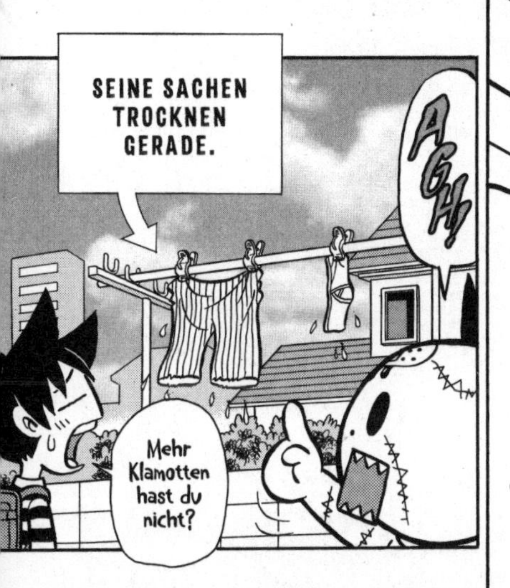


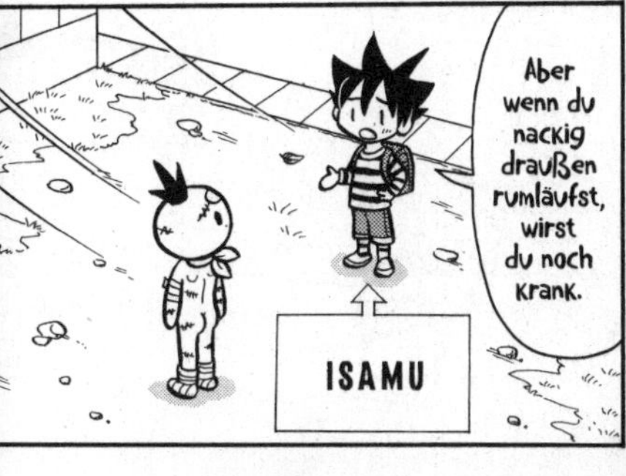


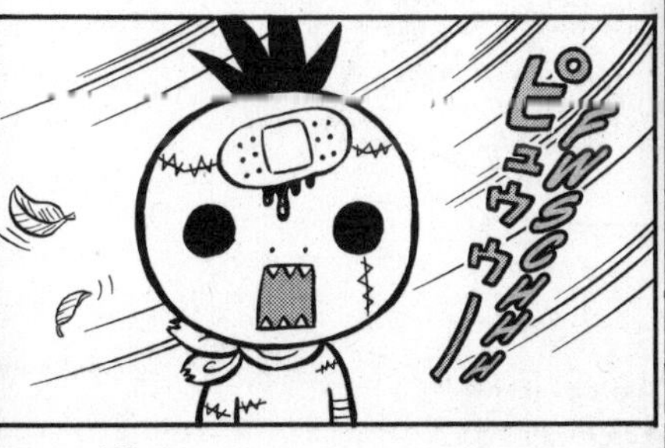

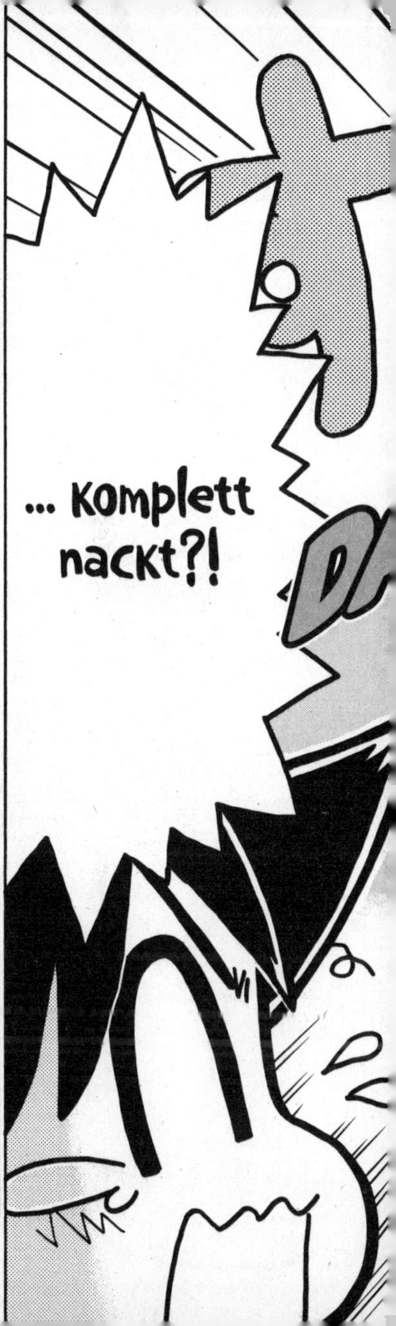

... Komplett nackt?!

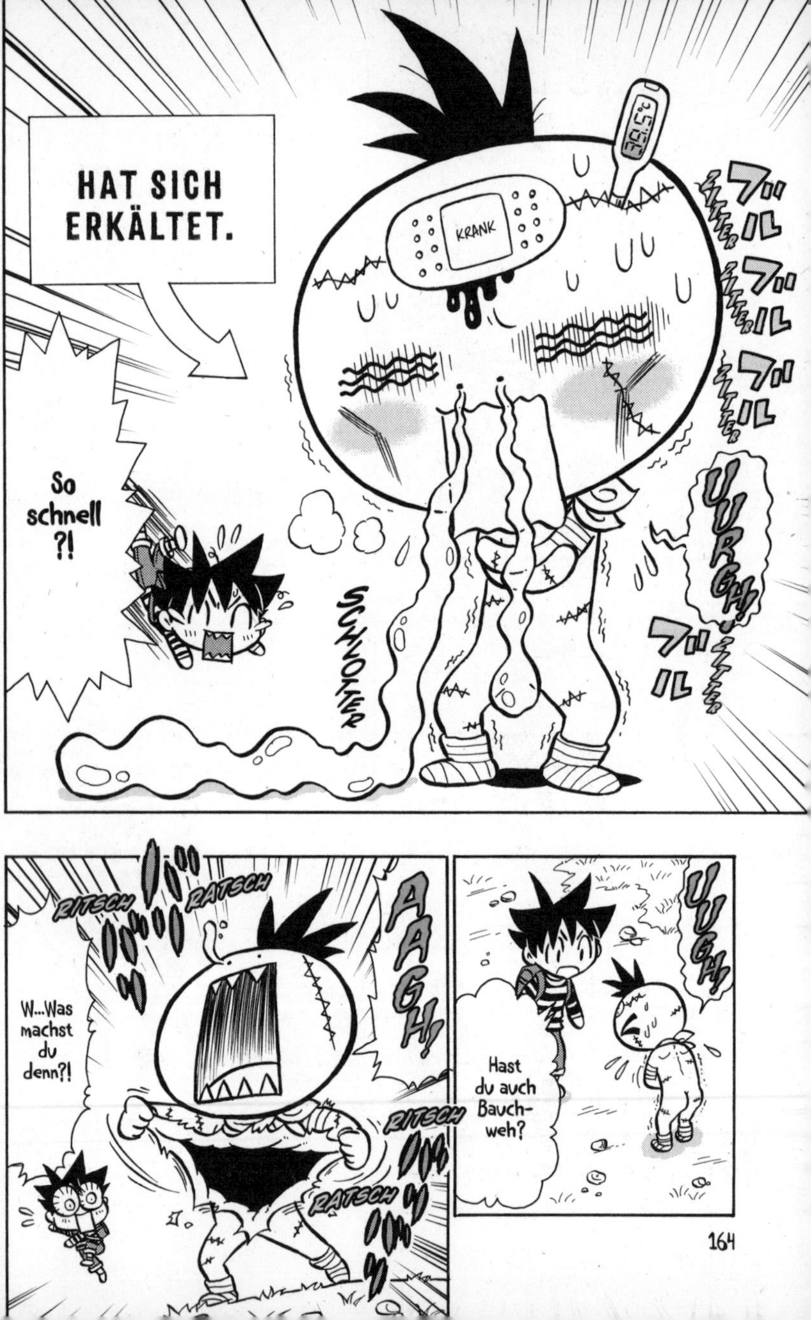

HAT SICH ERKÄLTET.

So schnell?!

ZITTER ZITTER ZITTER

SCHNOFFFF

UURGH!

ZITTER

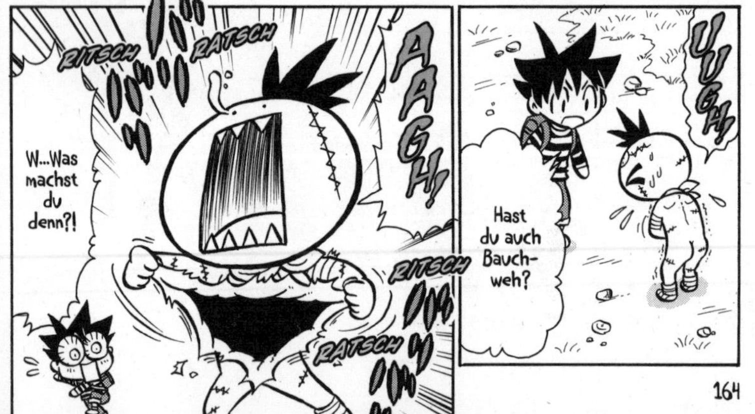

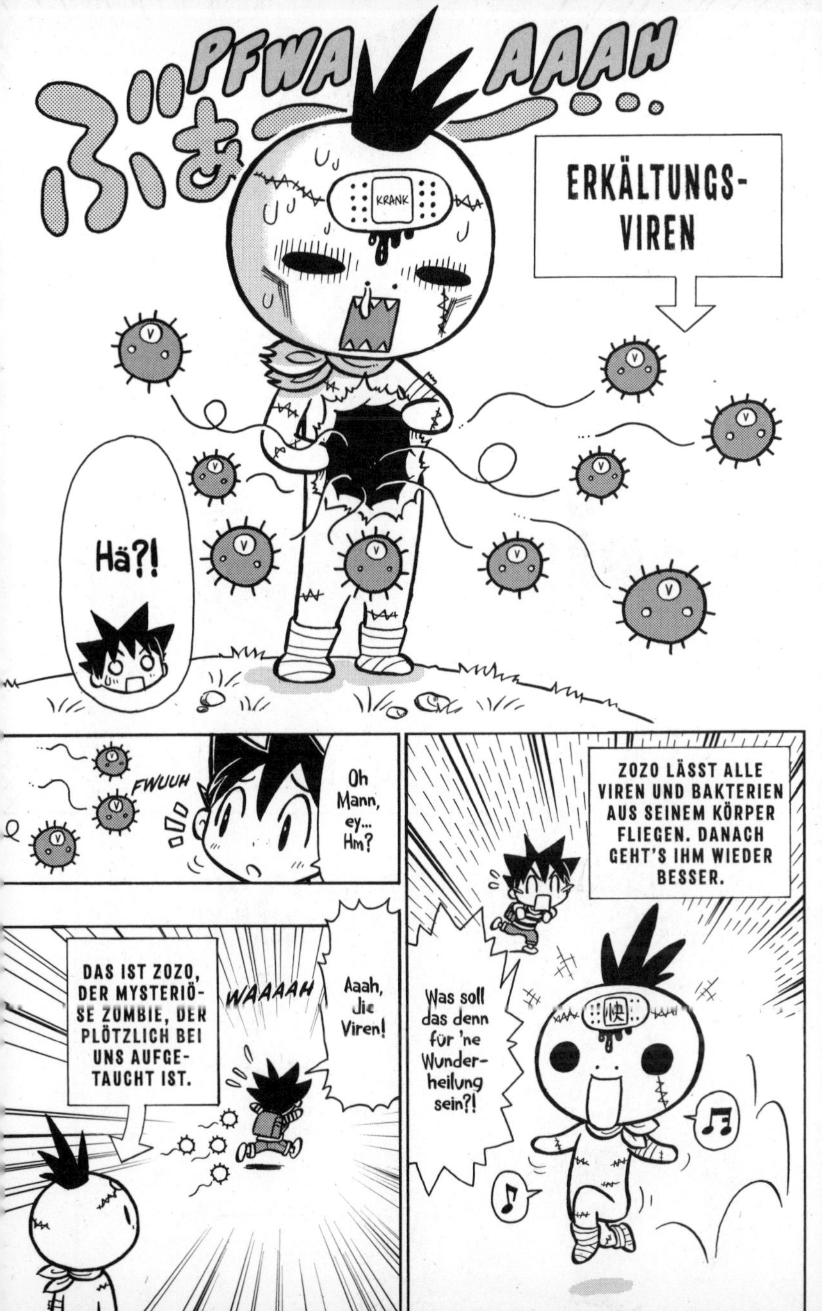
ぶあー
PFWAAAAH
ERKÄLTUNGS-VIREN
KRANK
Hä?!
FWUUH
Oh Mann, ey... Hm?
DAS IST ZOZO, DER MYSTERIÖSE ZOMBIE, DER PLÖTZLICH BEI UNS AUFGETAUCHT IST.
WAAAAH
Aaah, die Viren!
ZOZO LÄSST ALLE VIREN UND BAKTERIEN AUS SEINEM KÖRPER FLIEGEN. DANACH GEHT'S IHM WIEDER BESSER.
Was soll das denn für 'ne Wunderheilung sein?!
快

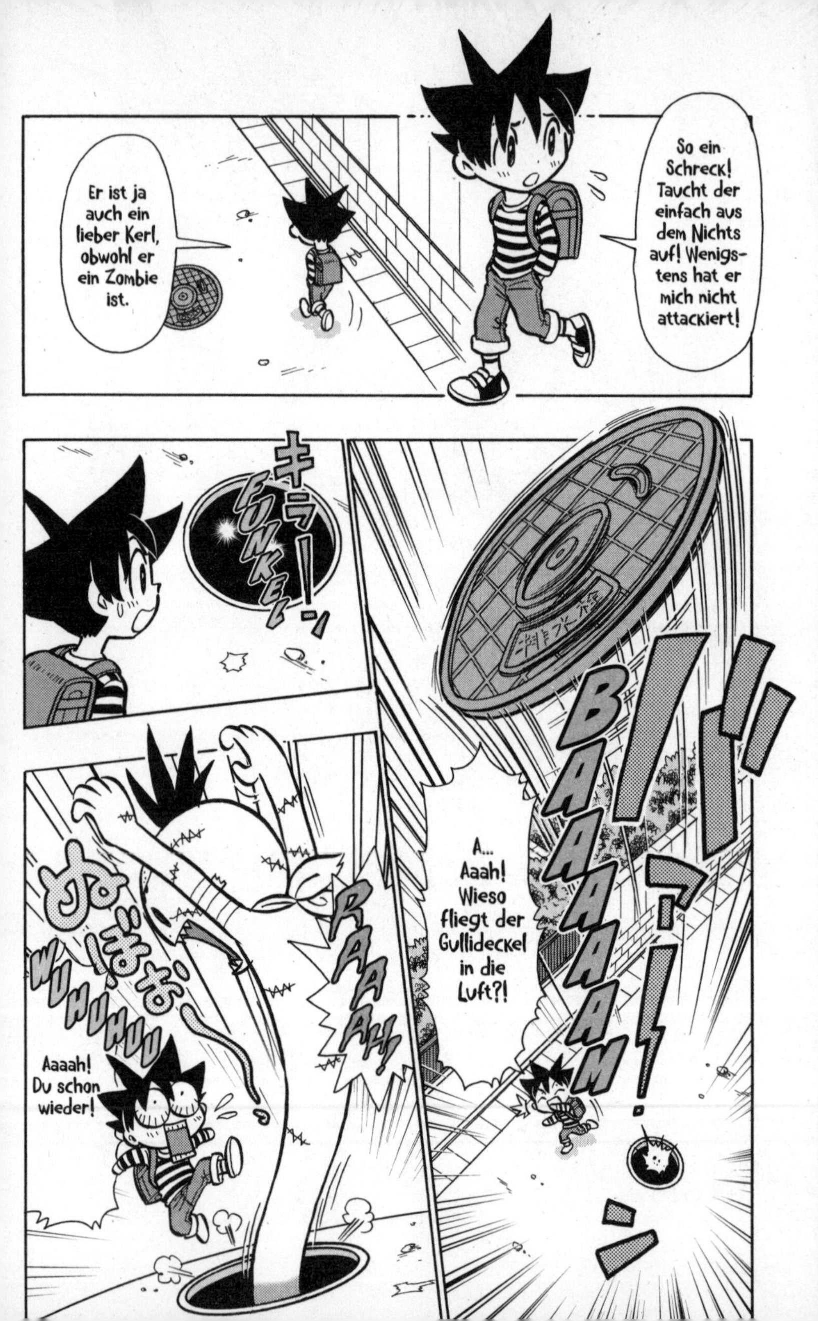
So ein Schreck! Taucht der einfach aus dem Nichts auf! Wenigstens hat er mich nicht attackiert!
Er ist ja auch ein lieber Kerl, obwohl er ein Zombie ist.
FUNKEL
BAAAAAAAAM!
A... Aaah! Wieso fliegt der Gullideckel in die Luft?!
RAAAAH!
WUHUHUHUU
Aaaah! Du schon wieder!

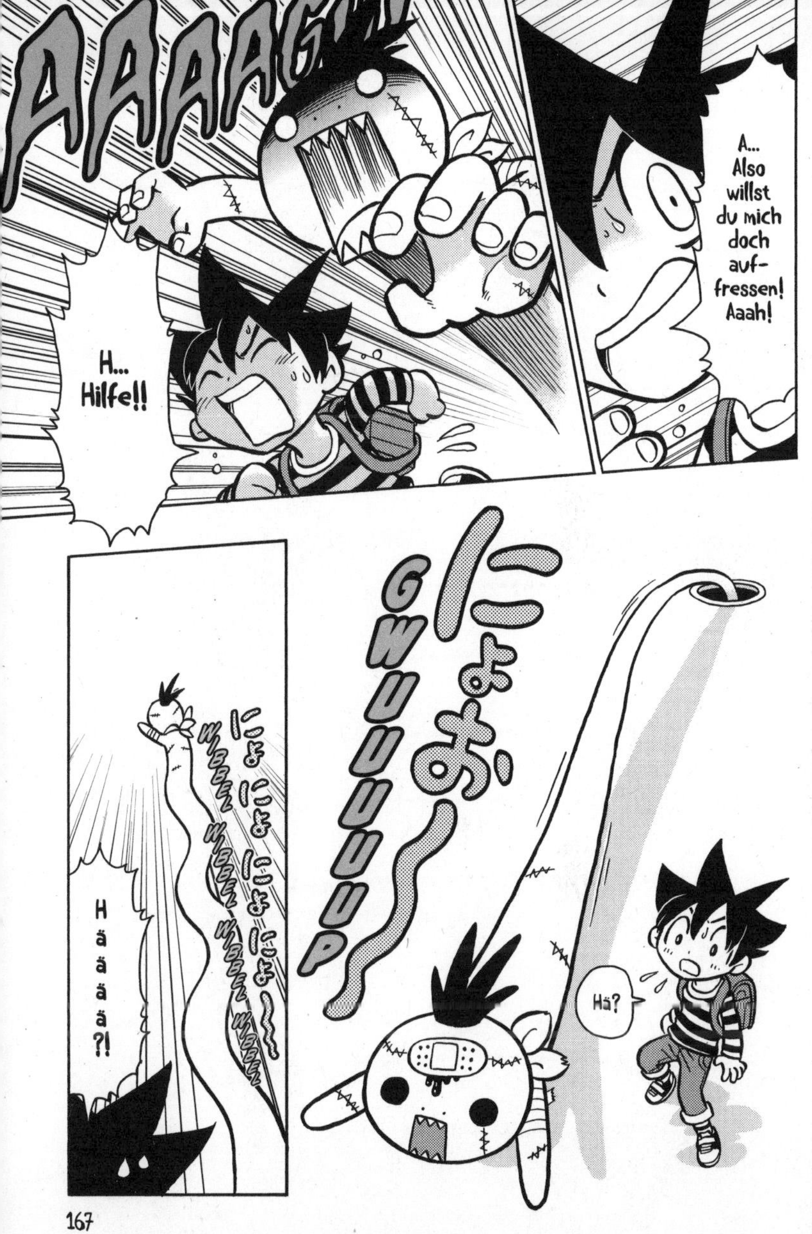
A... Also willst du mich doch auffressen! Aaah!
AAAAG
H... Hilfe!!
Hä?
にょお～
GWUUUUUUP
にょにょにょにょ～
WIBBEL WIBBEL WIBBEL WIBBEL
Häää?!

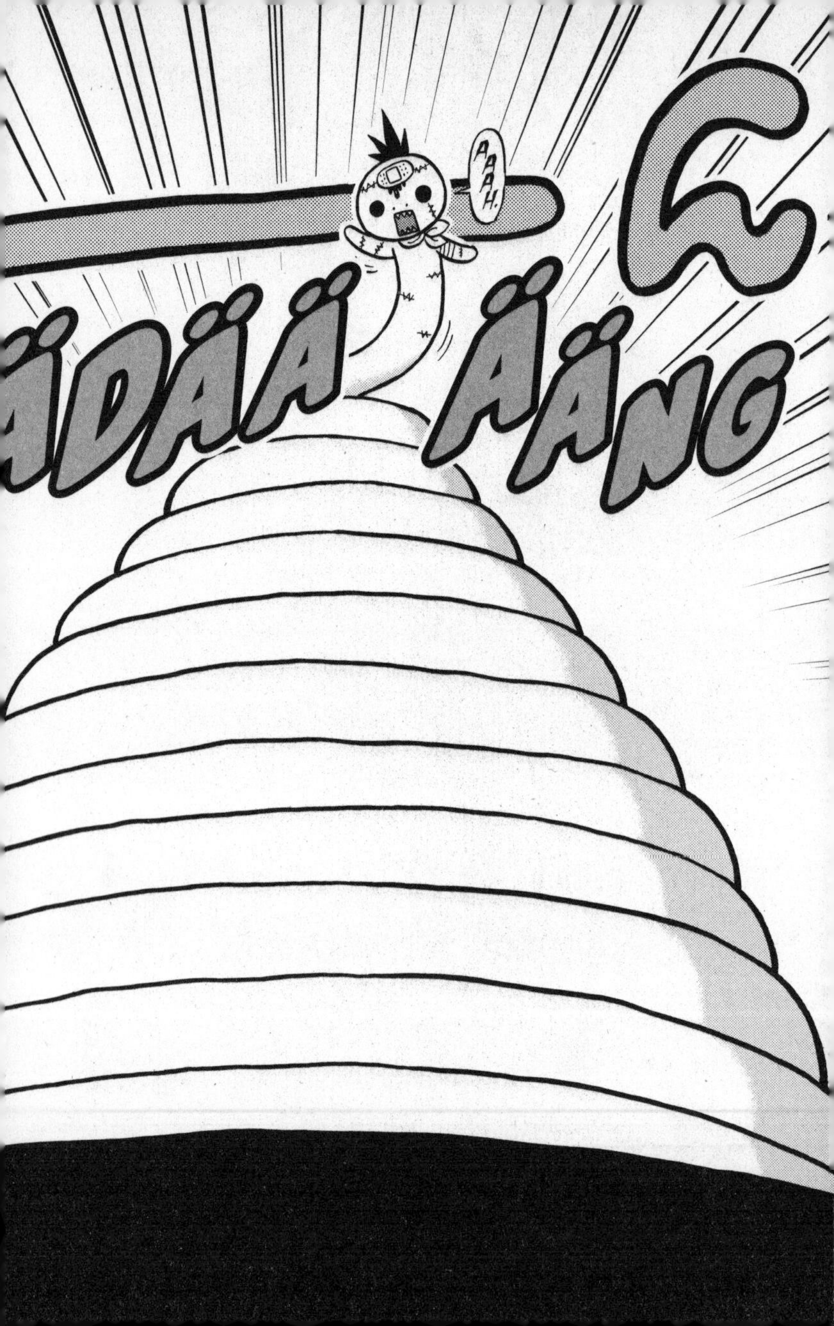
AAAH.
ÄDÄÄ ÄÄNG

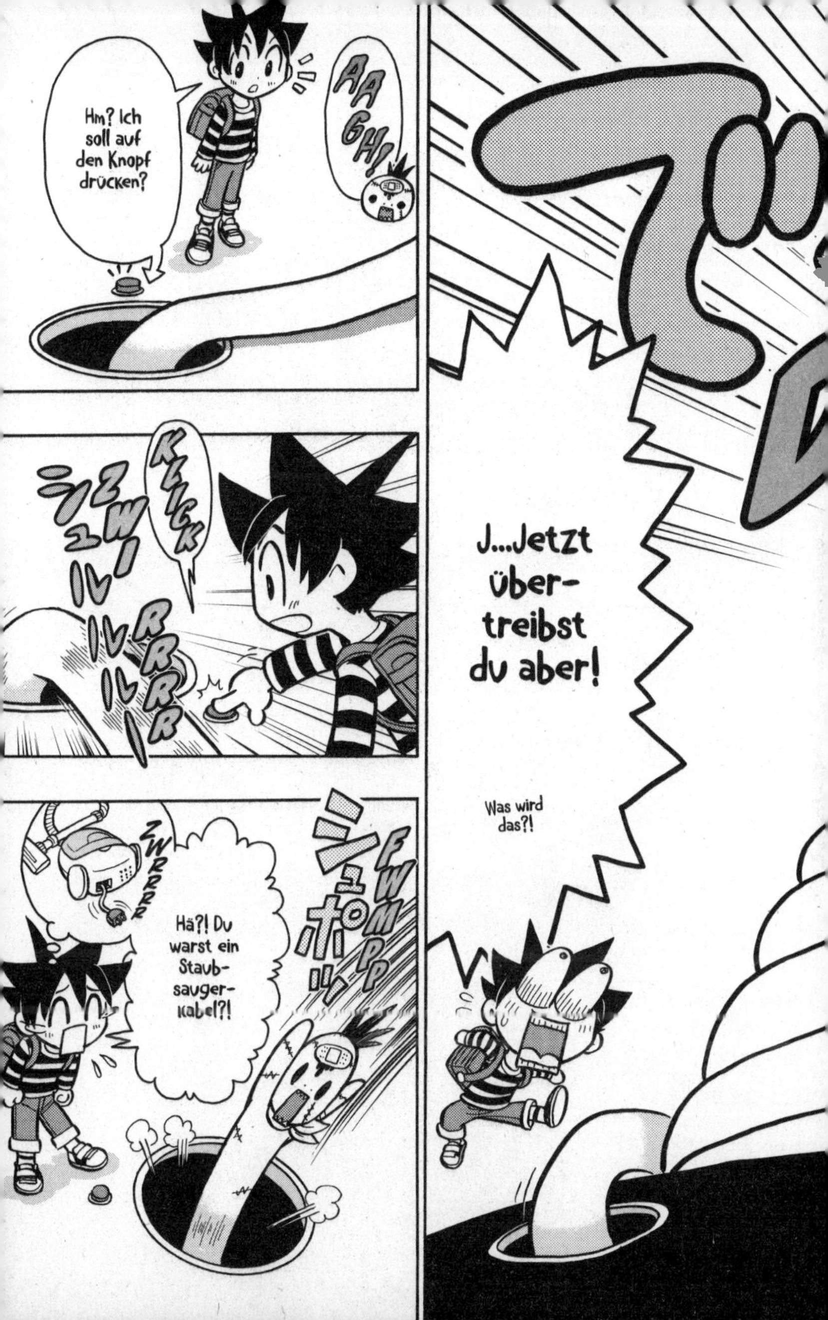
AAGH!
Hm? Ich soll auf den Knopf drücken?
KLICK
ZWIRRRRR
Hä?! Du warst ein Staubsaugerkabel?!
ZWRRRR
FWUMPP
J...Jetzt übertreibst du aber!
Was wird das?!

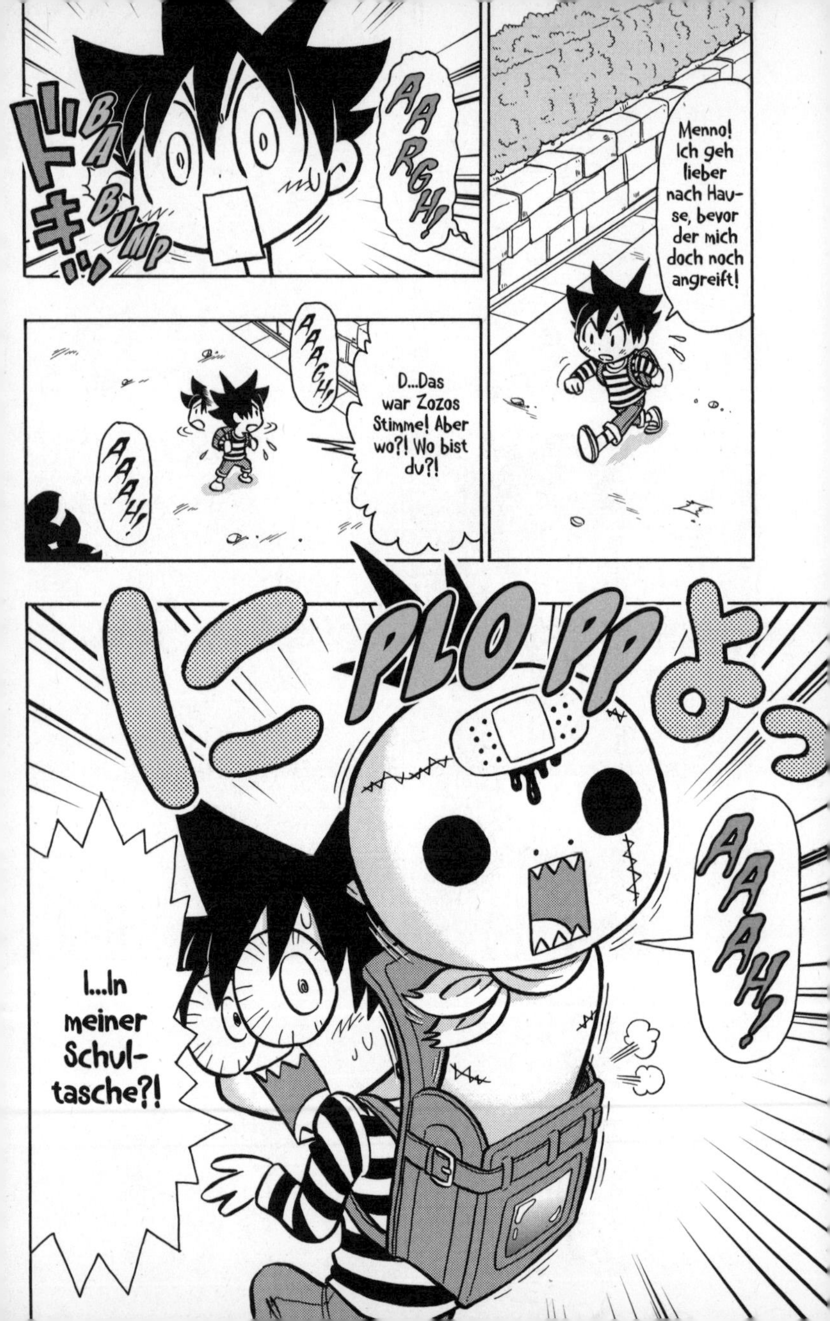
Menno! Ich geh lieber nach Hau-se, bevor der mich doch noch angreift!
AARGH!
BABUMP
AAAGH!
D...Das war Zozos Stimme! Aber wo?! Wo bist du?!
AAAAH!
PLOPP
AAAAH!
I...In meiner Schul-tasche?!

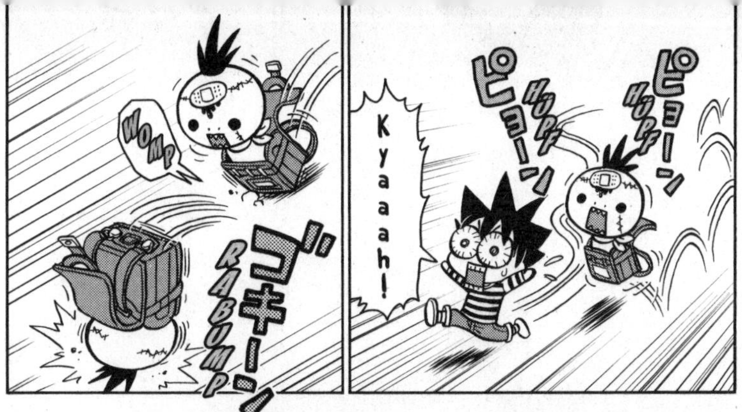

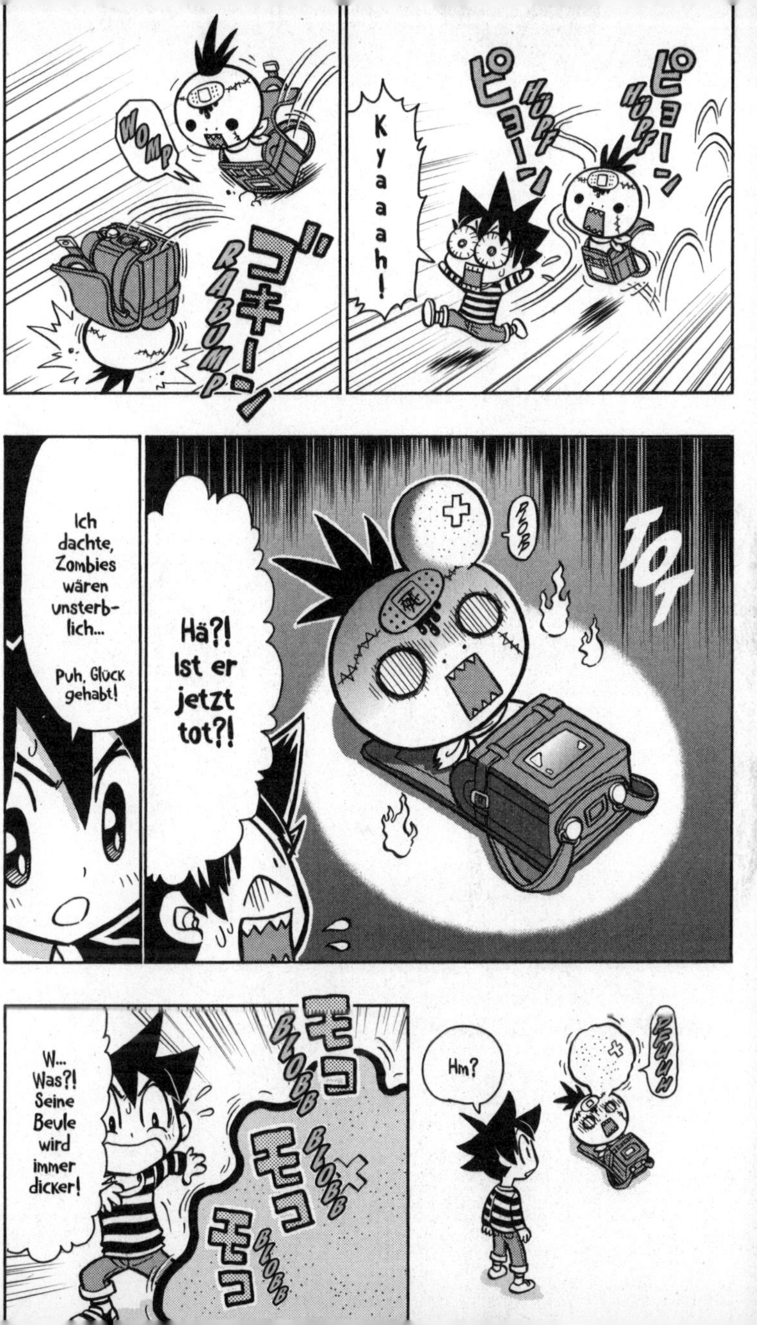

TOT

Hä?! Ist er jetzt tot?!

Ich dachte, Zombies wären unsterblich...

Puh, Glück gehabt!

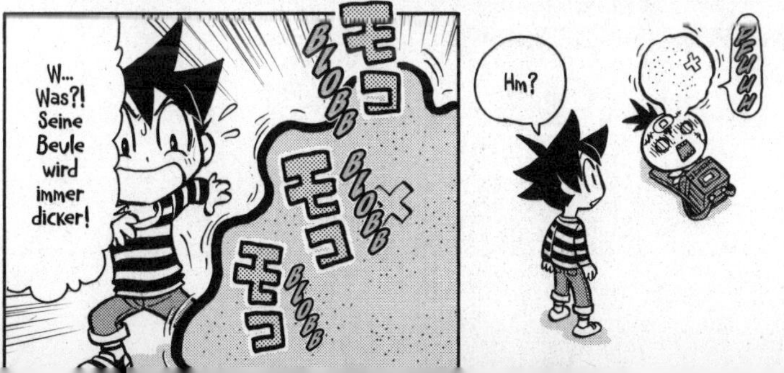

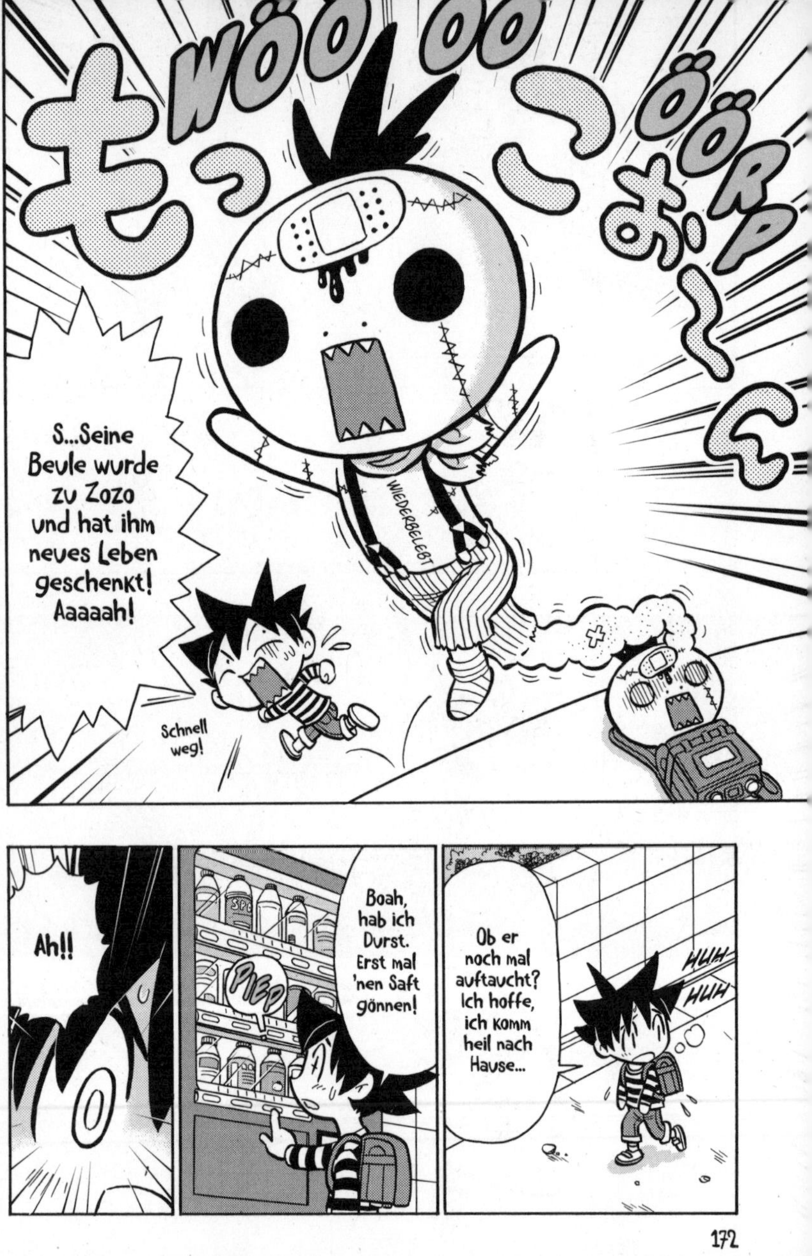

WOOO OOÖÖRP
もっこぉ〜〜
S...Seine Beule wurde zu Zozo und hat ihm neues Leben geschenkt! Aaaaah!
Schnell weg!
WIEDERBELEBT

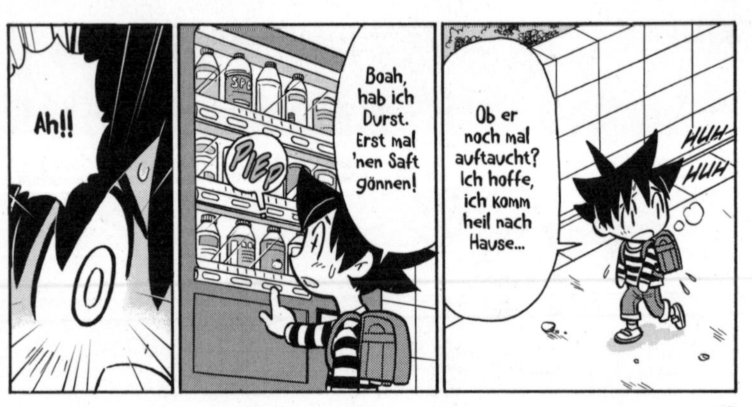

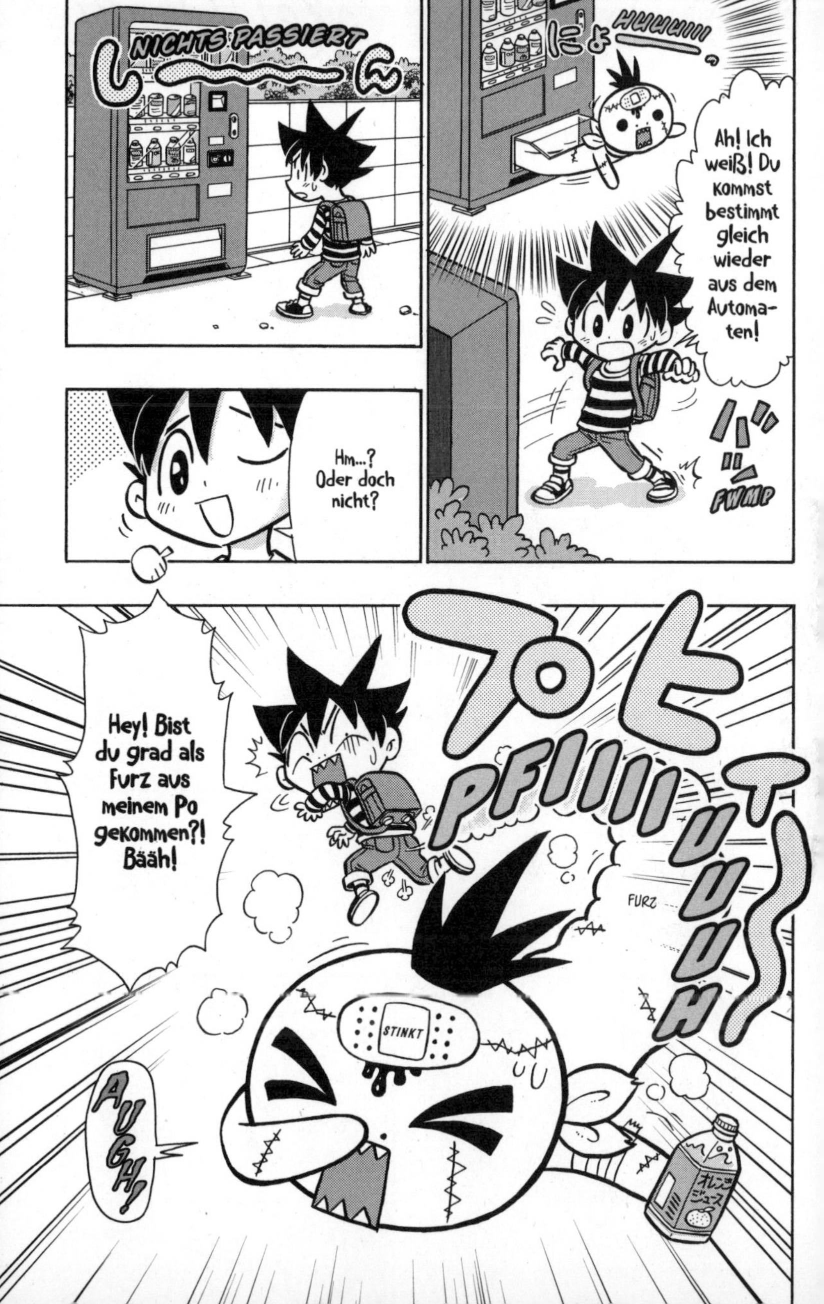
NICHTS PASSIERT
HUUUIIII
Ah! Ich weiß! Du kommst bestimmt gleich wieder aus dem Automa-ten!
FWMP
Hm...? Oder doch nicht?
PFIIIIUUUUH
Hey! Bist du grad als Furz aus meinem Po gekommen?! Bääh!
FURZ
STINKT
AUGH!

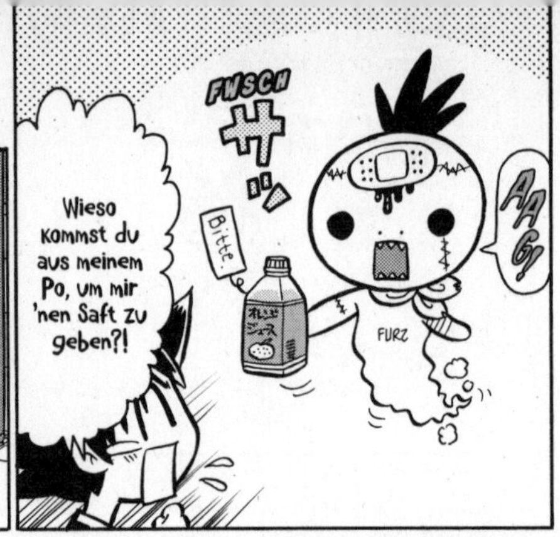
FWSCH
Bitte.
AAG!
FURZ
Wieso kommst du aus meinem Po, um mir 'nen Saft zu geben?!

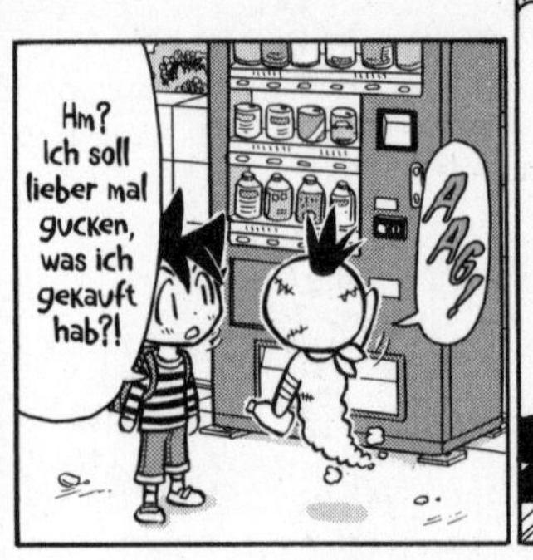
AAG!
Hm? Ich soll lieber mal gucken, was ich gekauft hab?!

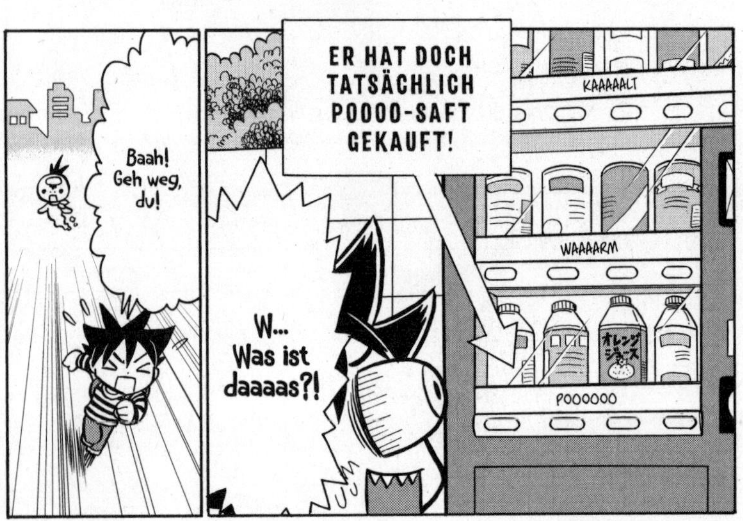
KAAAAALT
WAAAARM
POOOOOO
ER HAT DOCH TATSÄCHLICH POOOO-SAFT GEKAUFT!
W... Was ist daaaas?!
Baah! Geh weg, du!

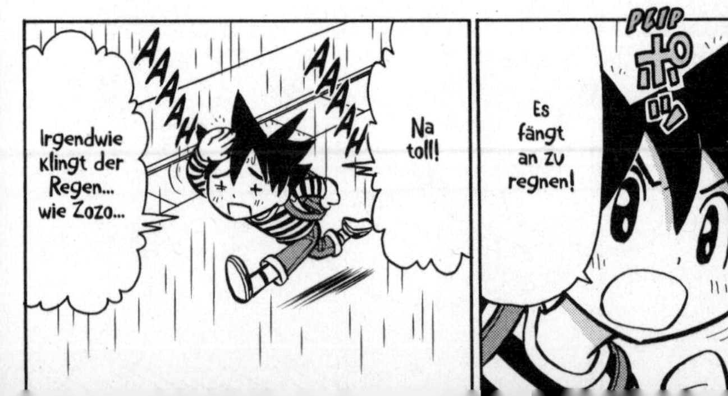
PLIP
PLIP
Es fängt an zu regnen!
AAAAAH
AAAAAH
Na toll!
Irgendwie klingt der Regen... wie Zozo...

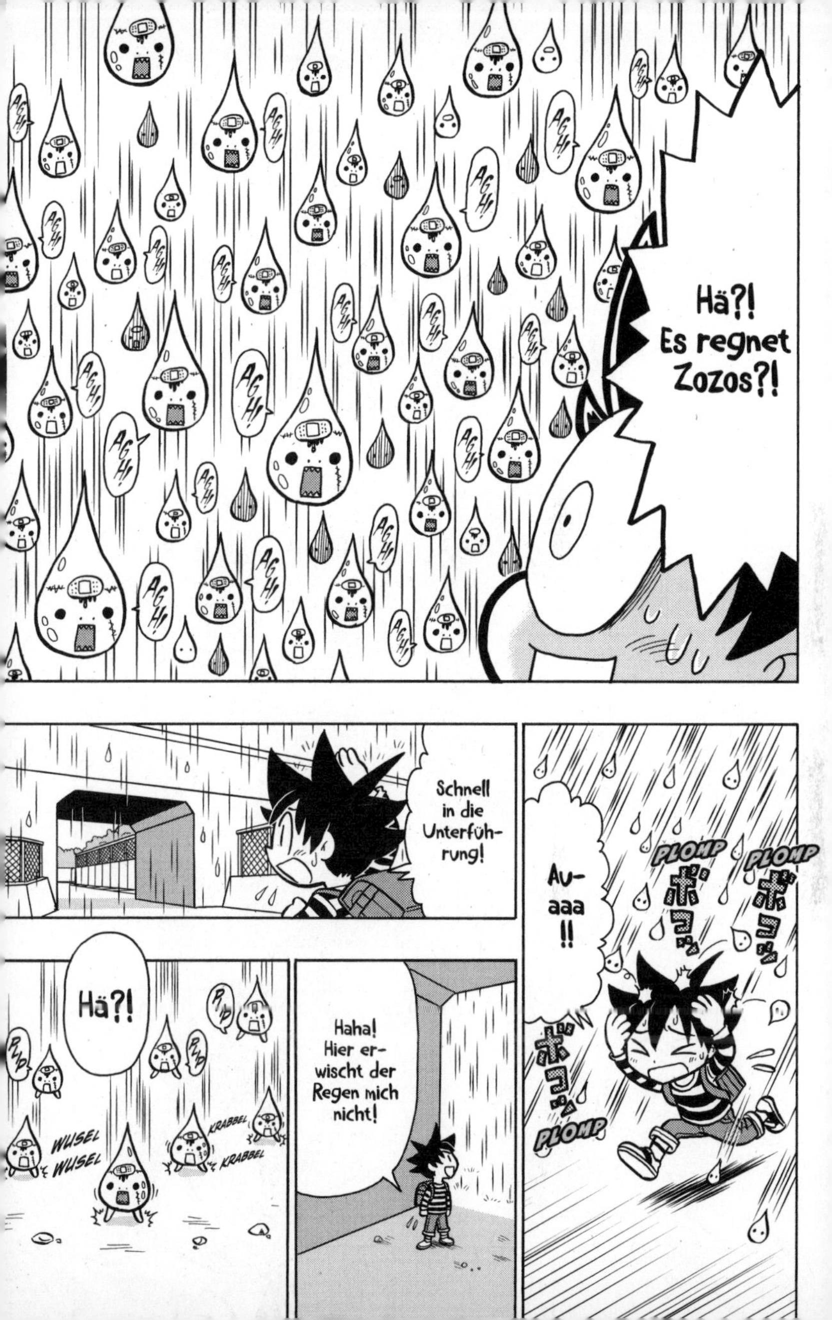
Hä?!
Es regnet
Zozos?!
AGH!
Schnell in die Unterführung!
Au-aaa!!
PLOMP
PLOMP
PLOMP
ボコッ
ボコッ
ボコッ
Haha! Hier erwischt der Regen mich nicht!
Hä?!
WUSEL WUSEL
KRABBEL
KRABBEL

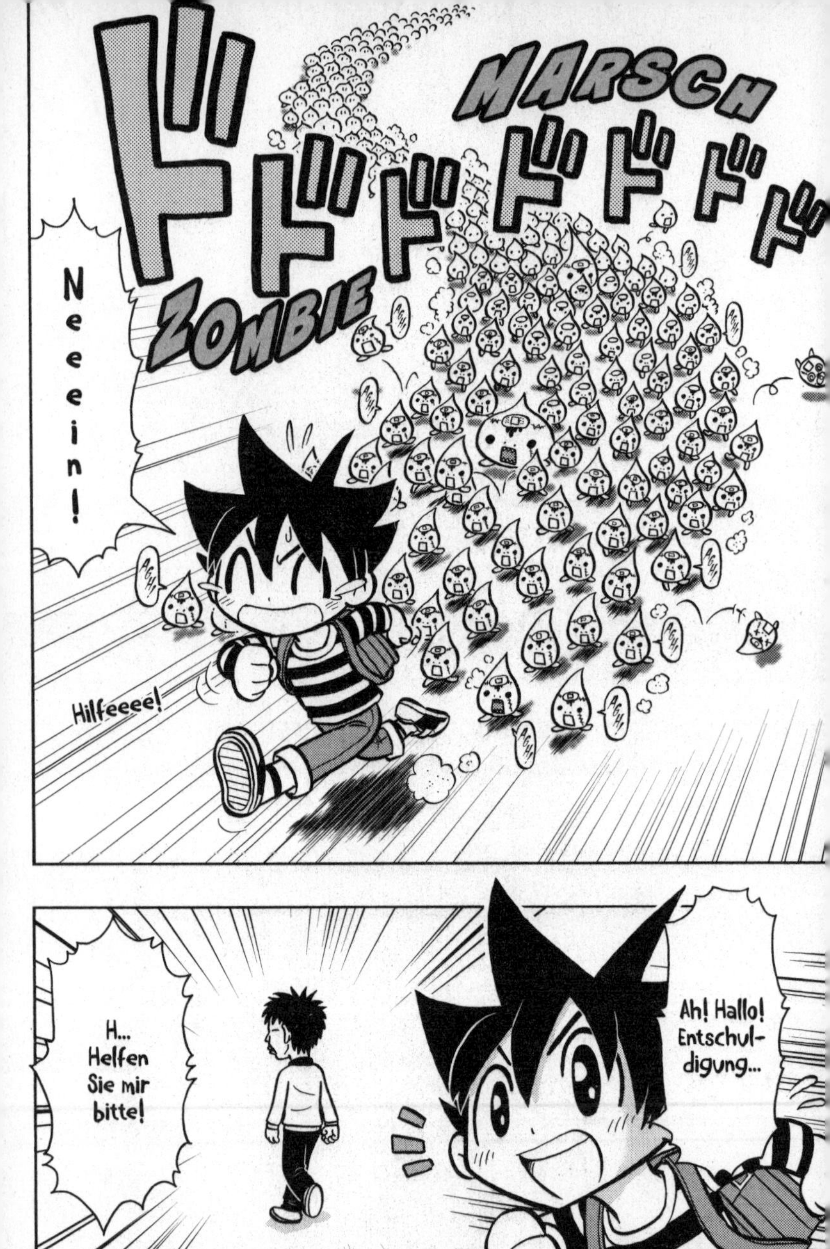

MARSCH
ZOMBIE
Neeeein!
AGH!
AGH!
AGH!
AGH!
AGH!
AGH!
AGH!
AGH!
Hilfeeee!
Ah! Hallo! Entschuldigung...
H... Helfen Sie mir bitte!

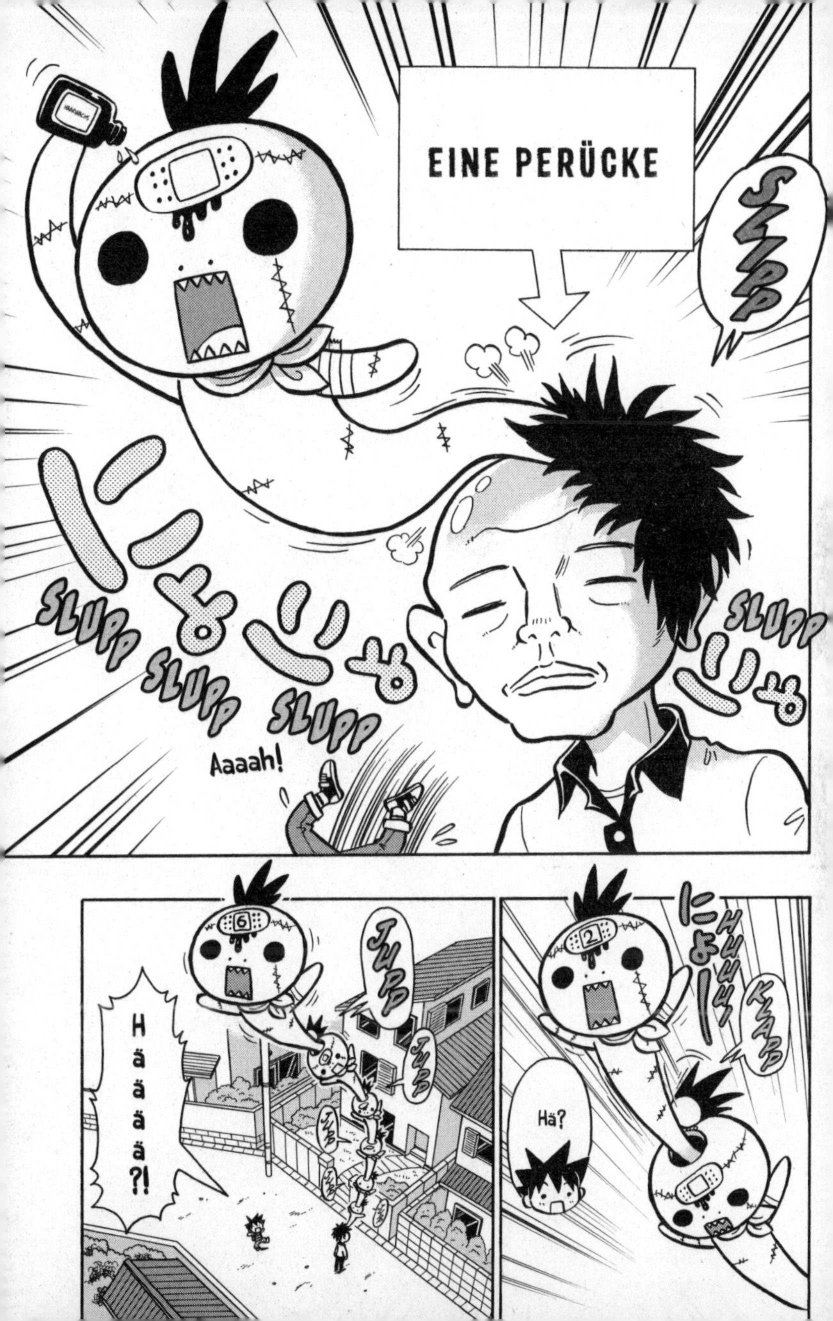
HAARWACHS
EINE PERÜCKE
SLUPP
SLUPP
SLUPP
SLUPP
SLUPP
Aaaah!
HUUUUI
KLAPP
Hä?
JUPP
JUPP
Hääää?!

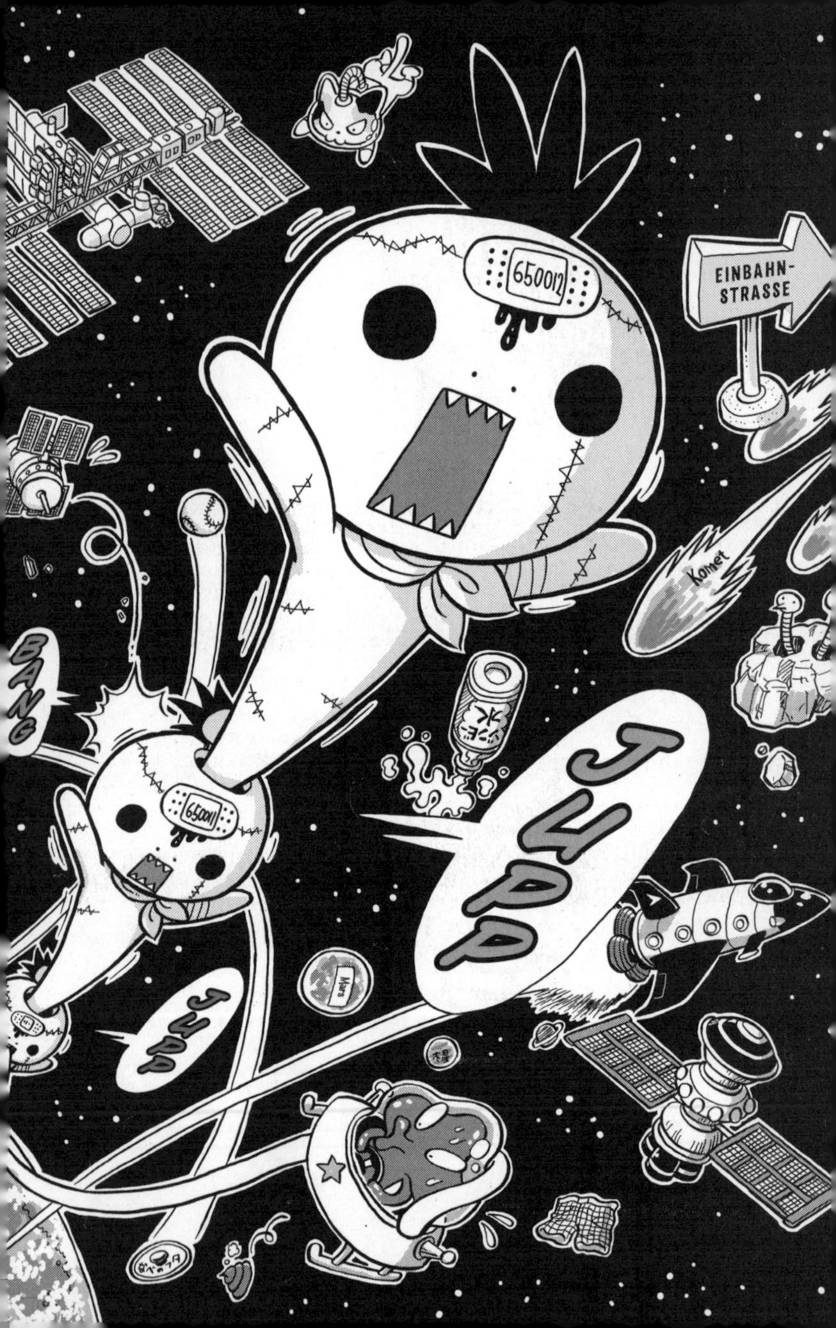
650012
EINBAHN-
STRASSE
Komet
BANG
JUPP
650011
Mars
JUPP

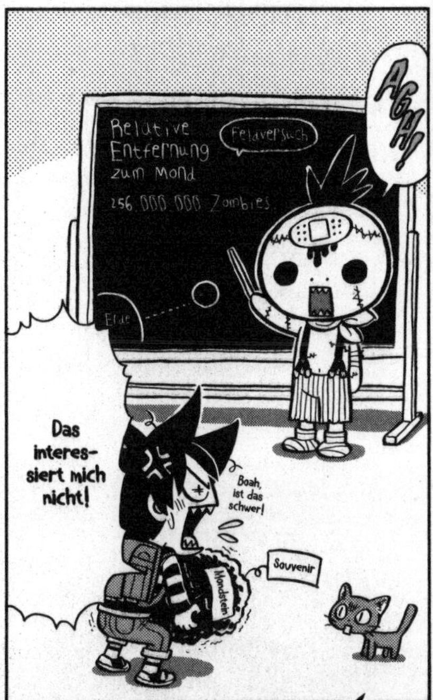


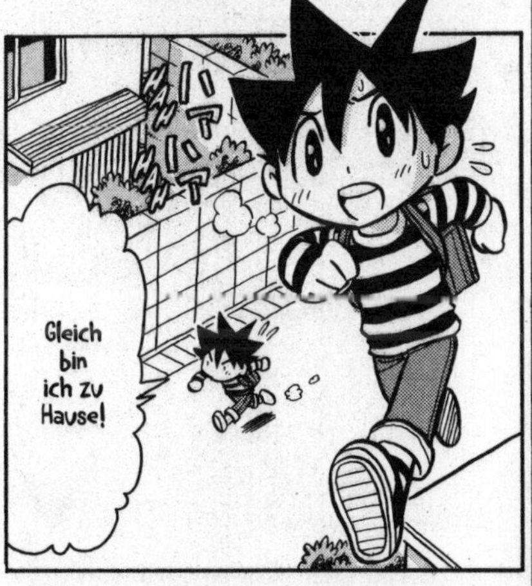

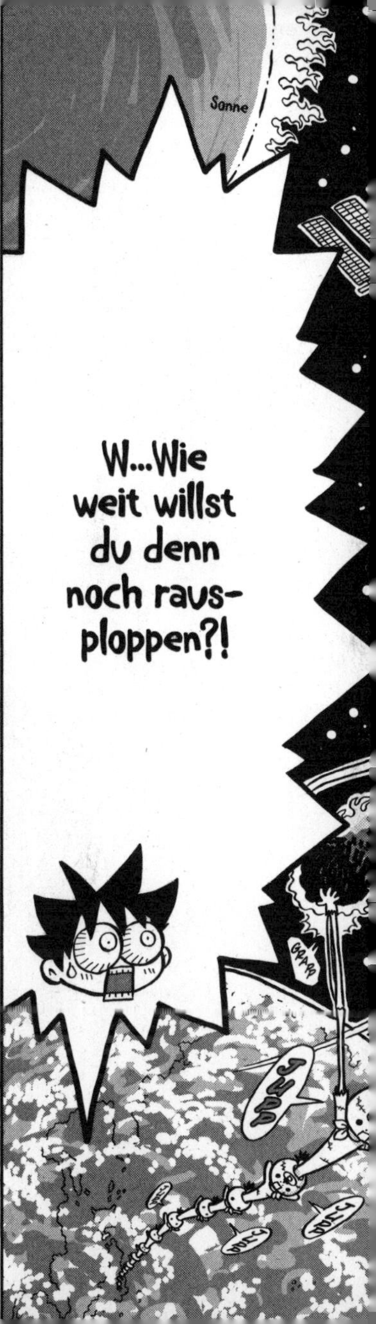

Sonne

W...Wie weit willst du denn noch rausploppen?!

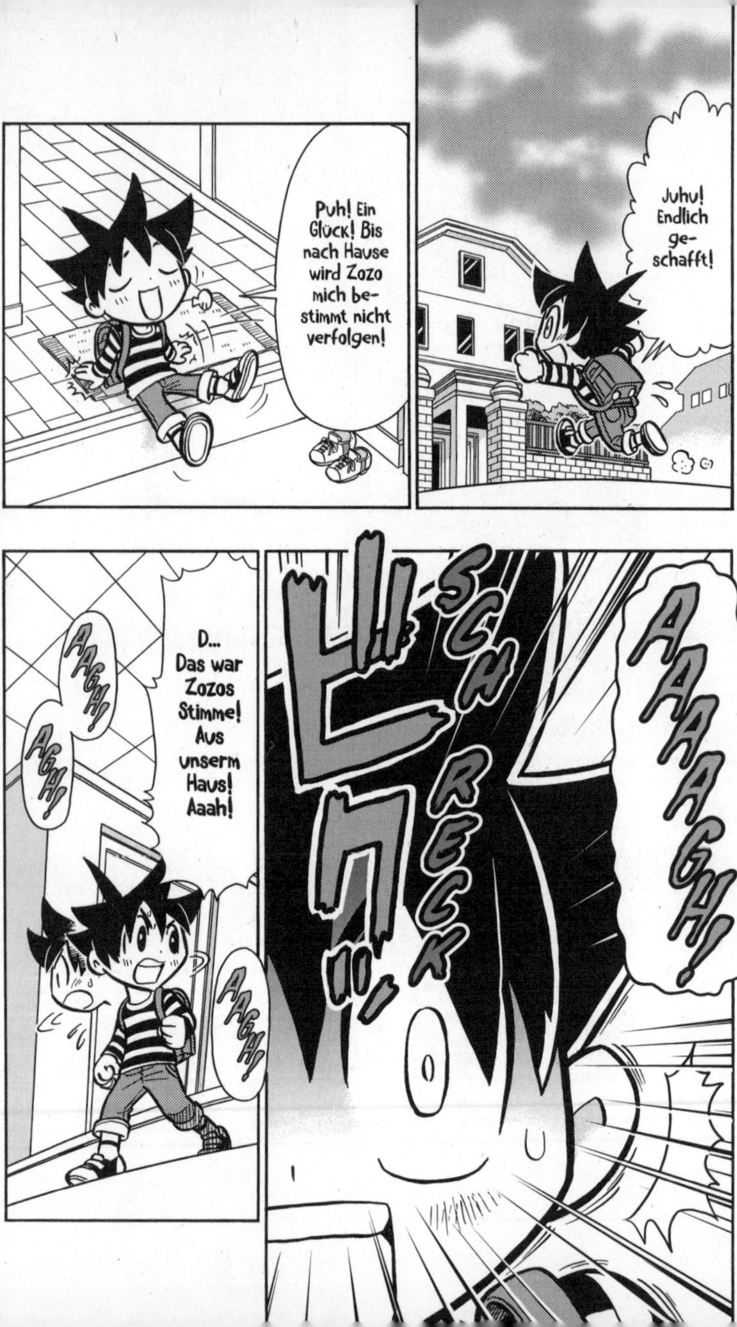

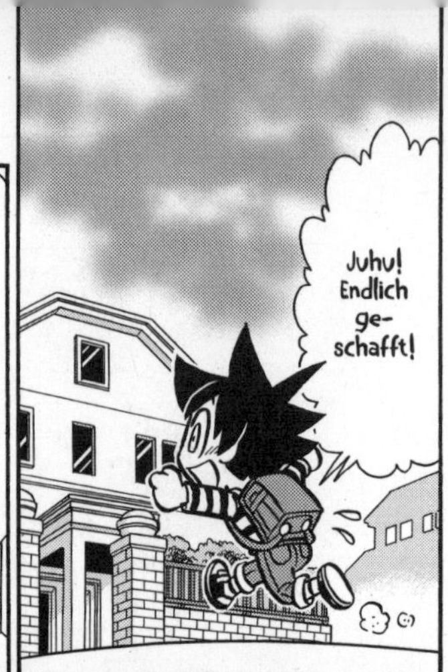


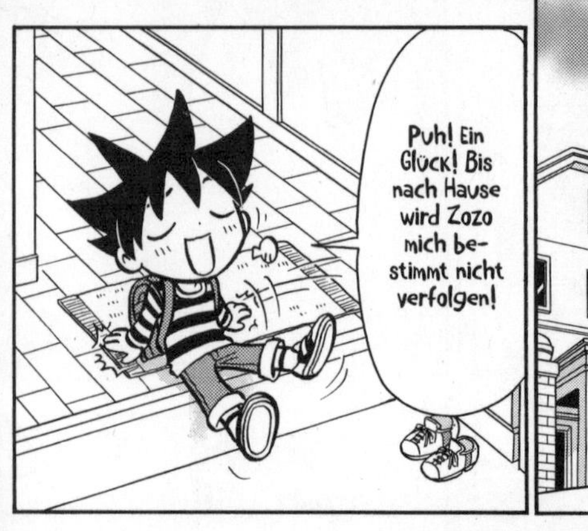


AAAAAGH!

SCHRECK

AAGH!

AAGH!

D... Das war Zozos Stimme! Aus unserm Haus! Aaah!

AAGH!

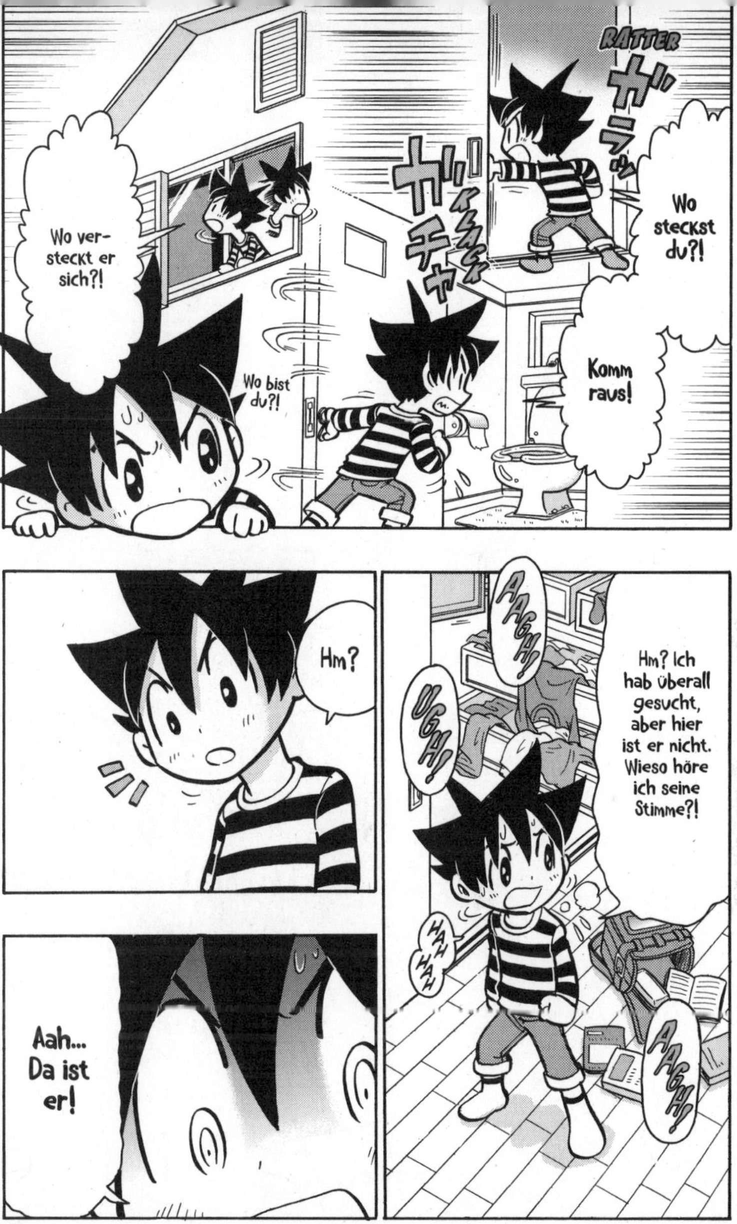

RATTER
Wo steckst du?!
Komm raus!
KLACK
Wo bist du?!
Wo ver-steckt er sich?!
AAGH!
UGH!
Hm? Ich hab überall gesucht, aber hier ist er nicht. Wieso höre ich seine Stimme?!
HAH HAH
AAGH!
Hm?
Aah... Da ist er!

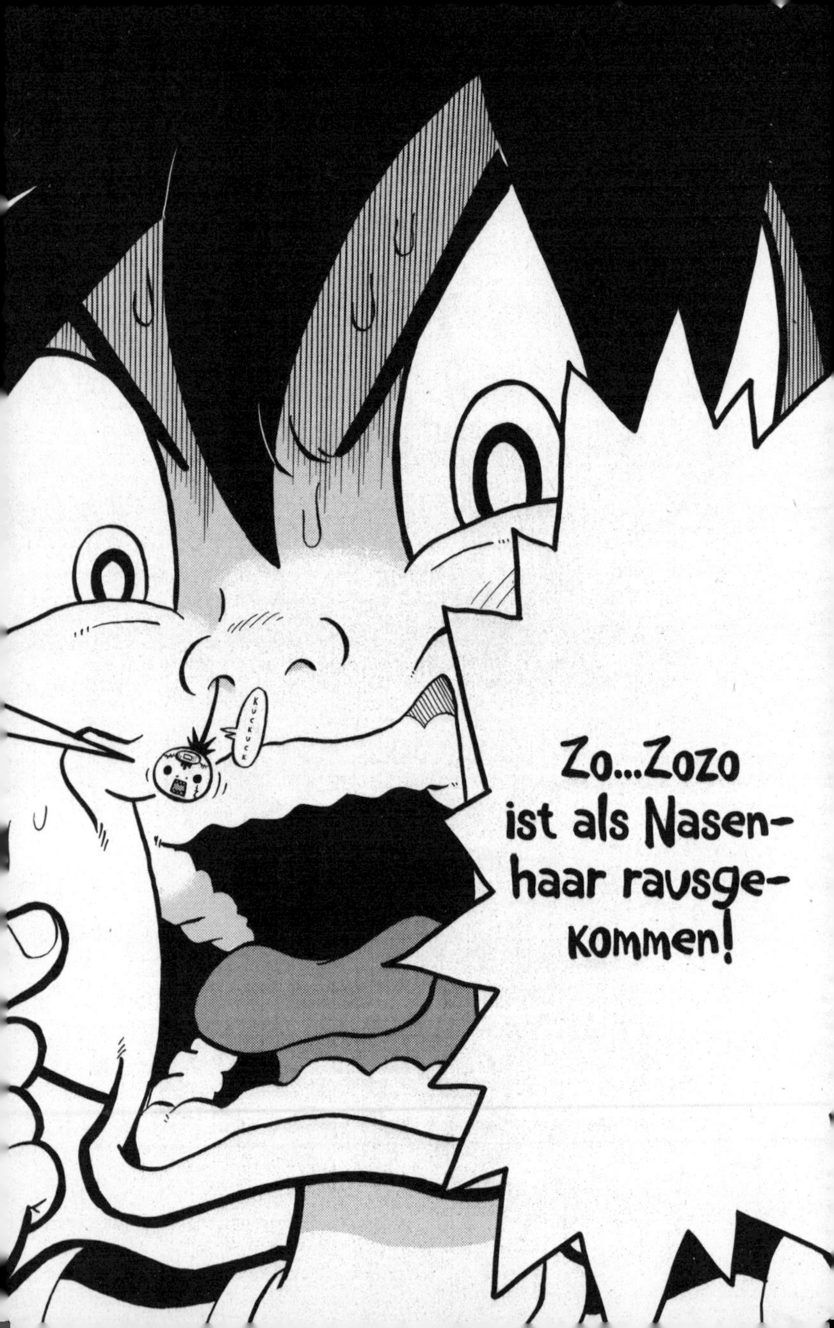
Zo...Zozo ist als Nasen-haar rausge-kommen!
KUCKUCK

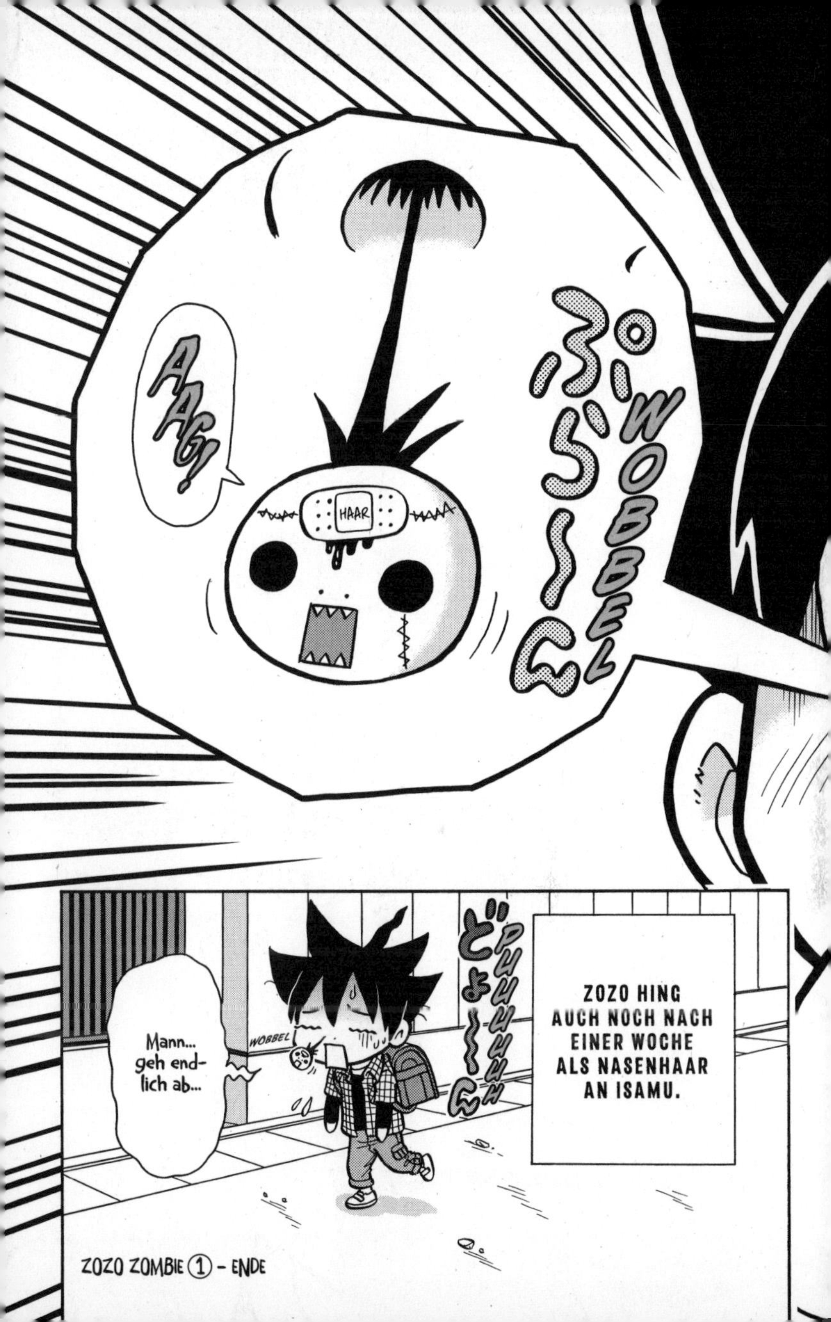
ぷるーん
WOBBEL
AAG!
HAAR
ZOZO HING AUCH NOCH NACH EINER WOCHE ALS NASENHAAR AN ISAMU.
どよ～～ん
PUUUUUUH
WOBBEL
Mann... geh end-lich ab...
ZOZO ZOMBIE ① – ENDE

# DAS MITMAL-LIED VON ZOZO ZOMBIE! ♬

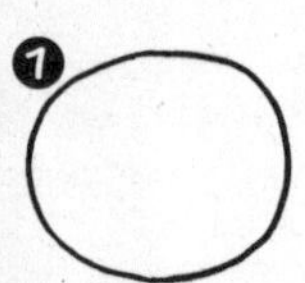

1 HEUT IST VOLLMOND, OH WIE SCHÖN!

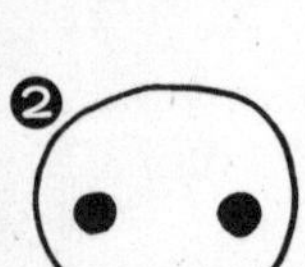

2 ZWEI STERNSCHNUPPEN PURZELN VOM HIMMEL.

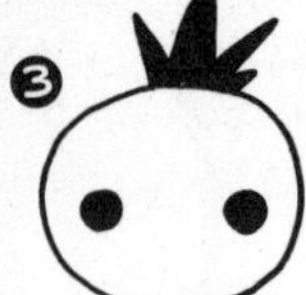

3 FEUERWERK! MACHT »BUMM«, MACHT »BAMM«!

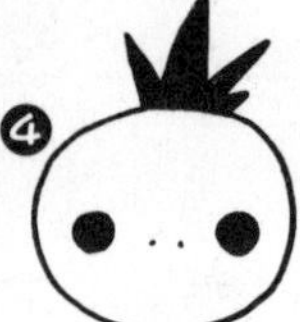

4 BISSCHEN SALZ UND BISSCHEN PFEFFER, SESAM NOCH DAZU, HUHU!

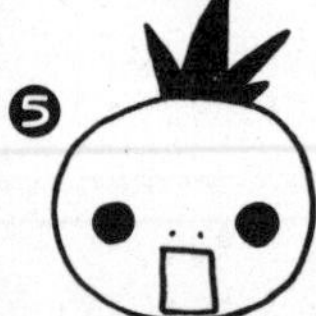

5 HOPPLA! EIN RECHTECKIGES LOCH! WER FÄLLT DENN DA HINEIN?

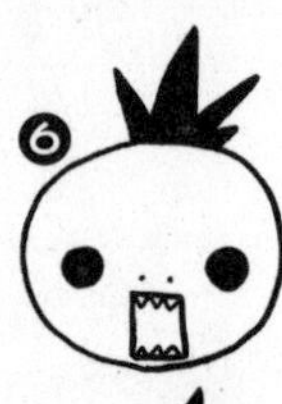

6 WAS MACHT DIE SÄGE DENN DA-DRIN? NANU, NANU?

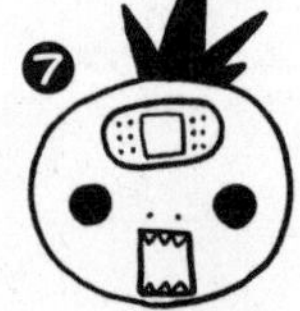

7 HAT KEINER VON EUCH EIN PFLASTER DABEI?!

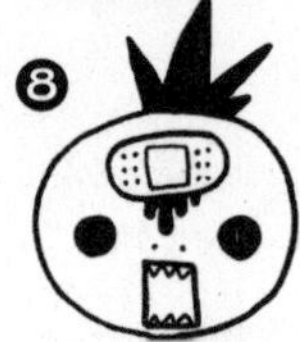

8 IIIH! DA KOMMT BLUT RAUS, BLUT! WIE EKELHAFT!

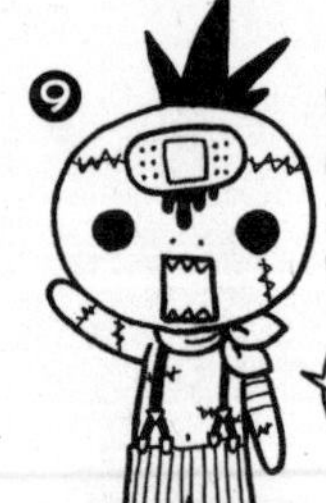

9 DIE WUNDEN NÄHEN, ZICK UND ZACK, UND FERTIG IST DER ZOMBIE! ZOZO!

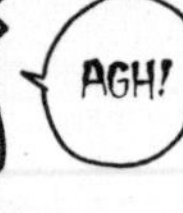

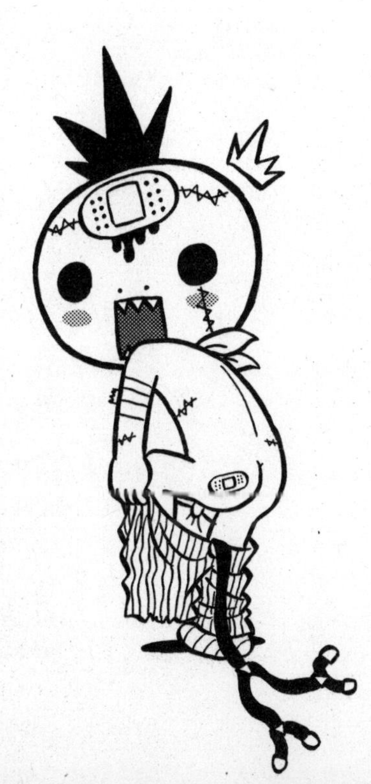

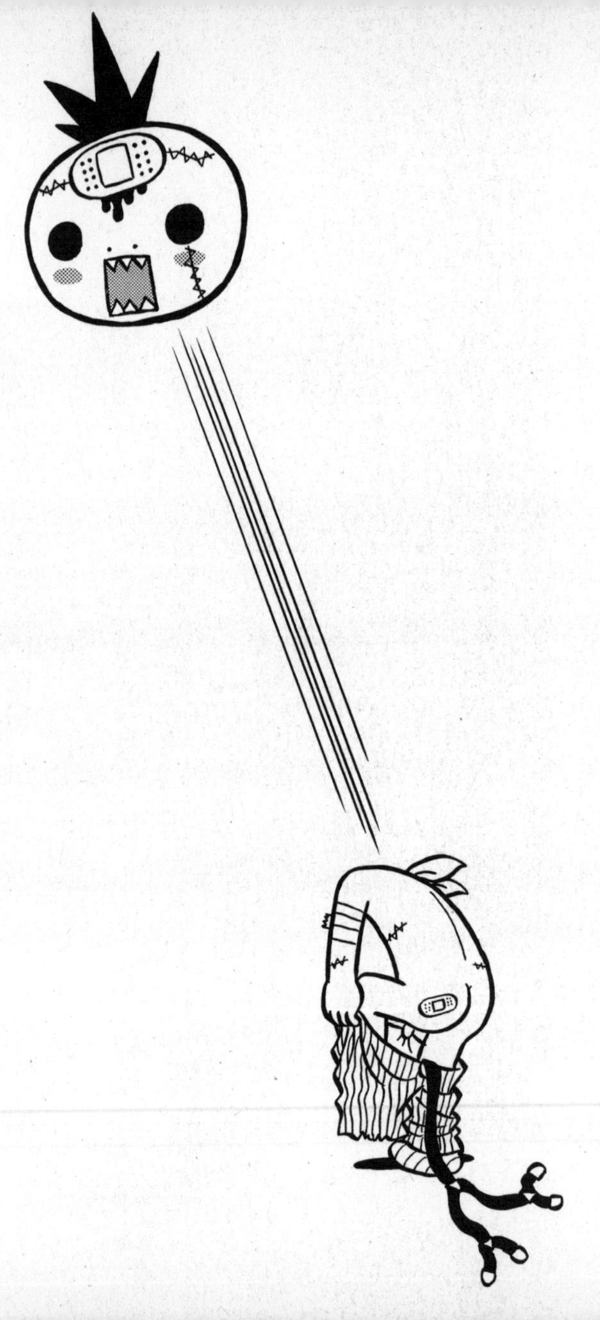

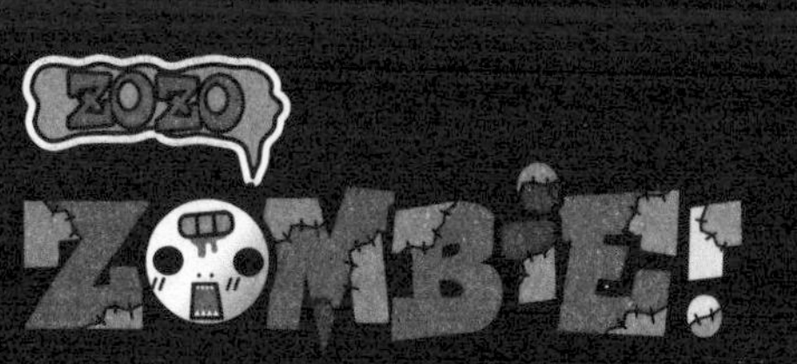
ZOZO
ZOMBIE!

# DIE GANZE WELT VON DRAGON BALL

## BEI CARLSEN MANGA!

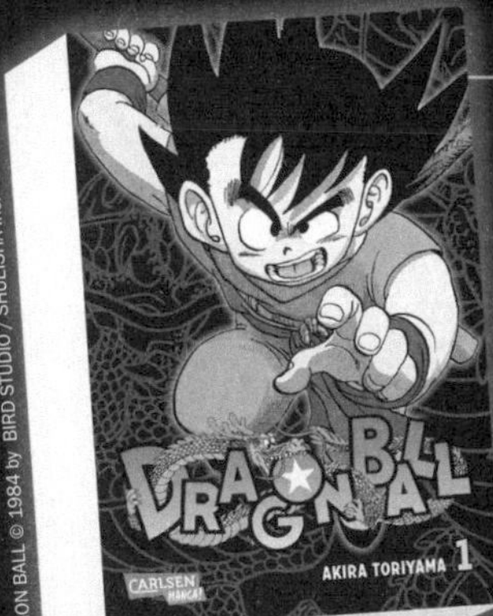




**DRAGON BALL MASSIV**

Extrastarke Sammelbände der Original-serie!

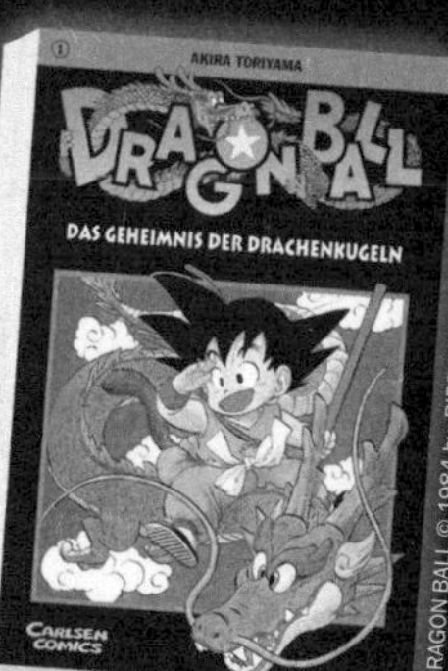




**DRAGON BALL**

Die Originalserie von Akira Toriyama!

**BAND 1 FÜR 6,00 € (D) 6,20 € (A)**



**DRAGON BALL SD**

Komplett in Farbe!

**DRAGON BALL SUPER**

Brandneue Geschichten aus dem DRAGON BALL-Universum!

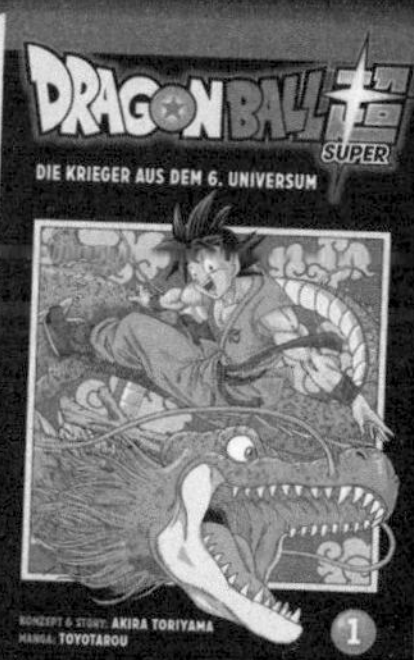

# DER BERÜHMTESTE NINJA ALLER ZEITEN!

# NARUTO MASSIV

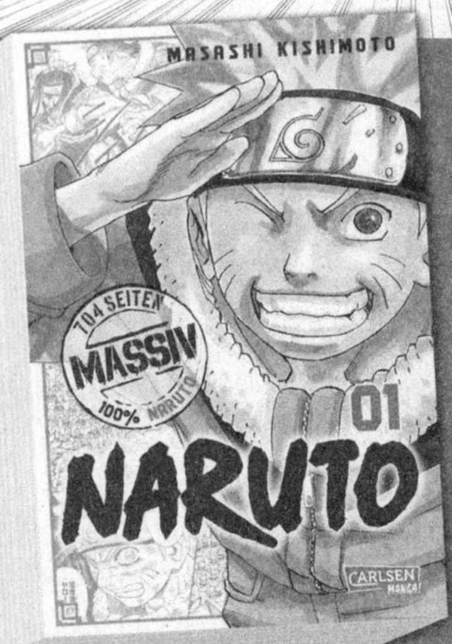


VON MASASHI KISHIMOTO

In 700 Kapiteln hat Naruto immer wieder seinen Willen gezeigt, ein guter Ninja zu werden – aber auch seinen unglaublich großen Hang zum Blödsinn. Über die Jahre hat er alle Ninja-Techniken erlernt und viele Abenteuer erlebt.

Entdecke die Klopper-Neuausgabe des Manga-Originals: in dicken Sammelbänden mit teils über 800 Seiten. Die muss man haben!

**Band 01 zum unfassbaren Antest-Preis von 6,– € (D)!**

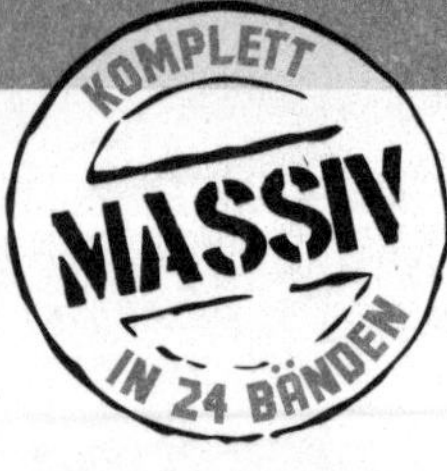


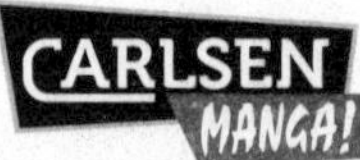


www.carlsenmanga.de

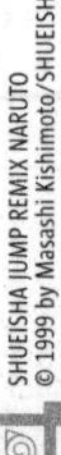

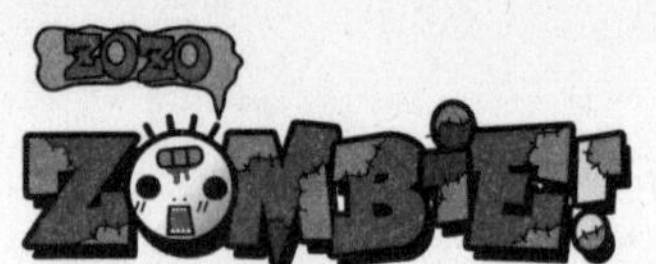


ist eine japanische Serie, und in Japan wird von hinten nach vorn umgeblättert und von rechts oben nach links unten gelesen. Wir wünschen viel gruseligen Zombie-Spaß!

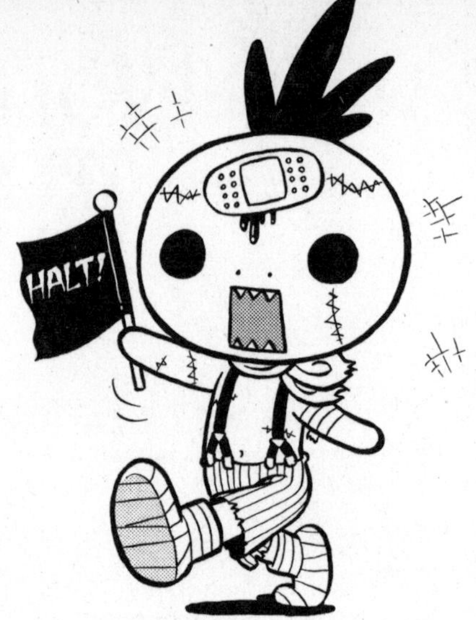


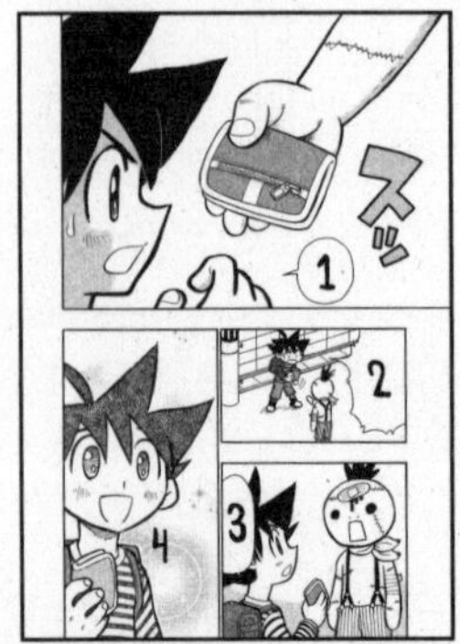


CARLSEN MANGA

Aus dem Japanischen von Martin Gericke
ZOZOZO ZOMBIE-KUN vol. 1 by Yasunari NAGATOSHI

Original Japanese edition published by SHOGAKUKAN.
German translation rights in Germany, Austria, Liechtenstein and German speaking area in Switzerland, Belgium, Italy and Luxembourg arranged with SHOGAKUKAN through VME PLB SAS.
Original Cover Design: 100percent
Redaktion: Petra Lohmann • Produktionsmanagent: Tobias Hametner

ISBN: 978-3-551-80354-2

MIX
Papier | Fördert gute Waldnutzung
FSC® C083411

Unser Versprechen für mehr Nachhaltigkeit
- Klimaneutrales Produkt
- Papiere aus nachhaltigen und kontrollierten Quellen
- Hergestellt in Europa